하늘과 땅,

천문풍수학

天文風水學

문학박사 김태오

도서
출판 中道

천지(天地)가 창조되고 인간이 그 중심에 설 수 있었던 것은 천지자연에 순응과 거역을 되풀이하면서 살아온 인간의 지혜가 있었기 때문이다. 천지자연은 천문풍수학(天文風水學)이며 삶의 대상이자 주체자이다.

바람은 계절을 바꾸고 인류만물은 산야(山野)와 물을 떠나서 살 수 없다. 『관자』「수지」편에서는 "땅은 만물의 본원이며 생명체의 뿌리다. 물은 땅의 혈기로 사람의 근맥과 같이 유통된다. 물은 만물의 기준으로 모든 생명의 근원이며 시비득실의 기초다. 천지에 두루 모여 천지만물 속에 저장되어 있다."[1]라고 하였다.

천문풍수학에서는 지기(地氣)와 수기(水氣), 풍기(風氣), 생기(生氣), 물형(物形), 방위(方位) 등이 기의 실체를 이루게 하는 요소들이다. 풍수지리에서 논하는 생기(生氣)개념은 천지간에 일어나는 동기감응(同氣感應)의 결과물이다. 천기(天氣)는 지기(地氣)로 연결되고 지기는 자연과 사람에게 연결된다. 자연의 바람과 물은 기(氣)를 응집시키고 분산시키는 운동에너지다.

태양 에너지는 1초마다 4×10^{23}KW의 에너지를 뿜으며, 미국이 한 해 동안 소비하는 전력의 100만 배에 해당하는 에너지를 방출한다고 한다. 햇빛은 1초에 30만km 속도로 움직여 약 8분후에 지구에 도착한다. 태양으로부터 지구가 온전할 수 있는 것은 대기권이 있기 때문이며 모든 생명체의 근원적인 에너지가 햇빛이다.

물은 태양 에너지와 직접적인 관련이 있다. 태양은 지구상의 물을 전부 움직이게 하는 힘을 가지면서 대기의 순환을 유발시키는 총괄(總括) 에너지다. 기울어진 지구의 축이 태양 주위를 돌고 있으므로 지구는 4계절이 생기고 기후변화가 일어난다. 태

---

1)『管子』,「水地」, "地者, 萬物之本原. 水者, 地之血氣, 如筋脈之通流者也, 萬物之準也, 諸生之淡也, 違非得失之質也, 集於天地, 而藏於萬物."

양에너지로 인해 지구상의 모든 땅과 물, 동식물의 생명체는 그 영향을 받고 있다.

바람은 공기의 흐름으로 발생하고 기압차로 인해 높은 곳과 낮은 곳으로 순환한다. 공전과 자전으로 인해 지구는 엄청난 속도로 돌기 때문에 바람은 자연적으로 발생하며, 만물을 순환시키는 에너지이자 계절변화의 주축이 된다. 인류의 삶을 결정하는 햇빛과 바람, 물과 땅이 천문풍수학의 절대적인 4대 요소가 되는 것이다.

고대 동양에서는 하늘과 땅을 사람과 연결시켜 모든 철학사상의 기본 바탕을 나타내었다. 『주역(周易)』을 비롯한 노장사상과 공맹사상은 천지인(天地人)과 하나가 되는 일체사상이다. 천지인의 동기감응이 바로 천문풍수학의 시작점이다.

지구온난화로 인한 자연조건과 주거형태의 변화 등은 풍수지리의 중요성을 더욱 깨닫게 한다. 고대 동양의 핵심주제였던 천문과 지리는 별개가 아닌 일체관념이 되어야 인사(人事)의 길흉을 예견할 수 있었다. 천문풍수학은 아직 미완성이다. 별자리의 운행을 파악하고 이를 지상에 접목시켰던 선현들의 지혜가 절실히 요구되는 시점이기도 하다.

동양철학은 하늘에서 시작되어 땅으로 연결되고 사람에게서 끝이 나면서 다시 하늘로 돌아간다. 천지자연과 함께 생활하고 적응하는 것이 바로 천문풍수학의 핵심이다. 동서양을 막론하고 전통적인 지리개념과 더불어 인간의 삶이나 행동양식과 사유체계를 천문과 연결시킨 천문풍수는 문명의 변화에 맞추어 끊임없이 변화하고 있다.

천문풍수학은 천지인 삼재사상에 입각한 결과물이다. 사람은 천지를 떠나 살 수 없듯이 미신이 아닌 실제적인 차원에서 인류문명과 함께해온 풍수의 분야를 좀 더 친숙한 학문으로 자리 잡는데 일조하고자 노력하고 있다. 환경문제가 심각해지는 현시대와 미래시대에서 풍수의 중요성은 더욱 절실해지고 있으며, 지리를 포함 천문과의 상관성을 반드시 살펴야 하는 부분에 이르고 있다.

저자는 수십 년간 동양철학과 명리학, 관상학 등을 공부하였다. 천지인(天地人) 삼재사상의 근간인 지리공부에 몰두하여 박사학위를 취득하고, 현재 원광대 동양학대학원과 영산대학교에서 풍수지리를 강설하고 있다.

천문풍수의 개념으로 결과물이 나왔으나 많은 학인들이 좀 더 나은 생각과 지식으로 인류역사의 고증과 더불어 문화유산을 지켜내며 천문지식을 습득해야 하는 심정은 절실하다. 천지문명의 학습은 인류를 구하는 지름길이기 때문이다.

이 책이 출판되도록 도움을 주신 원광대학교 동양학대학원 임병학 교수님, 한국풍수지리학회 이상호 회장님, 나의 영원한 동반자 류양순님께 깊이 감사드리며, 도서출판 中道의 신원식 대표님께도 감사의 말씀을 전합니다.

2022년 맹동(孟冬)
금정산(金井山) 아래 장당(長堂)에서 김태오

목 차

제1부 천문풍수론

목 차

제2부 양택풍수론

제3부 풍수 실무론 및 원전

제1부 천문풍수론

제1장 천문풍수

1. 천문풍수의 정의

천문풍수는 천지인삼재사상이 근본바탕이다. 천문의 역할에 따라 산야(山野)를 중심으로 바람과 물, 자연형세를 살펴 국가나 도읍지를 정해 국가의 번영과 발전을 도모하며, 나아가 개인이나 가족의 부귀와 발복(發福)을 위해 생기가 있는 터를 찾아 길흉을 판단하는 것이 목적이다.

풍수지리를 담당하는 사람들을 감여가(堪輿家)라고 칭한다. 감여(堪輿)와 같은 의미인 건곤(乾坤)은 하늘과 땅이며 천도(天道)와 지도(地道)이자 음양이다. 산은 음이요 물은 양인 천문풍수는 천지만물의 운행원리인 음양이 핵심원리가 된다.

태도(台島)의 속언에서 말하길 일류지사는 북두칠성을 바라보고, 이류지사는 앉아서 수구(水口)를 보며, 삼류지사는 산을 어지럽게 달리고, 사류지사는 산머리를 파고 흙을 채운다고 하였다.[1] 감여의 중요성을 따져 지사(地師)의 등급을 구분한 이유는 하늘과 땅을 함께 알아야 일류지사에 속한다는 것이다.

풍수의 용어는 택거술(宅居術)에 대한 명칭으로 한대(漢代) 이전에는 없었다. 이후 『회남자』, 『사기』, 『논형』, 『한서예문지』 등에 택거술(宅居術)의 명칭이 나타났다. 이것은 하늘과 땅의 모든 것을 하나의 틀로 보는 감여의 의미를 나타내는 것이다. 땅을 위주로 하는 지리와는 약간 차이가 있으나 풍수지리학을 감여학이라고 한 것은 천지가 서로 밀접한 상관관계에 있기 때문이고, 동시에 음양적 관념의 표출이기 때문으로 여겨진다.[2]

---

1) 南宮昇 譯, 『撼龍經의 완전한 이해』, 대훈닷컴, 2009, p.28.
2) 김두규, 『풍수학사전』, 비봉출판사, 2005, p.20.

한마디로 천문풍수는 천지인삼재사상을 바탕으로 땅의 형세와 지기(地氣)를 살피고, 생기가 있는 산과 땅을 찾아내어 형세와 방위(方位)를 통해 명당과 혈처를 찾아 용·혈·사·수·향(龍·穴·砂·水·向)에 맞추어 길흉을 예단한다.

지구자체는 하나의 자기장으로 형성된 에너지 덩어리이자 우주로부터 기운을 받고 있다. 따라서 산이나 땅속에도 분명한 에너지의 흐름이 존재한다. 천문풍수에서는 이러한 에너지를 생기(生氣)라 칭한다. 하늘의 기운과 함께 땅속에 존재하는 생기를 만들고 응집시키는 역할은 바람과 물, 청룡·백호·주작·현무의 사신사(四神砂)가 그 역할을 맡고 있다.

천문풍수는 사신사(四神砂)[3]와 명당과 혈처(穴處)를 중심으로 반드시 물의 방위와 구도를 살핀다. 물은 산을 넘을 수 없고, 산은 물을 건널 수 없는 산자분수령(山者分水嶺)을 적용시킨 것이 우리나라의 백두대간이다. 1대간과 1정간, 13정맥인 15개의 큰 산줄기가 강을 경계로 구분되어졌다.

산수(山水)를 중심으로 명당보국을 만들게 하는 사신사는 천문사상(天文思想)이 근본이다. 천상의 별자리들이 만든 중심공간인 삼원(三垣)의 테두리를 돌고 있는 28수의 여러 별들을 가상의 선으로 연결시킨 것이 사신(四神)이며 사령(四靈)이다. 청룡·백호·주작·현무[4]인 사령(四靈)의 사신은 하늘의 명당인 삼원(三垣)[5]을 보호한다.

사신사의 개념을 적용시키고 있는 유물들 중에 현존하고 있는 가장 오래된 기록이 1978년 중국 호북성(湖北省) 수주시(隨州市) 증후을묘[6]에서 발견된 칠기상자다. 아래 그림에서 보듯이 상자뚜껑에 28수와 청룡백호가 그려져 있다.

---

3) 四神砂는 明堂과 穴處를 前後·左右 네 방위에서 보호하는 것으로 천문별자리에 근거한다. 四神은 靑龍·白虎·朱雀·玄武를 말하며, 天文圖에 나오는 동·서·남·북에 위치한 각각의 7개의 별들인 二十八宿의 별들이다. 28宿는 角·亢·氐·房·心·尾·箕의 東方 七宿, 斗·牛·女·虛·危·室·壁은 北方 七宿, 奎·婁·胃·昴·畢·觜·參은 西方 七宿, 井·鬼·柳·星·張·翼·軫은 南方 七宿라 부르며 紫微垣을 중심으로 돌고 있는 28개의 별들을 말한다.
4) 현재 발견된 28수가 그려진 유물로는 중국 湖北省 隨州市 증후을묘에서 발견된 칠기상자 뚜껑에 28수와 청룡·백호가 그려진 유물이 발견되었는데, 28수의 존재가 드러난 가장 오래된 유물이다.
5) 북극성을 중심으로 하늘의 천제가 거주하는 가상의 元을 말하며, 자미원·태미원·천시원이라 부른다.
6) 전국시대(475~221)초기 曾國이라는 제후국이 있었던 곳으로 을이라는 사람의 무덤으로 알려져 있다.

〈그림-1〉 칠상개(漆箱蓋)의 이십팔수도[7]

천문사신인 사령(四靈)과 마찬가지로 지상에서는 청룡·백호·주작·현무의 사신사(四神砂)가 지상의 명당과 혈처를 보호한다. 천문별자리가 맡은 각각의 역할과 방위성, 사계절과 음양오행, 하도낙서와 팔괘사상을 중심으로 인사(人事)와 지리로 연계시킨 것이 천문풍수지리다.[8]

이것은 천(天)·지(地)·인(人) 삼재(三才)사상과 직결된다. 또한 지리에서 중요한 혈처와 명당, 사신사와 좌향법, 산세의 모습과 형세를 천문사상과 더불어 오행사상과 북두구성론(北斗九星論)으로 결부시켜 산세를 판단하고 있다. 일반적으로 통칭되는 풍수지리는 사실상 그 바탕이 천문사상에 있으며 이를 지리에 적용시킨 것이다. 따라서 천문사상을 근본으로 하는 천문풍수지리가 정식적인 명칭이 되어야 한다.

---

7) 나일성, 『한국의 우주관』, 연세대학교 대학출판문화원, 2016, p.201.
8) 풍수에서 적용된 천문개념은 춘추전국시대부터 시작된 것으로 음양오행, 三垣과 28宿, 북극성의 天帝개념과 24절기에 따른 별자리의 이동 등을 천문지식으로 파악하고 있었다. 『史記』「天官書」나 『회남자』「天文訓」 등의 내용으로 볼 때, 별자리의 위치와 역할을 국정운영은 물론 人事에까지 적용시켰다.

2. 천문풍수의 원리

해와 달, 목성을 비롯하여 28수 별들의 운행을 살펴 만든 역법(曆法)체계는 24절기의 순환운행에 따라 농사 및 일상생활에 가장 필요한 시간체계였다. 고대동양에서 생각했던 하늘은 지상세계를 움직이고 인간사의 길흉사건에 관여하며, 하늘의 현상에 따라 땅이 영향을 받는다는 절대적인 믿음과 상호적인 유기체로 천문을 인식하고 있었다.

천문을 절대자로 인식하여 하늘에는 천제가 있고 신하들과 백성이 있으며 지상세계와 똑같은 구조와 체계가 있다고 믿었다. 하늘의 천제가 거주하는 곳을 자미원, 신하들이 거주하는 곳은 태미원, 백성들이 거주하는 곳은 천시원이라는 가상의 삼원(三垣)을 두고 이들이 하늘을 통제하며, 삼원을 중심으로 칠정[9]과 오성, 황도와 적도, 28수의 별들의 움직임과 역할에 따라 지상은 그 영향을 받고 24절기가 만들어지며 별들의 역할에 따라 인간사의 길흉을 연결시켰다.

하늘에는 오천(五天)과 오운(五運)의 기운이 있다. 오천은 중앙의 土-금천, 동방 木의-창천, 남방 火의-단천, 서방 金의-소천, 북방 水의-현천이고, 오천의 기운이 오운이며 오행의 바탕이다. 오천은 다섯 방위를 주관하며 자미원의 황제를 중심으로 동방의 청제, 남방의 적제, 서방의 백제, 북방의 흑제가 동서남북 네 방위의 주재자로 이들이 사신사이며 28수이다.

천문풍수는 산세의 기운이 용진처(龍盡處)에 다다라 생기가 맺히는 혈처와 명당, 사신사와 국세, 명당보국과 물의 흐름 등을 살펴 형세(形勢)의 길흉을 판단한다. 또한 북두구성과 삼원 · 28수와 일월오성에서 보여주는 방위체계는 전부 천문이 바탕이다. 이런 원칙과 방법은 음양오행과 구성법(九星法), 천문방위와 팔괘론에 기초하여 길흉

---

9) 七政은 七曜라 하며 칠정의 운행규칙에 따라 地上의 정치와 법규, 제도가 행해지며 정치제도적인 근원체계로 삼았던 것이 동양의 칠정천문개념이다. 칠정은 해와 달, 수성 · 화성 · 목성 · 금성 · 토성의 五星을 합친 7개의 별이다.

을 판단하는 천문풍수학의 기본원리체계가 된다.

이러한 원리를 바탕으로 바람과 물이 어떤 방향으로 오고가는지를 살펴 혈처와 보
국을 판단하며, 산은 정(靜)하므로 음이며 물은 동(動)하므로 양으로 인식한다. 남자는
양이고 여자는 음으로 보는 음양원리에 따라 산수 역시 음양관계로 맺어져 있다. 음
(陰)인 산은 인물을 나타내고, 양(陽)인 물은 재물을 상징하며 산수의 배합이 바로 음
양의 배합이다.

산수가 오고가는 음양의 조화와 방향에 따라 혈처의 생기(生氣)는 바람에 의해 응집
과 분산이 일어난다. 생기를 만들기 위해 바람을 감추고 물을 얻는 '장풍득수(藏風得
水)'는 혈처의 유무(有無)를 생성하는 기본조건이다.

음양의 조화에 따른 만상만물의 운행원리와 순환원리를 보면『주역』「설괘전」에서
"만물을 움직이는 것은 뇌성만큼 빠른 것이 없고, 만물을 흔드는 것은 바람만큼 빠른
것이 없으며, 만물을 말리는 것은 불(火)만한 것이 없고, 만물을 적시는 것은 물(水)만
한 것이 없고, 만물이 끝마치고 시작하는 것은 간(땅)만큼 성한 것이 없으니 따라서
물과 불이 따르고, 뇌성과 바람이 서로 거스르지 않으며 산과 못이 기운을 통한 뒤에
변화하여 만물을 이룬다."[10]고 하였다. 이는 결국 풍수지리의 4요소인 땅과 햇빛, 물
과 바람이 만물을 움직이는 생기(生氣)라는 인식이며 그 바탕에는 음양이 깔려있다.

『주역』「계사상」에서는 "하늘이 높고 땅은 낮으니 건곤이 정해지고, 높고 낮게 펼쳐
지니 귀천이 자리를 잡으며, 움직임과 고요함에 항상함이 있어 강유가 나눠지고, 성
향이 유사한 것끼리 모이고 (만)물이 무리로 나누어지니 길흉이 생기고, 하늘이 상을
이루고 땅에서 모양을 이루니 변화가 나타난다."[11]고 한다.

이것은 하늘과 땅의 높낮이에 따라 귀함과 천함이 생기고 유사한 기운끼리 모여 일
으키는 감응에 따라 길흉이 발생하며, 하늘의 작용으로 발생한 길흉의 상은 땅에서

---

10)『주역』,「設卦」, "動萬物者莫疾乎雷, 撓萬物者莫疾乎風, 燥萬物者莫熯乎火, 說萬物者莫說乎澤, 潤萬物者莫潤乎
水, 終萬物始萬物者莫盛乎艮, 故水火相逮, 雷風不相悖, 山澤通氣然後能變化, 既成萬物也."

11)『주역』,「繫辭上」, "天尊地卑 乾坤定矣, 卑高以陳 貴賤位矣, 動靜有常, 剛柔斷矣, 方以類聚, 物以群分, 吉凶生矣,
在天成象, 在地成形, 變化見矣.

그 모양을 이룬다는 것이다. 이는 천문풍수에서 논하는 천지인삼재사상의 근간이 『주역』의 음양론과 팔괘론과 궤를 같이 하고 있다는 점이다. 또한 음양팔괘와 더불어 음양을 구별하여 음양의 조화와 음양의 상충, 오행의 상생상극과 사상팔괘, 북두구성(北斗九星)의 자연형세와 방위법도 천문풍수의 근본원리에 포함된다.

이러한 천문사상은 옛사람들의 삶 속에서 하늘의 기운이 지리와 긴밀히 연결되어 음택과 양택을 명당과 같은 길한 장소에 조성해야 하는 원인을 만들었다. 사람의 몸도 천지와 연결되어 있듯이 풍수지리에서의 음택과 양택은 사람의 혈맥이자 몸에 해당하며 생자(生者)와 사자(死者)의 음양관계다. 하늘인 양의 기운이 땅인 음의 기운과 조화하는 가운데 사람이 살아간다.

사람은 사후(死後)에 정신과 육체가 분리되어 육체는 흙으로 되돌아가고 정신은 조상신이 있는 천계(天界)로 간다. 옛사람들이 제사를 지내고 조상을 공경하는 것은 효(孝)를 행하는 근본 생각에 있다. 『예기』 「제의」편에 "임금이 자애로움과 화목함을 백성에게 가르치고, 백성은 부모를 공양하고 연장자를 공경하며, 귀함은 명에 있고 효는 친함에 있으니 명을 듣고 따르는 일을 천하에 착종시키면 어떤 일도 행할 수가 있다."[12]고 하여 효의 행위가 나라의 안녕과 백성을 다스리는 근본 이치였다.

사람은 천지의 기를 받고 태어나 사후(死後)에 천기(天氣)는 하늘로 가서 혼이 되고, 지기(地氣)는 땅으로 가서 백이 되며 이 혼백(魂魄)을 부르는 행위가 제사이다. 공자도 부모가 살아있을 때는 예로써 섬기고, "장사지낼 때도 예로써 하며 제사를 지낼 때도 예로써 다하라고 가르쳤고, 제사에 참석하지 않으면 제사를 지내지 않은 것과 같다"[13]라고 하였다

우리가 제사를 지내는 원인은 천지인(天地人) 삼재사상의 상호관계에서 찾아야 한다. 조상을 모시는 것은 하늘에 대한 도리이고 제사를 지내는 행위는 효를 행하는 것이며, 천지의 기운을 사람에게 전달시키는 과정이다. 이것은 조상의 기가 후손과 감

---

12) 『禮記』, 「祭義」, "敎以慈睦而民, 貴有親, 敎以敬長而民, 貴用命, 孝以事親, 順以聽命, 錯諸天下, 無所不行."
13) 『論語』, 「八佾篇」, "祭如在, 祭神如神在, 子曰吾不與祭, 如不祭."

응하는 동기감응과 같으며 그 근본이치가 천지인(天地人) 삼재사상에 있는 것이다.

　동기감응의 실체는 기운감응이다. '기'가 실제로 존재하는가에 대한 믿음은 세상만물이 기의 운행에 의해 변화되고 움직이고 있음은 분명하다. 『주역』「계사상」에서는 "깨끗한 기운이 사물이 되고 혼이 떠나서 변하는지라 귀신의 실상을 안다. 또한 천지가 자리를 정하고 산과 못이 기운이 통하여 우레와 바람이 서로 부벼 일으킨다."[14]라고 하여, 천지의 기가 작용하여 자연의 변화와 여러 현상들이 나타난다는 것이다.

　풍수지리에서 햇빛과 바람과 물이 시각적으로 확인할 수 있는 기의 감응작용이듯이 동기감응차원에서 부모와 자식은 그 뿌리가 같은 것으로 이해하여 효를 행하여야 한다는 것이다. 『여씨춘추』「유시람」편에서 같은 기운의 사물은 서로 감응한다는 내용이 나온다.

　　　동일 속성의 사물은 언제나 서로를 불러오고, 기가 같으면 합쳐지며 소리가 서
　　　로 친밀하면 반응한다. 궁음을 두드리면 궁음이 반응하고, 각음을 두드리면 각
　　　음이 반응한다. 평평한 땅에 물을 대면 물은 물기가 있는 곳으로 흐른다.[15]

　이러한 내용에서 알 수 있듯이 기는 만물의 운행 에너지이고 생장소멸의 원인이기도 하며 자연 상태에서 살아있는 운화(運化)의 에너지다. 부모자식간의 사랑도 역시 기의 표현이다. 음택은 죽은 자의 거처로 전생과 내생과 연결되고 귀신과 영혼으로 비교된다. 그러나 실질적인 기운으로 조상과 후손이 서로 연결되어 있다고 보는 것이 동기감응의 실체가 될 것이다.

　옛사람들은 하늘에 대한 숭배와 제천의식, 동물이나 자연물에 관한 원시적인 숭배의 대상과 더불어 하늘의 법도를 만물의 본래 모습인 자연으로 인식하였으며, 천도(天道)와 지도(地道)를 매개로 하늘과 인간의 관계를 성립시켰다.

---

14) 『周易』, 「繫辭上」, "精氣爲物, 游魂爲變, 是故, 知鬼神之情狀, 天地定位, 山澤通氣, 雷風相薄. "
15) 呂不韋, 김근 譯, 『呂氏春秋 · 有始覽』, (주)글항아리, 2016, p.309.

천도(天道)와 지도(地道)인 음양을 매개로 하늘과 인간이 서로 감응한다는 천지인삼재사상은 하늘과 사람의 관계를 자연지리와 연결시킨 일체사상이다. 『청오경』에서 이러한 천지인의 상관관계를 나타내는 내용을 보면 다음과 같다.

> 청오자가 말하길, 집과 묘지를 득하면 두 신이 보호하고, 자손이 관록을 얻으며, 길지와 묘지를 득하면, 용이 오르고 호랑이가 내딛듯이 재물과 가업이 내처럼 불어나고, 재화가 창고에 쌓이며 자손은 충효스럽고 하늘과 신령이 보살핀다.[16]

이것은 길지를 찾아서 음택과 양택지를 구하면 천지와 신령의 도움으로 자손이 성공하니 음택과 양택을 보살피는 일에 절대 소홀함이 있어서는 안 된다는 천지인삼재의 일체사상이다.

천지인(天地人) 삼재사상과 동기감응, 음양오행과 팔괘론, 사후세계관을 전부 포함하고 있는 천문풍수는 개인은 물론 국가의 운명까지 아우르고 있는 종합적인 인문학이자 자연과학으로 현재까지 인류문명과 함께 해오고 있다. 천문지리와 동양철학사상을 포함하여 인류 문화와 충효 예절의 도덕윤리성까지 갖추고 있는 천문풍수는 음양론이자 생자(生者)와 사자(死者)의 택(宅)을 다룬다.

3. 천문풍수의 역사

지구의 나이가 대략 46억년 정도 되었을 것으로 과학계에서는 추정하고 있다. 이에 비해 인류의 역사는 불과 몇 백 만년 정도의 아주 짧은 기간에 불과하다. 더구나 기원전 약 8,000년경에 시작된 진일보한 신석기문화에서 보듯이 농업생활로 인해 발

---

16) 『청오경』, "靑烏子云, 其宅得墓, 二神漸護」子孫祿位乃固, 得地得墓, 龍□虎步, 物業滋川, 財集倉庫, 子孫忠孝, 天神祐助"

달하기 시작한 인류문명은 불과 일 만년도 채 되지 않는다.

대략 7,000년 전 고대(古代) 신석기시대 유적에서 자갈로 만든 용과 호랑이의 모습이 발견되었다. 하남성 복양현 앙소문화 유적지에서 조개껍질인 패각으로 만든 용과 호랑이의 모습이다. 무덤 주인은 머리를 남쪽으로 두고 용과 호랑이는 북쪽에 위치하면서 주인의 양 옆에서 호위하는 모습이다. 이 구도는 북두성을 상징하고 있는 것으로 추측되며 묘지에 펼쳐놓은 모자이크는 중국에서 예부터 내려온 특유의 영혼불사관념과 이상을 생동감 있게 표현한 것이다.[17] 아래 그림에서 보듯이 용과 호랑이의 패각과 고분에 새겨진 사신도는 사령(四靈)을 나타낸다. 〈그림-2〉[18]는 하남성 복양현 고분에서 발견된 것이고, 〈그림-3〉[19]은 고구려 강서고분에 그려진 벽화투시도이다. 두 개의 그림에서 보여주듯이 용과 호랑이는 주검 양측에서 주인을 호위하고, 벽화투시도의 사신(四神)들 역시 고분의 주인을 보호하고 있는 수호신들이다.

〈그림-2〉 용호의 사신도

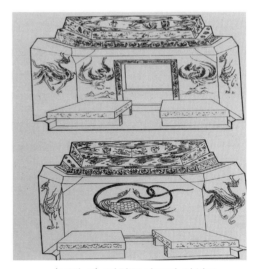

〈그림-3〉 벽화투시도의 사신도

17) 黃曉芬, 김용성 譯, 『漢代의 무덤과 그 祭祀의 기원』, 학연문화사, 2006, pp.350-351.
18) 나일성 앞의 책, p.76.
19) 나일성 앞의 책, p.77.

천문풍수의 역사가 언제부터 시작되었는지 정확하게는 알 수 없다. 다만『주역』「계사하」에서 "아주 먼 옛날에는 움집이나 들판에 거주하였는데 후세의 성인이 궁실을 세웠고 기둥과 서까래를 내려 비바람을 대처했다."[20]는 기록이 있다.

위의 그림과「계사하」의 내용으로 볼 때, 이미 춘추전국시대 이전의 하·상·주시기부터 천문사상을 포함하는 풍수지리를 인식하고 있었다는 추론이 가능하고, 옛사람들이 음택과 양택에 천문사상을 적용시키고 있었으며, 음양오행과 천지인(天地人) 삼재사상을 바탕으로 동기감응과 내세관 등의 천문사상들을 연결시켰다는 점이다.

천문풍수는 음택과 양택 두 가지가 전부로 지역적인 자연조건에 따라 국세의 크기는 차이가 있다. 그러나 음택이나 양택 모두가 혈처와 명당, 사신사 등과 장풍득수를 갖추기 위한 조건은 동일하다. 음택은 무덤이나 고분과 왕릉 등으로 사자(死者)의 집이고, 양택은 산 사람이 거주하는 집으로 작게는 마을과 개인의 주택이고, 크게는 도읍지나 국가가 들어서는 터를 총칭하며, 대체적으로 음택의 국세 크기는 양택에 비해 규모가 작다.

가장 오래된 풍수서적으로 추정되며 현존하고 있는『청오경』이 한나라 시대에 만들어진 것으로 알려져 있다.『풍속통의』[21]에 있는 기록을 보면, "한대에 청오씨가 술수에 능한 사람"[22]이라고 기록되어 있다. 또한 위진남북조 시대에 청오자라는 이름이 사서(史書)에 자주 거론되고 있는 점으로 볼 때, 청오자라는 인물은 한대(漢代)에서부터 위진남북조 시대를 겸하고 있는 인물로 추정된다. 현시대에서도 대부분 한대(漢代)사람으로 알려져 있다.

『청오경』의 뒤를 이어 우리의 삼국시대와 유사한 진(晉)나라시대는 곽박(276-324)의『금낭경』이 그 뒤를 잇고 있다.『청오경』과『금낭경』을 중심으로 천문풍수의 역사를 추정해 보면 한나라시대를 기점으로 음택과 양택의 구체적인 음양오행이론을 담은

---

20)『周易』,「繫辭下」, "上古穴居而野處, 後世聖人易之以宮室, 上棟下宇, 以待風雨."
21)『풍속통의』는 동한시대의 학자였던 응소(153~204)가 동한시기의 지리, 종교, 민속 등 다양한 문화전반에 걸친 내용을 수록한 일종의 생활백과서다.
22)『풍속통의』「일문」27편, "漢有靑烏子, 善術數."

천문풍수가 시작된 것이다. 두 책은 음양오행이론을 바탕으로 방향성에 따른 비보풍수와 더불어 사신사의 산세를 다루고 있으며 주로 음택의 내용을 담고 있다.

음택과 달리 양택서의 최초 기록은 간백문헌에서 발견된 자료들 중에 수호지 진간 『일서(日書)』갑종이 있다. 이는 진시황이 통치한 진나라 시기의 문헌이다. 이 가운데 양택서로 인정되는 「택거(宅居)」가 있다. 「택거」는 집의 위치와 높이는 물론 좌우측의 형세를 비롯하여 연못이 놓인 방향 및 수류의 흐름과 곳간이나 우물이 놓인 방향 등을 혼합한 양택관을 보여주고 이를 인사의 길흉에까지 연계시키고 있다.[23]

1974년 발굴 조사한 전한시대(前漢時代)의 마왕퇴 3호 한묘(漢墓)에서 발견된 각종 유물들 중에 『택위초도(宅位草圖)』, 『부택도(府宅圖)』, 『택형택위길흉도(宅形宅位吉凶圖)』의 그림들이 발견되었다.[24] 이러한 유물의 발견으로 보아 이미 전한시대나 그 이전 시기에 음택은 물론 양택에도 이미 풍수지리의 형세론과 방위론, 자연조건과 지형지세 등의 여러 법칙을 적용하고 있었던 것으로 판단되는 것이다. 이후 천문사상을 적용시킨 풍수지리사상과 원리를 서적으로 정리한 것은 진시황시대를 시작으로 그 후대 시기에 구체화된 것으로 추론되어진다.

이 외에도 여러 풍수지리서적이 존재했던 것으로 추론되지만 팔괘방위와 음양론을 바탕으로 음택과 양택이론을 펼치고 있는 당나라시대의 『황제택경』이 현존하는 양택서로는 가장 유명하다. 『황제택경』 역시 음양론과 24방위와 절기 개념을 적용시키고 길흉방위에 대한 적용법을 천문사상에 두고 있는 양택서다.

천문풍수는 춘추전국시대의 공맹사상과 노장사상, 한나라의 천인사상과 당대(唐代)에 이르기까지 시대를 아울렀던 주요사상들과 함께 음양오행과 천문의 이치를 함께 담은 종합적인 학문으로 지금까지 이어져오고 있다.

천문풍수는 인간의 삶에 있어 가장 친숙하며 실질적으로 매우 중요한 학문이다. 조상과 후손과의 연결성은 물론 국가의 운영철학과 연계된 천지인사상을 종합적으로

---

23) 김혜정, 『風水學史』, 도광출판사, 2018, pp.57-58.
24) 이승률, 『죽간·목간·백서·중국고대 간백자료의 세계』, 예문서원, 2013, p.197.

아우르고 있는 실용적인 학문으로 고대인들의 삶 속에 깊숙이 자리하고 있었다. 시대적인 사상변화의 흐름 속에서도 굳건히 자리하였고, 천지의 기운과 사람의 운명이 일치하는 천지인삼재사상의 최종적인 학문으로 지금까지 인간의 삶에 관여하고 있다.

천문풍수는 춘추전국시대와 진한시대, 남북조와 수·당시대, 송대와 명·청대를 거치면서 많은 풍수명사들을 배출하였다. 풍수지리의 중시조로 알려진 당나라 양균송의『청낭경』과『감룡경』을 필두로『의룡경』과『사대혈법』,『도장법』과 일행선사의『대연력분도』등의 풍수서와 증문적과 요금정, 복응천 등의 여러 인물이 배출되었다.

송대(宋代)로 들어와 소강절의『방원육십사괘도진』과 주자의『산릉의장』, 전백통의『감여요약』이 있고 추중용은『대리가』를 지었다. 이후 명대(明代)에 들어와 호순신의『지리신법』, 채성우의『명산론』, 서선술·서선계의『인자수지』와 청대(淸代) 조정동의『지리오결』등으로 그 흐름이 이어져 왔다. 또한 청대는 택일위주로 풍수지리가 발전되어 오면서 왕도형의『나경투해』로 인해 24방위가 정립된 것이 일반적인 천문풍수의 변천사이다.

우리나라 천문풍수의 역사를 보면 삼국시대는 물론 특히 고려시대와 조선시대는 풍수지리가 국정운영의 중심에 있기도 하였다. 왕건의『훈요십조』를 필두로 조선시대는『청오경』과『금낭경』,『명산론』등 여러 풍수서적을 과거시험 과목으로 선정하여 음양과시험에 이를 적용시켰다.

우리나라 천문풍수의 기록은 신라 4대 탈해왕의 역사에 일부 나타나 있다.

성안에 살 만한 곳을 살펴보니 초승달 모양의 봉우리 하나가 있는데 오래도록 살만했다. 그래서 내려가 살펴보니 호공(瓠公)의 집이었다. 탈해가 계책을 써서 몰래 그 옆에 숫돌과 숯을 묻고 다음 날 이른 아침에 그 집에 가서 말했다. '여기는 우리 조상이 대대로 살던 집이오.' 호공이 그렇지 않다고 하자 이들의 다툼은 관청으로 이어졌다. 관청에서 묻기를 '무슨 근거로 너의 집이라고 하느냐고 묻자, 우리 조상은 본래 대장장이였는데 잠깐 이웃 고을에 간 사이에 그가 빼앗아 살고 있는 것입니다. 땅을 파서 조사해 보라고 하자, 과연 숫돌과 숯이 나왔으므로 그 집을 빼앗아 살게 되었다. 이때 남해왕은 탈해가 지혜로운 사람임을 알아보고 맏이 공주를 아내로 삼게 되니 이 사람이 아니부인이다. 탈해가 죽은 후에도 내 뼈를 조심해서 묻으라고 하였다."[25]

이 내용을 보면 음택과 양택 모두의 형세론적인 설명이 있다. 풍수지리상 초승달 모양의 집터는 형세론을 설명한 것으로 사격(砂格)이 뛰어난 양택 명당이고, 뼈를 조심해서 다루라는 것은 음택풍수에 해당한다.

선덕여왕(632-647) 시기에 여근곡(女根谷)이라는 지명의 유래도 있다.

영묘사 옥문지에서 한겨울에 수많은 개구리들이 모여 사나흘 동안 울어 댔다. 나라 사람들이 괴이하게 여겨 왕에게 물었다. 왕은 급히 각간 알천과 필탄 등에게 정예 병사 2000명을 이끌고 서둘러 서쪽 교외로 가서 여근곡을 물어보면, 그곳에 틀림없이 적병이 있을 테니 습격하여 죽이라고 말했다. 두 각간이 명을 받고 나서 각기 1000명을 거느리고 서쪽 교외로 가서 물었더니 부산(富山) 아래에 여근곡이 있었고 백제군사 500명이 그 곳에 숨어 있었으므로 그들을 에워싸서 죽였다. 백제에서 후원병이 1200명 왔지만 역시 한 명도 남김없이 죽였다."[26]

여근곡 또한 자연형세의 사격인 지리적인 조건을 파악하여 적을 물리친 경우다. 가야시대에도 여러 왕릉 등의 고분군들에서 풍수지리의 기록이 발견되고 있다. 김수로

---

25) 김원중 옮김, 『삼국유사』, 민음사 ,2007, pp.82-85.
26) 김원중 옮김, 『삼국유사』, 민음사, 2007, pp.114-115.

왕릉의 경우는 명백히 김해의 구지봉에 잇대어 자리 잡고 있으며 왕비릉에 있는 파사석탑은 왕비가 인도 아유타국에서 가져온 것이다. 또한 이 탑이 남해의 파도를 진정시킨다는 진풍탑(鎭風塔)으로 불린다는 사실이다. 이것은 분명 풍수비보(風水裨補)의 예라 할 수 있다.[27]

〈그림-4〉 경주 건천지역 여근곡

이와 같이 삼국시대는 물론 신라 말에는 풍수지리와 음양도참사상의 대가로 불렸던 도선국사의 출현으로 한층 더 풍수지리가 활발하게 전개되었다.

도선국사는 신라 말기 최치원과 동시대의 사람으로 속성은 김씨이다. 만년에 백계산(지금의 광양 옥룡사)에 머물며 효공왕 2년 72세로 입적하였다. 도선국사의 이력을 자세히 알 수는 없으나, 풍수지리와 도참사상을 골자로 지리쇠왕설(地理衰旺設)과 지리순역설(地理順逆設) 등 비보풍수를 주장하였다.

도선의 풍수사상을 보면 지리에는 쇠왕(衰旺)과 순역(順逆)이 있으므로 왕처(旺處)와 순처(順處)를 택하여 거주해야 하고, 쇠처(衰處)나 역처(逆處)는 인위적으로 비보를 해야 한다는 주장이다. 도선은 자연조건에 맞추어 부족한 부분을 보충하는 비보풍수를

27) 최창조, 『한국풍수 인물사』, 민음사, 2014, pp.84-85.

적용시켰으며 비기도참서가 전해질만큼 풍수지리에 뛰어났던 사람이다. 후일 고려시대에 성행한『도선비기』의 내용이 도선국사가 직접 작성한 글인지는 정확히 알 수 없으나 다소 그의 사상에 연원을 받은 것임은 틀림없다.

후삼국시대 고려 태조인 왕건 또한 풍수지리의 신봉자인 것은 익히 알려진 사실로『훈요십조』에 그 기록이 있다.『훈요십조』제8훈에 "차현 이남 공주강 밖 산형의 지세가 모두 배반하여 역으로 달리고 있으니 인심 또한 주군의 사람들도 그럴 것이다."[28]는 내용이다. 고려 인종 때 발생한 '묘청의 난'도 정치적 상황에 따라 풍수지리사상을 중시하여 발생한 내란이었다.

왕건이 주장한 차현[29] 이남의 인재들이 중앙관리로 등용되지 못한 원인은 회룡고조형의 산세에 있다. 풍수지리의 신봉자였던 왕건의 입장에서 객산(客山)이 주산(主山)을 넘보면 역모(逆謀)의 상이 된다는 부정적인 인식의 결과였다. 그러나 이것은 풍수지리의 전말이 잘못된 결과로 볼 수 있다.

회룡고조형(回龍顧祖形)의 산세는 객산이 주산을 넘보는 역모의 상이 아니라, 주산이 조종산을 바라보는 유정(有情)한 형국으로 혈을 맺기에 아주 좋은 길격(吉格)의 형국이다. 현재로 기준하면 금남정맥이 북쪽으로 올라오는 산세가 된다.

고려시대를 지나 조선초기의 무학대사가 개국조선의 수도를 정하기 위해 계룡산과 한양 등지를 돌아다녔던 것은 익히 알려진 사실이다. 조선은 고려시대의 정치적 영향은 물론 민심에 많은 영향을 미쳤던 불교대신 유교를 국교로 정하였던 나라다. 비록 조선시대에 불교가 천민계급으로까지 추락하기도 하였으나 음양오행사상과 풍수도참사상이 여전히 조선에 많은 영향을 미쳤던 것 또한 사실이다.

조선사대부들이 양택의 입지 선정에 반드시 풍수지리의 여러 법칙을 따랐으며 특히 음택으로 인해 많은 사회적인 문제점이 발생하기도 하였다. 국가고시에 음양과를

---

28)『高麗史』, 卷第二,「世家」二, 태조 26년, "車峴以南, 公州江外, 山形地勢, 並趨背逆, 人心亦然, 彼下州郡人."
29) 차현 지역은 아직까지 정확하게 어떤 지역이라고 단정할 수는 없으나, 일본인이 규정한 차령산맥은 강원도와 경기도 충청도를 전부 아우르는 산맥이다. 왕건이 규정한 차현 이남은 공주와 금강을 경계로 남쪽지방을 뜻하는 것으로 보는 것이 일반적인 견해일 것으로 추론된다.

설치해 과거시험을 통하여 지관을 뽑았으며, 사대부들은 풍수지리학을 모르고서는 양반 행세를 할 수가 없을 정도로 풍수지리가 유행했던 시기였다.

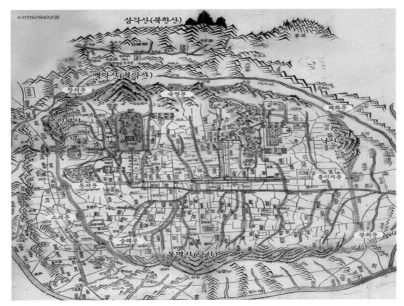

〈그림-5〉 경복궁의 사신사[30]

경복궁은 천원지방(天圓地方)사상과 천문사신사와 오행사상을 적용시켜 북악산과 인왕산 등지에서 내려오는 물이 청계천으로 흘러가도록 비보풍수를 적용시킨 건축물이다. 경복궁 건설에 있어 무학대사는 인왕산을 주산으로 궁궐을 동쪽으로 하여야 한다는 주장이었고, 정도전은 '군주는 북좌남면(北坐南面)하여 정사를 펼쳐야 한다'는 유교사상으로 북악산이 주산이 되어야 한다고 주장하였다.

무학대사와 정도전이 첨예하게 맞붙은 결과 정도전의 주장대로 북악산이 주산이 되고, 인왕산이 우백호, 낙산이 좌청룡이 되어 결국 북좌남면(北坐南面)하게 된 것이다. 현재 북악산–낙산–인왕산–남산이 사세를 이루고 있다.

조선시대의 풍수지리는 정치의 중심에서 나라를 황폐화시킬 만큼 그 영향은 실로

---

30) naver, 2015년 08월 27일 글로벌 이코노믹 기사, 서울 역사박물관소장 경복궁지도.

지대하였다. 수많은 당파싸움을 비롯하여 홍경래의 난과『정감록』등은 전부 풍수지리와 연관이 있는 사건들이다. 가장 대표적인 사례가 조선 말에 흥선대원군이 충남 예산군에 있었던 가야사를 불태우고 자신의 아버지인 남연군의 묘를 만든 경우다.

전통적인 풍수서적이 빈약했던 우리나라는 김정호의『대동여지도』를 비롯하여 이중환의『택리지』, 홍만선의『산림경제』, 서유구의『임원경제십육지』, 신경준의『산경표』등이 풍수지리와 연관이 있는 저서들로 분류되기도 한다.

일제시기에는 풍수지리를 이용하여 우리 민족의 정기를 끊고자 전국의 산천에 쇠말뚝을 박는 만행을 펼쳤다. 일본의 만행에 분노하여 어린나이의 육당 최남선(1890~1957)이 한반도의 모습은 대륙을 할퀴는 성난 호랑이라고 표현한[31] 것은 참으로 용기 있는 행동이었다. 이러한 사실은 전부 풍수지리와의 연관성이다. 우리산천의 지질구조를 파악하고 우리 고유의 풍수지리사상을 파악하여 민족을 압박하였던 것이다.

일제 강점기의 왜곡된 진실과 더불어 미신이라고 폄하되어온 풍수지리는 현대로 넘어오면서 인류의 역사와 함께 해오고 있는 학문이자 전통문화로 인정받고 있다. 또한 우리고유의 풍수지리사상이 연구되고 많은 저서들이 나오고 있는 것은 풍수지리의 우수성과 과학성이 증명되고 있다는 증거이다.

---

31) 최남선이 1908년 11월에 창간한 청소년 계몽잡지인 『소년』 창간호에 한반도를 호랑이 그림으로 표시하였지만 일제에 의해 곧바로 폐간되었다.

제2장 천문풍수학의 법칙

1. 음양과 오행의 개요

음양은 하늘과 땅이며 해와 달, 밤과 낮, 남과 여, 햇빛과 그늘 등으로 정의되는 것이 일반적인 음양개념이다. 우주운행의 가장 근본적인 구성요소이자 태극이며 양의(兩儀)로 음양에서 사상(四象)이 생긴다.

오행을 집대성한 수나라 소길(蕭吉)의『오행대의』에서는 "자산이 이르길 기가 다섯 가지 맛이 된다. 정현은 이르길 입을 통하면 오미가 되고, 코를 통하면 다섯 가지 냄새가 된다. 그을리며 볶는 냄새는 양기가 찌는 듯이 움직여 불기운으로 태우는 것이며, 타는 기운은 여름 기운과 같은 것으로"[32] 오행의 속성에 따라 달라지는 현상과 물(物)[33]의 변화와 기운변화를 오행의 관점으로 설명하고 있다.

오행의 기가 부족하면 사람의 기가 쇠약해지고 오행의 기운을 모두 간직하면 건강한 기운이 되듯이 오행은 만물의 운행원리가 되어 조화로움을 추구한다. 송대(宋代) 정이[34]는 "사람은 가장 빼어난 오행의 기를 받았고 천지의 청명하고 순수한 기로 생겨난 것으로"[35] 사람이 가장 빼어난 오행의 기를 받았다는 것이다.

---

32) 『五行大義』,「論配氣味」, "子産云, 氣爲五味. 鄭玄云, 通口者爲五味, 通鼻者爲五臭, 臭焦者, 陽氣蒸動, 燎火之氣也, 有焦燃之氣, 夏氣同也."

33) 物은 인간을 포함한 만상만물의 대표적인 말이다. 『주역』「계사상」에서는 "움직임과 정함에 항상함이 있으니 강유가 나누어지고, 方으로 유사함이 모이니 物이 무리로 나뉘고 길흉이 생긴다.(動靜有常 剛柔斷矣, 方以類聚 物以群分, 吉凶生矣.)", "만물을 두루 알면 능히 도로써 천하를 제도할 수 있다.(知周萬物, 則能以道濟天下也.)"라고 하여, 物을 만물로 표현하고 있다. 물은 心과 形의 형이상과 형이하를 모두 가진 존재로 보는 것이 옳다.

34) 정이(程頤)는 송대의 유학자로 이름은 이, 호가 이천이다. 이정으로 불리며 형은 鄭顥인 정명도, 동생이 정이천으로 이기론의 대가들로 후일 주자에게 영향을 미치며 두 형제의 학설을 二程의 學이라 이른다.

35) 『二程集』,「하남정씨유서」, 권18, p.199. "人乃五行之秀氣, 此是天地清明順粹氣所生也."(민병삼,「정이천의 풍수지리사상 연구」,『동양철학연구』제59집, 재인용.)

각각의 오행을 구분하여 오행상생상극에 따른 길흉판단은 형이하학적인 관념적 시각이고, 음양의 성질과 오행의 속성 등을 하나의 일체관념으로 살핀 것이 음양오행이 지닌 형이상학적인 시각이다. 오행은 본래 상충과 상극, 상생 등이 없는 오행 그 자체다. 즉 오행은 각각이자 다섯 가지가 하나로 뭉친 운행체계이며 음과 양의 두 기운과 함께 만물의 운행원리가 된다.

오행의 구별과 기록을 보면, 『서경』「홍범」편에 "오행은 첫 번째가 수(水), 두 번째가 화(火) 세 번째가 목(木)이고, 네 번째는 금(金), 다섯 번째가 토(土)이다. 수는 이르길 아래로 적셔서 내려가고, 화는 위로 타오르는 것이며, 목은 굽거나 곧으며, 금은 따르거나 바꾸며, 토는 심거나 거두며, 적셔져서 내려가는 것은 짠맛이고 타오르는 것은 쓴맛이며, 굽거나 뻗는 것은 신맛이고, 따르고 바꾸는 것은 매운 맛이고, 심고 가꾸는 것은 단맛이다."[36]하여 오행의 순서와 특징을 나타내고 있다.

예를 들면 나무는 관념적인 시각으로 목(木)이고 음양으로 봄인 양의 계절에 성장한다. 가을이 되면 열매가 맺히고 음의 기운으로 돌아선다. 계절이 바뀌었다고 나무가 금이 되지는 않는다. 금의 속성으로 체를 바꾸었다가 다시 목(木)으로 소생하는 것이 자연의 원리다. 또한 나무는 잎을 통한 광합성 작용으로 수화(水火)작용이자 음양운동을 동시에 하고 있다.

토에 뿌리를 내리고 수화(水火)의 기운을 받아서 나무는 성장을 거듭한다. 이 과정 속에서 나무는 오행의 기운을 전부 가지게 된다. 나뭇잎은 양의 기운을 받고 뿌리는 땅 속의 수기(水氣)를 받는 음양의 관계를 통해 성장소멸을 거듭하는 것이다.

만상만물은 각각의 오행을 가지고 있거나 오행전부의 기운을 통해 삶이 영위되며 음양의 양면적인 속성을 함께 가지고 있다. 오행은 어떤 목적으로 정해진 것이 아니라 당연한 인과관계로 맺어져 영속성을 유지하는 기(氣)의 운행체계다. 또한 수성-금성-목성-화성-토성의 오성(五星)이기도 하다.

---

36) 『書經』, 「홍범」, "一五行一日水, 二日火, 三日木, 四日金, 五日土. 水日潤下, 火日炎上, 木日曲直, 金日從革, 土爰稼穡, 潤下作鹹, 炎上作苦, 曲直作酸, 從革作辛, 稼穡作甘."

우주자연적인 운행원리의 구성요소인 오행은 생장소멸의 윤회성과 영원성을 띠면서 운행하는 우주자체의 변화원리이다. 사람은 물론 만상만물이 끊임없는 변화와 창조를 계속하고 있는 원리가 바로 음양과 오행이다.

일반적인 음양오행은 형이하학과 형이상학적 측면을 둘 다 가지고 있다. 풍수지리는 음양오행의 형이하학적인 측면에서 산수(山水)와 산세의 형태를 오행으로 판단하고 형이상학적인 측면에서 천문사상을 결부시킨다. 현상적인 오행관찰을 통해 산세의 기운과 산수의 방위를 통해 장풍득수와 생기 여부를 통해 길흉을 판단한다.

2. 음양오행의 원리와 운행법칙

『주역』에서 "한번 음이고 한번 양이니 이를 일러 도라 한다."[37] 무극에서 음양의 시작인 태극으로, 태극에서 사상팔괘로 나누어진다. "역에는 태극이 있어 양의를 생하고, 양의는 사상을 생하며 사상은 팔괘를 생한다. 팔괘는 길흉을 정하고 길흉은 대업을 낳는다."[38]는 것이 음양변화에 따른 사상팔괘(四象八卦)의 변화원리다. 음양은 무극인 무(無)의 상(象)에서 태극인 유(有)의 상(象)으로 변화가 처음 일어난 형이상학적인 차원의 변화 설명이다.

음양의 화합과 음양의 상충, 음양의 변화로 인해 유형의 물(物)이 생기고, 유형의 물은 강유(剛柔)와 무리로 모여지니 길흉이 생긴다. "하늘은 상을 이루고 땅은 형을 이루어 변화가 나타난다. 이런고로 강유가 서로 부비며 팔괘가 서로 섞인다. 우레와 번개로 두드리고 풍우로 윤택하게 하며, 일월이 운행하고 한번 춥고 한번 더워, 건(乾)의 도가 남자가 되고 곤(坤)의 도가 여자가 되니, 건은 큰 시작을 알고 곤은 사물을 이루어 짓는다. 건은 쉬움으로 알고 곤은 간단함으로 능하다."[39]

---

37) 『주역』, 「계사상」, "一陰一陽之謂, 道."
38) 『주역』, 「계사상」, "是故 易有太極, 是生兩儀, 兩儀生四象, 四象生八卦, 八卦定吉凶, 吉凶生大業."
39) 『주역』, 「계사상」, "在天成象 在地成形 變化見矣, 是故 剛柔相摩 八卦相盪. 鼓之以雷霆 潤之以風雨, 日月運行 一寒一署, 乾道成男 坤道成女, 乾知大始 坤作成物, 乾以易知 坤以簡能."

음양인 건곤(乾坤)과 일월성신(日月星辰)에 따른 『주역』의 음양팔괘생성변화 작용은 음양의 동정(動靜)작용에 의한 천지변화 작용이다. 이로 이해 인사의 길흉관계가 스스로 성장소멸의 과정을 되풀이한다. 음양의 표상체계로 인해 일월성신(日月星辰)의 변화가 일어나고 이로 인해 강유(剛柔)의 길흉 등이 발생한다. 우주자체의 음양변화 과정으로 일어나는 다섯 가지의 작용체계가 오행이다.

음양의 분화로 발생한 사상(四象)은 양(陽) 가운데 양이 있고 음이 있고, 음(陰) 가운데 음이 있고 양이 있으며 태양과 소양, 태음과 소음으로 음양을 다시 태소(太少)로 분리시킨 것이다. 사상(四象)에서 천지인삼재의 상(象)을 밝혀 천지운행의 이치로 나타낸 것은 팔괘다. 천지운행에 따른 만상만물의 상생운동이 하도(河圖)의 오행변화라면, 음양과 사상(四象)을 더 세분화시켜 8개의 방위와 그 상(象)을 나타내어 상극에 따른 천지운행의 이치를 밝힌 것이 낙서(洛書)로 이 둘을 합쳐서 하도낙서라 칭한다.

하도낙서의 시작은 성인(聖人)이 역(易)을 지은 이유에서 밝히고 있다. "하늘이 신묘한 물건을 내자 성인이 법을 받고, 천지가 변화하자 성인이 본받으며, 하늘이 상(象)을 드러내자 길흉이 생기고, 성인이 상(象)을 이루니 하수에서 도(圖)가 나오고, 낙수에서 서(書)가 나오니 성인이 법을 받으며 역에 사상이 있음을 보여준 것이다."[40]

지상에서의 오행은 나무와 불, 흙과 바위, 물 등의 자연물이며 이를 목·화·토·금·수로 표시하였다. 하늘에서는 목성과 화성, 토성과 금성, 수성의 오성(五星)이며, 사람에게는 인·의·예·지·신(仁·義·禮·智·信)의 오상(五常)이다. 오행은 만상만물을 이루는 구성요소인 동시에 우주자연의 운행원리이자 만물의 운행원리가 된다. 자연계의 운행원리와 만상만물의 변화작용과 사물의 특성을 표현한 오행의 표상체계는 기(氣)와 질(質), 무(無)와 유(有)의 양면성을 동시에 가지고 있다.

오행은 다섯 가지 형태로 걷는다는 뜻과 우주운행은 다섯 가지로 일어난다는 뜻을 함께 가지고 있다. 행(行)은 걷는다는 뜻으로 움직임이다. 나무·불·흙·돌·물로

---

40) 『주역』, 「계사상」, "天生神物, 聖人則之, 天地變化, 聖人效之, 天垂象見吉凶, 聖人象之, 河圖出洛出書, 聖人則之."

이루어진 목·화·토·금·수의 자연물과 오행인(五行人), 오행성(五行星) 등 천지만물의 표현과 의미에 오행의 상(象)을 명명하여 나타낸다.

오행은 상생과 상극의 관계로 운행되고 상호 화합하여 영원한 성장소멸을 초래한다. 오행상생은 목-화-토-금-수로 천지만물이 운행되는 순서이며, 오행상극은 목-토, 토-수, 수-화, 화-금, 금-목으로 운행되는 극의 관계다. 상생은 성장과 변화로 이어지고 상극은 소멸과 새로운 변화로 이어진다. 모든 천지자연계는 상생과 상극작용이 동시에 일어나면서 운행되는 것이 이치이다. ·

아래는 천간지지와 육십갑자, 납음오행과 하도낙서, 사상팔괘와 오행의 사시왕쇠(四時旺衰), 둔월법과 오행의 상(象) 등을 간지(干支)와 팔괘와 더불어 오행의 특성 등을 종합적으로 나타낸 도표다.

〈표-1〉 천간지지

天干	甲	乙	丙	丁	戊	己	庚	辛	壬	癸		
五行	+목	목	+화	화	+토	토	+금	금	+수	수		
地支	寅	卯	辰	巳	午	未	申	酉	戌	亥	子	丑
五行	+목	목	+토	+화	화	+토	+금	금	토	+수	수	토

〈표-2〉 육십갑자

1	甲子	11	甲戌	21	甲申	31	甲午	41	甲辰	51	甲寅
2	乙丑	12	乙亥	22	乙酉	32	乙未	42	乙巳	52	乙卯
3	丙寅	13	丙子	23	丙戌	33	丙申	43	丙午	53	丙辰
4	丁卯	14	丁丑	24	丁亥	34	丁酉	44	丁未	54	丁巳
5	戊辰	15	戊寅	25	戊子	35	戊戌	45	戊申	55	戊午
6	己巳	16	己卯	26	己丑	36	己亥	46	己酉	56	己未

7	庚午	17	庚辰	27	庚寅	37	庚子	47	庚戌	57	庚申
8	辛未	18	辛巳	28	辛卯	38	辛丑	48	辛亥	58	辛酉
9	壬申	19	壬午	29	壬辰	39	壬寅	49	壬子	59	壬戌
10	癸酉	20	癸未	39	癸巳	40	癸卯	50	癸丑	60	癸亥
空亡	戌亥		申酉		午未		辰巳		寅卯		子丑

〈표-3〉납음오행

甲子 乙丑	海中金	甲戌 乙亥	山頭火	甲申 乙酉	泉中水	甲午 乙未	砂中金	甲辰 乙巳	覆燈火	甲寅 乙卯	大溪水
丙寅 丁卯	爐中火	丙子 丁丑	澗下水	丙戌 丁亥	屋上土	丙申 丁酉	山下火	丙午 丁未	天河水	丙辰 丁巳	沙中土
戊辰 己巳	大林木	戊寅 己卯	城頭土	戊子 己丑	霹靂火	戊戌 己亥	平地木	戊申 己酉	大驛土	戊午 己未	天上火
庚午 辛未	路傍土	庚辰 辛巳	白蠟金	庚寅 辛卯	松柏木	庚子 辛丑	壁上土	庚戌 辛亥	釵釧金	庚申 辛酉	石榴木
壬申 癸酉	劍鋒金	壬午 癸未	楊柳木	壬辰 癸巳	長流水	壬寅 癸卯	金箔金	壬子 癸丑	桑柘木	壬戌 癸亥	大海水

〈표-4〉60갑자 둔월법

구분		甲·己年	乙·庚年	丙·辛年	丁·壬年	戊·癸年
월	절기					
寅月	立春	丙寅	戊寅	庚寅	壬寅	甲寅
卯月	驚蟄	丁卯	己卯	辛卯	癸卯	乙卯
辰月	淸明	戊辰	庚辰	壬辰	甲辰	丙辰
巳月	立夏	己巳	辛巳	癸巳	乙巳	丁巳
午月	芒種	庚午	壬午	甲午	丙午	戊午

未月	小暑	辛未	癸未	乙未	丁未	己未
申月	立秋	壬申	甲申	丙申	戊申	庚申
酉月	白露	癸酉	乙酉	丁酉	己酉	辛酉
戌月	寒露	甲戌	丙戌	戊戌	庚戌	壬戌
亥月	立冬	乙亥	丁亥	己亥	辛亥	癸亥
子月	大雪	丙子	戊子	庚子	壬子	甲子
丑月	小寒	丁丑	己丑	辛丑	癸丑	乙丑

〈표-5〉 오행과 사시왕쇠표(四時旺衰表)

계절/오행	木	火	土	金	水
春	旺(왕)	相(상)	死(사)	囚(수)	休(휴)
夏	休	旺	相	死	囚
季月	囚	休	旺	相	死
秋	死	囚	休	旺	相
冬	相	死	囚	休	旺

〈표-6〉 사상팔괘와 음양

太 · 極							
陽				陰			
太陽		少陰		少陽		太陰	
乾 · 兌		離 · 震		巽 · 坎		艮 · 坤	
陽卦: 乾 · 坎 · 艮 · 震				陰卦: 坤 · 巽 · 離 · 兌			
선천팔괘차서							
乾	兌	離	震	巽	坎	艮	坤

1	2	3	4	5	6	7	8
天	澤	火	雷	風	水	山	地
☰	☱	☲	☳	☴	☵	☶	☷
天·父	못·少女	불·中女	雷·長男	風·長女	水·中男	산·少男	地·母
후천팔괘차서							
乾·父				坤·母			
艮	坎	震	兌	離	巽		
乾·父 三男				坤·母 三女			

〈표-7〉 천간오행의 12포태법과 생왕사절표(生旺死絶表)

구분	長生	沐浴	冠帶	建祿	帝旺	衰	病	死	墓	絶	胎	養
甲	亥	子	丑	寅	卯	辰	巳	午	未	申	酉	戌
乙	午	巳	辰	卯	寅	丑	子	亥	戌	酉	申	未
丙	寅	卯	辰	巳	午	未	申	酉	戌	亥	子	丑
丁	酉	申	未	午	巳	辰	卯	寅	丑	子	亥	戌
戊	寅	卯	辰	巳	午	未	申	酉	戌	亥	子	丑
己	酉	申	未	午	巳	辰	卯	寅	丑	子	亥	戌
庚	巳	午	未	申	酉	戌	亥	子	丑	寅	卯	辰
辛	子	亥	戌	酉	申	未	午	巳	辰	卯	寅	丑
壬	申	酉	戌	亥	子	丑	寅	卯	辰	巳	午	未
癸	卯	寅	丑	子	亥	戌	酉	申	未	午	巳	辰

〈표-8〉 오행의 상(象)

五行	木	火	土	金	水
五色	靑	赤	黃	白	黑
五聲	角	徵	宮	商	羽
五星	歲星	熒惑星	鎭星	太白星	辰星
五常	仁	禮	信	義	智
五事	貌	視	思	言	聽
五經	易經	禮記	書經	春秋	詩經
五臟	肝	心	脾	肺	腎
五味	신맛	쓴맛	단맛	매운맛	짠맛
五穀	밀, 보리	기장	기장, 조	호마	콩, 팥
五畜	戌	未	丑	酉	亥
五果	배, 사과	복숭아	포도	감귤	호도, 밤
八卦	震, 巽	離	艮, 坤	兌, 乾	坎
五季	春	夏	四季	秋	冬
五靈	창룡	주작	구진·등사	백호	현무
天干	甲·乙	丙·丁	戊·己	庚·辛	壬·癸
地支	寅·卯	巳·午	辰·戌·丑·未	申·酉	亥·子

3. 팔괘와 하도낙서

『주역』은 동양사상의 으뜸이다. 모든 동양고전과 경전의 우두머리로 인정할 만큼 심오한 천지자연의 운행이치를 담고 있다. 복희가 괘를 만들고, 문왕이 괘사를 짓고, 주공이 효사를 지었으며, 공자가 십익(十翼)을 지음으로써 완성된 것이 『주역』에 대한 일반적인 사실이다.

『주역』의 핵심은 천지인삼재(天地人三才)의 도(道)가 바탕이다. 천지만물의 이치와 변화를 성인(聖人)의 도(道)로 드러내어, 상(象)과 수(數)로 인사(人事)의 길흉에 연결시키고 의리(義理)와 점사(占辭)를 통해 미래의 일을 예측가능하게 하였다.

『주역』은 음양오행과 천문사상, 의리(義理)와 상수(象數), 복서(卜筮) 등을 바탕으로 경(經)과 전(傳)으로 구분된다. 상경과 하경을 합친 64괘와 「단전」, 「상전」, 「계사전」, 「문언전」, 「설괘전」, 「서괘전」, 「잡괘전」 등의 여러 전이 있다. 오늘날의 『주역』은 당대(唐代)에 완성되어 현재의 체계로 굳어진 것이 일반적인 사실이다.

선천·후천으로 일컬어지는 하도낙서와 팔괘도는 「설괘전」을 근거로 송대(宋代) 소강절이 만든 것이다. 우리나라는 조선시대 김항(1826~1898, 순조~고종) 일부(一夫)선생에 의해 『주역』에 바탕을 둔 새로운 정역팔괘도가 만들어졌다. 역시 「설괘전」을 근거로 하고 있다.

상수(象數)는 하도낙서의 수(數)와 괘상의 팔괘도이다. 아래 그림에서 하도는 5를 기준으로 1·6, 2·7, 3·8, 4·9의 오행을 나타낸다. 낙서는 10을 기준으로 1·9, 2·8, 3·7, 4·6의 사상과 구궁을 나타낸다. 하도는 1-2-3-4에서 5로, 6-7-8-9에서 10으로 이어지는 오행의 운행원리를 나타내고, 낙서는 10에서 9-8-7-6으로, 5에서 4-3-2-1의 사상체계와 수의 원리를 담고 있다.

하도는 5토를 중심으로 천(天)의 홀수와 지(地)의 짝수배합이다. 1+5=6, 2+5=7, 3+5=8, 4+5=9, 5+5=10이 되어 1·6, 2·7, 3·8, 4·9, 5·10이 오방(五方)의 수

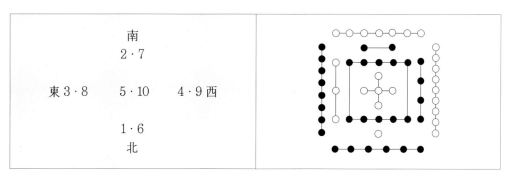

〈그림-6〉 하도와 오행

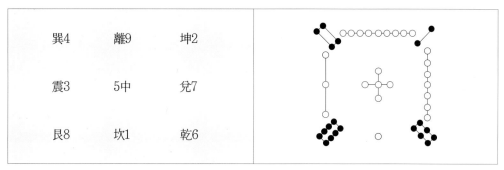

〈그림-7〉 낙서와 구궁

를 나타내고 도합 55가 된다.

낙서는 5토를 중심으로 팔방이 수(數)로 응합하여 1·9, 2·8, 3·7, 4·6의 합이 45이며 5토와 함께 팔방이 전부 15의 응합으로 이루어진다. 하도와 낙서의 수를 합하면 100이 된다. 「설괘전」에서 말하는 '천지정위(天地正位)'는 천지의 방위를 정하고 천지를 기준하여 변화의 원리를 설명하는 것이 낙서구궁이다.

팔괘의 시원은 보통 네 가지로 구분된다. 첫 번째는 성인이 천지만물의 상(象)을 관찰한 것이고, 두 번째는 복희씨가 하수(河水)의 황하유역에서 하늘로 오르는 용마(龍馬)의 등에서 발견한 점무늬로 천하의 이치를 깨달은 하도설(河圖說)이다.

세 번째는 하우(夏禹)씨가 낙수(洛水)에 나타난 신귀(神龜)의 등에서 발견한 점무늬로 세상의 이치를 깨닫고 치수(治水)에 성공한 낙서설(洛書說)이며, 네 번째는 『주역』에서

점을 치기 위한 시초(蓍草)의 풀에서 나왔다는 설이다.

하도낙서는 문자가 나오기 전 인류 최초의 부호(符號)로 많은 학자들에 의해 연구되고 있으나 아직까지 완벽하게 역의 풀이가 해결된 상태가 아니라는 점은 그만큼 심오한 형이상학의 의미를 담고 있는 학문체계가『주역』이다.

『주역』「계사전」에 "무릇 천지의 수가 55니 이것이 변화를 이루어 귀신이 행하는 소이다."[41]하여 천지의 수(數) 55가 일으키는 변화가 귀신의 행위로 나타낼 정도로 심오한 체계를 담고 있다.

현재까지도『주역』괘효(卦爻)의 풀이를 완벽하게 구현하지 못하고 있지만, 일부선생이『정역』에서 팔괘의 변화이치를 분석하여 '선천이후천(先天而后天)'과 '후천이선천(后天而先天)'으로 '무극이태극(無極而太極)'이라는 성리학의 이치를 나타내어 천지변화를 이미 깨우쳤다는 것은 실로 대단한 의미를 지닌 것이다.

『정역』은 단순한 논리적 서술이 아니라 수(數)의 이치와 천간지지(天干地支), 하늘의 별자리 등을 통해 우주자연의 이치를 논하고 있다. 땅은 하늘을 싣고 방정하니 본체이고, 하늘은 땅을 감싸고 원환(圓環)하는 그림자로『주역』에서 논하는 천원지방(天圓地方)의 이치를 담고 있다.

아래는 정역팔괘도의 배치순서이며 하도낙서의 괘와 다른 배치임을 알 수 있다.『정역』은 조선시대에 널리 알려졌다. 삼원(三垣)의 테두리를 돌고 있는 28수 별들의 운행에 새로운 질서가 발생하여 천지개벽이 일어난다는 뜻을 나타내고 있어 어떤 사람들은 참위설이라고 여기고 있기도 하다.

『정역』은 천문 별자리와 사시(四時)의 변화를 인류의 운명과 연결시키고 있어 천문풍수와 연관이 매우 깊다. 현재의 지구(地球)상태를 고려하면『정역』이 나타내는 '천지인삼재지도(天地人三才之道)'의 의미를 그냥 흘려버리기에는 중요한 시사점을 던지며 풍수지리의 중요성을 더욱 깊게 생각하게 한다.

---

41)『周易』,「계사상」, "凡天地之數, 五十五有, 此所以成變化, 而行鬼神也."

1巽	5中(南) 7地	9離
8艮(東)		3兌(西)
4坎	2天 10乾(北)	6震

〈그림-8〉 정역팔괘도

4. 구성법(九星法)

천문풍수의 이기론(理氣論)체계인 향법(向法)은 진북(眞北)과 자북, 구성(九星)과 천간지지와 팔괘방위를 기본체계로 하며 나경에 표시되어 있어 구분하기가 쉽다. 다만 구성방위(九星方位)는 초보자들이 알기 어렵고 이해하기도 어렵다. 팔괘와 북두구성의 천문사상을 담은 특성과 순서에 따라 괘를 잡는 방법인 작괘법(作掛法)에 의존하여 길흉을 판단하며 대부분 모든 나경에 팔괘가 표시되어 있다.

구성(九星)의 산세를 시각적으로 살피는 것은 가능하지만 별자리의 위치에 따라 구성의 위치를 방위로 정의하기는 어렵다. 따라서 구성(九星)의 개요와 특성, 팔괘방위를 알아야 산을 형세론적으로 살피고 방위측정도 가능하다. 구성(九星)을 가장 잘 나타내고 있는 서적은 『감룡경』이다.

『감룡경』에서는 구성(九星)의 특징을 자세히 나타내어 길흉을 설명한다. 풍수지리사가 보통 산을 살필 때 가장 크게 관찰해야 하는 것은 산을 원(圓)·직(直)·곡(曲)·첨(尖)·방(方)의 오체(五體)와 오형(五形)의 기(氣)인 오행의 산세이다. 이외에 보다 더 세부적으로 구성(九星)의 산형을 관찰하고 있다.

산은 홀로 우뚝 솟아있는 독산(獨山)보다는 조종산을 시작으로, 태조산과 부모산, 주산과 현무의 사신사 등으로 전부 연결시켜 관찰해야 한다. 만약 산의 형세가 오행의 산형을 완벽하게 취하고 있다면 산을 판단하기는 쉽다. 그러나 산은 대체적으로 오행이 서로 섞여 있는 경우가 많다.

산은 홀로 우뚝 솟아있는 독산(獨山)보다는 조종산을 시작으로, 태조산과 부모산, 주산과 현무의 사신사 등으로 전부 연결시켜 관찰해야 한다. 만약 산의 형세가 오행의 산형을 완벽하게 취하고 있다면 산을 판단하기는 쉽다. 그러나 산은 대체적으로 오행이 서로 섞여 있는 경우가 많다.

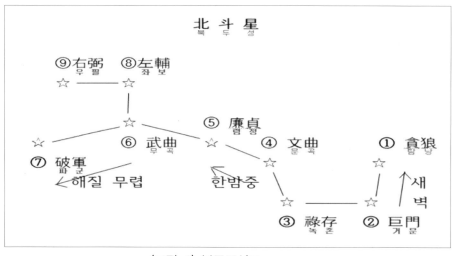

〈그림-9〉 북두구성도

오행의 모습을 기본으로 산을 관찰하면서 구성산의 특징과 형상을 함께 살펴야 한다. 구성법은 탐랑에서 좌보와 우필까지 구성방위를 참조하여 입수룡이 태조산에서부터 주산까지 박환(剝換)을 거치면서 어느 방향으로 내려오는가의 방위구분으로 길흉화복을 살핀다.

명대(明代) 『인자수지』에서 서선계는 산을 살피는 형세론과 이기론을 설명하기를, 형세는 혈을 짓기 전에 반드시 살펴야 하니 선천의 본체이며, 방위는 도장[42]한 후에 살피는 것이니 후천의 묘용이기(妙用理氣)다. 따라서 산세를 먼저 살펴 혈처를 잡은 후에 방위를 살펴야 한다고 하였다. 이처럼 형세(形勢)와 이기(理氣)는 선·후천의 체용(體用)관계로 좌우 양손과 같은 존재다. 따라서 가장 먼저 시각적으로 산을 살피는 것을 우선으로 정한 후에 방위를 살펴야 한다.

중국은 곤륜산이 조종산이다. 산의 시원을 알고자 하면 물의 기소(起所)를 살펴야 한다. 수미산이 동서남북의 사룡을 생하니 곤륜은 남지이며, 남룡은 곤륜산으로부터 뻗어와 자손이 모두 다르다. 물은 서북을 근원으로 하니 산은 서북에서 기원하며 산맥이 일어나는 곳은 곤륜이다.[43] 곤륜을 조종으로 수미산을 산의 시원으로 여기고 있다.

중국은 수미산에서 남쪽으로 뻗은 곤륜산이 중국의 조종산이고 우리는 백두산을 조종산으로 여기고 있다. 『감룡경』에서는 "수미산은 천지의 뼈이자 중앙을 누르는 거물로 사람의 등뼈와 목과 다리와 같아서 사지가 나오고 용이 우뚝 선다."[44]하여 수미산을 천지의 뼈대로 여기고 사람 신체와 같은 형태로 표현한다. 수미산은 불가의 우주관에서 말하는 세상의 중심에 있는 가상의 산이며 모든 산의 시종(始宗)으로 여긴다.

---

42) 도장(倒杖)은 풍수사가 혈자리를 잡기 위해 지팡이를 넘어뜨린 곳이라 하여 붙여진 이름이다.
43) 徐善繼·徐善述, 金東圭 譯, 『人子須知』, 명문당, 1992, p.76.
44) 『撼龍經』, "須彌山是天地骨, 中鎭天地爲巨物, 如人背脊與項梁, 生出四肢龍突兀."

〈그림-10〉 중국삼대간룡총람지도[45]

중국의 곤륜산(崑崙山)은 북서쪽의 끝에 있으며 북극성과 마주보고 있는 전설상의 산으로 알려져 있고 수미산과 마찬가지의 상징성을 띤다. 전설상의 서왕모가 살고 있는 곤륜산은 현재의 곤륜산맥으로 타클라마칸 사막과 티베트 고원 사이에 있는 산맥이자 네팔과 티베트에 속한 에베레스트 산으로 추론된다.

백두산은 알다시피 우리의 명산이며 조종산이다. 위의 그림은 곤륜산을 시작으로 중국의 삼대간룡을 나타낸 것이다. 위의 그림에서 보듯이 곤륜산에서 뻗어 내린 삼대간룡은 유럽과 러시아의 한 방향과 중국의 오악[46]으로 이어지고, 우리나라는 팔괘의 간룡(艮龍)이 고비사막을 넘어 백두산으로 이어진다.

백두산에서 지리산 노고단까지 총 1,625km다. 백두산에서 금강산, 금강산에서 지리산, 지리산에서 한라산까지의 거리가 대략 각각 천리(千里)정도이며 이름 하여 삼천리 금수강산이다. 곤륜에서 시작된 삼대간룡은 유럽과 러시아, 중국과 우리나라로 뻗어가며 백두산이 바로 우리의 태조산이자 조종산이다.

산을 관찰하는 방법은 먼저 시각적으로 산들이 서로서로 연결되고 있는 형세와 오

---

45) 金東圭 譯, 앞의 책, p.76.
46) 오악은 동악태산, 서악화산, 남악형산, 북악항산(호산), 중앙숭산을 뜻하는 산이다.

행의 형상으로 확인하고 다음으로 북두구성의 형상으로 산을 구별하여 판단한다. 다만 북두구성으로 살피는 방법은 상당한 관찰성이 요구되고 판단하기가 사실상 어렵기 때문에 오행으로 관찰하는 것이 가장 좋다. 북두구성은 천문사상과 연결되어 산을 구성(九星)의 특징으로 나타낸 것이며 오행은 오행의 상(象)으로 산의 특징을 나타낸 것이다. 아래 그림은 오행과 북두구성으로 산형(山形)을 나타낸 것이다.

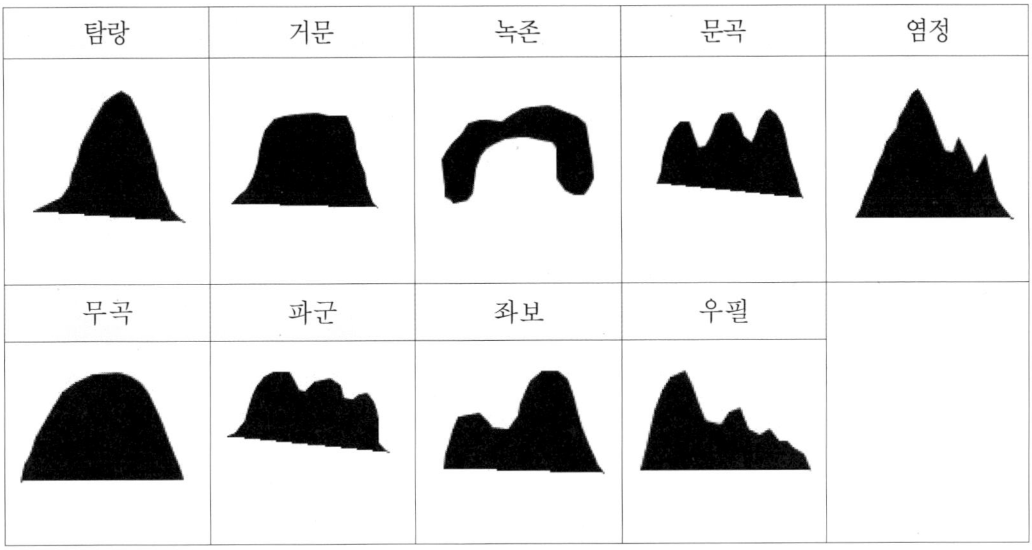

탐랑	거문	녹존	문곡	염정
무곡	파군	좌보	우필	

〈그림-11〉 북두구성의 산형

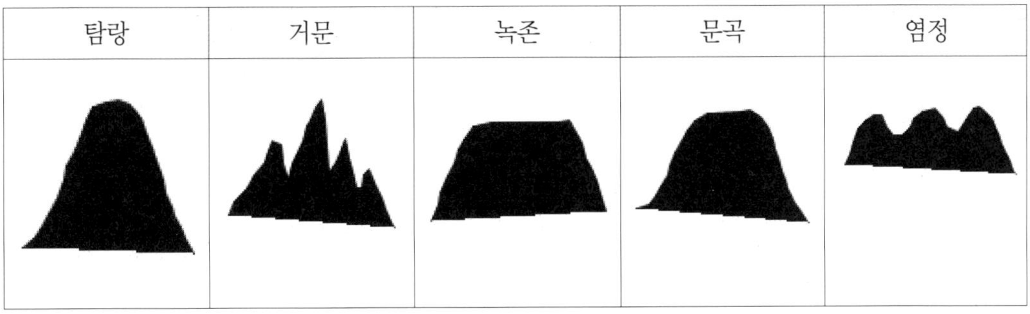

탐랑	거문	녹존	문곡	염정

〈그림-12〉 오행의 산형

〈표-9〉 오행산형(五行山形)의 특징

목산형	목의 성정은 곧고 인애(仁愛)하다. 유교적학문과 연관성을 가지며 학자나 문관을 상징한다.
화산형	화의 성정은 높고 예의이며 강맹하다. 예술적이고 교육적이며, 문화적인 인물을 상징한다.
토산형	토의 성정은 중후하고 넓으며 생각이 깊고, 관용이 있으며 부를 상징한다.
금산형	금의 성정은 건강하고 통치력이 있으며, 의로움을 가진 검경과 무관을 상징한다.
수산형	수의 성정은 부드럽고 화해로우며 지혜롭다. 권모술수에 능한 참모나 장수를 상징한다.

〈표-10〉 구성산형(九星山形)의 특징

탐랑	목형, 천추생기궁(天樞生氣宮)으로 봉우리가 대나무 죽순과 같은 모양이다. 구성(九星)의 우두머리로 총명, 문필, 관직, 문무공명, 부귀재물을 관장한다. 12가지의 모양 중 첨원방직(尖·圓·平·直)이 좋고, 기사측암도파공(欹·斜·側·巖·倒·破·空)은 좋지 못하다. 주로 유두혈을 맺는다.
거문	토형, 천의제왕궁(天醫帝王宮)이다. 土는 중앙으로 제왕과 주인의 자리로 체가 방정하고 단정하다. 성품존귀, 왕후장상의 관직, 하늘의 재물로 부귀공명을 주관한다. 겸혈을 맺는다.
녹존	토형, 천기절체궁(天機絶體宮)으로 깨진 북, 참외나 표주박, 게나 거미와 같은 모양이다. 형이 완전하면 왕후장상이나 무위를 발휘하고, 형이 깨지고 부서져 괴형과 이혈이 되면 흉하여 살상을 일으키고 일족이 멸한다. 녹존은 독자적인 모습보다 타성과 행룡하는 가운데 출각하여 드러나며 천하의 모든 산에는 녹존이 있음으로 형을 잘 살피고 길흉을 분별해야 한다. 녹존이 행룡하면서 길성과 흉성을 만드니 녹존을 잘 살핀다면 최고의 진보를 얻게 된다.
문곡	수형, 천권유혼궁(天權遊魂宮)으로 뱀이 가는 모습으로 생선과 비슷하다. 구성은 녹존과 마찬가지로 문곡수성의 행룡이 변화하면서 길흉성을 만든다. 처음 출한 용을 살펴 평지에 아미형을 만들면 궁후가 나오며 자태수려한 미인을 얻고, 문곡일봉이 빼어나면 지혜로운 문사가 과거에 급제하고 여인이 가권을 잡는다. 산형이 난잡하고 무봉에 사룡이면 여인이 음란하고, 남자는 주색에 빠지고 괴질이 생기며 절손된다. 녹존은 출각하여 산형을 만들지만 문곡은 행룡하다 평지로 떨어지는 것을 잘 살펴야 한다.

염정	화형, 천형오귀궁(天衡五鬼宮)으로 가장 높고 큰 성봉으로 조종산이나 태조산에 해당한다. 주로 암석으로 이루어져 있고 기가 매우 강한 산이며, 불꽃이 타오르는 모양으로 독화(獨火)라 칭하며 산의 행룡이 시작되는 곳이다. 용루를 일으켜 보전을 지으며 행룡하여 탐랑, 거문, 무곡이 생긴다. 염정의 혈처는 평지에서 찾고 염정에서 행룡한 산들의 조화로 길흉을 분석한다. 화(火)는 제왕의 자리로 탐랑, 거문, 무곡, 좌·우필의 길성을 갖추면 천하를 휘어잡을 수 있으나 길성의 조응이 없다면 흉살로 변한다. 황제의 보필은 충신들이 하니 염정은 불꽃의 모양과 행룡을 잘 관찰해야 한다.
무곡	금형, 함양복덕궁(闔陽福德宮)으로 종과 솥의 모습이며 종은 높아 무가 되고, 솥은 낮아 보필이 된다. 단정하고 엄하면 부귀가 있다. 종부(鐘釜)는 무관과 재물의 상징이다. 만약 엎어진 기(箕)와 표(杓), 젖혀진 손바닥 등은 귀룡(鬼龍)이다. 행룡의 앞과 후미에 만들어지는 형을 관찰해야 하며 전관후귀(前官後鬼)의 혈처가 된다. 주로 와혈을 맺는다.
파군	금형, 요광절명궁(瑤光絶命宮)으로 봉우리가 달리는 깃발 모양으로 염정과 같이 높고 뾰족하며 앞이 높고 뒤꼬리가 낮다. 행룡하여 타성을 만들고, 벽립(壁立)하거나 양 옆이 낭떠러지고 찢어진 형이 흉하며, 육부(六府)에 들지 못하나 행룡하여 육부의 길성을 만든다. 행룡하는 가운데 파군이 나와 깃발 모양이 생왕하면 장군이 나온다. 모든 산에는 파군과 녹존의 형상이 가장 많다. 대룡과 소룡은 각각의 대파군과 소파군을 만든다.
좌보	토형, 천과귀혼궁(天寡歸魂宮)으로 봉우리가 복두(幞頭)*와 같으며 앞은 높고 뒤는 낮은 낙타형의 모습으로 무곡의 모습과 유사하다. 좌보는 주맥을 시위하며 형이 있으나 우필은 형이 없다.
우필	금형, 천과귀혼궁(天寡歸魂宮)으로 형이 없어 숨어서 빛난다 하여 은요성이라 부르며 용을 따라 박환하고 자취를 숨기며 맥은 숨어서 빛난다. 행룡의 끝이며 평지나 지중으로 숨는다. 형을 갖추면 좌보가 되고 숨어서 빛나면 우필이 되나, 우필은 감여가가 알기는 참으로 어려운 평지룡으로 명당수에 혈이 있다. 정형(正形)이 없고 팔성(八星)을 따라 높낮이를 생하니 은장(隱藏)하여 용의 기운이 다한 곳을 살핀다. 놀란 뱀이 풀숲으로 들어가 자취를 감춘 모습이다.

* 복두(幞頭)는 과거급제자가 쓰던 관모(冠帽)의 형태로 당송대나 조선시대 관리들이 쓰던 관모다.

구성산(九星山)은 탐랑·거문·무곡의 삼길성(三吉星)을 주축으로 타성을 살펴야 한다. "탐랑이 작혈하면 유두이고, 거문이 작혈하면 와중에서 구한다. 무곡은 차겸혈에서 구하며, 녹존과 염정은 빗이나 이빨, 물소의 머리에서 작혈한다. 문곡혈은 평평한 안에 작혈하며, 높은 곳은 장심에 떨어지고 파군은 창과 같은 곳에 작혈하니 양방의 좌우수가 도와야 한다. 반드시 두 산이 있어 호위하여야 하며 그렇지 않다면 일수가 가로 흘러 지나야 한다."[47]

혈의 사상인 와·겸·유·돌에 따라 혈이 맺히는 장소를 찾아야 한다는 설명이다. 구성으로 산을 관찰할 때는 먼저 오행을 바탕으로 산의 체용을 살핀 후에 구성산을 관찰하는 것이 우선이다. 지리를 살피는 것은 조종산과 태조산과 부모산, 주산과 현무를 오행과 구성으로 관찰하고, 좌우용호와 안산, 조산의 모양과 장단대소와 교쇄(交鎖)를 구별하며, 요도(橈棹)의 전후를 보고 용의 나아감(龍進)과 용의 멈춤(龍盡)을 살펴 명당과 수구방향을 정해야 한다. 요도(橈棹)가 뒤를 향하면 가는 것이고 앞을 향하면 멈춤이 된다.

산은 행룡을 하면서 구성(九星)을 이루고 파군, 녹존, 문곡 등의 형세를 거치면서 길성을 만든다. 궁전에는 왕과 신하가 있고, 신하가 맡은바 역할이 있으며 천하의 백성이 존재한다. 왕과 신하와 백성이 서로를 돕지 않는다면 전부 흉한 일이 발생하여 왕이 죽고 백성이 다쳐 나라가 망한다. 산세 역시 이러한 이치로 바라보아야 하며 주산을 기준으로 주변 사격을 살펴야 한다.

『금낭경』에서 혈이 맺히지 않는 산을 다섯 가지로 나누고 있는 내용에서 그 이치를 알 수 있다. "기는 모양의 형으로 오는 것이니 단산(단맥)에는 장사지내지 못한다. 기는 세를 멈추어야 하므로 과산(용맥이 지나가는 산)에는 장사지내지 못한다. 기는 용이 모여야 하므로 독산(사신이 없는 산)에는 장사지내지 못한다. 기는 생화가 있어야 하므로 동산(초목이 자라지 않는 민둥산)에는 장사지내지 못한다."[48]는 것이다. 즉, 주산인 왕을 중심으로 신하와 백성이 서로를 보호하고 유정해야 한다.

---

47) 『撼龍經』, "貪狼作穴是乳頭, 巨門作穴窩中求, 武曲作穴釵鉗覓, 祿廉梳齒犁鋤頭, 文曲穴來坪裏作, 高處亦是掌心落, 破軍作穴似戈矛, 兩傍左右手皆收, 定有兩山皆護衛, 不然一水過橫流."
48) 『금낭경』, 「산세편」, "氣因形來, 而斷山不可葬也. 氣以勢止, 而過山不可葬也. 氣以龍會, 而獨山不可葬也. 氣以生和, 而童山不可葬也."

천상의 자미원에 황제와 왕후가 있고, 태미원에 육부가 있고, 천시원에 백성이 있으니 지리의 형세 또한 이를 살펴 국세의 경중을 살피는 것이다. 즉 하늘의 기운으로 성봉이 생겨나니 천문과 지리는 일체이며 구성(九星)의 성봉은 하나로 연결되면서도 각각의 형을 만드니 산은 오행과 구성의 형태를 벗어날 수 없다.

구성(九星)의 산이 정형(正形)을 이룬다면 흉성이 없고 형(形)을 이루지 못하고 깨지고 부서지는 모습이면 흉성이 된다. 이렇듯 구성(九星)을 단순히 길성과 흉성으로 단정하지 않아야 한다. 사람도 미남미녀만 있지 않듯이 산도 기형괴혈(奇形魁穴)의 무수한 형태가 많으므로 이를 세심히 살펴야 한다.

5. 십이 포태법(十二 胞胎法)

십이 포태법은 천문풍수에서 수구(水口)방위를 측정하여 목·화·금·수의 4국에 적용시켜 길흉방위를 측정하는 중요한 방법이다. 4국수법(水法)은 88향법에도 마찬가지로 적용한다. 12포태법은 풍수지리뿐 아니라 여러 술수학에도 사용되는 12운성법으로 사시오행(四時五行)을 왕(旺)·상(相)·휴(休)·수(囚)·사(死)로 구분하여 길흉을 결정짓는 방법이다.

12포태법은 천지자연의 사계절 변화에 따라 운행되는 오행의 원리가 12가지의 생성소멸단계를 거치는 과정을 나타낸 것이다. 입수처와 파구처, 입수룡의 길흉화복을 12포태법으로 측정하여 길흉을 판단한다.

예를 들어 입수처로 들어오는 물이 목국이라면 亥·子·丑·寅·卯方이 왕한 방향이 되나, 巳·午·未·申·酉方이라면 쇠하고 약해진다. 목(木)은 춘동(春冬)에 강하고 하추(夏秋)에는 약해지는 것이 오행의 원리다.

4국의 기준은 물이 나가는 파구처의 오행으로 정하며, 24산을 쌍산오행으로 구분하여 4국을 결정한다. 입수와 파구는 12포태의 순행방향이다. 용은 묘(墓)를 기준으로 역행하여 12포태법 순서를 정한다.

아래 도표에 물과 용의 12포태법 순서를 나타내었다. 양-생-욕-대-관-왕-쇠는 길방이고 병-사-묘-절(포)-태는 흉방이다.

〈표-11〉 4국 12포태법

四局	破口	순서	胞	胎	養	生	浴	帶	官	旺	衰	病	死	墓
木局	丁未坤申庚酉	水	곤신	경유	신술	건해	임자	계축	간인	갑묘	을진	손사	병오	정미
		龍	병오	손사	을진	갑묘	간인	계축	임자	건해	신술	경유	곤신	정미
火局	辛戌乾亥壬子	水	건해	임자	계축	간인	갑묘	을진	손사	병오	정미	곤신	경유	신술
		龍	경유	곤신	정미	병오	손사	을진	갑묘	간인	계축	임자	건해	신술
金局	癸丑艮寅甲卯	水	간인	갑묘	을진	손사	병오	정미	곤신	경유	신술	건해	임자	계축
		龍	임자	건해	신술	경유	곤신	정미	병오	손사	을진	갑묘	간인	계축
水局	乙辰巽巳丙午	水	손사	병오	정미	곤신	경유	신술	건해	임자	계축	간인	갑묘	을진
		龍	갑묘	간인	계축	임자	건해	신술	경유	곤신	정미	병오	손사	을진

예를 들어 혈처에서 9층 나경으로 좌향을 측정하는 4층과 수구(水口)의 득파(得破)를 보는 8층이 기준이다. 8층으로 측정한 파구처가 坤申방위, 득수처가 艮寅방위, 입수룡이 癸丑방위라고 가정하자.

坤申은 위의 도표에서 보면 목국이다. 12포태법으로 수(水)의 파구는 순행이고 용은 역행이므로 득수처인 艮寅방은 관방(官方)으로 부귀 길방이 된다. 파구는 절방(絕方)에 해당하므로 역시 길방이다. 득수는 길방으로 와야 하고 파구는 흉방으로 빠지는 것이 옳은 방위다. 용은 癸丑으로 관대방의 길방이다. 나머지도 이와 같이 추산하여 길방과 흉방으로 구분하는 것이 4국 12포태법이다.

6. 정음정양법(淨陰淨陽法)

정음정양법은 24방위를 팔괘로 배속시켜 득수와 좌향을 보는 방법이다. 득수의 팔괘방위가 정음수(淨陰水)이면 정음의 좌, 정양수(淨陽水)이면 정양의 좌가 되어야 한다. 팔괘 각각의 삼효에서 1효와 3효가 같으면 정양이고 틀리면 정음이다. 乾·離·坎·坤괘는 정양, 兌·震·巽·艮괘는 정음이 된다.

〈표-12〉 팔괘와 九星, 정음정양배속

乾	兌	離	震	巽	坎	艮	坤
☰	☱	☲	☳	☴	☵	☶	☷
乾甲	兌(酉)丁巳丑	離(午)壬寅戌	震(卯)庚亥未	巽辛	坎(子)癸申辰	艮丙	坤乙
녹존	무곡	문곡	염정	거문	파군	탐랑	보필

구성(九星)에서는 삼길육수방이 길한 방위다. 삼길은 震-庚-亥이고, 육수는 艮-丙-巽-辛-兌-丁으로 전부 정음이다. 구성(九星)의 삼길성인 탐랑-거문-무곡도 전부 정음이다. 정음정양법과 함께 용의 길흉을 측정하는 구성작괘법의 순서는 일상문곡-이중녹존-삼하거문-사중탐랑-오상염정-육중파군-칠하무곡-팔중보필의 순서로 작괘하여 용의 길흉을 정한다. 손가락으로 팔괘의 효를 바꾸어 작괘하며 입수룡이 삼길육수방이면 길용이다.(앞의 구성산형 도표참조)

7. 음양오행의 신살 길흉방위

구성법과 정음정양법, 12포태법과 오행상생상극 등의 여러 방법으로 산수의 좌향과 득수에 따른 길흉 측정 방법과 더불어 각종 신살(神殺)로 길흉 방위를 측정한다. 천을귀인방, 록방, 역마방, 삼길육수방, 겁살방, 대장군방, 삼재년, 삼살방 등 여러 종류의 신살들이 있다.

신살방은 여타한 술수학에서 사용되는 신살과 공용으로 사용되는 경우가 많다. 풍수지리에서 적용하는 대부분의 길흉방은 나경으로 측정하면 대부분 알 수 있지만 아래에 나열하고 있는 기타 신살방은 사격의 위치와 택일 등에 주로 사용된다.

귀인방은 혈처와 좌향을 기준하여 귀인방향에 뛰어난 사격이 있는 경우다. 乾·甲·寅·亥 좌는 丑·未방, 坤·乙·卯·辰·未 좌는 子·申방, 艮·丙·午·丁·戊 좌는 酉·亥방, 巽·辛·庚·丑·巳·酉 좌는 寅·午방, 壬·子·癸·申 좌는 巳·卯방으로 구분된다. 가장 중요한 것은 사격의 방위와 형세를 우선으로 살핀다. 록방(祿方)은 천간오행에서 甲·乙은 寅·卯, 丙·丁은 巳·午, 庚·酉는 申·酉, 壬·癸는 亥·子방으로 각 오행의 기운이 왕한 방위다.

역마방은 목·화·금·수 각각의 오행이 장생-제왕-묘의 합으로 이루어진 오행삼합을 기준한다. 申子辰은 寅, 亥卯未는 巳, 寅午戌은 申, 巳酉丑은 亥方이 된다. 삼재년은 역마방과 마찬가지인 오행삼합 年을 기준으로 사계절을 정해 삼년마다 찾아오는 흉년을 뜻한다. 申子辰은 寅卯辰 3년, 亥卯未는 巳午未 3년, 寅午戌은 申酉戌 3년, 巳酉丑은 亥子丑 3년이다.

대장군방은 춘하추동 사계절을 살펴 寅卯辰 3년은 북쪽의 坎方, 巳午未 3년은 동쪽의 震方, 申酉戌 3년은 남쪽의 離方, 亥子丑 3년은 서쪽의 兌方이다. 겁살방은 다음 내용과 같으나 반드시 사격의 형세를 먼저 살펴 길흉을 정한다.

〈표-13〉 겁살방 좌향

좌	壬	子	癸	丑	艮	寅	甲	卯	乙	辰	巽	巳
향	申	巳	巳	辰	丁	未	丙	丁	申	未	癸	酉
좌	丙	午	丁	未	坤	申	庚	酉	辛	戌	乾	亥
향	辛	酉	寅	癸	乙	癸	午	寅	丑	丑	卯	乙

천문풍수에서 사용되는 여러 길흉방의 원리와 함께 반드시 형세(形勢)와 이기(理氣)의 체용을 함께 살펴 길흉을 정하는 것이 우선되어야 한다.

제3장 나경패철론

1. 나경의 기원과 개요

향법측정 도구인 나경은 풍수지리에서 가장 중요한 용·혈·사·수의 길흉방위를 측정한다. 나경이 처음 만들어졌을 당시에는 남북을 가리키는 자침으로 사방의 방위를 분별하다가 팔괘를 배합하여 팔방으로 구별하였다. 후대에 이르러 24방위로 구성된 나침반이 발명되었고, 나침반에는 연월일시와 사계절이 나타나 있으며 오행의 생왕사절이 들어 있다. 72룡의 60갑자로 월건과 일진을 정하며, 기갑자법(起甲子法)으로 상원갑자를 삼아 갑력을 만드는 법 등이 나침반에서 나왔다. 나경은 본래 천문을 살피는 기구로 우주순환의 법칙을 연구하는데 쓰였던 것인데, 후대에 이르러 지리학에 응용하기 위하여 분금 등과 팔요(八曜) 및 하늘의 별 등을 동시에 살필 수 있도록 함에 따라 층수도 일정치 않고 각 학자들의 주장이 달라 오늘날까지 시비가 여전하다.[49)]

나경으로 길흉방위를 측정하는 방법은 여러 풍수가들 사이에서 서로 다른 관법의 차이를 보인다. 나경향법은 태극, 하도낙서, 선·후천팔괘, 천간지지, 정오행, 홍범오행, 쌍산오행, 납음오행, 육십갑자, 구성법 등의 여러 이론적 배경을 가진다.

풍수지리에서 사용되는 가장 일반적인 향법은 크게 구성법과 12포태법이다. 구성법은 정음정양법과 후천수법, 보성수법 등에서 활용되며 포태법의 적용은 사국수법과 88향법이 대표적이다.

나경의 방위체계는 하도낙서와 팔괘가 기본 이론이다. 차고 다니는 쇠의 의미를 지

---

49) 趙道勳, 『羅經秘解』, 韓國資料情報社, 1993, pp.23-25.

닌 나경은 포라만상(包羅萬象)과 경륜천지(經倫天地)의 라(羅) 와 경(經)에서 왔다. 나경은 나침반으로 패철이나 뜬쇄, 윤도라고 불린다. 인류문명의 4대 발명품에 속하며 시각적 관찰과 더불어 방향측정에 있어 가장 중요한 도구다.

나경의 발생 시초에 관해서는 여러 가지 설이 있지만, 『나경투해』에서 밝히고 있는 내용을 보면 다음과 같다.

나경의 시초는 헌원황제가 치우와 전쟁할 때 남북을 구별할 수 없어서 미로를 헤매고 있는데, 하늘에서 현녀가 내려와 황제에게 침법을 알려주니 저들을 물리칠 수 있는 요술을 얻게 되었다. 이것이 침법의 유래라고 하는데 황원한 일이라 믿을 수는 없다. 또 어떤 사람은 주나라 성왕 때에 월상이 입공을 바치고 돌아가는 옛길이 혼미하여 길을 잃고 방황할 때, 주공이 그 침법을 전수하고 지남차를 만들어주니 이것이 침법의 시초가 됐다고 한다. 이는 황제로부터 전수된 것으로 본다.[50]

나경은 황제가 현녀의 도움을 받은 침법에서 시작되었고 주공이 지남차를 만든 것이 시초라 밝히고 있지만, 청대 조정동은 『지리오결』에서 나경은 주공이 지남차를 만들어 남기고 지남침을 만들어 남북을 정하였으며, 지지의 십이방위를 정한 것으로 헌원황제보다 시대가 뒤떨어진 주공이 처음 나경을 만든 것으로 이해하고 있다.[51]

나침반에 관한 고대의 기록을 보면 『한비자』에서는 "선왕들은 사남을 설치하여 두고 아침저녁을 바르게 하였다."[52]는 기록과 『여씨춘추』에서는 "자석은 쇠를 부르는데

---

50) 王道亨, 『羅經透解』, "蓋羅經之始, 乃軒轅黃帝戰蚩尤, 迷其南北, 天降玄女, 授帝針法, 始得破彼妖術, 此針法所 由來也. 然事屬荒遠, 莫能稽考, 或者謂周成王時, 越裳入貢, 歸還故道, 周公遵其針法, 指南車以送之, 針法始定. 而帝因授流傳."
51) 趙廷棟, 申坪 譯, 『地理五訣』, 동학사, 1994, p.51.
52) 『韓非子』,「有度」, "故先王立司南以端朝夕."

그것은 무엇인가 잡아끄는 힘이 있다."[53]고 전하고 있다.

1977년 발견된 중국 안휘성 부양에서 발견된 여음후(汝陰侯)의 묘에서 나온 서한시기의 식반에서 보듯이 이미 오래전부터 나침반은 방위측정에 사용되고 있었음이 증명된다. 현재 가장 오래된 것으로 추정되는 양택서적인 당대(唐代)의『황제택경』에서도 서한시기의 식반과 유사한 24방위를 절기 개념과 함께 나타내고 있다.

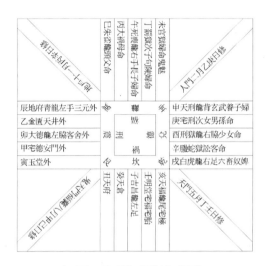

〈그림-13〉『황제택경』 음택도

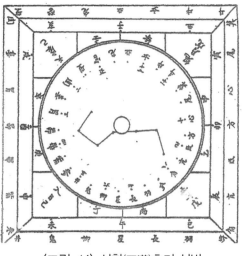

〈그림-14〉 서한(西漢)초기 식반

한대(漢代)『회남자』에서는 "자석이 철을 당기고 구리와 와석을 당기지 못하는 것을 발견하였다. 자석이 철을 당기는 능력이 있다하여 와석까지 당길 것이라는 것은 무리다."[54]는 것으로 자석의 뜻을 이해하고 있었다.

이처럼 한대(漢代)나 그 이전 시기에 자석을 이용하여 남북방위를 정하고 있었던 것은 여러 문헌과 유물의 자료를 볼 때 사실로 드러난다. 또한 북극성과 여러 별자리의 방향을 인지하면서 동서남북을 파악하고 이를 생활에 적용시키고 있었다.

위 그림이『황제택경』과 서한시기의 식반이며 〈그림-15〉의 지남차는 진행 방향을

---

53)『呂氏春秋』,「精通」"磁石召鐵, 或引之也."
54)『淮南子』,「覽冥訓」, "發現磁石引鐵, 不引銅瓦石. 若以磁石之能連鐵也, 而求其引瓦, 則難矣."

판단하는 것이다. 나무인형을 수레에 두어 손을 들어서 남쪽을 가리키고, 수레가 회전하더라도 가리키는 곳은 변하지 않았다. 〈그림-15〉는 삼국시대의 마균(馬鈞)을 개조한 것으로 후일 황제의 의전용으로 쓰였다.[55]

오늘날의 나경은 청나라 때의 지리학자인 매곡천이 제작한『강희윤도』에 근거한 것이며, 청나라 때 인물인 왕도형이『나경투해』로 저술하여 사용법을 설명하였다.[56] 『나경투해』는 36층 나경이다.

우리나라는 현재 주로 왕도형의 36층 나경을 근거로 하고 있으면서, 6층부터 9층, 14층, 16층, 24층, 36층, 49층 등 여러 나경을 사용하고 있다. 다만 학자들의 관법에 따라 정확한 표준이 없는 것이 현실이다.

2. 나경의 측정방법과 원리

나경의 방위 측정은 북극성 방위인 진북과 함께 자북(磁北)으로 남북방향을 가리키며 자북과 진북(眞北)의 각도차이는 9층 나경을 기준으로 6층과 8층에 나타나있다. 방위법으로 가장 널리 사용되는 향법이 사국수법과 88향법이다. 88향법은 당대(唐代) 구빈(救貧) 양균송의『청낭경』에서 비롯되었다. 현재 많은 풍수사들이 사용하며 향법의 최고봉으로 여기고 있는 방위체계로 24개의 방위를 사용한다.

24방위란 천간오행 戊·己土를 제외한 천간 8개와 지지오행 12개, 乾·坤·艮·巽의 4유를 합친 24개 방위다. 토국은 중앙을 뜻하므로 제외하고 나머지 4국을 가지고 88개의 방향을 정하여 운용하는 것이 88향법의 핵심이다. 여기에 辰·戌·丑·未의 4토는 포태법으로 정한 수·화·금·목의 고장지(庫藏地)가 되므로 각 오행으로 배속된다.

88향법이나 기타 여러 향법체계는 사국수법을 토대로 포태법과 구성법, 오행론으

---

55) 문승용 譯,『中華文明史』제2권 下, 동국대학교출판부, 2017, pp.334-335.
56) 鄭景衍,『正統風水地理』, 평단문화사, 2012, p.128.

로 향법을 정한다. 다만 포태법과 구성법, 오행론으로 방위를 판단해 보면 길흉방위가 동일하게 나오지 않는다. 현재 많은 풍수사들은 주로 묘지를 기준으로 좌향을 정하고, 수구(水口)의 방위 측정에서 득수와 파구, 좌향의 방위위치로 포태법과 구성법, 88향법 등을 모두 사용해서 정확한 방위 측정을 하고 있

〈그림-15〉 지남차의 모형

다. 그리고 중국과 우리의 산천이 달라 향법을 동일하게 적용시킬 수 없는 것도 사실이다.

묘지를 기준으로 향(向)을 정할 것인지, 사격(砂格)을 기준할 것인지, 파구를 기준할 것인지 등 수법에 관한 정확한 도식화가 이루어지지 않고 있다. 현재 여러 방법을 전부 동원하여 자신의 관법으로 길흉 방위를 잡고 있는 현실이며 대체적으로 다음과 같은 방위론을 사용한다.

첫 번째, 정오행과 팔괘오행이다. 정오행은 육십갑자의 10천간과 12지지를 말한다. 甲·乙·寅·卯는 木, 丙·丁·巳·午는 火, 戊·己·辰·戌·丑·未는 土, 庚·辛·申·酉는 金, 壬·癸·亥·子는 水이다. 팔괘오행은 乾·兌는 金, 離는 火, 震·巽은 木, 坎은 水, 艮·坤은 土오행이다.

두 번째, 12지지가 한 개씩 짝을 이루어 같은 동궁이 되는 쌍산오행이다. 乾·坤·艮·巽의 4卦와 戊·己 土를 제외한 8천간인 甲·乙·丙·丁·庚·辛·壬·癸와 12지지가 하나씩 짝을 이룬다. 壬子, 癸丑, 艮寅, 甲卯, 乙辰, 巽巳, 丙午, 丁未, 坤申, 庚酉, 辛戌, 乾亥의 짝이다.

세 번째, 지지 세 개가 모여 합을 이루는 삼합오행이다. 亥卯未는 木, 寅午戌은 火,

巳酉丑은 金, 申子辰은 水다. 삼합오행의 위치는 12포태법으로 생·왕·묘의 자리다.

네 번째, 좌향과 사격의 길흉을 판단하는 성수오행(星宿五行)이다. 성수오행(星宿五行)의 팔괘간지는 정오행의 팔괘간지와 다르다. 乾·坤·艮·巽이 木이고, 甲·庚·丙·壬·子·午·卯·酉가 火이며, 乙·辛·丁·癸가 土이고, 辰·戌·丑·未가 金이며, 寅·申·巳·亥가 水오행이다.

다섯 번째, 파구를 기준으로 정한 사국오행이다. 사국오행과 달리 향상작국은 향의 방위에 따라 사국수법을 정한다. 즉 파구기준의 사국과 향기준의 사국오행은 다르다. 향오행은 삼합오행이 중심이다. 쌍산 오행을 사용하여 乾·亥·甲·卯·丁·未의 亥卯未 삼합은 木局, 艮·寅·丙·午·辛·戌의 寅午戌 삼합은 火局, 巽·巳·庚·酉·癸·丑의 巳酉丑 삼합은 金局, 坤·申·壬·子·乙·辰의 申子辰 삼합은 水局이며 12포태의 포(胞)를 기점으로 시작점을 잡는다.

사국수법과 향상수법을 같이 사용하면 국과 향법의 차이점이 있어 어떤 방법이 옳다고 볼 수 없다. 다만 우리 산천을 기준하면 정음정양법에서 득수와 파구처를 기준으로 하는 사국수법이 옳다고 판단한다. 조정동은『지리오결』에서 사국수법과 향상수법을 모두 사용하여 향(向)을 보고, 사국에서 衰-病-胎-帶-官-浴向은 전부 발복하지 못한다고 하였다. 따라서 우리 산천에 맞게 적용시켜야 하는 것이 옳다.

여섯 번째, 납음오행이다. 장사를 지낼 때 산운(山運)을 보거나 이장할 때 사용한다. 망자를 최종적으로 혈처에 입관할 때 맥이 오는 방향을 찾는 것이 분금이다. 분금은 丙·丁·庚·辛 맥을 사용하여 망자의 생년 납음오행을 생하거나 비화해주거나, 망자가 산운을 극하면 길하다는 것으로 오행상생상극의 원리를 적용시킨다.

일곱 번째, 24방위를 팔괘에 배속시켜 음양을 가리는 정음정양법이다. 정양은 팔괘의 상효와 하효가 같은 경우이며, 정음은 상효와 하효가 다른 경우이다. 구성법에 따라 입수룡이 태조산에서 주산까지 박환을 하면서, 어느 방향으로 내려오는가를 구성(九星)으로 살펴 길흉화복을 정한다. 삼길성과 사길성, 사흉성으로 나누어진다.

여덟 번째, 선천산법 구성오행이다. 9층 나경 8층을 기준으로 물이 나가는 파구 방향과 향의 팔괘를 정하고, 이를 기준하여 4층 좌향으로 입수룡을 잡은 후, 손가락으로 작괘하여 구성입수룡을 정하는 방법이다.

일상문곡(一上文曲) — 이중녹존(二中祿存) — 삼하거문(三下巨門) — 사중탐랑(四中貪狼) — 오상염정(五上廉貞) — 육중파군(六中破軍) — 칠하무곡(七下武曲) — 팔중보필(八中輔弼)로 순서를 정하고 손가락으로 변괘하면서 작괘한다. 예를 들어 수구(水口)의 辛방위는 巽卦, 입수룡이 丁이면 작괘하면 兌卦다. 巽卦를 기준하여 돌리면 丁방 入首는 탐랑용이 되는 길격이다.

아홉 번째, 후천수법 구성오행이다. 선천산법에서 사용하는 구성(九星)을 득수와 파구에 적용시켜 구성(九星)을 따라 길흉을 결정한다. 정음정양법에서 24방위를 팔괘에 배속시키는 방법은 똑같다.

삼길성의 탐랑, 거문, 무곡과 좌보우필은 길하고 녹존, 문곡, 염정, 파군은 흉한 것이다. 즉 득수는 길한 것으로 파구는 흉한 것으로 보는 것은 똑같은 방법이다. 선천산법과 마찬가지로 손가락으로 작괘하는 방법을 사용하는데 순서가 약간 다르다. 일상파군(一上破軍) — 이중녹존(二中祿存) — 삼하거문(三下巨門) — 사중탐랑(四中貪狼) — 오상문곡(五上文曲) — 육중염정(六中廉貞) — 칠하무곡(七下武曲) — 팔중보필(八中輔弼)의 순서로 작괘하여 득수와 파구의 길흉방위를 구성(九星)으로 판단한다.

예를 들면, 좌를 기준점으로 팔괘의 시작점을 잡는다. 자좌오향(子坐午向)이면 子는 坎卦이다. 감괘를 시작으로 상지선동(上指先動)하여 작괘하면 거문은 離卦, 탐랑은 乾卦, 무곡은 坤卦, 보필은 坎卦가 된다. 즉 거문, 탐랑, 무곡, 보필의 방위에 득수가 있고 나머지에 파구가 있으면 좋은 방위의 득수관계가 성립된다.

열 번째, 보성수법이다. 파구 기준이 아니라 향상작국과 마찬가지로 향을 기준하여 구성법을 적용한다. 즉, 향의 팔괘를 잡고 작괘하며 순서가 다르다. 일상보필(一上

輔弼) ― 이중무곡(二中武曲) ― 삼하파군(三下破軍) ― 사중염정(四中廉貞) ― 오상탐랑(五上貪狼) ― 육중거문(六中巨門) ― 칠하녹존(七下祿存) ― 팔중문곡(八中文曲)으로 작괘한다. 만약 酉坐卯向이라면 卯는 震卦다.

진괘(震卦)를 시작으로 작괘하면 兌卦, 艮卦, 巽卦, 震卦의 방위가 득수의 길한 방위고, 나머지는 파구의 길한 방위다. 정음정양법에서 기본괘가 정음이면 정음이 길하고, 정양이면 정양이 길한 방위다. 여기에서 차이점은 손가락으로 작괘할 때 중간 손가락부터 시작하는 중지선동(中指先動)에 유의해야 한다.

열한 번째, 88向法이다. 좌향을 놓았을 때 물의 득수와 파구를 보고 길흉방위를 정한다. 중국과 우리나라는 산천의 모습과 방위가 다르다. 조선의 무학대사가 파구를 기준으로 사국을 정한 정음정양법은 파구와 향을 같이 보는 88향법과 길흉을 보는 방법에 차이가 있다.

12포태법에서 우리는 絶·胎·病·死·墓가 흉이고, 養·長生·沐浴·冠帶·臨官·旺·衰는 길한 방위다. 88향법에서 향(向)을 중심으로 사국수법에서 밝히고 있는 衰·病·胎·冠帶·沐浴·臨官의 向은 발복하지 않는다고『지리오결』에서 조정동은 밝혔다.

88향법은 먼저, 쌍산오행을 정하고, 파구를 기준으로 사국을 정하며, 향을 기준하여 삼합오행으로 국을 정한다. 득수한 물이 혈을 감싸고 돌아 향과 마주보며 음양교배의 물을 기준하여, 좌선용에 우선수, 우선용에 좌선수가 우선이다. 반드시 혈을 감싸고 도는 향과 음양교배의 물이 우선이다. 내파 즉 혈과 가장 가까운 물을 우선한 후에 외파를 기준하고, 혈 앞을 지나는 물을 기준하고, 8층 천반봉침으로 좌향을 결정한다.[57] 포태법이나 향법도 중요하지만 반드시 산수배합이 가장 우선이다.

앞서 나타낸 11개의 향법체계에서 우리나라를 기준으로 길흉의 해답을 정확하게 규정할 수 있는 향법 원칙은 사실상 없다. 구성법과 포태법, 좌향법, 득수와 파구의 관법

---

57) 鄭景衍,『正統風水地理』, 평단문화사, 2012, pp.637-640.

과 길흉구별의 기준이 각각 다르고 풍수사들 역시 똑같은 향법을 사용하지 않는다.

정음정양법, 구성법, 포태법, 사국수법, 삼합오행법과 심지어 현공학 등 여러 향법을 사용하고 있다. 다만 논자는 혈처를 중심으로 좌향을 정하고, 사신사와 명당을 살펴 파구를 기준하는 사국수법과 정음정양법으로 득수를 살핀다. 우리 산천은 배산임수가 원칙이기 때문이다.

이 외에도 음양오행에 따른 각종 신살 방위와 9층 나경에서 1층과 2층의 팔요황천살 방위를 따라 사격과 물, 바람 등을 시각적으로 살피는 방법이 있으나 무엇보다 중요한 것은 입수용과 혈처를 중심으로 득수와 파구, 사격 등의 방위를 함께 살펴야 한다.

3. 9층 나경의 층별 사용법

1) 제1층과 제2층의 팔요살 및 황천살

아래 그림이 9층 나경이다. 안쪽 빈 공간은 남북을 가리키는 자침이고, 다음이 사국오행이다. 사국오행 다음부터가 1층이며, 마지막 10층은 본래 없으나 논자가 팔괘의 괘상을 나타내었다.

제1층과 제2층은 팔요살 및 황천살 방위다. 그림에서 보듯 빈공간은 태극을 뜻하는 자침이 있다. 자침과 사국오행을 제외하고 1층에는 寅·申·酉·亥·卯·巳·午·辰의 지지오행 8개가 있다. 1층에 나타낸 각각의 오행이 4층에 나타낸 세 개씩의 오행을 담당하고 있으며 아래 도표에 나타내었다.

〈표-14〉 팔요살 · 황천살

1층	寅	申	酉	亥	卯	巳	午	辰
4층	丑艮寅	甲卯乙	辰巽巳	丙午丁	未坤申	庚酉辛	戌乾亥	壬子癸

1층과 4층을 비교하여 4층 24방위에 각각 1층 8개의 지지오행 방위가 있다면 팔

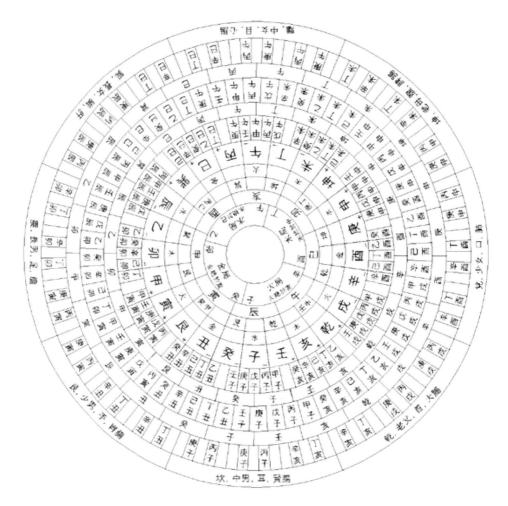

〈그림-16〉 9층 나경도

요살이 된다. 예를 들어 입수룡의 방향이 丑·艮·寅이고 향의 방위가 寅이라면 팔요황천살, 또는 용상팔살을 받는다는 것이다. 寅방향에 물이 있고, 바람이 분다면 이를 일러 황천수, 황천풍이라 하며 향오행이 입수룡의 오행을 극한다.

　도표에 있는 4층 일괘삼산(一卦三山) 방위와 제2층에 표시된 오행방위가 있다면 사로황천, 팔로황천이며 총칭하여 팔로사로황천살이다. 8천간과 4유(四維)에 표시되어 있는 오행이다. 세 개중에 한 칸은 비어 있지만 쌍산오행을 적용하여 8천간과 같은 오행을 적용받는다. 4층 甲・卯・乙의 예를 들면, 卯는 빈 칸이지만 甲・卯가 쌍산 오행으로 같은 艮의 방위가 살(殺)이 된다.

〈표-15〉 팔로사로황천살

2층	癸甲	艮・巽	丙乙	巽・坤	庚丁	坤・乾	壬辛	乾・艮
4층	艮	甲・乙	巽	丙・丁	坤	庚・辛	乾	壬・癸

1층과 2층의 황천살은 살 중에서도 가장 흉한 살로 여긴다. 그러나 한편으로 황천살을 허설로 판단하기도 한다. 그 근거는 "황천이라고 하나 사실은 황천이 아니라 사계의 기후한계를 표시한 것이며, 또 사정사유의 팔방에 辰・亥・申・巳・午・酉・卯・寅의 간지가 표시되어 있으나 사실은 관성제화(官星制化)의 묘법을 표시한 것이다."[58] 즉 오행상생상극의 원리를 따른다는 논리도 있다.

오행상극은 木과 土, 土와 水, 水와 火, 火와 金, 金과 木이 서로 상극한다는 이치다. 술수학의 한 부류인 명리학에서는 나를 통제하고 극하는 것이 관성(官星)이며 본오행을 상극한다하여 이를 관성제화라 표현하고 있다.

『천기대요』에서는 "이 살은 물이 가는 것은 꺼리고 오는 것은 꺼리지 않는다. 이 팔살이 비록 악살이라고 하나 만약 생방에 있으면 악살이라고 할 수 없다."[59]하여 황천살을 악살로 정확한 규정을 인정하지 않고 있다. 『청낭경』에 이르기를 "신(辛)향에 건방(乾方)의 물은 백만장원의 부(富)가 나고, 乙향에 손방(巽方)의 물은 청순한 부귀가 나며, 丁향에 곤방(坤方)의 물은 마침내 황금이 만상에 가득하다."[60]고 하였다.

이처럼 향법은 개인에 따라 관법의 차이를 보이기 때문에 비록 가장 흉한 악살로 규정하고 있지만, 오행상생상극, 좌향의 상생상극, 입수룡의 상생상극, 구성과의 관계 등을 종합적으로 판단하여 황천살에 대한 규정을 정리하는 것이 옳다.

58) 趙道勳, 『羅經秘解』, 韓國資料情報社, 1993, p.25.
59) 成汝椿, 大韓曆法研究所 編著, 『新增天機大要』, 大地文化社, 2010, p.40.
60) 欽定四庫全書 子部, 『靑囊序』, "辛入乾宮百萬莊, 乙向巽流淸富貴, 丁坤終是萬斯箱."

논자는 판단하기를 팔요황천살은 팔괘방위를 뜻하는데, 丑·艮·寅은 간괘에 해당되고 황천살은 寅이다. 艮卦는 토를 뜻하고 寅은 목이다. 甲·卯·乙은 震卦이고 장남이며, 목이고 申은 금으로 금·목의 관계이다.

辰·巽·巳는 巽卦로 장녀이며 목이고 酉는 금으로 역시 목과 금의 관계이다. 丙·午·丁과 亥는 화·수의 관계, 未·坤·申과 卯는 토·목의 관계, 庚·酉·辛과 巳는 금·화, 戌·乾·亥와 午는 수·화, 壬·子·癸와 辰은 수와 土의 관계이다. 결국 오행상극의 원리가 황천살이 된다. 이를 일괘삼산법을 적용하여 도표로 표현해보면 다음과 같다.

<표-16> 팔요황천살의 오행

1층	寅	申	酉	亥	卯	巳	午	辰
정오행	木	金	金	水	木	火	火	土
팔괘	艮	坤	兌	乾	震	巽	離	巽
4층	丑艮寅	甲卯乙	辰巽巳	丙午丁	未坤申	庚酉辛	戌乾亥	壬子癸
팔괘오행	土	木	木	火	土	金	水	水

위 표에서 보듯이 1층 정오행이 4층 팔괘오행을 극한다. 팔괘와 팔괘오행은 상극과 비화의 관계이면서 상생을 같이 하고 있다. 즉 정확한 기준이 없이 정오행이 팔괘오행을 극하는 관계로만 황천살을 규정하고 있다. 단순하게 관살의 상극만 적용시켜 이를 살로 규정하기 때문에 오행상극의 원리로만 황철살을 흉한 악살로 정의하기에는 무리가 따른다는 점이다.

『주역』에서 수화기제(水火旣濟) 괘는 감괘와 이괘의 수화 상극관계지만, 수화가 만나서 이미 이루어졌다는 뜻을 나타낸다. 음양의 조화로움으로 형통한 기운을 나타내므로 오행상극으로 황천살을 규정하기보다 황천살에 대한 의미를 새롭게 정리할 필요가 있다고 사료된다.

팔로사로황천살도 마찬가지다. 물이 나가고 들어오는 오행 방향에 따라 길흉이 달라지니 역시 정확한 규정이 없다. 팔로사로황천살 방향으로 들어오는 물이 나쁜지 좋은지, 나가는 물이 좋은지 나쁜지에 대한 기준도 역시 모든 풍수서적에서 동일하게 흉으로 규정하고 있지 않다.

참고로 오행의 강약으로 볼 때, 득수처로 들어오는 수오행이 왕하면 기운이 강하여 부귀공명을 이루지만, 물이 나가는 방향에 수오행의 왕한 기운이 있다면 이는 흉으로 보는 것이 일반적이다. 그러나 팔로사로황천살 방향에서 입수처로 들어오는 수오행의 왕한 물이 있다면 이것을 살로 규정하는 것도 무리가 따른다. 따라서 이러한 문제점으로 볼 때 수구와 파구를 기준으로 길흉을 정하는 원칙이 필요하다.

2) 제3층의 삼합오행론

9층 나경을 기준으로 제3층은 삼합오행방위이다. 제3층은 모두 12칸으로 이루어져 있으며 木·火·金·水의 오행삼합이다. 토는 중앙을 뜻하므로 빠져있다. 앞서 설명한 삼합오행으로 亥卯未 木, 寅午戌 火, 巳酉丑 金, 申子辰 水를 뜻한다. 오행삼합은 목·화·금·수 4국수법의 관법이다. 360°의 나경을 90°씩 4등분하여 물이 나가는 파구를 기준으로 12포태법을 적용시킨다. 亥卯未는 목국으로 亥는 목의 장생, 卯는 제왕, 未는 묘로 생왕묘의 자리가 된다. 화국과 금국, 수국도 마찬가지로 생·왕·묘의 자리가 된다.

3층의 삼합오행인 巳酉丑 금, 申子辰 수, 亥卯未 목, 寅午戌 화오행으로 4층 일괘 삼산법의 3칸에 기록되어 있다. 그런데 지지오행을 제외하고 乾·坤·艮·巽과 甲·乙·丙·丁·庚·辛·壬·癸의 칸은 비어 있다. 이것은 비어있는 것이 아니라 쌍산오행으로 같은 삼합오행을 적용받는다는 뜻이다. 즉, 癸·丑은 금, 艮·寅은 화, 甲·卯는 목, 乙·辰은 수, 巽·巳는 금, 丙·午는 화, 丁·未는 목, 坤·申은 수, 庚·酉는 금, 辛·戌은 화, 壬·子는 수오행으로 일일이 기록하지 않았다.

〈표-17〉 3층 五行

3층	金·火	木	水·金	火	木·水	金	火·木	水
4층	丑·寅	卯	辰·巳	午	未·申	酉	戌·亥	子

삼합오행을 규정할 때 좌향과 물의 흐름, 사격(砂格)을 삼합으로 보는 경우가 있고, 좌와 득수, 파구를 삼합으로 보는 경우가 있어 구별해야 한다. 좌를 기준으로 입수룡과 득수와 파구를 보는 것이 사국수법이다.

3) 제4층~9층까지의 방위사용법

나경 **제4층**은 지반정침(地盤正針)이라 하며 땅의 방위를 나타낸다. 즉 24방위를 15°씩 나누어 땅의 지기를 기준잡고, 입수룡과 좌향을 정하며 음택과 양택의 좌향을 잡는 곳이다. 좌와 향은 180°의 대칭관계로 자리한다. 먼저 좌를 정하면 180° 반대방향이 향이 된다. 도표에서 보듯이 좌향은 서로 대칭관계이며 좌향의 관계가 바뀌어도 같은 원리다.

〈표-18〉 좌향관계

坐	壬	子	癸	丑	艮	寅	甲	卯	乙	辰	巽	巳
向	丙	午	丁	未	坤	申	庚	酉	辛	戌	乾	亥

제5층은 좌를 기준하여 아주 세밀하게 입수룡의 방위를 잡는 층이다. 24방위를 1칸에 5°씩 3칸으로 나누고 3룡을 60갑자로 나타내었다. 빈칸 12개를 합쳐 도합 72개이며 천산72룡이 된다. 입수룡을 72개로 세분화시켜 용이 어떤 맥으로 오는가를 살핀다. 만약 입수룡이 자방(子方)이라면 혈처로 들어오는 자방은 60갑자로 볼 때 다섯 개의 子가 있는 甲子·丙子·戊子·庚子·壬子의 5개 맥이다.

이 가운데 어느 자방(子方)으로 오는가를 살핀다. 5층은 4층을 3등분하여 분리하였고 60갑자로 채우고 남는 4유방(四維方)과 8천간 12개의 빈 공간을 합친 천산72룡으로 용의 맥을 살피고 기문분금에도 사용된다.

여기에서 丙·丁과 庚·辛맥은 왕상맥이라 하여 사용이 가능하다. 나머지 甲· 乙은 고허맥, 戊·己는 패기맥, 壬·癸는 퇴기맥으로 사용할 수 없는 맥이다. 빈칸 12개는 공망맥으로 역시 사용할 수 없는 맥으로 분류한다. 천산72룡의 길흉 근거는 양균송의 오기론에 근거한 것이나 빈칸 12개의 공망맥이 흉하다는 논리도 풍수지리 서에서 일관되게 정의하지는 못하고 있다.

또한 혈처에 시신을 안장시킬 때 100%의 정확도를 따지기가 어렵다. 형세(形勢)를 먼저 살피고 이기(理氣)를 판단하는 순서가 되어야지, 형세를 보지 않고 이기만 따져 천산72룡의 맥을 잡는 것은 무리가 따른다. 나경으로 방위 측정을 해도 100%의 정확성을 따지기 어려운 것도 사실이다.

第6층은 인반중침(人盤中針)이며 땅위의 기를 주관하고 혈에서 보이는 사격을 측정하는 방위이다. 사격은 4층 지반정침을 기준으로 하며 24개의 방위를 나타내었다. 사격은 앞서 나경의 방위측정 편에 성수오행(星宿五行)의 설명이 있다. 이를 참조하여 오행상생상극의 원리를 적용하여 사격이 혈을 돕거나, 혈이 사격을 극하거나, 같은 오행으로 비화되면 길한 방위에 있는 사격이 된다. 만약 혈이 사격을 돕거나, 혈이 사격에 의해 극을 받는 방향의 오행은 흉하다고 판단한다.

정오행과 다른 오행 방위를 나타내므로 성수오행(星宿五行)을 반드시 인지하여 상생 상극을 판단해야 한다. 또한 4층보다 7.5° 좌측으로 뒤져 있다. 이는 4층의 지반정침보다 인사(人事)를 관장하기 때문에 뒤 쪽에 위치한다. 특히 6층의 명칭이 인반중침이고 사격이나 길흉을 점치는 층으로 어느 방위가 길흉 방위인지를 중요시 하는 층이다.

第7층은 투지60룡이다. 쌍산오행의 12개 방위에 5칸씩 60갑자를 배분하여 5층 천산72룡의 입수룡이 어느 방향으로 나가느냐를 보는 방위다. 5층은 입수룡에서 입수의 길흉을 보는 층이고 7층은 출룡의 길흉을 본다. 서로 반대 방향에 자리한다.

입수룡은 자연이 정해준 곳이지만 출룡은 풍수사가 임의로 조절할 수 있다. 즉 혈을 잡거나 땅을 파는 재혈(裁穴)과 천광(穿壙)에 아주 중요하며 천산72룡과 같은 방위의 丙·丁·庚·辛의 왕상맥만 사용한다. 지기가 들어오는 입수룡만 찾을 것이 아니라 지기가 나가는 출수룡의 방위도 좋아야 함을 뜻한다.

　　제8층은 외반봉침(外盤縫針) 또는 천반봉침(天盤縫針)이다. 혈처를 정하는 4층의 좌향에서 물의 득수와 파구를 보는 방위로 총 24방위다. 풍수지리에서 물은 재물을 나타내므로 매우 중요하다. 지기가 빠지는 것을 막아주어야 한다. 부귀재물을 나타내는 8층으로 물이 오고 가는 득수와 파구의 방향을 정확하게 측정하지 못하면 뛰어난 혈처를 찾았다 한들 부귀영화는 누리지 못한다.

　　조정동은『지리오결』의 수법에서 밝히기를,『옥척경』에 이르길 오행은 용에만 얽매이지 아니하고 화복(禍福)은 모름지기 수(水)에서 취함이 명확하다 하였으니 수를 취함이 지리에서 가장 중요한 것으로 오래도록 내려온 것으로[61] 수(水)의 중요성을 나타내고 있다. 또한 8층은 4층보다 7.5°우측으로 앞서 있다. 이는 4층 지반정침보다 하늘을 관장하기 때문에 앞 쪽에 위치한다. 특히 층별 명칭이 천반봉침이라는데 기인하면 물의 오고 감이 어느 방위인가를 측정하는 층이다.

　　제9층은 장사를 지내는 마무리 작업이다. 광중에 시신을 하관할 때, 최종적으로 주맥을 찾아 하관하며 丙·丁·庚·辛의 왕상맥을 취한다. 두 개의 丙·丁과 庚·辛맥 중에 망자의 출생 년을 60갑자의 납음오행으로 판단한다. 구궁분금으로 확인한 납음오행이 망자를 생하거나 비화하거나 망자가 분금을 극하면 길하고, 분금이 망자를 극하거나 망자가 분금의 납음오행을 생하는 방위는 사용하지 않는다.

　　여기에서 丙·丁과 庚·辛맥은 왕상맥이라 하여 사용이 가능하고 丙·丁과 庚·辛맥의 정확한 맥을 판단하여 구분한다. 나머지 甲·乙은 고허맥, 戊·己는 패기맥, 壬·癸는 퇴기맥으로 사용할 수 없는 맥이다. 빈칸 12개는 공망맥으로 역시 사용할 수 없다.

　　분금의 방법은 구궁도의 기문분금과 24절기를 이용한 순역의 운행원리, 乙·丙·

---

61) 趙廷棟, 申坪 譯『地理五訣』, 동학사, 1994, p.212.

丁 3기(奇)와 戊·己·庚·辛·壬·癸의 육의(六儀)를 활용한 부두법(符頭法)에 따른
다. 이것은 기문둔갑에 사용되는 방법이다. 다만 분금법은 별도의 설명과 방법은 물
론 절기를 완전히 이해하고 구궁의 순서를 이해해야 가능하므로 여기서는 생략한다.

풍수지리의 향법체계에서 가장 문제가 되는 것이 천문과 지리를 기준으로 진북과
자북의 방위이다. 풍수지리의 근본사상과 방위는 북극성의 진북과 여러 별자리에 있
다. 실제 현장에서의 좌향방위는 지구상의 자북을 사용한다. 진북과 자북의 거리 차
이가 실질적으로는 약 1,000km가 넘는 차이가 발생하고 있다. 따라서 보다 더 정확
한 좌향측정을 위해서는 자북과 진북의 편차각을 어떻게 적용시키느냐에 달려 있다.
물론 나침반에 이를 표시한 것이 6층과 8층이다.

지구는 천구상의 적도면과 황도면이 약 23.5° 기울어져 있다. 지구자전축이 공전
궤도면에 비해 약 66.5° 기울어져 있어 지표면과 지하면에서 받는 기운의 영향은 서
로 다를 수 밖에 없다. 지도상의 도북에 비해 진북의 북극성이 약 1.04° 가량 오른쪽
으로 치우쳐 있고, 나침반의 자북은 약 6° 가 왼쪽으로 치우쳐 있다. 이것은 진북과
자북, 도북을 표시한 도자각 때문으로 좌우를 합쳐 약 7.04° 의 차이가 난다.

9층 나경을 기준으로 4층은 지반정침(地盤正針)이며 지상의 방위를 나타낸다. 6층
은 인반중침(人盤中針)으로 지반정침에 비해 약 7.5° 정도 역으로 뒤에 있다. 8층 천
반봉침(天盤縫針)은 지반정침에 비해 약 7.5° 정도 순행방향으로 앞서 있다. 24방위
의 한 궁은 15°로 15° ×24방위=360°를 이루며 자북과 진북의 편차각이 동서(東西)
로 한 궁을 7.5°씩으로 나눈 차이가 설명된다.

또한 24방위는 24절기이다. 한 궁이 15° 로 총 360° 가 되며 15° 는 한 달의 보름
이자 30° 가 한 달에 해당한다. 이러한 자북과 진북의 차이를 고려하여 한 궁에 그 차
이를 표기한 것이 현재 시중에 판매되고 있는 나침반이다.

음택과 양택의 좌향측정은 4층 지반정침으로 정한다. 좌향을 기준으로 세밀하게
물의 방향과 혈처로 들어오는 생기의 방향과 주변 사격(砂格) 등을 정할 때는 6층과 8

층을 살펴야 한다. 그러나 진북도 오랜 시간에 걸쳐 변하고 있고 자북은 지금도 항상 변하고 있다. 물론 단시간에 변하지 않고 서서히 변하고 있는 중이다. 만약 현재 위치의 좌향 방위를 측정하여 기록하였다면 아주 오랜 시간이 지나면 과거에 측정한 방향과 달라져 있게 된다. 실제로 오래된 음택현장에서 좌향을 측정해보면 약간씩의 차이를 보이고 있다.

옛사람들이나 현대인들도 가장 선호하는 방향은 남향으로 대개 북좌남향(北坐南向)의 대표격인 자좌오향(子坐午向)이다. 그러나 실제 현장에서 측정해보면 계좌정향(癸坐丁向)과 병자임향(壬子丙向) 등이 수시로 보인다. 물론 쌍산오행으로 취급하여 좌향을 정한 경우도 있고 단일오행으로 좌향을 나타낸 경우도 있다.

중국과 우리는 위도와 경도가 다르다. 자북과 자남을 연결한 선이 지구자전축과 약 11.5° 기울어져 있어 같은 북반구라도 좌우로 편차각이 차이가 난다. 따라서 이를 고려한 나침반 사용을 보다 더 정확하게 정의할 필요성이 있게 되는 것이다.

현재 일반적인 사람이나 풍수전문가들 역시 자북을 이용하여 방위를 측정하고 6층과 8층을 세밀히 측정한다. 만약 어떤 방향을 정할 때, 자연형세와 자연조건을 우선적으로 살펴 막대기 하나를 땅에 꽂아 일출과 일몰의 시간 측정과 방향 측정을 하거나, 나침반을 이용하여 방향을 측정하면 오랜 세월에 걸쳐 고정적이지 않고 약간의 차이가 난다는 것을 알 수 있다.

자북은 지금도 항상 변하는 중이다. 나침반의 자북점은 매년 약 40km씩 북서쪽으로 이동하고 있으며, 지난 100년간 약 10km씩 이동했던 것에 비해 4배나 빨리 바뀌고 있다. 더구나 자기장은 현재 그 세기가 약해지고 있는 원인을 지자기 역전현상이라고 해석하는 사람들도 있다.

이것이 사실이라면 먼 미래에 지구자기장의 방향은 정반대가 되어 N극과 S극이 바뀌게 되는 현상이 발생한다. 이러한 지자기역전현상은 오래된 용암분석을 통해 평균 25만년에 한 번 꼴로 일어났다는 사실을 미국 과학자들이 측정한 컴퓨터 시뮬레이션

결과에서 재현된 바 있다.

지구자기장이 북극으로부터 약 40° 이상 벗어났다가 다시 제자리로 돌아오는 것을 지자기회유라 하는데 약 25,000년 전에 발생하였다. 북자극과 남자극, 즉 N과 S극이 서로 바뀌는 경우가 지자기역전현상이며 약 78만 년 전에 일어났다는 기록이 있다.[62]

이것은 오랜 세월에 걸쳐 지구자기장의 변화가 일어나는 것이며 지금도 계속되고 있다. 다만 음택이나 양택을 막론하고 자북의 정확한 방향 측정과 더불어 햇빛은 또 다른 중요한 방위의 구성요소를 이룬다. 햇빛은 해충의 박멸과 온도유지 등 거주 조건에서 가장 필요한 역할을 맡는다. 따라서 방향성과 더불어 햇빛은 음택과 양택에서 차지하는 길흉의 방위성을 떠날 만큼 중요한 요소다.

여기에 풍수사들이 사용하는 나경의 종류도 다르고 각각의 관법도 다르다. 나경의 종류에 따라 용·혈·사·수·향과 득수와 파구, 사격의 길흉을 판단해야 하는 정확한 기준이 없다. 일반적으로 실제 현장에서 사용되는 나경은 9층 나경으로 대부분 방위 측정을 하고 있다. 논자 역시 9층 나경을 사용하여 방향을 판단한다.

9층 나경을 간략하게 정리하면 1층: 팔요살과 좌와 득의 관계, 2층: 황천살과 좌와 득의 관계, 3층: 삼합방위층, 4층: 지반정침으로 좌향 측정, 5층: 천산 72룡으로 입수 측정. 6층: 인반중침으로 사격(砂格) 측정, 7층: 투지 60룡으로 60갑자 용(龍) 측정, 8층: 외반정침으로 득수와 득파 측정, 9층: 120 분금 측정이다.

---

62) naver 지식백과 참조.

제4장 용맥론(龍脈論)

1. 용(龍)의 정의

용은 산이다. 산은 능선을 따라 이어지고 가지를 뻗어 내리고 달리고 멈춘다. 태조산, 중조산, 소조산을 거친 산줄기가 천리를 행룡하여 최종 목적지인 혈처에 도달하는 과정은 너무나 신기막측(神奇莫測)하다. 산이 살아 움직이는 모습이 마치 신령스러운 용을 닮았다하여 산을 산이라 하지 않고 용이라 한다. 한마디로 산을 신비롭고 변화막측한 용의 존재로 표현한 것이다.

서선계·서선술[63]은 『인자수지』에서 용을 나타내기를 "지리가는 산을 용이라 하는데 어떤 연고인가? 산의 모습이 천형만상(千形萬象)이니 혹 크고, 혹 작고, 혹 일어나고, 혹 엎드리고, 혹 역으로, 혹 순으로, 혹 숨기도, 혹 나타난다. 지룡의 몸체도 일정하지 않고, 지척 간에 움직임도 조아림이 다르니 만물 중에 용이 그러한 고로 용이라 이름 하였다. 잠기고, 뛰고, 나르는 변화를 헤아릴 수 없음을 보고 취했다."[64]는 설명이다. 산의 무궁무진한 변화와 예측하기 어려운 조화가 마치 용과 같다는 뜻이다.

또한 용은 임금이고 혈은 신하이며 사수(沙水)는 인민이 되니, 군이 밝고 신이 어질면 만방이 저절로 교화되고 사방의 오랑캐도 복종한다.[65]는 것이다. 즉 산용은 홀로 존재하는 것이 아니라 수많은 신하를 거느린 왕처럼 많은 호종사(護從砂)를 거느리고 운행하는 것이 원칙이다.

따라서 내룡과 안산, 혈처와 산의 형세에 따라 선천적인 운명이 결정되고, 좌향과

---

63) 풍수서인 『人子須知』의 저자로 명나라 때의 풍수학자이며 형제다.
64) 『人子須知』, 「龍脈穴砂名義」, "地理家以山名龍何也. 山之變態千形萬狀. 或大或小或起或伏或逆或順或隱或顯. 支壟之體段不常. 咫尺之轉移頻異. 驗之干物惟龍爲然故以名之. 取基潛見躍飛變化莫測云爾"
65) 徐善繼·徐善述, 金東圭 譯, 『人子須知』, 明文堂, 1992, p.339.

득파, 사격, 명당 등의 관계에 따라 후천적인 운명이 결정되어 후손들에게 영향을 미치게 된다. 즉, 선천의 형세(形勢)와 후천의 이기(理氣)가 상호 조화로워야 발복(發福)이 이루어진다.

2. 용의 분류

용에는 여러 형태가 있다. 앞서 설명한 오행과 구성(九星)의 분류가 있다. 큰 줄기인 대간룡과 작은 줄기인 지룡에 따라 태조산-중조산-소조산-부모산-주산-현무봉 등으로 구분한다.

주희는 『답산부』에서 산은 곤륜산의 자손이고 물은 동해의 신하이다. 산은 명산에서 출발하여 주군(州郡)을 이루고, 이어져 천리에 미치며 산맥에서 분파된 것이 지맥이다. 이 초발(初發)의 명산을 태조산이라 한다. 중국은 곤륜산, 한국은 백두산이다. 중국의 곤륜산에서 길게 뻗은 고을과 군의 척령(脊嶺)이 간룡이다. 간룡에서 나누어져 3,4절, 5,6절 등으로 분기된 맥을 지룡이라 칭한다. 용은 지표에 융기한 산맥만이 아니고 평지나 평야 가운데에 돌기한 높은 산에도 존재한다. 전자를 지룡, 후자를 농룡(壟龍)이라 한다.[66]

물이 있는 곳에는 산이 있고 용이 있다. 땅의 높이가 1척만 높으면 용이 되고 1척만 낮아도 물이다. 높은 곳이 용이고 낮은 곳이 물이므로 지표전체에 있어서 용맥의 분포가 치밀하게 나타난다.

강으로 치면 강의 양쪽 언덕이 산과 용이 된다. 비가 올 경우 조금 낮은 땅에 물이 흐르면 조금 높은 곳은 산이다. 실질적인 물의 흐름이 없는 평야나 전답이라도 조금 낮은 곳은 물이고 조금 높은 곳은 용이다. 지표면에 약간의 높낮이가 있으면 그곳에 물과 용이 있다. 용은 지표면 전체에 걸쳐 분포하며 생기는 땅 속으로 흐른다.

---

66) 최길성 譯, 『朝鮮의 風水』, 민음사, 1990, p.46.

용은 길룡과 흉룡으로 구분된다. 『금낭경』에서는 5가지 장사를 지내지 못하는 흉룡의 땅을 구분하고 있다. "석산, 단산, 과산, 독산, 동산을 흉룡이라 하여 장사지내는 것을 금하였다."[67] 토양이 없는 석산, 산의 맥이 단절되고 끊어진 단산, 산이 멈추지 아니하고 지나쳐버리는 과산, 산들이 중첩하여 어우러짐이 없이 홀로 솟아 있는 독산, 수목이 자라지 않고 언덕이 부서지며 땅이 불타버린 듯해 매끈한 동산 등에 장사를 지내면 흉이 발생하고 있는 복도 소멸되어 후손들의 삶이 어렵게 된다.

『명산론』에는 용을 "12가지로 나누었는데 생룡, 복룡, 응룡, 읍룡, 왕룡, 살룡, 귀룡, 겁룡, 유룡, 병룡, 사룡이다."[68] 생룡과 복룡, 응룡과 읍룡은 기가 모이며 사신사가 분명하고 좌우용호가 응해주는 길용이다.

국세가 협소하고 용이 등을 돌려 달아나고 혈처가 용을 받아들이지 않고 혼자 왕한 기운을 자랑하는 왕룡, 산 능선들이 뾰족하고 날카로운 모양은 살룡, 가지가 여러 개로 나누어지고 쪼개지고 많게 되면 귀룡과 겁룡, 분리되어 어지럽게 흩어지면 유룡, 산이 기울고 무너지고 깨진 병룡, 굴러가지 못하고 죽은 듯한 사룡, 외롭고 힘이 없는 산은 절룡으로 전부 흉용에 해당한다.

용이 길게 구부러지면서 위이(逶迤)와 박환(剝換)을 거치면서 행룡하는 가운데 안산과 청룡백호가 포근하게 감싸 안아주는 것이 기본이다. 즉, 혈처와 명당을 감싸고 있는 사신사인 청룡 · 백호 · 주작 · 현무가 있어야 한다. 『금낭경』에서 "현무는 머리를 똑바로 드리우고 주작은 춤추듯 맑고 밝으며 청룡은 굽어 감싸 안으면서 구불구불하게 완연한 모습이고 백호는 길들어져 순한 듯 머리를 숙여야 한다."[69]고 하였다.

청룡은 구불구불하여 길게 하늘로 뻗어 오르는 모습이어야 하고, 백호는 머리를 쳐들지 않고 순한 듯 엎드린 모습이어야 한다. 청룡이 길고 완연해야 친자손이 잘되고, 백호가 화난 듯이 머리를 쳐들면 외손이 발복하고 여자의 기운이 강해져 집안 남자

---

67) 郭璞, 『錦囊經』, 「山勢編」, "而石山不可葬也, 而斷山, 而過山, 而獨山, 而童山不可葬也."
68) 蔡成禹, 『名山論』, "名山之分 一十有二, 曰生, 曰福, 曰應, 曰揖, 曰枉, 曰殺, 曰鬼, 曰劫, 曰遊, 曰病, 曰死, 曰絶"
69) 『금낭경』, 「사세편」, "玄武垂頭, 朱雀翔舞, 靑龍蜿蜒, 白虎馴頫."

와 직계의 자손이 길하지 못하게 된다.

과거와 달리 현시대는 여성의 지위와 외손의 힘이 점점 더 강해지므로 백호가 솟은 모습도 무방하다고 판단된다. 다만 음기운이 강해지면 자연히 양기운이 약해지니 이 또한 음양의 부조화를 이룬다.

조선말에 고종과 순종황제의 2대 천자를 만들었던 분묘의 실제 장소가 예산군 덕산면에 있다. 흥선대원군이 고종황제를 만들기 위해 가야사라는 사찰을 불태우고 묘지를 만들었다. 이 묘는 흥선대원군의 아버지인 남연군의 묘로 우측 백호방이 강한 형세를 지니고 있다. 민비가 며느리로 들어와 흥선대원군과 맞붙어 권력싸움이 일어난 것을 보면 형세론의 특징이 그대로 드러난 하나의 예시다.

〈그림-17〉 남연군 묘 백호방의 마채

양택이던 음택이던 이 같은 형세론의 모습은 동일하게 적용된다. 혈을 중심으로 동서남북의 산세가 혈을 보호하는 모습이어야 생기를 갖추게 된다. 그렇지 못하면 지기의 도움이 없이 바람을 맞는 땅이 된다.

평지룡은 "평양용은 땅 속에서 융기하여야 하고 산룡은 지상에서 높이 솟아야 한다. 평양룡이나 산룡은 손바닥 같이 편안해야 한다."[70]고 하였다. 평지룡은 낮은 곳에 있고 모습이 솟아있지 않아 구별하기가 어렵다. 세밀하게 관찰하지 않으면 형세를 판단할 수가 없는 것이 평지룡이다. 기(氣)가 지나가며 맥이 드러남이 가늘고 작은 물결과 같은 모습을 지녀 자세하고 상세한 관찰을 요한다. 그만큼 평지룡은 관찰하기가 어렵다.

용은 산세의 변화가 다변하니 산세가 어느 곳으로 나아가고 멈추는가를 살핌과 동시에 형세와 방위를 살펴야 한다. 하나의 용에 하나의 형(形)이 이루어지므로 반드시 형세를 살피면서 방위를 살펴야 한다. 이는 용의 기운과 형세를 먼저 살핀 후에 방위를 살펴야 올바른 용을 알 수가 있다.

3. 용의 생사(生死)

우리나라의 백두대간은 산세줄기를 사람의 척추와 같은 기본 골격의 모습으로 표현하였다. 백두산에서 지리산까지의 총 길이는 1,625km다. 휴전선을 기준으로 남쪽은 지리산에서 강원도 고성의 향로봉까지 약 680km이다. 지리산 천왕봉에서 백두산 장군봉까지의 큰 산줄기로 구분하여 1대간과 1정간, 13정맥으로 이루어져 있다.

> 1대간은 백두산~두류산~금강산~설악산~오대산~태백산~속리산~덕유산
> ~지리산에 이르며 1정간은 장백정간으로 원산~서수라곶산이다. 13정맥으로
> 는 청북정맥은 낭림산~미곶산, 청남정맥은 낭림산~광량진, 해서정맥은 개연
> 산~장산곶, 임진북예성남정맥은 개연산~풍덕치, 한북정맥은 분수령~장명
> 산, 한남정맥은 칠현산~문수산, 한남금북정맥은 속리산~칠현산, 금북정맥은

---

70) 『금낭경』, 「취류편」, "夫支欲起於地中, 壟欲時於地上, 支龍之前, 平夷如掌."

칠현산~안흥진, 금남정맥은 마이산~조룡산, 금남호남정맥은 장안치~마이산, 호남정맥은 마이산~백운산, 낙동정맥은 태백산~몰운대, 낙남정맥은 지리산~분산이다.[71]

상기와 같이 맥의 이름은 큰 물줄기인 강으로 구분하여 남북으로 이름 지어졌다. 예를 들어 금남정맥과 금북정맥은 금강이 기준이고 낙동정맥과 낙남정맥은 낙동강이며 한북과 한남은 한강이 기준이다.

우리나라는 전 국토의 약 70%~80%가 산지로 이루어져 있다. 한반도를 중심으로 부속도서가 약 4,200개의 크고 작은 섬과 삼면이 바다로 둘러싸여 있으며, 평균 고도가 약 450~500m에 위치하고 지형구조는 북고남저(北高南低)와 동고서저(東高西低)의 지형을 가지고 있다.

백두대간을 따라 산이 행룡을 하면서 변화를 일으키고 개장과 천심을 거쳐 용의 기복과 용의 과협, 용의 위이와 박환, 용의 요도지각, 용의 호종사(사신사), 용의 배면 등이 여러 형태를 이루면서 산이 하나의 형(形)을 이루게 된다. 따라서 그 의미를 분명히 알아야 한다.

용이 변화하는 과정은 개장(開帳)과 천심(穿心)이다. 개장과 천심은 산이 조종산에서 행룡을 하다가 양옆으로 벌어지는 산세가 개장이다. 개장한 능선을 따라 용맥의 봉우리를 천심이라 한다. 봉우리를 지탱하며 양옆으로 뻗어 내린 줄기가 개장이며 새가 날개를 펼친 모습이다.

---

71) 김주환, 『地形學—構造地形學』, 동국대학교출판부, 2009, pp.38-40.

<그림-18> 용의 기복과 개장과 천심

    용의 기복(起伏)은 용이 봉우리를 만들기 위해 높이 솟았다가 떨어지는 행위를 반복하면서 굴곡을 이루는 형태다. 솟아오르는 것을 기, 밑으로 내려가는 것을 복이라 한다. 기복을 거치면서 용이 골짜기를 만든 것이 과협(過峽)이다. 과협의 산줄기가 지나면서 목과 같이 좁아지는 곳이 결인(結咽)이므로 생기가 모이는 과정이다. 과협은 직(直)·곡(曲)·장(長)·단(短)·세(細)·고(高)·평지(平地)·도수협(渡水峽) 등의 여러 종류가 있다.

    용의 박환(剝換)과 위이(逶迤)는 산의 탈바꿈과 굴곡을 거쳐 용이 혈을 만드는 과정이다. 조종산은 산이 시작되는 곳으로 대부분 화산체의 바위산으로 이루어져 있다. 바위산은 기운이 험해 혈이 맺혀지지 않는다. 조종산에서 시작된 행룡이 살을 벗으면서 오행과 구성(九星)의 산으로 바뀌는 과정이 박환이다. 위이는 박환을 거친 산이 마치 뱀처럼 구불거리면서 가는 모습이다. 주로 언덕이나 낮은 산줄기에서 나타나며 혈을 맺기 위한 걸음이다.

    요도지각(橈棹地脚)은 천심의 산봉우리가 개장을 하면서 옆으로 펼쳐진 날개가 마치

배를 젓는 노와 같고, 여러 개의 지네다리와 같은 모습을 말한다. 노의 방향에 따라 용이 가고 멈춤이 발생한다. 요도지각이 앞을 향하면 멈추는 것이고, 뒤를 향한 모습이면 가는 것이다.

〈그림-18〉 용의 요도지각

1. 조종산
2. 주산
3. 입수
4. 결인과 뇌두
5. 미사(眉砂)
6. 내명당
7. 혈
8. 내백호
9. 내청룡
10. 외백호
11. 외청룡
12. 안산
13. 조산
14. 득수
15. 외합수
16. 내합수

〈그림-20〉 용의 변화

용의 호종사는 왕이 행차할 때 신하가 따르듯이 용이 행룡을 하는 가운데 주룡을 따라 행룡을 함께하는 사격(砂格)의 산들이다. 만약 주산룡이 약하고 호종사가 강하면 객산(客山)이 주산을 얕보는 것으로 귀하지 못하다. 용이 크면 호종사도 따라서 같은 힘을 갖추는 것이 좋다. 임금이 가면 신하가 따르듯이 태조산은 용루보전(龍樓寶殿)이 되어야 한다. 태조산에서 출발한 용이 여러 성봉(星峯)을 만들고 귀인사(貴人砂)가되면 용이 귀하게 된다. 성봉의 형세와 크기에 따라 혈과 국세 크기와 발복(發福)의 크기가 정해진다.

용의 배면(背面)은 산의 앞과 뒷면이다. 앞의 얼굴 면에 혈과 명당이 생기고 등 뒤쪽에는 대부분 혈의 결지가 어렵다. 반면 앞뒤의 배면 없이 행룡이 이루어지기도 한다. 이런 경우는 시각적으로 판단이 가능하며 양쪽에서 혈이 결지되기도 한다.

4. 용법론

용이 나아가는 곳은 과룡처(過龍處) 또는 용진처(龍進處)가 된다. 행룡이 멈추는 용진처(龍盡處)가 되어야 혈이 맺힌다. 혈을 맺기 위한 여러 형태와 법식이 용법론이다. 용은 개장과 천심의 굴곡과 요도지각의 나아감, 위이와 박환의 변화를 통해 호종사를 대동하고 현무봉에 도달한다.

현무봉에 도달한 용이 혈에 들어가기에 앞서 산줄기가 목구멍같이 좁아지고, 흉한 기운을 탈살시키며 좋은 생기를 모으는 단계가 결인속기처(結咽束氣處)다. 결인한 후에 혈 뒤편을 통해 생기가 입수하면서 혈에 안장된다. 혈에 모인 생기는 다시 남은 기운인 여기(餘氣)로 인해 선익(蟬翼)과 순전(脣氈) 등을 만든다.

용이 태조산을 출발하여 탈살을 거치면서 현무봉에 도달하여 혈이 맺힐 때까지의 과정이 태식잉육법(胎息孕育法)이다. 이는 마치 어머니 품속의 태아가 자라는 과정과 같다. 현무봉에서 용이 처음 출발하는 곳은 태(胎), 중간의 위이과정과 결인은 식(息),

생기가 모이는 곳인 뇌두는 잉(孕), 생기가 모여 땅이 불룩해지는 육후처(肉厚處)가 육(肉)이며 육후처에 혈처가 생긴다.

용이 결인속기나 태식잉육을 거치는 과정은 좌우방향에서 온다. 이를 용의 좌우선법이라 칭한다. 용이 우측에서 오면 물은 좌측에서 오고, 용이 좌측에서 오면 물은 우측에서 와야 음양이 화합한다. 이를 좌선용에 우선수, 우선용에 좌선수라 하며 태극의 원리가 된다.

입수에는 여러 형태가 있다. 용이 혈에 도달하기 전 여러 형태의 입수 단계를 거치면서 혈에 생기가 응집된다. 현무봉에서 혈까지 용이 직선으로 들어오는 직룡입수(直龍入首), 현무봉에서 낙산과 귀성을 갖추고 옆으로 입수하는 횡룡입수(橫龍入首), 돌혈처럼 날아오르는 비룡입수(飛龍入首), 논산 계룡산과 같은 회룡입수(回龍入首), 용이 땅속을 숨었다가 평지용으로 나타나는 잠룡입수(潛龍入首), 용이 행룡을 하다가 중간에 주저앉듯이 혈이 맺히는 섬룡입수(閃龍入首) 등 여러 입수 단계가 있다.

섬룡입수는 자칫 혈이 지나가버리는 과룡(過龍)으로 착각을 일으키므로 세밀히 살펴야 한다. 섬룡입수는 혈을 맺고 다시 나아가는 모습이 말을 타고 가는 모습과 같아 기룡혈(騎龍穴)이라고도 부른다. 따라서 입수의 형태는 세심하게 살펴야 하며, 현장에서 시각적으로 확인을 해야 한다.

〈그림-21〉 용의 위이와 박환, 결인속기처, 육후처와 전순

제5장 혈세론(穴勢論)

1. 혈의 개요

혈은 풍수지리에서 용과 함께 가장 중요한 부분이다. 양균송의 '삼부장론(三不葬論)'에서 용이 있는데 혈이 없거나, 용은 있는데 사람이 없고, 사람이 있지만 혈이 없으면 장사지내지 않는다고 하였다. 혈처는 용과 함께 풍수지리의 핵심으로 용과 혈, 사람이 바로 천지인이다. 이것은 결국 혈처가 없다면 장사는 소용없는 일이라는 뜻이다. 혈은 용의 신하이듯이 용의 행보가 최종적으로 마치는 자리가 혈처다.

혈은 또한 생기가 집약된 곳이다. 주자는『산릉의장』에서 정혈법을 설명하기를 "지리의 법은 침구와 같고 혈에는 일정함이 있으니 털끝만큼도 어긋남이 있어서는 안된다"[72]고 하여 혈에 관한 중요성과 세밀함을 설명한다.

혈은 용이 행룡하여 모든 살기를 털어내고 순수하고 정밀한 생기가 응결되는 곳이다. 산이 아무리 많아도 혈을 결지하는 산과 하지 못하는 산이 있다. 혈은 산이 만든 하나의 열매와도 같다. 혈을 형성하기 위해서는 청룡, 백호, 주작, 현무의 사신사가 있어야 된다. 지기를 전달하는 산맥과 그 지기를 진행시키는 수기와 바람이 조화를 이룰 때 진혈(眞穴)이 생성된다.

풍수지리는 생기를 타는 것으로 생기가 응집된 곳에 혈이 결지된다. 풍수속담에 용을 보는 것은 삼년, 혈을 찾는 것은 십년이 걸린다는 말이 있다. 이것은 용을 찾아도 혈이 있는 곳은 더더욱 찾기 어렵다는 뜻이다. 혈은 하늘이 숨겨놓은 '천장지비(天藏地秘)'의 장소다. "선을 쌓는 집은 반드시 경사가 있다."[73]는 말이 가장 어울릴 정도로

---

72) 주희,『산릉의장』, "蓋地理之法譬如針灸, 自有一定之穴, 而不可有毫釐之差."
73)『주역』,「곤괘」, "積善之家, 必有餘慶."

〈그림-22〉 전의 이씨 중시조인 이창수의 오공혈(蜈蚣穴)

아무에게나 자리를 내어주지 않는 것이 진혈(眞穴)이다.

2. 혈의 종류

혈에는 네 개의 형(形)이 있다. 와혈(窩穴), 겸혈(鉗穴), 유혈(乳穴), 돌혈(突穴)의 4형을 사상(四象)이라 칭하며 기본형으로 삼는다. 이것은 소위 태극, 양의, 사상에서 취한 것이다. 태극은 승생기(乘生氣)의 생기, 양의는 양래음수(陽來陰水), 음래양수(陰來陽水)의

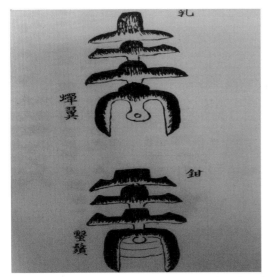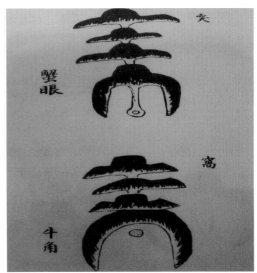

<그림-23> 혈의 사상

음양이다. 이를 형태로 나타내면 음양은 요철(凹凸), 사상은 태양-소양-태음-소음
이다. 형태적으로 와겸유돌(窩鉗乳突)이기 때문에 풍수의 생기에 근거하여 음양으로
발하며, 구현되는 혈형(穴形)은 바로 이 사상의 형태인 '와겸유돌(窩鉗乳突)' 이외에는
없다고 한다.[74] 아래 그림이 혈의 4가지 형태인 사상(四象)이다.

　와혈은 음택·양택이 모두 가능하며 포근하게 감싸는 모습이다. 소의 양뿔과 같은
우각사(牛角砂)가 있어야 하고, 소쿠리나 삼태기 같은 포근한 형태가 되어야 한다. 좌
우 용호가 둥글게 혈을 감싸는 것이 좋다.

　겸혈은 주로 양택지에 좋으며 사람의 다리와 같다. 혈이 결지되면 바위가 병풍처
럼 둘러싸는 것이 좋다. 칼과 비녀같이 선익이 길게 뻗어 혈을 보호한다. 유혈은 여
자의 유방과 같이 능선을 따라 결지되며, 양택보다는 음택이 길하다. 가마솥을 엎어
놓은 모습이며 육후처(肉厚處)가 나타난다. 좌우 용호가 감싸주고 선익사가 있어야
좋다.

　돌혈은 주로 음택에 있다. 용맥을 따라 혈이 길게 내려와 우뚝 솟아오르는 곳에 위

---

74) 崔吉城 譯,『朝鮮의 風水』, 民音社, 1990, p.99.

치하며, 종이나 가마솥을 엎어놓은 모습이다. 산과 평지에 있으며 평지보다 약간 높아도 돌혈로 본다. 돌혈은 바람을 맞는 곳에 있어 반드시 사신사나 조산 등의 보호를 받아야 한다. 평지에 돌혈이 있다면 바람은 평지에서 흩어지므로 크게 염려할 것이 못되나, 높은 산이나 능선은 반드시 사격을 살펴야 한다.

혈처는 생기가 응집된 곳이다. "오기(五氣)가 땅속을 돌아다니다가 발하여 만물을 생한다. 오기의 흐름은 땅의 힘에 의한 것이고, 오기의 모임은 땅의 힘이 멈추어야 일어나고, 장사는 기가 일어나는 곳을 근원으로 기가 멈추는 곳을 헤아려야 한다."[75]는 것으로 지기(地氣) 힘이 멈춘 혈처에 장사지내야 한다.

장사(葬事)는 혈에 사자(死者)를 안장하는 것으로 청룡과 백호, 주작과 현무의 사신사를 갖추고, 乾·兌·離·震·巽·坎·艮·坤의 팔괘방위를 선택해서 장사를 지내는 것이다. 오기(五氣)는 오행인 木·火·土·金·水이며 오기(五氣)가 모여 있는 곳이 혈처다.

혈처는 혈주변의 혈장(穴場), 입수도두, 순전, 혈토, 선익 등의 조건을 갖추어야 한다. 선익은 매미 날개로 혈의 양옆을 보호하고, 순전은 혈에 맺힌 기운이 여기로 뻗어내려 생기는 것이다. 사람 얼굴로 비유하면 입수도두는 사람의 이마, 선익은 양뺨, 순전은 턱이 된다.

3. 혈토의 조건

혈토(穴土)는 비석비토(非石非土)이면서 오색을 갖추면 최상급이다. "무릇 흙은 가늘되 굳어야 하며, 윤기가 있되 습기가 없어야 하고, 잘라진 옥이 기름질 한 것처럼 오색을 갖추어야 한다. 무릇 건조하기가 곡식을 모아놓은 구덩이 같고, 습하기가 저민 고기 같아야 한다. 물이 땅에서 솟고 모래와 자갈이 있으면 대개 흉택이다."[76] 혈토

<hr>

75) 『금낭경』, 「인세편」, "五氣行於地中, 發而生乎萬物. 其行也, 因地之勢, 其聚也, 因勢之止. 葬者原其起, 乘其止."
76) 『금낭경』, 「귀혈편」, "夫土欲細而堅, 潤而不澤, 裁肪切玉, 備具五色. 夫乾如穴粟, 濕如劃肉, 水泉沙礫, 皆爲

는 황색이 기본이며 오색(五色)이 상등, 3~4색이 중등, 1~2색은 하등으로 여긴다.

혈토의 오색과 달리 지질학적으로 토양을 만드는 풍화작용은 보통 세 가지로 이루어진다. 물리적, 화학적, 생물학적인 풍화작용이다. 서로의 상호작용으로 암석의 풍화작용이 일어난다. 물리화학적인 풍화와 달리 생물학적인 풍화는 나무뿌리가 바위를 쪼개거나, 유기물과 미생물, 이끼류 등의 여러 유기생물체가 암석의 풍화를 일으키는 것이다.

여러 학자들은 풍화작용으로 생긴 토양의 정의에 관해 다양한 의견을 보이고 있다. 미국 버몬트대학과 워싱턴대학의 Paul R. Bierman교수와 David R. Montgomery가 밝힌 토양을 정리해보면 다음과 같다.

> 토양은 지구의 바깥 표면에 형성되며, 영양분을 필요로 하는 식물뿌리와 육상 생물에 기질을 제공하고, 침식되면서 지형 형성에 기여한다. 생명체를 유지하고 보존하는 역할뿐 아니라 유기물질의 일부가 되기도 한다. 동식물은 토양에 의지해 살아가며 토양의 성질과 형태를 변화시키는 물리적, 화학적, 생물학적 결과인 표토생성 비율 및 토양발달과 생성에 영향을 미친다. 토양발달은 환경 요인의 영향을 받아 하향식 과정이고, 토양생성은 암석이 부서져 지표물질이 되므로 상향식 과정이라 할 수 있다.[77]

이러한 토양이 만들어지는 조건은 물리적, 화학적, 생물학적인 요인의 복합성으로 형성되며 지구상의 모든 동식물이 토양에 의해 생존하고 있다. 토양이 살아있고 지기가 좋다는 것은 생기와 연결된다. 토양의 생기는 결국 토양의 에너지며 기의 응결체다. 토양의 기는 살아 움직여 모든 동식물의 생명을 유지시키는 운화체(運化體)다. 혈처의 생기는 이러한 에너지가 모인 장소가 되는 것은 틀림없는 사실이다. 풍수지

凶宅."
77) Paul R. Bierman, David R. Montgomery, 윤순옥 외14 譯, 『핵심지형학』, 시그마프레스, 2016, p.79.

리에서 식물이 살 수 없는 곳은 생기가 없는 땅이라 여겨 금기시하는 것도 이러한 영향과 다르지 않다.

미국 농무부법에서 구분한 흙의 입자크기에 따라 토성(土性)의 종류를 아래 도표에 나타내었다. 토양은 40%의 모래, 40%의 실트, 20%의 점토로 구성되어 있는 토양이 농작물이 자라기 좋은 양토가 된다.

<표-19> 토성(土性)의 구분

매우 거친 모래	거친 모래	중간 모래	가는 모래	매우 가는 모래	실트	점토
2~1mm	1~0.5 mm	0.5~0.25 mm	0.25~0.1 mm	0.1~0.05 mm	0.05~0.002 mm	0.002 mm 이하

〈그림-24〉 우리나라의 일반적 황토

풍수지리에서 오색을 갖춘 혈토는 비석비토(非石非土)의 조건이어야 한다. 암석도 아니고 흙도 아니고, 손으로 만졌을 때 뭉쳐지지 않고 쉽게 부서지는 사질토에 가까운 토양이다.

혈토는 오행의 기가 모여 오색을 띠는 곳이 최고의 자리다. 이러한 곳에 음택이나 양택을 만들면 음택에서는 후손의 부귀발복을 얻고, 양택에서는 사람의 신체가 건강해지며 활력을 얻고 부귀공명(富貴功名)을 이룬다.

인체는 소우주라 하였듯이 오장육부를 비롯하여 12경락과 360개의 혈처가 있다. 땅도 살아있는 인체와 같다. 생기를 가진 땅은 만상만물에 혜택을 베푸는 살아 있는 생명체다.

4. 정혈법(定穴法)

현무봉에서 용이 입수하여 최종적으로 생기가 맺어지는 혈처를 찾기란 쉽지 않다. 음택이나 양택이나 먼저 사신사를 갖춘 장풍국과 현무봉을 위주로 사격(砂格) 등의 선악미추(善惡美醜)를 살펴야 한다. 주룡과 지룡을 파악하여 용맥이 어떤 방향과 형태를 가지고 있고 육후처나 전순, 위이와 박환 등의 형세를 알았다고 하여도 혈처를 찾아내기는 쉽지 않다. ·

혈처의 크기는 약 2~3m 내외의 작은 면적으로 약 한 평 정도다. 혈이 맺히는 사상(四象)형태인 와 · 겸 · 유 · 돌의 형세와 입수도두와 혈장, 선익과 전순, 산수(山水)의 오고감 등을 모두 살펴야 한다. 아울러 용이 뱀처럼 살아서 움직이는 생룡(生龍)인지 뻣뻣하게 죽은 사룡(死龍)인지도 구별되어야 한다.

이처럼 현무봉과 주변 산세를 관찰한 후에 혈처를 중심으로 사방의 높은 산을 십자로 연결시킨 천심십도정혈법(天心十道定穴法)을 통해 혈처를 가늠한다. 혈처를 찾은 후에는 혈장을 살피고 주변 사격과 물의 방위관계를 관찰하여 진혈(眞穴)과 가혈(假穴)을 구분한다.

십도정혈법 외에 혈을 찾는 방법은 시각적인 방법을 통해 좌우 용호의 형세를 비교하는 법, 방향으로 찾는 법, 자연물이 가진 기운이 집약된 곳을 혈처로 찾는 법, 사람의 혈자리와 같은 조건으로 찾는 법, 손바닥의 장심으로 찾는 법 등 여러 방법이 있으나 현장에서 확인을 해야 자세히 알 수 있다. 또한 오행과 구성(九星)으로 주산의 형세와 방위, 사신사, 안산, 조산 등의 사격, 혈처 주위의 바위 등의 모습으로 길흉을 살핀다.

　피해야 할 장소는 산이 거칠고 깨지고 경사가 급하고 꺼지고 파인 곳, 윤기가 없고 수목이 살지 못하는 곳, 춥고 음랭한 곳, 뾰족한 바위가 찌르는 곳, 물이 차 있는 곳, 벌레, 나무뿌리, 곤충, 뱀, 개구리 등의 파충류가 땅속에 서식하는 곳 등은 피해야 한다. 무릇 산이 감싸주고 땅이 포근하고 물길이 환포하는 곳이 좋은 혈처다.

제6장 사세론(砂勢論)

1. 사격(砂格)의 개요

사(砂)는 진혈이 맺힌 장소를 둘러싸고 있는 주변의 모든 산과 물, 바위 등이며 이를 총칭하여 사격(砂格)이라 한다. 『인자수지』에서 사란 전조, 후락, 좌우용호, 나성, 수구, 시위 등 모든 산과 금요(禽曜), 관귀를 모두 합쳐 사라고 하며, 옛사람들이 사로써 산형을 다스린[78] 것으로 산을 둘러싸고 있는 모든 자연물이 포함된다. 사는 산의 모양도 중요하지만 혈과 명당을 보호하는 사신사도 포함한다.

사(砂)는 풍수사들이 종이가 귀한 시절에 답산(踏山)을 하고난 후에 모래위에다 산의 모습을 그렸다하여 사라 불렀다는 속설도 있다. 옛사람들은 사로 산형을 다스리고 사로 자연을 표현하였다. 전남 구례군에 있는 사도리(沙圖里)는 도선국사가 모래위에 풍수지리의 설명을 위해 그림을 그렸다는 지역으로 일컬어진다.

풍수지리에서 산은 인물을 나타내고 물은 재물을 뜻한다. 이를 총칭하는 사격은 그 모습에 따라 부귀공명을 이룬다는 뜻이 있다. 한 가지 예를 들면, 안산이나 주산이 붓 끝과 같은 모양의 문필봉이 있다면 이름난 학자나 문장가가 난다는 것이다. 다만 사(砂)는 보는 사람과 위치에 따라 의견이 달라질 수 있다. 따라서 옛 고인들이 명명(命名)했던 사(砂)의 모습과 이름을 참조하여 자신이 판단하는 시각적인 찰형(察形)과 비교하는 것이 좋다.

---

78) 金東奎 譯, 『人子須知』, 明文堂, 1992, p.624.

2. 사격의 종류와 길흉 사(砂)

사(砂)는 형세(形勢)와 형기(形氣)를 대표한다. 산의 형세와 기운에 따라 산을 닮은 인물이 난다하여 사는 형기론에서 아주 중요한 자리를 차지한다. 지령(地靈)은 인걸(人傑)이라는 표현은 가장 사를 대표하는 의미다. 사람과 마찬가지로 사들은 모습과 형태에 따라 선악이 결정된다.

사(砂)는 생긴 모습이 뚜렷하고 모습이 아름다운 것이 좋다. 관인(官人)들이 몸에 두른 관직을 뜻하는 기물형태의 모습이나 동식물의 정확한 물형의 모습을 닮고 방정하게 생긴 것이 좋다. 물형의 모습이 깨지거나 흉하게 생긴 것은 좋지 않다. 땅의 생기가 강하면 혈에 미치는 영향력이 길하고 사들이 생기에 미치는 영향은 크다. 다만 단순히 용과 사의 모습을 비교하여 선악을 결정할 수는 없다.

『인자수지』에서는 용이 천하면 사가 비록 귀해도 흉으로 돌아가고, 사가 천해도 용이 귀하면 사도 귀로 돌아간다. 사는 미녀와 같아 귀하거나 천하여도 지아비를 따른다. 사격의 모양은 첨원방정(尖圓方正)을 길로 치고 파쇄하고 기운 것은 흉으로 친다. 개면유정, 수려광채 하고 참암주서(巉巖走鼠), 추악무정 하지 말아야 한다. 어병(御屏), 금장(錦帳), 어솔(御傘), 귀인, 천마(天馬), 문필(文筆), 고축(誥軸), 금상(金箱), 옥인(玉印), 전각(殿閣), 누대(樓臺), 전기(展旗), 둔고(頓皷), 옥대(玉帶), 금어(金魚), 쇄포(曬袍), 탁홀(卓笏)과 같은 종류는 귀사(貴砂)들이고 투산(投算), 척창(擲鎗), 연포(煙苞), 파의(破衣), 포견(抱肩), 헌화, 탐두(探頭), 측면(側面), 제라(提籮), 복표(覆杓), 단두(斷頭), 유시(流屍)와 같은 종류는 흉사(凶砂)에 해당한다고 하였다.[79] 즉, 사(砂)보다는 용이 귀함이 우선이다.

지아비로 표현되는 용은 최종적인 혈처를 맺는데 있어 제일 중요하다. 지아비가 귀하고 잘 생기면 처첩도 역시 귀하게 됨은 당연하다. 그러나 용만 길하고 사가 흉하면 역시 성가(聲價)는 떨어지는 것이니 두 가지가 모두 좋은 것이 최상이다.

---

79) 金東圭 譯, 『人子須知』, 明文堂, 1992, pp.624-625.

사(砂)의 모양은 주로 임금과 관인들이 사용하는 물형들인 병풍, 금장, 우산, 옥새, 허리띠, 전각, 규홀, 임금의 옷 등과 관련된 모습이 좋은 사다. 시체나 깨진 박, 찢어진 옷, 날카로운 창과 깨지고 기울어진 물형들은 흉한 사로 여긴다.

이것은 음택과 양택에서도 마찬가지로 적용된다. 음택지나 양택지를 향해 사방에서 억누르는 바위, 덮칠 것 같은 산, 공포를 주는 물형이 있다면 두렵고 불안할 것이다. 반면 깨끗하고 분명하며 안정감과 편안하며 방정한 모습의 산과 바위가 있고, 부드럽게 흐르는 물이 있다면 생기를 모아주고, 사람도 그 영향을 받아 거주하기에 편안한 장소가 된다.

사(砂)는 여러 종류가 있지만 물형(物形)의 모습을 살피고 오행과 구성(九星)으로 대부분 판단한다. 온전한 모습의 사격은 생기가 살아 있고 좋은 작용을 한다. 다만 앞서의 내용을 보더라도 풍수가들이 사격을 정해놓은 정확한 규정은 없다. 오로지 산의 미악(美惡)으로 길흉을 정하고 용혈로 준칙을 세워야 한다. 사격의 판단은 각각의 주관이 있기에 사람에 따라 다른 형체로 인식하여 용과 혈의 본질을 흐릴 수 있다.

지상에서는 지상의 황제가 천상에서는 천제가 거주하는 곳이 최고의 명당이다. 그 중심에는 혈이 있다. 지상 최고의 명당은 자미원이고 하늘의 천제가 사는 장소도 자미원이다. 사격은 이 혈과 명당을 보호하는 군신(君臣)의 역할에 충실한 모습이어야 한다. 산이 혈과 명당을 배반하고 달아나거나 깨지고 잘리고 부서지는 험악한 모습은 최고로 금한다. 이것은 시각적으로 확인이 가능하다.

사격에서 특히 중요한 위치는 수구사(水口砂)다. 물이 나가는 방향에 있는 한문(捍門)과 화표(華表), 북신(北辰)과 나성(羅星) 등의 형상이 뚜렷하고 물의 흐름을 막아 생기가 누출되는 것을 막아주는 것이 중요하다.[80]

---

80) 한문(捍門)은 물의 흐름을 막아주는 바위 문을 뜻하며 북신, 화표, 나성 등이 전부 포함된다. 일월한문(日月捍門), 구사한문(龜蛇한문) 등이 귀하다. 북신(北辰)은 수구처에 용, 거북, 물고기 등의 특별한 형상의 바위이며, 화표도 마찬가지로 유속의 흐름을 막아주는 큰 바위다. 나성은 수구처에 생긴 모래성 같은 작은 섬으로 특별한 형태를 가진 것이 좋다. ·

3. 사격(砂格)의 길흉방위

자연에 존재하는 수많은 사격들은 명당과 혈처와 어떻게 조화를 이루고 있는지가 제일 중요하다. 즉, 명당과 혈처를 기준으로 어떤 방위에 위치하고 어떤 모습인지를 살펴야 한다. 방위는 나경으로 측정하고 산형(山形)은 시각적으로 살피면서 산의 기운과 형세와 음양오행과 구성으로 판단한다.

아무리 좋은 모습의 사격이 있다하여도 방위가 틀리다면 내 것이 아니다. 몸에 맞지 않는 옷을 걸치는 것과 같다. 뛰어난 사격은 길한 방위에 있는 것이 최적이다. 9층 나경을 기준으로 사격의 방위는 6층으로 측정한다. 앞의 9층 나경의 층별 사용법에 설명이 있다.

4층을 기준으로 6층의 성수오행(星宿五行)인 乾·坤·艮·巽이 목오행, 甲·庚·丙·壬·子·午·卯·酉가 화오행, 乙·辛·丁·癸가 토오행, 辰·戌·丑·未가 금오행, 寅·申·巳·亥가 수오행으로 오행의 상생상극으로 길흉을 측정한다.

사격(砂格)은 오행과 구성(九星), 팔괘로 길흉을 구분한다. 팔괘의 괘상으로 예를 들면, 건괘는 우두머리와 아버지라는 뜻을 지니고 있다. 건방(乾方)에 뛰어난 사격이 있다면 집안의 가장이 뛰어난 것이므로 집안이 흥하고 자손이 번창한다.

만약 건방(乾方)에 흉한 사격이 있다면 가장에게 화(禍)가 발생하고 요절하며 병에 걸리는 흉사가 발생한다는 길흉구분이다. 물론 오행과 구성으로 관찰해도 같은 원리다. 제2장 천문풍수의 법칙 편, 음양오행과 구성법에서 논하였듯이 삼길육수방과 귀인방 등에 형세가 아름답고 뛰어난 사격이 있다면 혈처를 보좌하여 반드시 인물이 나고 집안이 흥하게 되는 것은 자명하다.

4. 사격과 형국론

자연에 존재하는 수많은 사격은 어떤 형세와 특징을 가지고 있다. 컴퓨터의 하드웨어와 소프트웨어와 같은 역할로 형세론과 이기론을 대표한다. 사람의 신체와 얼굴모습과 성격으로 구분되는 것과 같다.

형세론은 이기를 포함하여 형기론으로 칭하기도 하며 어떤 형세의 국이 만들어지면 형국론이 된다. 사격은 산의 기운과 형세의 모습에 따라 어떤 물형의 형국을 이룬 것이다. 사람과 동물, 식물, 조류, 기타 여러 물형으로 분류된다. 아래 도표는 여러 형국을 구분한 것이다.

〈표-20〉 형국형태의 분류

인물론	동물론(곤충)	식물론	물형론
상제, 군신, 장군, 귀인, 선인, 옥녀, 어부	용, 봉황, 호랑이, 사자, 여우, 수달, 거북, 말, 개, 낙타, 닭, 까마귀, · 뱀, 개구리, 매, 학, 백로, 제비, 기러기, 거위, 앵무새, 토끼, 코끼리, 지네, 게, 거미, 물고기, 나방	연꽃, 매화, 목단, 작양, 장미, 버들가지 ·	금반, 솥, 종, 가락지, 비녀, 괘등, 촛대, 배, 붓, 필통, 연적, 비단, 칼, 병풍, 호리병

아미사	마채	보개사	깃발사	어좌사	삼태봉
일자문성, 옥대사	옥인사	홀규사	북사	어대사	선교사

한 가지 인물형의 예를 들면, 장군대좌형(將軍臺座形)은 현무봉을 기준으로 좌우 용호나, 안산, 조산의 여러 사격들이 군대막사와 같은 모습들이 있어야 한다. 또한 칼과 깃발 등을 갖춘 사격들이 존재하여 장군대좌형을 이루는 형국이 된다. 동물도 마찬가지로 봉황이 알을 품고 있으면 봉황포란형(鳳凰抱卵形)이 되고, 식물인 연꽃이 물에 떠 있는 모습은 연화부수형(蓮花浮水形)이다.

이처럼 사격(砂格)은 선인들이 앞서 정해놓았던 여러 이름들이 있다. 이미 우리나라 전국 곳곳에 정해져 있는 사격의 명칭과 형세를 참조하여 관찰해보는 것이 중요하다. 혈에 미치는 기운은 형세와 이기를 전부 포함하므로 형세만을 보아서도, 이기만을 보아서도 안 된다. 반드시 형세와 이기를 동시에 살펴 혈처와의 관계를 살펴야 한다.

남연군묘의 거북 사	
충남 예산군 덕산면 상가리에 있는 남연군의 묘다. 묘 앞에 거북이 모양의 바위들이 기(氣)의 누설을 막아주는 매우 뛰어난 사격이다.	
남연군묘 전면의 거북 사	
이 사격은 남연군 묘 전방 파구방향에 있는 저수지에서 바라본 거북이의 사격이다. 수구처에 일월과 구사(龜蛇)가 있으면 명당이 있게 된다.	
남연군묘 뒤편 병풍 사	
남연군 묘의 현무봉을 감싸고 있는 병풍사(屛風砂)다.	

부산 금정산의 화산체 (火山体)	
부산의 주산인 금정산은 본래 화산체로 바위가 하늘을 향해 솟아오르는 모습이다. 풍우에 마모된 현재모습이다.	
금정산의 용바위	
금정산 정상을 타고 내려온 용두(龍頭)의 모습이다.	
양산 석중 (石中) 혈	
충남 계룡시 향적산에 있는 용머리와 몸체의 사격이다.	

용바위	
충남 계룡시 향적산에 있는 용머리와 몸체의 사격이다.	
솥바위	
경남 의령에 있는 정암(鼎巖)바위로 일명 솥바위다.	

〈그림-25〉 사격형세의 몇 가지 예시

제7장 수세론(水勢論)

1. 수세의 개요

수(水)는 혈처를 만드는데 있어 가장 중요한 역할을 한다. 풍수지리가 바람을 감추고 물을 가져야하는 장풍득수(藏風得水)에서 기인하듯이 "풍수의 법은 득수를 먼저하고 장풍은 그 다음이다."[81] 반드시 물의 조건을 우선으로 살펴야 한다.

우리나라를 기준으로 양택에서 가장 일반적이면서 산수구도가 뛰어난 집터는 배산임수(背山臨水)의 배치다. 집터 뒤쪽의 현무가 병풍이 되어 바람을 막아주고, 앞쪽인 명당에서 물을 얻으며 좌우용호와 안산에서 물의 흐름이 누설되는 것을 막아준다. 물은 용맥의 기(氣)를 멈추게 하여 혈처를 만든다. 물이 혈과 명당을 보호하지 않으면 혈처가 되지 못하며 수(水)가 그 역할을 맡고 있다.

『인자수지』에서도 용은 수가 보내지 않으면 오는 바를 밝힐 수 없고, 혈은 수계(水界)가 아니면 그침을 밝힐 수 없다. 대개 외기는 횡으로 형성되고 내기는 그쳐야 용혈이 생기며 용혈은 수에 힘입어 호응한다.[82] 수(水)는 용의 혈맥이고 땅의 혈기이자 사람의 피와 같으니 용혈의 혈기가 바로 수이다. 그래서 "산은 사람의 형체와 같고 수는 사람의 혈맥과 같다."[83] 그러나 반드시 좌우방향에서 혈처를 지나가는 과당수(過堂水)이어야 한다.

---

81) 『금낭경』, 「기감편」, "風水之法, 得水爲上, 藏風次之."
82) 金東圭 譯, 『人子須知』, 明文堂, 1992, p.822.
83) 『지리신법』, 「수론」 "盖山如人之形體, 水如人之血脈."

2. 수세의 종류와 길흉

산은 반드시 물이 있어야 음양의 조화를 이루며 용과 혈의 피다. 용과 혈을 죽이고 살리는 것이 물이며 이 물은 자연에 존재하는 모든 물이 해당된다. 해수, 강수, 호수, 하수, 계간수, 평전수(平田水), 구혁수(溝洫水), 지당수(池塘水), 산 정상에 모인 천지수(天池水), 진응수(鎭應水), 더러운 물, 썩은 물, 솟아오르는 물, 폭포수, 지하수 등으로 물에도 선악길흉(善惡吉凶)이 있다. 또한 실질적으로 눈에 보이지는 않지만, 명당을 환포(環抱)하고 과당(過堂)하는 좁거나 넓은 지역도 물이 있는 것으로 여긴다.

수(水)는 혈처의 전면을 포물선을 그리듯 만궁(彎弓)으로 과당(過堂)해야 하고, 직류로 빠지는 물은 흉하다. 혈기를 빼앗아 생기가 흩어지게 한다. 그리고 혈 주변에 흐르는 물이 큰 소리를 내거나 더러운 냄새가 나도 역시 불길하다. 물은 소리가 나지 않고 천천히 흐르고, 마르지 않고 맑으면서 혈 앞의 명당에 모이는 것이 길하다.

산의 모습을 오행과 구성(九星)으로 분류하였듯이 물도 오행과 구성(九星)으로 구별한다. 오행의 수는 모양에 따라 분류하고, 구성의 수는 오는 방위에 따라 분류하고, 수의 형세에 따라 길흉으로 구분된다.

두 물이 혈 앞에서 합쳐지는 교(交), 수구처가 서로 문을 잠그는 쇄(鎖), 명당으로 들어오는 물이 구불구불한 직(織), 여러 물들이 한곳으로 모이는 결(結)인 교쇄직결(交鎖織結)이 길한 형세의 물이다. 반면 물이 직류하여 명당을 뚫듯이 깨고 나가는 천(穿), 혈장과 명당을 할퀴고 가는 할(割), 물이 화살처럼 빠르게 가는 전(箭), 물살이 혈 앞을 치고 들어오는 사(射)는 흉한 형세의 물이다.

악취가 나고, 진흙이 있고, 소리가 큰 폭포수와 계간수, 아주 차가운 냉수, 뜨거운 열수 등도 좋은 물이 아니다. 반드시 혈 앞을 과당하여 만궁으로 흐르는 물이 좋으며, 반대로 역세(逆勢)가 되면 역시 흉하다. 사방에서 혈을 쏘거나, 찌르거나, 직류로 빠지거나, 소리가 시끄러운 물도 흉하다. 암반수나 광천수 등은 때로는 약수에 해당되어 좋은 물로 여기는 경우도 있으나 풍수지리에서는 좋은 물로 취급하지 않는다.

물은 반드시 용과 혈을 환포하여 감싸주고 혈 앞으로 지나가는 물이어야 한다. 피가 건강해야 사람이 건강하듯 물이 깨끗하고 맑은 물은 부귀명예를 가지게 하는 중요한 사격이다. 아래는 물의 길흉 형태를 나타낸 것이다.

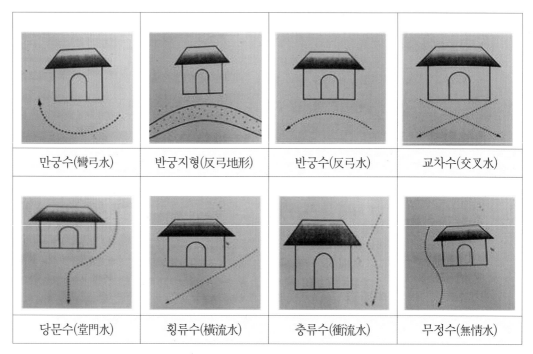

〈그림-26〉 물 흐름의 몇 가지 예시[84]

물은 재물을 상징하므로 현대사회에서는 특히 물의 흐름을 살펴야 한다. 위 그림에서 보듯이 만궁수가 최고의 길격이며 나머지는 전부 흉격이다. 교차수는 사고가 나고, 반궁수는 가난과 이별 등의 재난이 일어나고, 횡류수, 당문수, 충류수, 무정수 등은 전부 재물과 인연이 없고 가족이별과 재산탕진, 유리걸식 등 가난이 일어나는 수세다. 이외에 보국의 명당수를 넘겨보는 월견수(越見水)와 혈 앞을 어지럽게 흐르는 형살수(刑殺水) 등도 전부 재난이 발생한다.

84) 손정호, 『풍수지리의 강의』, 신지서원, 2003, pp.302-305.

3. 수법론(水法論)

수(水)를 살피는 방법은 수구방위(水口方位)를 기준으로 보는 사국수법과 향(向)을 기준으로 하는 향상작국법, 보성수법, 구성법, 팔괘의 정음정양법 등이 있다. 이론 토대는 음양오행과 구성, 팔괘, 포태법이다. 앞서 제Ⅰ장 천문풍수와 제Ⅲ장 나경 편에 자세한 설명이 있다. 좌(坐)와 득(得)은 반드시 길한 방위여야 하고 파구는 흉한 방위여야 한다. 수법의 종류를 나열하면 다음과 같다.

첫 번째, 사국수법은 앞서 제Ⅲ장 나경 편에 설명이 있듯이 파구를 기준으로 목·화·금·수의 사국으로 구분하여 득수와 파구처의 길흉을 살피는 법이다. 입수처와 파구처, 입수룡의 길흉화복을 12포태법으로 구분하여 오행의 왕·상·휴·수·사로 길흉을 정한다. 예를 들어 입수처의 물이 목국이라면, 亥·子·丑·寅·卯방이 왕방이며 巳·午·未·申·酉방이라면 쇠하고 약해지는 방향원리다.

득수는 양, 생, 관대, 건록, 제왕지의 방향이 길한 방위다. 절(포), 태, 욕, 병, 사, 묘의 방향은 흉한 방위다. 단, 양지-생지-욕지-관대-건록-제왕지를 순서대로 지나기 때문에 생지 다음의 욕지만 흉하다고 볼 수 없는 문제점도 있다. 또한 쇠-병-사-묘-절-태지를 흉지로 보는 것은 무방하다. 사국수법에서 문제점은 욕지의 방향이다. 이를 향상작국법과 88향법과 연계하여 분석해서 길수와 흉수로 구분되어야 한다.

두 번째, 향상작국 사국수법이다. 향상작국은 파구가 기준인 사국수법과 달리 향(向)이 기준이다. 향의 방위가 삼합으로 해묘미(亥·卯·未)는 목국(木局), 인오술(寅·午·戌)은 화국(火局), 사유축(巳·酉·丑)은 금국(金局), 신자진(申·子·辰)은 수국(水局)이다.

예를 들면, 자좌오향(子坐午向)의 혈처에 득수는 인방(寅方)이고 파구가 미방(未方)이면 오향(午向)은 화국(火局)이다. 따라서 화국의 득수처는 12포태법으로 생방인 간인(艮寅)방향이 좋다. 파구처가 쇠지인 미향(未向)이라면 득수와 파구가 각각 제자리를 잡은 모습으로 길한 자리가 된다. 쇠지인 미향부터 (절)포-태지로 물이 빠지면 길한 자리다. 만약 득수가 이와 반대면 흉방이 된다.

똑같은 자좌오향(子坐午向)에 간인(艮寅)得水, 미방(未方)이 파구(破口)라면 사국수법으로 미곤신(未·坤·申) 방이면 목국이 된다. 즉 사국수법과 향상작국은 파구와 향을 기준으로 목국과 화국으로 나뉜다. 목국을 기준하면 간인은 생방이 아닌 건록지가 되고, 제왕지를 지나 미방(未方)의 묘지로 빠지게 된다. 물론 파구방향은 둘 다 길하다. 따라서 득수를 보는 방법이 일치하지 않으며 길흉이 서로 다르게 나타난다.

세 번째, 후천수법이다. 후천수법인 구성법(九星法)은 좌(坐)를 기준하므로 정음정양법에 의한 팔괘배납에서, 艮·丙은 艮卦, 巽·辛은 巽卦, 卯·庚·亥·未는 震卦, 酉·丁·巳·丑은 兌卦, 乾·甲은 乾卦, 午·壬·寅·戌은 離卦, 子·癸·申·辰은 坎卦로 子坐는 坎卦에 해당한다. 기준괘를 시작으로 상지선동하여 좌를 기준하여 일상파군－이중녹존－삼하거문－사중탐랑－오상문곡－육중염정－칠하무곡－팔중보필이다. 子坐午向은 감괘를 시작으로 선동하면 향인 午는 離卦가 된다.

득수가 寅方이고 파구가 未方이면 寅은 이괘(離卦)로 삼하거문이 되므로, 거문은 길성으로 득수는 길성이 된다. 미방(未方)은 목국으로 진괘(震卦)다. 진괘는 육중염정으로 흉성이며 파구방향에 염정의 흉성이 나가는 물이 되므로 바른 수법이 되어 길하게 된다. 이괘(離卦)의 화국은 득수방위가 火의 생방인 간인(艮寅)부터 시작되고 파구는 쇠지(衰地)에서 시작됨이 좋다.

네 번째, 보성(輔星)수법이다. 보성수법은 향을 기준하여 상지선동이 아닌 중지선동으로 길흉을 정한다. 초기보필－이중무곡－삼하파군－사중염정－오상탐랑－육중거문－칠하녹존－팔중문곡의 순서로 작괘한다.

자좌오향(子坐午向)을 기준하면 午向은 離卦가 되고, 중지선동이 시작이니 이괘는 초기보필에서 시작하여 득수처는 寅, 파구는 未이므로 득수처는 寅의 이괘로 보필이 되고, 未는 진괘이므로 파구처인 未는 팔중문곡이 된다. 녹존은 흉성이다. 득수와 파구가 역시 길한 방위가 된다.

사국수법과 보성수법, 후천수법으로 좌향을 살피면 좌향의 기준에 따라 각각 국이 달라지고, 구성(九星)에 따라 길흉이 달라지는 문제점이 발생한다. 이러한 관법에 따른 정확한 해결책은 없다. 수법을 관찰하는 방법도 개인에 따라 관법을 달리하기 때문이다. 더구나 현공학이론을 강조하는 풍수사들도 많아 정확한 수법과 향법의 도식체계가 사실상 없다.

이와 달리 정음정양법은 입수룡과 좌와 파구를 보고 기본괘가 정양이면, 좋은 궁위는 정양에 있고 흉한 궁위는 정음에 있다. 반대가 되어 기본괘가 정음이면 좋은 궁은 정음에 있고 흉한 궁은 정양에 있다. 즉, 득수처가 좌향의 기본괘와 같은 정음정양을 취하면 길하고 파구처는 기본괘의 좌향과 달라야 길하다. 좌향을 살펴 사국수법과 후천수법, 보성수법의 좌로 보느냐 향으로 보느냐를 나경으로 판단해야 한다.

예를 한 가지 들어보면, 4층으로 측정한 좌향은 자좌오향(子坐午向)이고 득수는 병방(丙方), 파구는 술방(戌方)이다. 사국수법은 파구가 술방이므로 寅午戌 화국이다. 득수가 병방이니 득수처는 왕방이고, 술은 화의 묘지에 흉방으로 물이 빠지니 길하다.

후천수법은 좌를 기준하므로 자방(子方)인 감괘를 시작으로 상지선동하면, 이중녹존인 艮卦가 되고 녹존은 흉성으로 득수처가 흉이 된다. 파구처인 술방의 이괘로 삼하거문이 된다. 길성이 파구로 빠지니 득수와 혈자리가 서로 어울리지 못해 흉하다. 보성수법은 향을 기준하므로 오방(午方)은 離卦로 중지선동하면, 병방(丙方)은 사중염정이 되고, 술방(戌方)의 파구는 보필이 되므로 모두 흉한 물이 된다.

따라서 종합해보면 사국수법과 후천수법, 보성수법의 길흉이 각각 다르게 나타나 길흉판단 역시 각각 다르게 나타난다. 이를 보완하는 방법과 어떤 수법이 보다 더 정확한가에 대한 정답이 없다.

다섯 번째, 88향법이다. 88향법은 양균송의 『청낭경』에서 비롯되었다. 이 향법을 잘 쓰면 천지에 버릴 땅이 하나도 없다고 할 정도로 수법에 있어서는 최고로 여기는 향법이다. 나경의 24방위를 12개의 쌍산배합으로 파구를 중심으로 사국을 정하고,

향을 기준으로 삼합오행의 12포태를 본다. 좌선수에 우선룡, 우선수에 좌선룡이 기준이지만 현장을 보고 판단하고, 576개의 좌향 중에 88향만 길한 것으로 수구의 방위를 파악한다.

수구(水口)를 기준으로 정생향(正生向), 정왕향(正旺向), 정양향(正養向), 정묘향(正墓向), 태향태류(胎向胎流), 절향절류(絕向絕流), 쇄향태류(衰向胎流)의 7개가 정국향(正局向)이다. 자생향(自生向), 자왕향(自旺向), 문고소수(文庫消水), 목욕소수(沐浴消水)의 4개가 변국향(變局向)이다.

정국향은 수구를 기준으로 사국을 보고, 정생향과 정양향, 태향태류와 절향절류는 우수좌룡(右水左龍)이 원칙이다. 정왕향과 정묘향, 쇄향태류는 좌수우룡(左水右龍)이 원칙이다. 변국향도 수구를 보아 사국을 기준하고 12포태법을 적용한다.

자생향은 12포태로 절향이다. 절향은 오행의 장생지며 절처봉생하는 자리다. 차고소수라 하여 스스로 생향을 만들었고 우수좌룡(좌선룡 우선수)이 원칙이다. 자왕향은 12포태로 사지(死地)이다. 차고소수라 하여 왕지(子午卯酉)를 만들었으므로 자왕향이라 한다. 좌수우룡이 원칙이다. 자생향은 득수처가 향상작국으로 왕-관대-목욕-양-태지로 흐르나 자왕 향은 임관-제왕-쇠-병지로 흐른다.

정국향에서 정생향은 乾·坤·艮·巽과 寅·申·巳·亥의 생방을 좌향으로 우수도좌의 좌선룡이다. 사국의 왕방에서 득수하여 고장궁(庫藏宮)으로 파구되는 경우다. 병지(病地)와 생방(生方)을 좌향으로 하여, 목의 생방인 乾亥의 쌍산오행을 기준한다. 파구는 목의 고장지인 丁未다.

좌향은 손좌건향(巽坐乾向), 사좌해향(巳坐亥向)이다. 巽巳 坐에서 건해향(乾亥向)으로 흐르는 물은 혈의 우측인 목의 쇠방, 왕방과 절지를 지나 丁未 묘방으로 흐른다. 화국은 坤申 坐, 艮寅 向으로 곤좌간향(坤坐艮向), 신좌인향(申坐寅向)이다. 혈의 우측인 쇠지, 왕방에서 득수되어 생지를 지나 辛戌 묘로 파구가 된다.

금국은 巽巳 坐, 乾亥 向으로 건좌손향(乾坐巽向), 해좌사향(亥坐巳向)이다. 쇠지, 왕방을 지나 癸丑 묘로 파구된다. 수국은 艮寅 坐, 坤申 向으로 간좌곤향(艮坐坤向), 인좌신향(寅坐申向)이다. 쇠지, 왕방을 지나 乙辰 묘로 파구된다. 정왕향은 壬·丙·庚·甲과 子·午·卯·酉의 왕방을 좌향으로 좌수도우, 우선룡이다. 생궁에서 득수하여 왕궁을 지나 묘궁으로 파구된다. 좌향을 기준으로 혈의 좌측에서 물이 흘러 묘궁으로 파구된다.

목국은 庚酉 坐와 甲卯 向으로 경좌갑향(庚坐甲向), 유좌묘향(酉坐卯向)이다. 생궁인 乾亥에서 득수하여 좌측으로 왕궁을 지나 墓인 丁未로 파구된다. 화국은 壬子 坐, 丙午 向으로 임좌병향(壬坐丙向), 자좌오향(子坐午向)이다. 생궁인 艮寅에서 득수하여 좌측으로 왕궁을 지나 墓인 辛戌로 파구된다. 금국은 甲卯 좌, 庚酉 향으로 갑좌경향(甲坐庚向), 묘좌유향(卯坐酉向)이다.

생궁인 巽巳에서 득수하여 좌측으로 왕궁을 지나 묘인 癸丑으로 파구된다. 수국은 丙午 坐, 壬子 向으로 병좌임향(丙坐壬向), 오좌자향(午坐子向)이다. 생궁인 坤申에서 득수하여 좌측으로 왕궁을 지나 묘인 乙辰으로 파구된다.

정양향은 乙·辛·丁·癸와 辰·戌·丑·未의 양방(養方)을 좌향으로 우수도좌, 좌선룡이다. 득수는 혈의 우측인 건록궁(建祿宮)에서 시작되어-관대, 욕, 생방을 지나 포(절)방향으로 파구된다.

목국은 乙辰 坐, 辛戌 向으로 을좌신향(乙坐辛向), 진좌술향(辰坐戌向)이다. 건록궁(또는 임관궁) 艮寅에서 득수하여 우측으로 생궁을 지나 絶인 坤申으로 파구된다. 화국은 壬子 坐, 丙午 向으로 임좌병향(壬坐丙向), 자좌오향(子坐午向)이다. 건록궁(또는 임관궁) 巽巳에서 득수하여 우측으로 생궁을 지나 絶인 乾亥로 파구된다. 금국은 辛戌 坐, 乙辰 向으로 신좌을향(辛坐乙向), 술좌진향(戌坐辰向)이다. 건록궁(임관궁) 坤申에서 득수하여 우측으로 생궁을 지나 絶인 艮寅으로 파구된다. 수국은 癸丑 坐, 丁未 向으로 계좌정향(癸坐丁向), 축좌미향(丑坐未向)이다. 건록궁(임관궁) 乾亥에서 득수하여 우측으로 생궁을 지나 絶인 巽巳로 파구된다.

정묘향은 乙·辛·丁·癸와 辰·戌·丑·未의 묘방을 좌향으로 좌수우도, 우선룡이다. 득수는 혈의 좌측인 왕방에서 시작되어 쇠-병-사를 지나 절(胞)로 파구된다. 또한 혈의 우측인 욕-생-양-태를 지나 같은 절(胞)궁으로 우측과 좌측의 물이 합수하여 파구 되므로 양수협출이라 하여 길한 형세로 표현한다.

목국은 癸丑 坐, 丁未 向으로 계좌정향(癸坐丁向), 축좌미향(丑坐未向)이다. 왕방인 甲卯에서 득수하여 좌측으로 衰-病-死를 지나 絕(胞)인 坤申으로 파구된다. 화국은 乙辰 坐, 辛戌 向으로 을좌신향(乙坐辛向), 진좌술향(辰坐戌向)이다. 왕방인 丙午에서 득수하여 좌측으로 衰-病-死를 지나 絕(胞)인 乾亥로 파구된다.

금국은 丁未 坐, 癸丑 向으로 정좌계향(丁坐癸向), 미좌축향(未坐丑向)이다. 왕방인 庚酉에서 득수하여 좌측으로 衰-病-死를 지나 絕(胞)인 艮寅으로 파구된다. 수국은 辛戌 坐, 乙辰 向으로 신좌을향(辛坐乙向), 술좌진향(戌坐辰向)이다. 왕방인 壬子에서 득수하여 좌측으로 衰-病-死를 지나 絕(胞)인 巽巳로 파구된다.

태향태류향은 甲·丙·庚·壬과 ·子·午·卯·酉를 좌향으로 우수도좌, 좌선룡이다. 득수는 혈의 우측인 관대궁에서 시작되어 욕-생-양을 지나 태향(胎向)으로 파구된다. 쌍산오행이므로 천간자(天干字)인 甲·丙·庚·壬으로 파구되지만 向方으로 파구되는 당문파가 된다. 물론 혈의 좌측도 쇠-병-사-묘-절(胞)를 지나 같은 태방으로 파구되는 양수협출이다. 이를 당면출살법(堂面出煞法)이라 하여 흉한 살을 앞으로 빼버린다는 뜻이다. 그러나 물이 직수가 아닌 구불구불하게 흘러서 빠져야 길하고, 교쇄가 확실하게 되어 있어야 한다.

용진혈적에 태향태류는 대부대귀하고 인정흥왕(人丁興旺) 한다. 단 용이 약하고 혈이 없으면 쓸 수 없는 향이다. 물이 지지자(地支字)를 범하고 나간다면 패절하고 음란하며 재물손실이다. 태향태류는 풍수지리고수가 아니면 쓸 수 없는 향이다.

목국은 甲卯 坐, 庚酉 向으로 갑좌경향(甲坐庚向), 묘좌유향(卯坐酉向)이다. 관대궁인 癸丑에서 득수하여 우측으로 욕-생-양궁을 지나 태(胎)인 庚酉로 파구된다. 화국은

丙午 坐, 壬子 向으로 병좌임향(丙坐壬向), 오좌자향(午坐子向)이다. 관대궁인 乙辰에서 득수하여 우측으로 욕-생-양궁을 지나 태(胎)인 壬子로 파구된다.

금국은 庚酉 坐, 甲卯 向으로 경좌갑향(庚坐甲向), 유좌묘향(酉坐卯向)이다. 관대궁인 丁未에서 득수하여 우측으로 욕-생-양궁을 지나 胎인 甲卯로 파구된다. 수국은 壬子 坐, 丙午 向으로 임좌병향(壬坐丙向), 자좌오향(子坐午向)이다. 관대궁인 辛戌에서 득수하여 우측으로 욕-생-양궁을 지나 胎인 丙午로 파구된다.

절향절류향은 乾・坤・艮・巽과 寅・申・巳・亥를 좌향으로 우수도좌 좌선룡이다. 득수는 혈의 우측인 욕방에서 시작되어 생-양-태를 지나 절(포)로 파구된다. 물론 좌수와 파구가 같아지는 당문파다. 태향태류와 같이 풍수지리고수가 아니면 쓸 수 없는 향이다.

목국은 艮寅 坐, 坤申 向으로 간좌곤향(艮坐坤向), 인좌신향(寅坐申向)이다. 욕궁인 壬子에서 득수하여 우측으로 생-양-태궁을 지나 절(포)인 坤申으로 파구된다. 화국은 巽巳 坐, 乾亥 向으로 손좌건향(巽坐乾向), 사좌해향(巳坐亥向)이다. 욕궁인 甲卯에서 득수하여 우측으로 생-양-태궁을 지나 절(포)인 乾亥로 파구된다.

금국은 坤申 坐, 艮寅 向으로 곤좌간향(坤坐艮向), 신좌인향(申坐寅向)이다. 욕궁인 丙午에서 득수하여 우측으로 생-양-태궁을 지나 절(포)인 艮寅으로 파구된다. 수국은 乾亥 坐, 巽巳 向으로 건좌손향(乾坐巽向), 해좌사향(亥坐巳向)이다. 욕궁인 庚酉에서 득수하여 우측으로 생-양-태궁을 지나 절(포)인 巽巳로 파구된다.

쇠향태류향은 乙・辛・丁・癸와 辰・戌・丑・未를 좌향으로 좌수도우 우선룡이다. 득수는 혈의 좌측인 욕궁에서 시작되어 관대-왕-쇠-병-사-묘-절(포)를 지나 태로 파구된다. 天干字로(甲丙庚壬)파구 되고 좌수가 혈을 감아 돌고 우수가 약한 형태다. 따라서 주로 山보다는 평양지(平洋地)에서 볼 수 있는 경우다.

목국은 辛戌 坐, 乙辰 向으로 신좌을향(辛坐乙向), 술좌진향(戌坐辰向)이다. 욕궁인 壬子에서 득수하여 좌측으로 관대-왕-쇠-병-사-묘-절을 胎인 庚酉로 파구된다. 화국은 癸丑 坐, 丁未 向으로 계좌정향(癸坐丁向), 축좌미향(丑坐未向)이다. 욕궁인 甲卯에서 득수하여 좌측으로 관대-왕-쇠-병-사-묘-절을 지나 胎인 壬子로 파구된다.

금국은 乙辰 坐, 辛戌 向으로 을좌신향(乙坐辛向), 진좌술향(辰坐戌向)이다. 욕궁인 丙午에서 득수하여 좌측으로 관대-왕-쇠-병-사-묘-절을 지나 胎인 甲卯로 파구된다. 수국은 丁未 坐, 癸丑 向으로 정좌계향(丁坐癸向), 미좌축향(未坐丑向)이다. 욕궁인 庚酉에서 득수하여 좌측으로 관대-왕-쇠-병-사-묘-절을 지나 태(胎)인 丙午로 파구된다.

변국향(變局向)에서 자생향은 乾·坤·艮·巽과 寅·申·巳·亥를 좌향으로 우수도좌 좌선룡이다. 생방에서 절방의 좌향으로 배치되나, 절방도 각 오행의 생방에 해당하여 절처봉생의 자리다. 득수는 혈의 우측인 욕방에서 시작되어 생-양-태-절을 지나 墓로 파구된다. 그러나 向上으로 보면 득수가 욕방이 아닌 왕방에서 시작되어 임관-관대-욕방-생방의 기운을 가지고 묘방으로 파구된다.

또한 혈의 향과 향상의 생궁이 만나 사국의 묘방과 向上의 양방으로 파구되고 혈의 향, 향상의 향이 같지만 반드시 혈을 감싸고돌아야지 그렇지 못하다면 흉으로 작용한다. 만약 좌수로 흘러 파구되면 흉으로 작용한다.

목국은 艮寅 坐, 坤申 向으로 간좌곤향(艮坐坤向), 인좌신향(寅坐申向)이다. 욕궁인 壬子에서 득수하여 우측으로 생-양-태-절을 지나 墓인 丁未로 파구된다. 화국은 巽巳 坐, 乾亥 向으로 손좌건향(巽坐乾向), 사좌해향(巳坐亥向)이다. 욕궁인 甲卯에서 득수하여 우측으로 생-양-태-절을 지나 묘인 辛戌로 파구된다.

금국은 坤申 坐, 艮寅 向으로 곤좌간향(坤坐艮向), 신좌인향(申坐寅向)이다. 욕궁인 丙午에서 득수하여 우측으로 생-양-태-절을 지나 묘인 계축으로 파구된다. 수국은 乾亥 坐, 巽巳 向으로 건좌손향(乾坐巽向), 사좌해향(巳坐亥向)이다. 욕궁인 庚酉에서 득수하여 우측으로 생-양-태-절을 지나 묘인 乙辰으로 파구된다.

자왕향은 甲·丙·庚·壬과 子·午·卯·酉를 좌향으로 좌수도좌 우선룡이다. 사국의 12포태법으로는 각 오행의 사(死)향이고, 향상으로는 오행의 왕향으로 자왕향이라 부른다. 득수는 혈의 좌측인 임관에서 시작되어 왕-쇠-병-사를 지나 묘로 파구된다. 향상으로 보면 향상오행의 생궁에서 향상오행의 쇠방으로 파구되는 형태다. 물은 반드시 혈을 감싸고돌아야지 감싸지 못하면 흉이다.

목국은 壬子 좌, 丙午 향으로 임좌병향(壬坐丙向), 자좌오향(子坐午向)이다. 임관인 艮寅에서 득수하여 좌측으로 왕-쇠-병-사를 지나 墓인 丁未로 파구된다. 화국은 甲卯 坐, 庚酉 向으로 갑좌경향(甲坐庚向), 묘좌유향(卯坐酉向)이다. 임관인 巽巳에서 득수하여 좌측으로 왕-쇠-병-사를 지나 묘인 辛戌로 파구된다.

금국은 丙午 좌, 壬子 향으로 병좌임향(丙坐壬向), 오좌자향(午坐子向)이다. 임관인 坤申에서 득수하여 좌측으로 왕-쇠-병-사를 지나 묘인 癸丑으로 파구된다. 수국은 庚酉 坐, 甲卯 向으로 경좌갑향(庚坐甲向), 유좌묘향(酉坐卯向)이다. 임관인 乾亥에서 득수하여 좌측으로 왕-쇠-병-사를 지나 묘인 乙辰으로 파구된다.

문고소수향은 乾·坤·艮·巽과 寅·申·巳·亥를 좌향으로 좌수도우 우선룡이다. 자왕향과 같은 각 오행의 생방을 좌향으로 한다. 사국의 12포태는 태방, 향상은 목욕궁으로 파구된다. 득수는 쇠방을 시작으로 병-사-묘-절을 지나 태로 파구되고, 향상오행은 목욕방이다. 오행의 기운이 쇠-병-사-묘를 지나 태방(胎方)으로 파구되므로 길한 좌향으로 볼 수 없다.

목국은 艮寅 坐, 坤申 向으로 간좌곤향(艮坐坤向), 인좌신향(寅坐申向)이다. 쇠방인 乙辰에서 득수하여 좌측으로 병-사-묘-절을 지나 胎인 庚酉로 파구된다. 화국은 巽巳 坐, 乾亥 向으로 손좌건향(巽坐乾向), 사좌해향(巳坐亥向)이다. 쇠방인 丁未에서 득수하여 좌측으로 병-사-묘-절을 지나 태(胎)인 壬子로 파구된다.

금국은 坤申 坐, 艮寅 向으로 곤좌간향(坤坐艮向), 신좌인향(申坐寅向)이다. 쇠방인 辛戌에서 득수하여 좌측으로 병-사-묘-절을 지나 태)(胎)인 甲卯로 파구된다. 수국은 乾亥 坐, 巽巳 向으로 건좌손향(乾坐巽向), 해좌사향(亥坐巳向)이다. 쇠방인 癸丑에서 득수하여 좌측으로 병-사-묘-절을 지나 胎인 丙午로 파구된다.

목욕소수향은 甲·丙·庚·壬과 子·午·卯·酉를 좌향으로 우수도좌 좌선룡이다. 쇠궁에서 득수하여 왕—임관-관대-욕-생-양을 지나 胎로 파구된다. 만약 향상 작국으로 보면 오행의 묘에서 득수하여 사-병-쇠-왕-임관-관대를 지나 목욕방으로 파구된다. 문고소수와 같이 혈자리가 정확해야 함으로 풍수지리 초고수라도 점하기 어려운 좌향이다. 반드시 혈을 감싸고 돌아야 한다.

목국은 丙午 坐, 壬子 向으로 병좌임향(丙坐壬向), 오좌자향(午坐子向)이다. 쇠궁인 乙辰에서 득수하여 우측으로 왕—임관-관대-욕-생-양을 지나 태인 庚酉로 파구된다. 화국은 庚酉 坐, 甲卯 向으로 경좌갑향(庚坐甲向), 유좌묘향(酉坐卯向)이다. 쇠궁인 丁未에서 득수하여 우측으로 왕—임관-관대-욕-생-양을 지나 胎인 壬子로 파구된다.

금국은 壬子 坐, 丙午 向으로 임좌병향(壬坐丙向), 자좌오향(子坐午向)이다. 쇠궁인 辛戌에서 득수하여 우측으로 왕—임관-관대-욕-생-양을 지나 胎인 甲卯로 파구된다. 수국은 甲卯 坐, 庚酉 向으로 갑좌경향(甲坐庚向), 묘좌유향(卯坐酉向)이다. 쇠궁인 癸丑에서 득수하여 우측으로 왕—임관-관대-욕-생-양을 지나 胎인 丙午로 파구된다.

이상이 11향·8개의 좌향법이 88향법이다. 파구되는 곳은 정국이던 변국이던 묘, 절, 태로 파구되고, 향상오행의 파구는 목욕, 쇠방으로 파구되는 곳이 있다.

다만 반드시 유의할 점은 좌향을 놓은 후, 물이 혈처를 감싸고도는 것을 우선으로 하여 좌선수와 우선수를 구별하고, 이에 따라 좌선룡인지 우선룡인지를 구별하여야 한다. 이는 반드시 현장에서 확인을 하고 산세와 물길을 파악하여 좌향을 잡아야 한다. 이기론도 중요하지만 반드시 형기를 보고 혈처와 물길을 파악하여 좌향을 놓고 득수를 파악해야 하는 것이 원칙이다.

88향법 가운데 정국인 정향(正向)과 정왕향(正旺向)이 가장 좋은 득수의 흐름을 가지고 있으며, 나머지는 거의가 유사한 흐름을 가진다. 왕방이나 욕방을 시작으로 絕—胎—墓로 파구된다. 전체적으로 보면 생방을 시작으로 절·태·묘로 빠지는 흐름이 가장 좋으나 그렇지 않은 경우가 많다. 물론 길흉의 차이가 있겠지만 혈을 감싸고도는 것이 가장 중요하므로 반드시 좌우용호와 좌수우수를 현장에서 살펴야 한다.[85]

88향법은 초보자가 알기에는 매우 어렵고 반드시 조언이 필요하다. 12포태법과 삼합오행 등을 완전히 숙지해야 이해할 수 있고 별도의 학습이 뒤따라야 한다. 사실상 88향법의 도식체계를 그림으로 나타내어야 하나 방대한 분량과 자료가 뒤따라야 하므로 여기서는 기본원리만 나타내었다. 88향법의 도식체계도 중요하지만 가장 먼저 산수(山水)를 살펴야 한다.

4. 향법론(向法論)

향법은 나경으로 측정한 방위를 나타내는 이기론의 핵심체계다. 향법은 용·혈·사·수와 더불어 지리오결(地理五訣)에 속한다. 지리오결인 용·혈·사·수·향이 풍수지리의 5가지 구성요소로 천문풍수의 근본뼈대이자 이론적 배경이다.

향법은 천지를 동서남북으로 나누어 용혈과 득수와 파구의 방향을 구분한다. 물론 사격의 위치나 물의 위치를 함께 살펴 길흉방위를 구별하는 전체적인 방위법이다. 또한 용·혈·사·수의 형세와 방향관계를 살펴 혈처와 명당을 얻고 길흉을 구별하기 위한 최종적인 선택법이다.

향법의 목적이 부귀재물과 길흉구별이다. 우리나라는 지질구조상 배산임수를 기본으로 농경문화와 해양문화가 발달하였다. 방향을 쉽게 구별할 수 있는 지형적 특징을 가지고 있고 전국 어디를 가도 산이 있고 물과 명당이 있다.

반면 중국은 우리와 비슷한 지형적 구조를 가지면서 넓은 사막지대와 끝없이 펼쳐

---

85) 정경연, 『정통풍수지리』, 「수법론」, 평단문화사, 2012년 참조.

진 평원 등이 존재한다. 산도 없고 물도 없어 어디를 기준으로 방향을 잡아야 할지 모르는 상태가 있다. 물론 시간 개념을 알 수 있다면 태양을 기준으로 방향을 잡을 수 있고 밤이 되면 북극성을 기준으로 남북을 구별할 수 있다.

고대로부터 시작된 방위 개념은 천문지식을 토대로 24절기를 통해 농경문화를 발전시켰다. 북극성을 기준으로 28수별들의 운행을 파악하여 역법체계(曆法體系)를 만들었으며 방위의 중심을 진북의 북극성에 두었다. 『감룡경』에서 밝혔듯이 지상의 산수(山水)는 북극성을 기준으로 삼원과 북두구성의 여러 별들의 영향으로 만들어졌다. 북극성과 북두구성, 28수의 방위를 오행과 결부시켜 산수의 길흉 방위를 정한 것이다.

이러한 방위법은 음택과 양택 모두에 해당된다. 음택은 묘지의 좌향과 득수와 사격 등을 살피고 양택은 배산임수를 기준으로 좌향을 정한다. 음택과 양택의 좌향과 여러 사격을 보는 방법은 둘 다 같다. 도시에서의 양택풍수는 배산임수와 도로여건, 좌향, 주변건물, 입지여건, 교육문화 등 여러 조건들을 모두 살펴야 한다. 도시풍수의 특징은 도로와 도시계획에 따라 건물들이 입지하므로 도시풍수의 방위선택은 산곡의 주택과 여러 조건이 틀리다. 물론 음택도 마찬가지다.

우리나라는 약 70%가 산지로 이루어져 있고 수계(水界)를 기준으로 지형을 구분하였다. 이러한 지형적인 특징과 토질과 토색, 배산임수 등의 산세에 따라 궁성과 도시를 건설하였다. 어떤 지역의 특징은 방위성과 연결되면서 생활환경을 결정짓는다. 『관자』「탁지」편에 제나라 환공이 관중에게 도성건축을 묻는 질문에 나오는 방위(方位)의 내용이다.

환공이 관중에게, 과인이 지형을 헤아려 도성을 건설하려는데 어찌해야 합니까? 관중이 답하기를, 제가 들은 바 패업과 왕업을 이룰 수 있는 사람은 천하의 성인입니다. 그러므로 성인은 나라의 도읍을 반드시 지세가 안전하고 견실하고, 땅이 기름지고, 산을 등지고, 좌우로 강이 흐르거나 호수가 있고, 성안

에 배수로를 따라 물이 강으로 잘 빠지는 곳에 정합니다. 이에 그 천연자원과

땅에서 생기는 이익으로 백성을 먹여 살리고 가축을 기릅니다.[86]

위의 글에서 보듯이 도읍지 선택에 있어 방위와 배산임수를 기본으로 안전하고 기름진 땅과 강을 따라 배수로가 있으며 자원이 풍부하여 백성을 먹여 살리고 가축을 기를 수 있는 땅이 우선 조건이다.

이처럼 향법은 앞서 설명한 용·혈·사·수의 모든 길흉방과 방위체계 등을 전부 포함하는 법칙이다. 천문풍수는 천문사상과 별자리에서 시작되었고 천문방위에 따라 향법이 정해진다. 천문사상과 지리적인 산수의 조건에 따라 택지를 선택하는 원칙은 반드시 방향성을 따라야 한다. 방위에 따라 사람의 생활과 행동특성이 달라지듯 향법은 천문풍수의 핵심체계로 시각적인 관찰과 함께 나경으로 방향을 살핀다.

---

86) 『관자』, 「탁지」, "昔者桓公問管仲曰 "寡人請問度地形而爲國者, 其何如而可?" 管仲對曰 "夷吾之所聞, 能爲霸王者, 蓋天下聖人也. 故聖人之處國者, 必於不傾之地, 而擇地形之肥饒者, 鄕山, 左右經水若澤, 內爲落渠之寫, 因大川而注焉, 乃以其天材·地之所生利, 養其人以宥六畜."

제2부 양택풍수론

제1장 『황제택경』의 양택풍수

제2장 『양택삼요』의 양택풍수

제1장『황제택경(黃帝宅經)』의 양택풍수

1. ·『황제택경』의 양택이론

1)『황제택경』의 저자와 성립연대

중국이나 우리나라를 막론하고 풍수지리가 발전해 온 것은 주로 묘지의 음택풍수였다. 중국은 물론 고려나 조선시대의 관상감에서도 음택에 관한 풍수서적으로 시험을 치고 지관을 뽑았다. 현재 전해지고 있는 풍수지리의 고서(古書)들도 주로 음택에 관한 내용이 대부분이고 황제나 왕실의 번영과 안전을 위한 목적이 가장 큰 이유였다.

이에 반해 현존하고 있는 가장 오래된 양택풍수 서적으로는『황제택경』이 유일하다. 물론 진대(秦代)의「택거」가 있었다고 앞서 언급하였으나 우리나라에서 이를 연구하고 있지는 않다. 당대(唐代)의『황제택경』과 명·청대로 추정되는『팔택명경』과 청대의『양택삼요』와『양택십서』등이 현재 주로 익히고 전해지는 양택서적이다.

중국과 달리 우리나라는 사실상 전문적인 양택풍수 서적은 없다고 해도 과언이 아니다. 조선 말에 편찬된『민택삼요』가 있으나 이 역시도『양택삼요』의 내용을 거의 따라하였기에 조선의『양택삼요』로 불리기도 한다.

현재 우리나라에서 적용시키고 있는 양택풍수는『양택삼요』의 삼요법칙과 근현대에 도입된 현공학의 이론체계 정도일 것이다. 현공이론은 낙서구궁의 시간 변화에 따른 길흉을 다루고 있어 배산임수가 우선인 우리산천의 적용법과는 다소 거리감이 있는 향법이다. 현공학은 시간의 변화에 따라 기운이 바뀌고 길흉이 변한다는 이론으로 이를 우리의 양택현실에 적용시키는 것은 무리가 따른다고 추론된다.

이런 현실에서 당대(唐代)의『황제택경』이 일반화되지 않고『양택삼요』체계가 주류를 이루게 된 이유는 당대(唐代)라는 너무 오래된 과거시간 때문일 것이다. 그러나 논저에서 『황제택경』의 양택이론체계를 세세히 밝힌 것은 간단하면서도 가장 근본적인 만상만물의 운행이치인 음양을 근본으로 시간과 공간을 다루고, 여타한 향법이나 수법보다 현시대에 가장 어울리는 양택이론 체계라고 판단되기 때문이다.

당대(唐代)의 『황제택경』과 청대의 『양택삼요』 등은 음양오행과 팔괘오행의 이론체계가 동일하고 형세론도 함께 다루고 있어 우리 산천과 가장 잘 어울리고, 아울러 전반적인 양택풍수의 이론체계를 쉽게 이해할 수 있다. 여기에서 설명하고 있는 『황제택경』과 청대의 『양택삼요』의 방위체계는 논자의 박사학위 논문을 보충하여 작성하였기에 현장에서도 많은 쓰임이 있을 것으로 사료된다.

먼저 『황제택경』을 살펴보면 저자가 누구인지 정확히 밝혀지지는 않았다. 『사고전서』나 『고금도서집성』 등의 여러 판본에는 『황제택경』의 저자를 황제(黃帝)로 칭하고 있다. 황제의 이름을 사용하기 이전 하·상·주 시대에 사용된 통치자의 명칭을 보면, 하나라와 상나라는 상제(上帝)가 국가의 모든 책임과 운영을 통치하였다.

상(商)의 뒤를 이은 주나라는 통치자를 천자로 칭하여 상(商)은 상제가 다스리고 주(周)는 천자가 천명(天命)을 행하는 주체자였다. 상·주의 상제와 천자와 달리 "진시왕은 천하를 병합하여 자신이 복희·신농·여와인 삼황의 덕을 겸비하고 오제[87]를 능가한다고 하여 자신을 황제로 칭하였다."[88] 즉, 황제(黃帝)에서 황제(皇帝)로 명칭이 처음 바뀌게 된 이유가 진시황이었다.

진시황이 처음 사용한 황제(皇帝)와 같은 용어지만 글자가 다른 황제(黃帝)는 중국전설시대의 제왕이었던 삼황오제(三黃五帝)의 황제들을 뜻한다. 전설적인 제왕들의 명칭이 사용된 『황제택경』의 황제(黃帝)는 이 책이 그 만큼 오래되었다는 뜻을 강조하기 위해 황제(黃帝)의 이름을 가탁한 것이 분명하다.

『황제택경』의 본문내용에서 보여준 24로(路)방위와 천문별자리, 팔괘와 음양론과

---

87) 중국 전설상의 5인의 黃帝로 사마천은 헌원, 전욱, 제곡, 요·순을 말하고 있다.
88) 司馬光, 『資治通鑑』, 「秦紀」, "王初並天下, 自以爲德三皇, 功過五帝, 乃更號曰 皇帝."

오행간지에 따른 방위내용을 종합해보면, 삼황오제와 같은 전설상의 시대에 위와 같은 음양오행학설의 사상적 기반이 정립되어 있었다고 보기에는 시기상으로나 문헌상으로나 사실상 어려웠을 것으로 보는 것이 옳은 추론이다.

황제의 이름을 사용하고 있는 가장 오래된 한의서적인『황제내경(黃帝內經)』도 같은 황제라는 이름을 사용하고 있지만 역시 정확한 저자를 알 수 없다. 이는 분명히 책의 가치와 지위를 올리기 위해 황제(黃帝)라는 큰 이름을 사용한 것으로 판단된다. 또한 서적의 정통성을 부각시키고자 황제(黃帝)라는 명칭을 유래시킨 것이 옳은 추론일 것이다.

이런 이유로『황제택경』의 정확한 저자는 알 수 없다. 다만『황제택경』에서 보여준 방위이론사상 등을 종합해서 유추해 보면, 기존에 전해지던 여러 양택풍수의 이론체계들이 과거로부터 계속적으로 보충 발전되고 전래되어 오다가, 누군가 그 이론체계들을 종합하여 서적으로 정리하는 가운데 황제라는 이름을 가탁한 것이다.

이러한 추론을 바탕으로『황제택경』의 정확한 성립 연대 역시 알 수 없다. 다만『황제택경』의 저술 시기를 짐작케 하는 내용이『황제택경 · 제요』편에 나온다. "『사고전서』의 편찬자인 기윤 등은『송사 · 예문지』의 오행류 중〈상택경〉1권이 있는데 이 책을 말하며 현존하는 술수 가운데 최고로 오래된 책이다."[89]

또한 "책의 내용 가운데〈黃帝二宅經〉이라 칭하고 회남자와 이순풍, 여재 등의〈택경〉29종이 언급되며 책이 만들어진 시기에는 황제라는 이름이 아니었으나, 특별한 지류라고 신비롭게 보이고자 황제가 만들었다고 허위로 이름 붙인 것으로 판단된다."[90]는 내용과 함께『황제택경』의 저술 년대를 송대(宋代)나 그 보다 이른 시기라고 설명하고 있다.

이와 달리 주중부는,『정당독서기』에서『송사 · 예문지』에『상택경』1권과『택체경』

---

89)『黃帝宅經』,「提要」. "宋史藝文志五行類有相宅經一卷, 疑卽此書, 在術數之中猶最爲近古者矣, 總纂官 臣 紀昀, 臣 陸錫熊, 臣 孫士毅."
90)『黃帝宅經』,「提要」. "書中稱黃帝二宅經, 淮南子, 李淳風, 呂才等宅經二十九種, 則作書之時, 本不爲稱黃帝, 特方技之類, 欲神其說, 詭題黃帝作耳."

1권이 있는데 저자가 분명하지 않지만,『황제택경』은 두 책을 합친 것으로 보았다. 또 담정헌과 호옥진은『황제택경』의 저술 년대를 당대(唐代)로 보았다.『중국의 과학과 문명』의 저자인 조셉 니담은『황제택경』을 남조(南朝)의 문학가였던 왕미(王微)(415~453)의 저서로 보아 현존하고 있다.[91]하여 저자와 저술시기를 위진남북조-당대-돈황본-송대-남송까지로 추측하고 있다.

돈황본에서 발견된『택경』의 편찬시기를 유추해 보면, 돈황본이 발견된 돈황석굴은 당나라 때까지 서역과 교역을 했던 도시로 실크로드의 관문이다. 실크로드가 처음 열린 시기가 전한(前漢)시대부터이고 돈황석굴이 처음 만들어진 시기가 전진(前秦)시대인 366년 정도일 것이다. 수·당시대가 돈황막고굴의 전성기인 것으로 보아 돈황석굴은 전한시대부터 수·당시대까지를 전체적으로 아우른다.

돈황 막고굴 장경동에는 5세기 초부터 송나라 42년(1002)까지의 문헌이 보존되어 있다. 신라시대 고승인 혜초가 쓴『왕오천축국전』이 막고굴에서 발견된 점으로 유물의 시대적 배경을 유추해 보아도 역시 수·당시대를 동시에 아우르고 있는 가능성이 있는 것이다.

또한『황제택경』상권에 여러 종류의『택경』들이 나열되고 있다. "『황제이택경』,『지전택경』,『삼원택경』,『문왕택경』,『공자택경』,『택금』,『택요』,『택통』,『택경』,『천로택경』,『유근택경』,『현녀택경』,『사마천사택경』,『회남자택경』,『왕미택경』,『사최택경』,『유진평택경』,『장자호택경』,『팔괘택경』,『오조택경』,『현오택경』,『육십사괘택경』,『우반룡택경』,『이순풍택경』,『오성택경』,『여재택경』,『비음란복택경』,『자하금문택경』,『조담택경』."[92] 등이다.

위의『택경』가운데『오성택경』과『삼원택경』외에는 대부분 정사류(正史類) 문헌에는

---

91) 장성규·김혜정,『完譯風水經典』, 문예원, 2010, pp.24-25.
92)『黃帝宅經』卷上, "黃帝二宅經, 地典宅經, 三元宅經, 文王宅經, 孔子宅經, 宅錦, 宅撓, 宅統, 宅鏡, 天老宅經, 劉根宅經, 玄女宅經, 司馬天師宅經, 淮南子宅經, 王微宅經, 司最宅經, 劉晉平宅經, 張子毫宅經, 八卦宅經, 五兆宅經, 玄悟宅經, 六十四卦宅經, 右盤龍宅經, 李淳風宅經, 五姓宅經, 呂才宅經, 飛陰亂伏宅經, 子夏金門宅經, 刁曇宅經, 已上諸經."

기재되어 있지 않다. 그리고『문왕택경』,『공자택경』,『이순풍택경』,『여재택경』,『회남자택경』등과 같이 당대(唐代)이전의 인물을 언급한『택경』은 당대보다 훨씬 이전에 나왔을 가능성을 내포한다.

한(漢)의 유근과 남송의 왕미, 당의 이순풍과 사마천사, 여재 등의 사람들은 활동시기가 정확하게 나타난다. 유근, 사마천사, 왕미, 여재 등의 공통점은 모두 음양학에 정통했던 사람들이다. 이 사람들은 한(漢)의 유근을 제외하고 당에서 남송시대까지 걸쳐 있다. 연대가 가장 늦은 사마천사[93]도 735년에 생을 마감했다.

따라서『황제택경』이 만들어진 시기는 당연히 그보다 뒤일 것이므로 연대는 마땅히 당대중기로 추론되어진다.『사고전서』의 편찬자인 기윤 등이『송사·예문지』의 오행류 중 〈상택경〉에서 나온 것으로 추측하였다.『송사·예문지』는 원나라 순제 3년에서 5년(1343~1345)의 서적이다. 수·당대의 돈황본이 몇 백 년 이후의 저서인 〈상택경〉에서 나온다는 것은 시기적으로 맞지 않을 뿐만 아니라 불가능하다.

여기에『완역풍수경전』에서『황제택경』의 해제를 서술한 김혜정의 말을 인용하면,『황제택경』의 내용이 돈황본의 내용과 대동소이한 점과 돈황본과『황제택경』의 내용 비교를 통해 빠지거나 잘못된 부분의 내용을 보충할 수 있는 점, 고국번·조건웅·황정건·채달봉 등과 같은 학자들이 돈황본을 당대의 저술로 보고 있는 점, 현재 풍수지리 경전 연구의 대표적 학자인 왕옥덕이『황제택경』의 저술 연대를 당대로 볼 수 있다고 한 점[94] 등을 통해『황제택경』의 저술 연대는 당대(唐代)로 보는 것이 무리가 없다고 판단하고 있다.

다만『황제택경』의 본문에 나오는 '자손관록(子孫官祿)'과 '광영문족(光映門族)', '혼연귀척(婚連貴戚)' 등과 같이 문벌귀족제도를 중시한 면에서 위진·남북조시대시대의 문벌귀족제도의 존재를 추론하여『황제택경』의 저술연대를 위진·남북조시대로까지

---

93) 사마천사(647~735)는 舊唐書와『新唐書』에 모두 수록되어 있는 인물로 唐代의 사마승정으로 자는 子微, 호는 道隱이다. 하남 심양현 사람으로 도교양생술의 도술로 유명하였고, 천태산에 은거하여 천태백운자로 불렀으며, 사람들이 사마천사라 하였다.
94) 장성규·김혜정, 앞의 책. p.28.

거슬러 유추할 수 있게도 한다.

중국은 동한시대부터 남북조까지 중국사회는 계급이 있었던 사회다. 명문거족의 영향력은 막강하였으며 북방과 남방의 한족 명문거족들은 이민자를 통솔하여 오면서 권력을 키웠기에 북방과 남방의 막강한 호족들의 세력을 중앙정부도 무시하지 못하였다. 수ㆍ당시대로 접어들어 국가 권력이 강화되자, 명문거족의 세력이 차츰 약해지기 시작했다는 시대적 상황이 있다.[95] 따라서 다분히 위진ㆍ남북조시대에서 수ㆍ당시대까지를 함께 나타내고 있는 것은 분명한 사실로 보인다.

그리고 '자사왕공(刺史王公)'의 표현에서 자사[96]와 왕공은 벼슬을 나타낸다. 자사왕공은 중앙집권적 성질이 강한 직책이다. 자사는 일종의 감찰관으로 중앙에서 지방권력을 감찰하는 직책이다. 왕공의 벼슬 또한 지방호족세력에 부여한 강한 직책이다. 한대(漢代)를 비롯하여 위진ㆍ남북조와 수ㆍ당대는 중앙과 지방의 권력이 둘 다 강한 상태에서 통일중국을 다스릴 수 있었다.

이후 송대(宋代)가 북송과 남송으로 분리되고 지방권력이 항시 약한 상태로 국정이 운영되고 있었다. 항상 이민족의 침범이 잦으며 자사의 권력이 강하지 못하고 유명무실해진 시기였으므로 자사왕공의 벼슬만을 놓고 본다면 송대(宋代) 이전으로까지 소급될 수 있음도 짐작케 한다.

『황제택경』에서 주거 공간을 24로(路)로 구별하여 택(宅)의 공간을 나누고 있는 부분도 하나의 이유다. 진한부터 수ㆍ당까지는 주, 군, 현을 각 지방의 경계로 하였고, 수도였던 장안성과 낙양성의 도로구조를 방리(坊里)와 항(巷)과 곡(谷)으로 하였다. 송대는 도(道)를 로(路)로 바꾸어 지역을 통치하였다.

송대(宋代) 각 지방관리의 급여를 기록한 공사전(公使錢)에 있는 로(路)를 보면, 서경-남경-북경을 시작으로, 경동동로-경동서로-경서남로-경서북로-하북동로-

---

95) 許倬雲, 李寅浩 옮김, 『中國文化史ㆍ인류의 탄생~1949』上卷, 천지인, 2013, pp.299-300.ㆍ

96) 刺史는 일종의 감찰관으로 중앙에서 지방의 권력을 감찰하는 목적을 가지고 있다. 한대나 당대는 군현제를 실시하여 지방을 관리하였고, 삼국시대는 주ㆍ군ㆍ현을 두고, 지방을 관리하는 직책이 자사였지만 중앙권력에서 나와 등급이 낮아도 막강한 권력이었다.

하북서로-합서로-진봉로-하동로-회남동로-회남서로-양절로-강남동로-강남서로-형호남로-형호북로-성도부로-재주로-이주로-기주로-복건로-광남동로-광남서로의 행정구역으로 나누어 구별하였다.[97]

또한 송의 행로제는 태종 지도3年(997)에 천하를 경동, 경서, 하북, 하동, 협서, 회남, 강남, 형호북, 양절, 복건, 서천, 협로, 광남동, 광남서 등 15로로 나누었다. 천희4년(1020)에 18로제가 되고 희녕간(1068-1077)에 23로제가 되었다.[98] 송대의 로제는 15로에서 시작하여 북송말기에는 25로까지 생겼고 주·부·군·현을 포괄적인 로제법으로 각 지역을 구분하고 있었다.

이상의 내용들을 종합해보면『황제택경』의 저술 시기는 송대 이전으로까지 소급되는 것을 추론해 볼 수 있다.『황제택경』본문에 음양론과 팔괘와 구궁의 방위관을 바탕으로 여러 종류의 양택서를 언급하고 있는 점을 보면 "이상의 경전은 대동소이하고 모두 저마다 오묘한 비전이라 하는데 서로 장단점이 있다. 이를 살피지 않으면 사용하기에 부족하다."[99]하여 기존의 양택이론을 집성한 것이었음을 알려준다.

이를 통해『황제택경』의 편저자는 정확하게 알 수 없지만 가옥의 중심마당을 기준으로 8천간과 12지지, 건·곤·간·손의 사유(四維)를 포함한 24개의 '로(路)' 방위체계로 나눈 점과 24방위를 24로(路)로 구분한 방위공간을 인사(人事)의 길흉에 적용시켜 온 것은 오랜 시간 형성되어 왔던 많은 양택서의 이론이 보충정리를 거듭하면서 시대의 흐름과 같이 전해져 왔음은 분명하다.

이처럼 오래전부터 정립되어온 양택풍수의 방위체계를 서적으로 정착시킨 것은 진대(秦代)부터 시작되어 서한(西漢)을 지나 남북조나 당대(唐代) 혹은 오대북송시기까지 이어져 여러 양택이론을 종합한『황제택경』으로 굳어진 것으로 판단된다.

만약『황제택경』의 저술시기를 당대(唐代)로 본다면 거의 1,500년이 넘는 아주 오래

---

97) 曺福鉉,『宋代 官員의 俸祿制度』, 신서원, 2006, pp.161-162.
98) 李昌憲,『中國行政區劃通史』,「宋西夏卷」, 復旦大學出版社, 2007, p.48.
99)『黃帝宅經』卷上, "已上諸經, 其皆大同小異, 亦皆自言秘妙, 互推短長, 若不遍求, 卽用之不足."

된 시기다. 그러나 현재까지『황제택경』에서 밝히고 있는 양택풍수의 이론체계와 길흉론의 내용은 계속 이어지고 있다. 이것은 현대양택의 축조와 수리 등에 있어 절기 개념과 방위와 택일을 통해 양택건축의 공간배치에 따른 인사(人事)의 길흉지침서로 활용될 수 있음을 시사한다.

따라서 종합해보면『황제택경』은 양택풍수의 법칙과 양택이론의 내용들이 보완되고 보충되면서 대대로 전해져 왔다. 당대(唐代)와 오대시기(五代時期)에 양택풍수의 여러 이론들이 종합되어 송대 이후에 황제의 이름을 가탁하여 만들어졌다. 그러나 실질적인『황제택경』의 저술 연대는 앞서 설명한 여러 학자들의 견해와 책의 내용을 참고해 볼 때 남북조에서 당대(唐代)로 보는 것이 타당하다고 추론된다. 또한 음양이라는 절대원칙을 따르고 있는 양택의 배치는 전문가가 아닌 평범한 사람들이 건축의 축조나 수리가 거의 불가능한 현대 양택에서 공간방위체계로 사용되어도 충분한 가치가 있다고 판단된다.

2)『황제택경』의 판본

20세기 초에 돈황본에서 발견된『택경』은 현존하고 있는 당대말의 문서이자『황제택경』의 판본은 대략 8가지다. 돈황본의『택경』과 통행본은 약간의 차이가 있으나 통행본 7가지는 비슷하다.

통행본 가운데 비교적 이른『황제택경』은 명각본이다. 현재 전하는 명대(明代) 판본은 정통10년(1445년)의『정통도장본』과 명대 만력25년(1597년)의『이문광독본』, 명 숭정3년(1630년)의『진체비서본』이다. 청대 판본은 청대 순치3년(1646)의『설부본』과 청대 옹정4년(1726년)의『고금도서집성본』, 청대 건륭46년(1781년)의『문연각사고전서본』이 있는[100] 등 여러 판본들이 존재하고 있다.

위의 판본들 가운데 도장본과 이문본, 진체본과 집성본 등은 제목이『황제택경』이

---

100) 장성규 · 김혜정, 앞의 책, p.31.

며 설부본과 사고전서본, 학진본에는 『택경』으로 되어 있다. 도장본과 이문본, 진체본과 집성본 등은 상하권이며 책 속에 '범수택차제법'만 하나의 편명으로 되어 있다. 집성본은 권을 나누지 않고 서와 총론, 범수택차제법과 양택도와 양택도설, 음택도와 음택도설 등의 다섯 편으로 되어 있다. 서와 총론, 범수택차제법은 『황제택경』의 상권에 속하고 음ㆍ양택도와 도설은 하권에 속한다.[101]

돈황본과 『황제택경』 모두에서 언급된 『택경』은 23종류이다. 돈황본은 통행본에는 없는 『다왕담택경』, 『구궁택경』이 추가되어 총 25종류이다. 통행본에는 돈황본에 없는 『다택통』, 『택경』, 『천로택경』, 『사최택경』, 『자하금문택경』, 『조담택경』이 추가되어 총 29종류의[102] 『택경』을 언급하고 있다. 아래 〈그림-27〉에서 〈그림-30〉는 『황제택경』의 여러 판본들이다.

통행본 중에 명대 『정통도장본』이 가장 먼저고 『황제택경』의 원형에 가장 가까운 것은 송대 이전의 돈황본이다. 『완역풍수경전』에서 『황제택경』 해제를 서술한 김혜정이 돈황본은 송대 이전의 문서로 사고전서본의 내용과 유사하고, 설부본과 집성본은 이문본을 원류로 하고 학진본은 진체본과 사고전서본을 원류로 본다고 하였다.

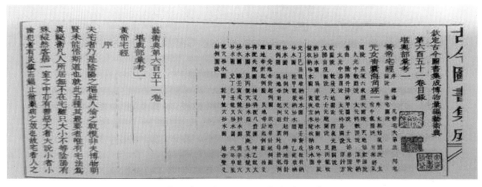

〈그림-27〉 고금도서집성본[103]

---

101) 위의 책, p.32.
102) 장성규, 「黃帝宅經의 文獻的 研究」, 건축역사연구, 제18권6호, 2009.
103) 위의 책, p.33.

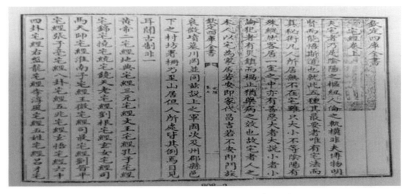

〈그림-28〉 사고전서본[104]

　또한 음택도설과 양택도설의 그림이 돈황본에는 없고 사고전서본에는 있어 사고
전서본이 기존의『택경』들을 정리하면서 도설을 보충한 것으로 추론하고 있다. 그리
고 사고전서본과 돈황본의 내용에서 상호 보충된 내용이 나오고 있는데 사고전서본
의『황제택경』에서는 45일과 75일을 머물렀다 수리해야 허물이 없고, 돈황본에는 45
일 혹은 72일을 머물러야 허물이 없다는 내용 등으로 보아 사고전서본이 기존의 양
택이론을 정리한 것으로 보고 있다.[105] 즉, 사고전서본과 돈황본은 상호 유사한 내용
임을 나타내는 것이다.

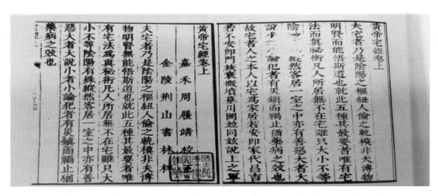

〈그림-29〉 이문광독본[106]　　　　　〈그림-30〉 진체비서본[107]

---

104) 위의 책, p.33.
105) 위의 책, p.34.
106) 장성규 · 김혜정, 앞의 책, p.32. ·
107) 위의 책, p.32.

실질적인 "택경"[108] 이라는 용어의 출현은『구당서·여재전』에 나온다. "여재가 당태종의 명을 받아 그릇된 음양서를 정리시키고 십여 명의 학자들에게 천박한 내용을 없애고 바르게 하라고 명했다. 여재는 명에 따라 15년에 걸쳐 53권을 만들고 옛 책 47권을 병합하여 시행 반포하였다."[109] 지금 전해지는『황제택경』의 판본에 남아 있는 많은『택경』들이 이때 여재에 의해 정리되고 통합된 것이다.[110] 즉 당대(唐代)에『택경』들이 전부 정리가 된 것으로 추론하고 있다.

결국 사고전서본의『황제택경』은 이미 오래전부터 전해져 오던 양택서가 팔괘와 음양오행론을 포함한 여러 풍수지리 이론의 발전과 변화에 따라 유전되고 보충되어 오면서 역사적인 상황에 따라 분실과 존속을 반복하면서 전해져 왔으며, 이를 실생활에 적용시키는 과정에서 좀 더 발전되고 구체화시킨 것으로 판단된다.

『황제택경』의 본문에서 가장 중요한 이론인 음양론과 간지(干支), 팔괘구궁과 24로의 방위체계에 따른 택일법은 고대로부터 오랜 기간 축적되어온 경험의 산물이다.『황제택경』은 양택의 여러 사상적인 풍수이론과 여러 양택서들이 종합되어 기본이론으로 정착되었고, 양택풍수의 방위이론들이 종합적으로 정리된 현존하고 있는 가장 오래된 양택서적이다.

3)『황제택경』이전의 양택서와 진한(秦漢)대의 주거문화

중국의 지형지세를 삼대간룡으로 이해하는 것은 우임금의 치산치수(治山治水) 과정이 적힌『상서·우공』편 도산도수장(導山導水章)을 후대사람들이 체계적으로 해석하는 과정에서 나온 것이다.[111] 도산도수장(導山導水章)은 중국의 지형지세를 간룡(幹龍)과 지룡(支龍)으로 파악하여 풍수지리이론의 길잡이로 활용되었다. 고대 중국에서 지세

---

108)『舊唐書』列傳 卷七十九 列傳 第二十九 呂才, "其敍宅經."
109)『舊唐書』列傳 卷七十九 列傳 第二十九 呂才, "太宗以陰陽書近代以來漸致訛僞, 穿鑿其甚, 拘忌亦多, 遂命才與學者十餘人共加刊正, 削其賤俗, 存其可用者. 勒成五十三卷, 并舊書四十七卷, 十五年書成, 詔頒行之."
110) 장성규,「黃帝宅經의 文獻的 硏究」,『건축역사연구』제18권6호, 2009.
111) 장성규,『백두대간의 역사』, 한국학술정보(주), 2008, p.71.

판단의 시작은 문헌기록에 우임금으로 소급되어져 오래전부터 중국산천의 모습과 지형지세를 파악하고 있었다.

양택풍수는 나라의 도읍지를 선택하여 백성들의 안위와 국정운영의 원활함을 이어가는 것이 목적이고 작게는 개인의 안위를 위한 것이다. 하·상·주(夏·商·周) 삼대시대나 전국시대는 이러한 도읍지 선택을 위해 제사를 지내거나 점을 치는 방법으로 복택을 하였고, 지형지세를 확인하는 탐사를 통해 상택(相宅)을 하였다. 이것은 시각적인 판단과 동시에 하늘에다 그 점사에 따른 선택을 물었던 것이다.

양택의 존재는 크게 남녀구별과 위험방지와 의식주해결이 주목적이며 특정한 원칙을 따라 춘추전국시대의 건축양식에는 이미 음양오행학이 반영되고 있었다. 춘추전국시기에 발달한 음양오행사상은 건축에 적용되어 사신(四神)을 뜻하는 사령(四靈)과 계절, 방향과 색깔 등의 음양오행적 상징이 건축에 반영되었다. 오행의 운용은 예술적으로 자연과 결합된 우주적도안(cosmic patten)을 얻는 것이며, 오행의 기운설에 의거하여 건축의 형체를 정하고 건축상의 형태 및 방위와 채색과 도안을 오행과 서로 배합하여 가주인 사용자가 좋은 운명과 감응하려 하였다.[112]

춘추전국시대나 그 이전시대에 실질적인 도읍지나 양택지 선정에 적합한 지형구별과 음양오행론에 따른 풍수지리사상이 접목되었다는 사실은 확실하다. 다만 서적이나 문헌자료를 통해 실제로 전해진 양택서는 없었다. 그러다 진대(秦代)의 수호지라는 지역에서 나타난 간백문헌[113]의 유물자료에서 「택거」라는 양택서가 나왔다.

『황제택경』이 현존하는 양택 풍수지리 서적가운데 가장 오래된 서적으로 알려져 있지만 진대에 이미 「택거」라는 양택서가 존재하고 있었던 것이다. 물론「택거」의 실질적인 존재는 확인되지 않고 있다. 다만 「택거」가 실제로 존재하고 있었다는 기록인『일서(日書)』에 대한 자료는 중국에서 활발한 연구가 이루어지고 있다.

만약 「택거」의 내용뿐 아니라『일서』에 나타난 진대(秦代)역법의 시행방법과 택일에

---

112) 李允鉌, 이상해 외 옮김, 『中國 古典建築의 原理』, ㈜시공사, 2000, p.62.
113) 대나무나, 나무와 천 등으로 종이를 대신해서 기록한 문헌을 간백문헌이라 한다.

따른 길흉내용 등을 자세히 알 수 있으면 풍수지리의 방위론 및 택일선택론의 기원을 연구하는데 많은 도움이 될 것이다.

진대(秦代)는 시황제가 일으킨 분서갱유(焚書坑儒)를 통한 문자통일과 도량형의 통일, 제자백가류의 사상적 통일, 군현제 등의 통일에 따른 중앙집권적 통제체제를 이루고 오행사상을 바탕으로 수덕(水德)을 따랐던 국가다. "시황제는 종시오덕(終始五德)에 따라 주(周)는 화덕(火德)을 얻었고, 진(秦)은 주대(周代)의 덕성을 대체하였으므로 반드시 주(周)의 덕성에 눌리지 않는 수덕(水德)을 채용해야 하고, 1년의 시작을 모두 10월 초하루로 바꾸고 신하의 하례의식과 의복과 깃발도 검은 색으로 바꾸었다."[114]

이러한 음양오행사상은 춘추전국시대나 진대에 넓게 퍼져있었던 것은 분명한 사실이다. 주나라가 화덕(火德)을 이어받아 나라를 통치하였다면 진시황은 화(火)를 이기는 수덕(水德)을 이어받아 정치사상에 접목시킨 오행상극론이다.

진대(秦代)의 수호지지역에서 발견된 『일서』 갑종 「택거」의 내용은 집의 위치와 높이는 물론 좌우의 형세와 연못과 물의 흐름 등을 종합적으로 나타낸 양택관을 나타낸다. 또한 이를 인사(人事)의 길흉으로 연결시켜 양택의 방위위치에 따른 길흉을 나타낸다.

> 집이 마을에서 가장 높으면 귀하지만 가난하다.... 집의 사방이 높고 중앙이 낮으면 부(富)하다. 집의 사방이 낮고 중앙이 높으면 가난하다. 집의 북방이 높고 남방이 낮으면 영화(榮華)가 없다. 집의 남방이 높고 북방이 낮으면 매매에 유리하다. 집의 동방이 높고 서방이 낮으면 여자가 중심이 된다.... 집 가운데 골이 있으면 불길하다. 집의 오른쪽이 길고 왼쪽이 짧으면 길하다. 오른쪽이 길면 여자가 중심이 된다. 집이 서남쪽에서 서쪽으로 치우쳤으면 富하다. 집이 서북쪽에서 북쪽으로 치우쳤으면 절손된다. 집이 동북쪽에서 북쪽으로 치우쳤

---

114) 『史記』, 「秦始皇本紀」, "始皇推終始五德之傳, 以爲周得火德, 秦代周德, 從所不勝. 方令水德之始, 改年始, 朝賀皆自十月朔, 衣服旄旌節旗, 皆上黑."

으면 편안하다.... 집이 동남쪽으로 치우쳤으면 富하고 여자가 중심이 된다. 집 주위로 길이 둘러있으면 불길하다.... 서남쪽으로 지당이 있으면 부(富)하다. 정북 쪽으로 지당(池塘)이 있으면 모친에게 불리하다. 물이 서쪽으로 흐르면 가난하고 여자가 구설수에 오른다. 물이 북쪽으로 흐르면 재물이 모이지 않는다. 물이 남쪽으로 흐르면 집안에 유리하다. 축사가 서남쪽에 있으면 귀하고 길하다. 축사가 정북 쪽에 있으면 부(富)하다. 축사가 정동방에 있으면 망한다.... 곳간이 서북 모퉁이에 있으면 불리하다.... 곳간이 동북 모퉁이에 있으면 길하다.... 우물이 서북 모퉁이에 있으면 반드시 절손된다.... 집은 작은데 대문이 크면 가난하다.[115]

위 내용에서 보듯이 집이 위치한 지형지세의 설명과 집의 높낮이와 집의 형태, 물의 흐름과 지당의 위치와 축사, 곳간의 방위위치에 따라 부귀수명을 인사의 길흉으로 연결시키고 있다. 이것은 『황제택경』에서 밝히고 있는 양택이 갖추어야 할 '오허오실(五虛五實)'의 내용과 유사하다. 「택거」에서 밝힌 곳간이나 축사의 위치 등을 인사의 길흉과 연결시킨 양택관념은 『황제택경』과 상호 유사한 내용을 담고 있는 것이다.

「택거」에서는 양택의 지형지세와 방위는 물론 가주의 자리와 식솔들과 가축의 위치까지 고려한 배치를 하였다. 이것은 「택거」 내용의 신빙성이나 증험의 유무와는 상관없이 진대 사람들이 분명하게 양택의 개념을 인식하고 있었다는 증거다.

진대 이후 전한시대의 유물에서도 양택서가 발견되었다. 1974년 발굴 조사한 전한시대의 마왕퇴 3호 한묘에서 발굴된 각종 유물들 중에도 『택위초도』, 『부택도』, 『택

---

115) 王子今, 『睡虎地秦簡『日書』種疏証』, 武漢, 湖北教育出版社, 2002, pp. 328-330. "凡宇最邦之高, 貴貧. 宇四旁高, 中央下, 富. 宇四旁下, 中央高, 貧. 宇北方高, 南方下, 母寵. 宇南方高, 北方下, 利賣市, 宇東方高, 西方下. 女子爲正. ……宇中有谷, 不吉. 宇右長左短, 吉. 宇左長, 女子爲正. 宇多于西南之西, 富. 宇多于西北之北, 絕后. ……宇多于東北之北, 安. ……宇多于東南, 富. 女子爲正. 道周環宇, 不吉. ……爲池西南, 富. 爲池正北, 不利其母. 水瀆西出, 貧. 有女子言. 水瀆北出, 毋臧貨. 水瀆南出, 利家. 圈居于西南, 貴吉. 圈居于正北, 富. 圈居于正東方, 敗. ……困居宇西北陋, 不利. ……困居于東北陋, 吉. ……井居西北陋, 必絕后. ……小宮大門, 貧."

형택위길흉도』의 그림들이 발견되었다.[116] 이러한 여러 유물들과 오행사상 등으로 보면 진대와 전한시대에 이미 여러 종류의 양택서가 존재하고 있었음은 확실하다.

진대의 오행관념과 역법에 사용된 방위체계와 비교해 볼 때,『황제택경』에 사용된 양택의 방위체계는 거의 진대(秦代)와 같은 이론적 배경을 가진다고 보아도 무방하다. 진대역법에 사용된 방위체계는 한 해의 시작을 음력 10월 초하루로 정하는 오행관념을 정립시켰다. 음력 10월은 입동으로 수(水)의 기운이 강해지는 달이다. 절기상으로 10월과 11월, 12월은 해·자·축(亥·子·丑)오행으로 수기운을 뜻한다. 오행방위와 오행의 상(象)에 따른 오행사상을 인간 길흉사의 관건으로 연결시키면서 오행론을 일반생활화에 적용시킨 것이다.

이를 나반에 새겨 간지(干支)에 따른 오행배열과 더불어 천문 28수별들의 위치와 동서남북을 인지하고 역법으로 활용하였다. 죽간에 기록된 것을 복원한 것이 아래의 〈그림-31〉과 〈그림-32〉는 서한(西漢)시대의 식반이다. 식반으로 볼 때 진한(秦韓)대의 양택방위는 역법체계의 방위와 불가분의 관계를 가지고 있다.

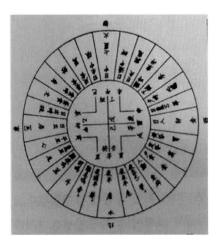
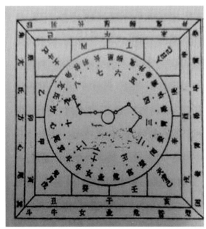

〈그림-31〉 진대의 28수와 방위도[117]　　　〈그림-32〉 서한초기의 식반[118]

---

116) 이승률,『죽간·목간·백서· 중국고대 간백자료의 세계』, 예문서원, 2013, p.197.
117) 湖北省 荊州市 周梁玉橋遺址 博物館編,『關沮秦漢墓簡牘』, 北京, 中華書局, 2001, p.107.
118) 林徽因 等,『風生水起』, 北京, 團結出版社, 2007, p.105.

위 그림에서 보듯이 진대의 방위관념과 역법은 중앙의 천간 戊 · 己 토를 중심으로 동서남북 네 방위에 천간과 12지지가 배열되어 있다. 동쪽의 甲 · 乙과 寅 · 卯 · 辰, 남쪽의 丙 · 丁과 巳 · 午 · 未, 서쪽의 庚 · 辛과 申 · 酉 · 戌, 북쪽의 壬 · 癸와 亥 · 子 · 丑이며 원둘레에 28수[119]의 별자리가 그려져 있다.

사유(四維)방에는 천지인귀가 표시되어 있다. 子 · 午 · 卯 · 酉 4정방과 28수의 자방허성(子方 · 虛星)과 오방성성(午方 · 星星), 묘방방성(卯方 · 方星)과 유방묘성(酉方 · 昴星)으로 대응하고 있다. 사계절 구분 기준인 허 · 성 · 방 · 묘의 4성수가 동서남북의 사정방과 대응하는 점은 천문성수에 의해 지상의 시간과 방위가 정해졌다.[120] 이것은 24절기를 천문과 연결시켜 방위를 정하고 있는 부분이며 『황제택경』의 24로 방위가 24절기와 연관이 있다고 인정되는 부분이다.

이처럼 양택에 적용되었던 음양오행과 삼원과 28수, 북두성의 개념과 별자리의 이동 등을 천문지식과 더불어 과학적으로 자세히 파악하고 있었던 시기가 춘추전국시대였다. 진대의 역법이나 음양오행의 활용과 천문개념 등은 전부 춘추전국시대로부터 이어져온 것이다.

진대의 「택거」뿐 아니라 『사기』와 『한서』에는 풍수지리와 관련된 언급이 나온다. 장지를 선정한 후에 그곳의 미래를 예측하였다는 저리자[121]와 장지를 잘 쓴 덕택에 제후가 되었다는 한신[122]이 있고, 형법가는 전체 국토의 세(勢)와 형(形)과 기(氣)를 바탕으로 연구하였으며 『궁택지형』이라는 문헌이 있었음을 기록하였다.[123]

이런 역사적인 사실과 시대적 흐름으로 음택과 양택의 풍수지리는 이미 진한시대

---

119) 28수별들은 황도부근의 별자리로 東方七舍 角亢氐房心尾箕, 西方七舍 奎婁胃昴畢觜參, 南方七舍 井鬼柳星張翼軫, 北方七舍 斗牛女虛危室壁 을 말하며 皇帝가 거주하는 紫微垣 중앙을 지키는 네 방위의 主宰이다.

120) 김혜정, 「양택풍수지리의 방위관」, 『건축역사연구』, 제18권2호, 통권63호, 2009.

121) 樗里子(?~기원전 300), 전국시대 진나라 사람으로 진혜문군의 이복동생이고, 이름은 질이다. 음향의 저리에서 살아 저리자로 불렸으며 辨說에 능하고 해학이 풍부하며 지혜가 많아 진나라 사람들이 지낭(智囊)으로 불렀다.

122) 한나라 초의 무장으로 초나라의 항우를 섬기다 漢王 유방의 대장군이 된 사람으로 『史記 · 淮陰侯列傳』에는 매우 가난하고 항상 칼을 차고 다녔다고 기록하고 있다.

123) 김혜정, 『風水學說史』, 도광출판사, 2020, p.72.

와 그 이전시기부터 적용되고 있었다는 것이 증명된다. 다만 풍수지리가 당나라 현종이 비단주머니에 넣어 다녔다는『금낭경(錦囊經)』의 의미와 같이 국가권력의 중심부에 있었던 학문으로 일반백성은 접근하기 어려웠다. 특히, 음택보다 양택풍수 서적이 더 존재하기가 어려웠을 것이다. 또한 춘추전국시대의 숱한 전쟁의 소용돌이 속에 양택의 중요성보다는 권력을 위한 음택에 더 비중을 두었을 것이라 사료된다.

2.『황제택경』의 구성(構成)내용과 방위체계

1)『황제택경』의 구성과 내용

『황제택경』은 크게 1책 세 가지의 내용으로 분류된다. 첫째 제요편과 둘째『택경 · 권상』, 셋째『택경 · 권하』로 구성되어 있다. 「제요」 편에서는『황제택경』이 생기게 된 원인을 한대(漢代)와 수 · 당대에서 송대까지의 양택서를 총망라하면서 황제라는 이름으로 가탁하여 편찬된 양택서라고 설명한다. 송대『송사예문지 · 오행류』중 〈상택경〉1권이『황제택경』이라는 내용을 청나라 건륭46년(1781)에 신하인 기윤과 육석웅, 손사의 등이『흠정사고전서』에서 편찬시대를 밝히고 있다.

『택경』상권에서는 「총론」과 「범수택차제법」이라 하여 택의 공간구별과 택이 갖추어야 할 조건, 택의 수리에 따른 길일선택과 택이 가져야 할 기본조건에 대한 설명을 하고 있다. 무릇 "택이라는 것은 음양의 근원이고 인륜의 규범이다. 집의 규모가 크고 작음으로 같지 않고, 집의 음양에서 서로 다른 점이 있다."[124]

이것은 음양이 만상만물의 운행과 핵심이기 때문에 택도 음양을 따라야 하고, 음양이 가장 중요하므로 그 중요성의 근원을 추뉴(樞紐)[125]로 나타낸다. 또한 택의 동일한 한 공간을 음의 공간과 양의 공간으로 구분하여 음택과 양택의 모든 방위를 24로로 구분하였다. 24로로 구분한 음택과 양택을 다시 형화방과 복덕방으로 이원화시킨

---

124)『黃帝宅經』卷上, "夫宅者, 乃是陰陽之樞紐, 人倫之軌模, 只大小不等, 陰陽有殊."
125) 추뉴(樞紐)는 문을 열고 닫는 고리와 끈으로 가장 중심적인 의미를 나타낸다.

이론체계는 음양오행과 팔괘구궁이다.

　택은 사람의 근본이고 한 집안이며 일가(一家)의 번창에 있어 가장 중요하다. 택을 구별하는 기준은 음양의 균형이며, 택의 방위공간에서 음양의 기준점은 巳·亥와 辰·戌이며 공간방위에 따른 길흉방위를 24로로 나타낸다.

　이사를 오고가는 방향과 택의 수리에 사용되는 길일선택과 형화방과 복덕방으로 구분한 택의 공간은 물론 택이 갖추어야 할 '오허오실'의 설명과 함께 택을 항상 관리하고 수리해야 함을 강조한다. 이에 따른 길일 선택을 생기방(生氣方)과 사기방(死氣方)으로 나타내었다. 생기방(生氣方)과 사기방은 사계절에 따른 오행기운의 변화와 시간 변화에 따른 길흉관념이다. 또한 택을 내원(內院)과 외원(外院)으로 구별하여 24로 방위체계를 적용시킨 길흉방을 나타내고 있는 것이 상권의 내용이다.

　『택경』 하권에서는 택의 공간을 형화방(刑禍方)과 복덕방(福德方)의 24로 방위구분을 양택도와 음택도에 나타내었고, 24로 방위에 따른 길흉방과 각 방위가 가진 길흉특징을 설명하여 이를 인사(人事)의 여러 길흉사건으로 연결시키는 내용을 담고 있다.

　택의 수리는 반드시 길일과 길방을 살피고 매월에 따라 달라지는 기운을 살펴 이를 택의 수리에 적용시켜야 한다. 이를 위해 천간의 합으로 길일을 선택하고, 택의 내원과 외원에 있어야 할 어떤 목적을 가진 건물들의 배치와 가축과 노비가 있어야 할 장소의 위치까지 지정하여 설명한다.

　『황제택경』에서 가장 핵심적인 음양론에 있어 상(象)을 설명하기를 "상은 일월, 건곤, 한서, 자웅, 주야의 음양으로 만상을 망라하는 것"[126]으로 음양이 만물의 주인이다. 『황제택경』과 달리 『황제내경·소문』[127]의 '음양이합론'에서는 음양을 표현하기를 "음양을 구체적으로 운용할 때는 더욱 미루어 연역해 낼 수 있으니, 하나에서 열에 미치고, 열에서 백에 미치며, 백에서 천에 미치고, 천에서 만에 미칩니다. 이렇게 미

126) 『黃帝宅經』 卷上, "其象者, 日月, 乾坤, 寒暑, 雌雄, 晝夜, 陰陽等, 所以包羅萬象"
127) 『黃帝內經』은 천하의 명의인 기백과 황제가 의술토론을 한 내용을 기록한 책으로 천지인사상과 음양오행설에 입각한 병의 치료법을 제시한 의학서적으로 內徑이라 불리며 가장 오래된 의학서다.

루다 보면 헤아릴 수 없는 상태까지 이르지만 그 이치는 하나일 뿐이다."[128]하여 음양사이의 대립과 통일 관계로 만상만물의 성장소멸을 음양이 주관한다고 설명한다.

또한 '음양응상대론편'에서는 음양을 표현하기를 "음양은 천지의 도이고, 만물의 벼리이며 변화의 부모이고, 낳고 죽이는 근본과 시작이며 신명의 곳집이다."[129]하여 음양을 천지의 주제자로 여기고 있는 점은『황제택경』의 음양론과 궤를 같이하고 있다.

『주역』에서 논하는 음양이나 자연적인 음양은 만상만물을 이루는 기의 주체다. 음양이 작용하여 하늘에는 일월성신이 생기고 땅으로 내려와 사계절의 사상(四象)과 오행운행의 체계를 만든다.『황제택경』에서 택은 사람의 근본이며 음양의 균형과 조화로움이 있어야 한다고 하였다. 이는 택도 자연의 일부로 항상 음양의 치우침이 없어야 하고 음양의 균형을 갖추어야 거처가 편안하며 행복을 가져다주는 인식이다.

또한 택의 공간을 음양공간으로 나누고 다시 이를 형화방과 복덕방으로 이분하여 길흉공간의 구별과 24로 방위로 나타내었다. 음양구별의 기준은 "팔괘와 구궁의 분형열상"[130]에 근거하여 남녀를 배속한 것이다. 乾·坎·艮·震의 남자괘는 오행기운으로 북동쪽을 나타내고, 巽·離·坤·兌의 여자괘는 남서방향을 가리켜 괘상과 방향으로 음택과 양택을 구별하였다. 이를 다시 형화방과 복덕방의 이분개념으로 대립시키고, 생기방과 사기방을 운용하여 길일과 길한 방향을 선택하는 것이 방위체계의 핵심이다.

택의 24로 방위는 천간오행 가운데 戊·己 토를 제외한 甲·乙·丙·丁·庚·辛·壬·癸의 8간과 12지지, 사유(四維)방인 乾·坤·艮巽의 4괘를 합친 24방위가 24로다. 24로 방위에 따른 인사(人事)의 길흉사건을 상세히 전개시키며, 양택의 선택과 건축수리방법을 시간과 공간개념으로 설명하고, 택의 선택은 관리가 입신을 하는

---

128)『黃帝內經』,「素問」, "陰陽者, 數之可十, 推之可百, 數之可千, 推之可萬, 萬之大不可勝數, 然其一要也."
129)『黃帝內經』,「素問」, "陰陽者, 天地之道也, 萬物之綱紀, 變化之父母, 生殺之本始, 神明之府也."
130)『黃帝宅經』卷上, "八卦九宮分形列象, 配男女之位也."

데 있어 타고난 명보다 더 중요하니 항상 계절변화의 흐름에 맞추어 택을 관리해야 하는 것이 주된 내용이다.

2) 음양의 심화적 방위체계

『황제택경』에서는 음양이 만물의 핵심이고 추뉴이다. "근래학자들이 오성팔택이니 황도백방이니 하는 여타한 방위법은 모두 대경을 위반하는 것으로 재앙과 근심을 벗어날 수 없다. 집을 고치고 움직이는 것을 범하여 집을 짓고도 불안한 것은 음양을 훼손하여 퇴각해버리는 것 때문으로 통탄스럽다."[131]

택이 갖추어야 할 형세를 보면 "택의 형과 세는 신체이며 택의 샘물은 혈맥과 같고, 토지는 피부와 근육이며 초목은 모발이고 사옥은 의복이며 문호는 관대로 엄숙하고 단정하게 이루어지면 상길의 택"[132]으로 간주한다.

택은 사람과 같이 단정해야 하고 한쪽으로 치우침이 없이 균형 잡힌 모습이어야 한다. 음양의 치우침이 없는 균형 잡힌 택이 최고의 길택이다. 택이 위치한 대지의 모양도 치우침이 없어야 하고, 택은 남녀가 함께 사는 곳이니 남자만 왕(旺)해도, 여자만 왕(旺)해도 되지 않는다.

추우면 따뜻하고 더우면 시원한 것도 음양의 균형이다. 음양의 균형이 잡힌 택이 최고이며 음양의 치우침이 있다면 가문을 일으키지 못한다. 음양의 균형이 택의 길흉을 정하는 핵심이다.

택의 음양구별과 함께 공간구별은 팔괘구궁으로 표시한다. "택의 음양지계는 팔괘구궁을 남녀의 자리에 배속한다."[133] 즉, 음택과 양택의 경계를 팔괘구궁의 괘상과 방위에 따르고 있다. 팔괘구궁은 낙서구궁이며, 乾·坎·艮·震은 양택, 坤·巽·離·

---

131) 『黃帝宅經』卷上, "近來學者, 多攻五姓八宅, 黃道白方, 例皆違犯大經, 未免災咎, 所以人犯修動, 致令造者不安, 却毁陰陽, 而無據效, 豈不通哉."·
132) 『黃帝宅經』卷上, "宅以形勢爲身體, 以泉水爲血脈, 以土地爲皮肉, 以草木爲毛髮, 以舍屋爲衣服, 以門戶爲冠帶, 是事儼雅, 乃爲上吉."
133) 『黃帝宅經』卷上, "八卦九宮, 配女男之位, 宅陰陽之界."

있는 음택으로 구별하였다. 아래 그림이 낙서구궁팔괘의 배치다.

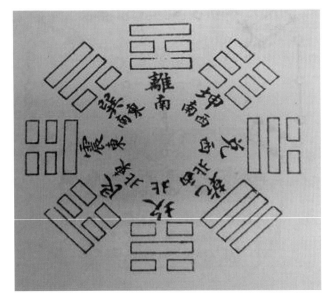

〈그림-33〉 낙서구궁팔괘

음양의 기원을 살펴보면 첫째, 자연현상을 관찰해서 음양을 구별하는 자연취상설이 있다. 둘째, 남녀를 구분하는 성기기원설, 셋째『주역』의 음양기원설이 있다. 팔괘로 음양을 구분하는『황제택경』의 음양은『주역』의 음양론에 근거하며 건곤(乾坤)의 천지개념에서 음양이 시작된다.

풍수지리에서 산은 정(靜)하여 음이고, 수(水)는 동(動)하여 양이다. 택(宅) 역시 사람이 거주하며 양기를 띄므로 양이라 부르고, 분묘는 유해를 안장하여 음의 백(魄)이 되는 음양개념이다. 「易」 64괘의 효(爻)는 총 384개로 192개씩으로 나누어 길흉을 표시한 것도 음양개념이다.

『황제택경』의 음양론은 팔괘의 상(象)으로 택의 음양을 구별하여 길흉을 논한다. 진대의「택거」에서 보여주듯이 양택의 길흉측정은 점서에 의존했던 상고시대를 지나 춘추전국시대와 진한시기를 거치면서 음양오행의 상생상극 원리에 따르는 양상을 나타내었다는 점은 앞서 설명이 있다.

『황제택경』은 팔괘구궁과 음양론을 택의 이념으로 정립하였고, 당대 이전의 음양오행론과 함께 시대적 변화와 흐름을 같이 해 왔다. 시간적 계절기운과 음양의 균형을 강조하여 음양이 치우치지 않는 택이야 말로 가장 길한 택으로 규정한다.

음양의 중화(中和)를 가장 강조하는 『황제택경』은 택의 공간을 동서남북이 아닌 음양공간으로 구별하여 거주공간의 중심이 되고, 다시 전후방위로 나누어 형화방과 복덕방으로 규정하였다. 택의 앞이 복덕방이면 뒤는 형화방이고, 뒤가 복덕방이면 앞은 형화방이 되는 음양론이 중점이다.

3) 음택과 양택의 방위택일체계

『황제택경』에서 택의 공간을 24로 방위로 구분한 것도 음양의 속성이다. 양은 동적이고 음은 정적이며 남녀가 되고 일월이 된다. 음양개념의 확대에 따라 산 사람과 죽은 사람의 거주지는 양택과 음택이 된다. 이 양택과 음택의 구별이 양택풍수와 음택풍수이다.

그러나 양택을 음양공간의 방위로 논하고 있는 『황제택경』은 죽은 자의 음택을 논하는 것이 아니라 산사람의 거주공간인 양택의 동일공간을 음의 공간과 양의 공간으로 나누었다. 이를 음택과 양택으로 명명한 것이다. 즉 생사(生死)로 구분한 음택풍수와 양택풍수와의 구별과는 다른 택의 음양의미다. 양택의 한 공간을 24로의 방위에 따라 음양공간으로 나누고, 이를 음택의 공간과 양택의 공간을 도식화하여 24로의 방위에 따라 형화방과 복덕방의 영역으로 나눈다.

<표-21> 음택과 양택의 24로 방위공간

택(사람과 노비, 가축이 함께 거주하는 장소)		
방위	양택방위(괘상은 남자) 乾 · 坎 · 艮 · 震, 辰土를 경계로 함(父 · 中 男 · 小男 · 長男)	음택방위(괘상은 여자) 巽 · 離 · 坤 · 兌, 戌土를 경계로 함 (長女 · 中女 · 母 · 小女)
12로 형화방	乾 · 亥 · 壬 · 子 · 癸 · 丑 · 艮 · 寅 甲 · 卯 · 乙 · 辰	巽 · 巳 · 丙 · 午 · 丁 · 未 · 坤 · 申 庚 · 酉 · 辛 · 戌
12로 복덕방	巽 · 巳 · 丙 · 午 · 丁 · 未 · 坤 · 申 庚 · 酉 · 辛 · 戌	乾 · 亥 · 壬 · 子 · 癸 · 丑 · 艮 · 寅 甲 · 卯 · 乙 · 辰

봄의 辰土와 가을의 戌土가 택의 음양경계이며 辰 · 戌이 음택과 양택의 경계점이다. 또한 辰 · 戌을 기준으로 형화방과 복덕방으로 길흉을 나누었다. 24로에 따른 길흉의 발생사건과 택의 수리와 관리에 따른 시간택일의 중요성을 강조하면서 택일론과 함께 음택과 양택의 길흉사건을 총 망라하고 있다. 아래 표는 택의 음양구별과 인사(人事)의 길흉과 사계절의 시간변화에 따른 수리와 관리의 택일을 나타낸 것이다.

위 도표는 『황제택경』의 음택도와 양택도에 근거하여 24로 공간을 구분한 것이다. 乾方에서 辰方까지, 巽方에서 戌方까지 나누어 음택과 양택, 형화방과 복덕방이 된다. 형화방과 복덕방의 방위구별은 좌향(坐向)의 대칭관계이며, 좌(坐)의 자리가 형화방이고 향(向)의 자리가 복덕방이다.

택을 기준으로 앞뒤로 구별하면 택의 앞면이 활동공간인 복덕방이 되고, 택의 뒤편이 형화방이 되는 것으로 이해해도 무방하다. 아래 표는 음택과 양택을 24로 방위체계로 나타내어 길흉방위와 수리택일의 방법을 원문해석을 통해 나타내었다. (원문은 부록에 있다.)

方位	양·택	음·택
乾	천문(天門)이며 양수(陽首)로 평온, 실해야 한다. 절고장하면 가장이 상하고 머리나 목덜미에 재앙발생, 5월 丁壬 일에 수리가 길하고 북방은 壬子와 丁巳일은 수리가 안된다.	천문(天門)이며 음이 다하고 양의 시작으로 배고향영(背枯向榮)이라 한다. 이 위치의 사옥은 멀리 길게 연접하고, 높고 장대하고 넓고 실해야 길이다. 5월 丁壬 일에 수리하야 길하고, 북방은 쓰지 못하니 壬子와 丁巳일은 안된다.
亥	주작이며 용의 머리이고, 부명(父命)의 자리이며 범하면 부친이 해롭다. 3월 丁壬 일에 수리한다.	천복(天福)이고 용미(龍尾)니 돼지우리를 설치하고 택극(宅極)이라 한다. 관직을 얻으려면 택극을 다스려 최대한 넓게 확장해야 길하다. 동쪽 3월 丁壬 일에 수리가 길하고, 궁우성은 7월이 길하다.
壬	대화(大禍)며 모명(母命)의 자리이고, 범하면 모친이 해롭고, 예상치 못한 재앙이 발생한다. 3월 丁壬 일에 수리한다	택복(宅福)이고 명당이니 고루대사(高樓大舍)를 두고, 항상 청결해야 하고, 학자들이 모여 경사를 배우니 인수궁이라 한다. 재록에 좋다. 대길하고 수리일은 亥방과 같다.
子	사상(死喪)이며 용의 오른손이고 장남과 장부(長婦)의 명좌다. 범하면 명좌에 해롭고, 정신을 잃고 눈을 상하며 물의 재앙과 구설수가 있다. 3월 丁壬 일에 수리	길창(吉昌)의 자리이고 용의 왼발이며, 소 외양간을 설치하고, 경에 이르길 노비가 많으며 가축이 순해지고 평실해야 길하다. 수리일은 亥방과 같다.
癸	벌옥(罰獄)이고 구진(句陳)이고 차남과 차부(次婦)이며, 범하면 해롭고 구설수와 송사의 재앙이 있다. 7월 丁壬 일에 수리, 3월 丁壬 일도 같으나, 궁우성은 3월은 마땅치 않고 7월은 길일이다.	천창(天倉)이며 문호를 세우고 객사(客舍)이며, 돼지우리를 지으면 길하다. 재물이 없어지고 망하면 천창을 다스린다. 가축이 편안하고, 높고 두텁게 넓힌다. 7월 丁壬 일에 수리하면 길하다.
丑	관옥(官獄)이고 삼남과 삼부(三婦)의 명좌이며 범하면 도깨비, 도적, 화재 등의 괴이한 일이 발생한다. 癸方과 수리일이 같다.	천부(天府)이며 고루대사가 있고, 소, 양, 노비가 살면 크게 번식하고, 창고와 돈사를 두는 것이 이롭다. 수리일은 癸방과 동일하다.
艮	귀문(鬼門)이며 막힌 집이고, 택기가 듬성하게 휑하게 비워두어야 길하고, 범하면 반신불수, 종기 등의 재앙발생. 8월 甲己 일에 수리, 동쪽은 甲子. 己巳일은 수리 않는다.	귀문(鬼門)이며 용의 배이고, 복낭(福囊)이니 두텁고 실함을 거듭해야 길하고 부족하거나 얇게 하면 빈궁해진다. 8월 甲己 일에 수리, 동쪽은 甲子일은 수리 않는다.

134) 『黃帝宅經』卷下, 陽宅圖說과 陰宅圖說의 註釋

寅	천형(天形)이고 용의 등이며, 玄武이다. 서자, 양자의 부인과 장녀의 명좌이다. 범하면 태아를 상하고, 옥사와 연관되며 도둑을 맞고 패망한다. 6월 甲己 일에 수리하고, 각성은 6월이 흉하고 11월이 길하다.	옥당(玉堂)이라 수레나 우사를 두고, 금은보화의 주관이니 넓게 확장해야 하고, 경에 이르길 옥당을 다스리면, 재물과 돈이 마음대로 들어오고 六畜이 살찌고 강해지니 길하다. 6월 甲己 일에 수리가 길하다.
甲	택형(宅刑)으로 고쳐야할 집이며, 차녀와 손자 등의 명좌이며, 범하면 명좌에게 해롭고, 가장은 머리와 목에 병이 나고 상하거나 부러지는 재앙이 있다. 수리 일은 寅방과 같다.	택덕(宅德)이라 안문(安門)하고 방아와 맷돌을 두면 길하고, 연접하고 넓게 확장하면 장관이다. 청결하면 재앙이 스스로 사라진다. 수리 일은 寅방과 같다.
卯	형옥(刑獄)이고 용의 우협(右脇)이며 소녀와 손자의 명좌이다. 범하면 해롭고 화재나 형벌로 상하고 정신을 잃는다. 수리 일은 寅방과 같다.	대덕(大德)이며 용의 좌협(左脇)이라 객사를 둬야 길하고, 대덕을 다스리면, 부귀재물이 만억을 이루고, 택의 주인으로 덕망이 있다. 수리 일은 寅방과 같다.
乙	등사(騰蛇)이며 송옥(訟獄)으로 손님의 명좌이다. 범하면 해롭고 요사한 일과 죽는 喪을 당하고 구설수가 있다. 10월 巳일[1]에 수리가 길하지만 집을 낮고 작게 해야 하며 ,무겁게 하면 안 된다.	금궤(金匱)이고 천정(天井)이라 고루대사를 지어야 하며, 항상 청결하고 부지런히 진흙벽을 수리하고, 수리를 자꾸 더할수록 기쁘고 경사롭다. 卯방과 巳방의 남쪽인 辰方은 10월에 수리일이다. (양택도설과 음택도설의 방향에 따름)
辰	백호(白虎)이며 용의 우측 다리로 주인의 송사에 관계되고, 노비육축의 명좌로 범하면 놀라서 상하고, 절름발이나 힘줄이 긴장하고 놀랍고 두려운 일이 생긴다. 수리일은 乙방과 같다.	지부(地府)이며 청룡의 左手이고 三元이며, 자손에게 일러 항상 청결해야 길하다. 청룡이 장대하고 높으면 부귀옹호가 난다. 수리 일은 乙방과 같다.
巽	풍문(風門)이며 평평하게 트여야 하며 복의 시작이다. 배고향영의 두 집과 오성팔택(五姓八宅)은 높고 장대해야 하며 막힘이 없어야 한다. 양이 다하고 음이 시작됨이다. 11월 丙辛일에 수리, 남방은 丙子일에서 辛巳일까지 수리하지 않는다.	巽방은 바람이니 마땅히 평온하고 막히지 않아야 하며, 이르길 양이 다하고 음이 앞에 와 배영향고하게 하니, 비고 트이고 소통해야 길하다. 11월 丙辛일에 수리, 남방은 丙子일에 수리하지 않아야 길하다.
巳	천복(天福)이며 택옥(宅屋)과 택극(宅極)이라 하고, 관직을 얻으려면 택극을 장대하고 튼튼하게 수리해야 길하다. 9월 丙辛일에 수리하고, 오로지 功을 많이 들여야 한다. 龍尾이다.	주작(朱雀)이며 용의 머리로 부명(父命)의 자리이니 우물을 파지 않는다. 범하면 부친이 해롭고 구설비화, 토혈하고 광중이 생기며 뱀이 가축을 괴롭힌다. 巳酉방은 9월 병신일에 수리가 길하고, 午地에 이르면, 치음(徵音)은 피하고, 1월,3월,4월이 길하다.

丙	명당이고 택복(宅福)이니 안문(安門)하고 우사나 창고 등을 둔다. 명당을 다스리면, 관직과 복록이 높고 대길하여, 손 집안이 활기참이 감당할 수 없을 지경이다. 수리일은 巳方과 같다.	대화(大禍)며 모명(母命)의 자리이고 문을 세우지 않는다. 범하면 모친이 해롭고 구설비화가 있다. 수리일은 巳方과 같다.
午	길창(吉昌)의 자리이고 용의 왼발이며, 잘 다스리면 노비가 많고 가축이 잘된다. 평실해야 하며, 높거나 거북머리처럼 튀어나온 구두청의 건물은 안 된다. 수리일은 巳方과 같다.	사상(死喪)이며 장남과 며느리의 명좌다. 범하면 명좌에 해롭고, 정신을 잃고 눈을 상하며 심통, 화재, 구설수가 있고, 용의 오른손이며 힘줄이 긴장한다. 수리일은 巳方과 같다.
丁	천창(天倉)이며 경에서 말하길, 재물이 없어지고 망하면, 천창을 다스려 창고와 육축의 우리를 장대하고 두텁고 높게 넓혀야 길하다. 正月 丙辛일에 수리하고 공을 많이 들여야 길하다.	벌옥이고 구진이고 차남과 며느리이며, 범하면 해롭고 구설수와 송사, 창병 등의 재앙이 있다. 午日은 서쪽에 하고, 正月 丙辛일에 수리하고 未방과 오성(五姓)은 함께 길하다.
未	천부(天府)이며 고루대사로 소, 양, 노비가 살면 크게 번식하고, 창고와 측간이 있어야 이롭다. 수리일은 丁방과 동일하다.	관옥(官獄)이고 작은 아들과 며느리의 명좌이며, 범하면 명좌에게 해롭고, 도깨비, 화상, 번개, 도적, 도병(刀兵)으로 피를 흘리고, 가축이 사상(死傷)하고 가업이 파산하여 도망간다. 수리일은 丁方과 동일하다.
坤	인문(人門)이고 용장(龍腸)이니 마땅히 소나 말의 마구간을 두고, 그 자리를 넓게 확장하고 두텁게 한다. 복주머니라 하며 겹으로 튼실하면 길하고 2월 乙庚일에 수리한다.	인문(人門)이니 여자의 명좌이다. 마굿간을 두지 않는다. 범하면 마르고, 부스럼 등이 생긴다. 이곳은 마땅히 거칠고, 이지러지고, 낮고 얇은 황결저박(荒缺低薄)해야 길하다. 2월 乙庚일에 수리한다.
申	옥당(玉堂)이라 소와 말의 우리를 두고, 금은보화의 일이니 장대하고 실하게 확장하여 다스리면, 재물과 돈이 마음대로 들어오고 가축이 살찌고 강해진다. 『택경』에 수리일이 없으나, 亥寅巳월은 3,6,9월이니 申月은 12월의 천간 합으로 이루어져 있으므로 12월 乙庚일로 추측 된다.	천형(天形)이자 용의 등이다. 서자의 부인과 장녀의 명좌다. 범하면 정신을 잃고 갈비뼈가 병들고 형상, 옥에 갇히고 기가 막혀 괴이한 불이 난다. 申방 북쪽 12월 乙庚일에 수리하고 酉방도 길하다. 商姓은 12월이 흉하고 4월은 길하다.
庚	택덕이라 안문하고 수레보관소, 닭장, 방아와 맷돌을 두면 길하고, 연접하여 확장하고 크게 넓고 청결해야 길하다. 수리일은 申方과 같다.	택형이며, 차녀와 장손의 명좌이며, 門을 두지 않는다. 범하면 명좌에게 해롭고 우협(右脇)이 병들고 구설상장하고 추락하여 다친다. 수리일은 申方과 같다.

酉	대덕이며 용의 좌협이라 객사를 둬야 길하고, 이곳을 다스리면 만억의 부귀재물을 이루니 택덕이라 한다. 마땅히 집주인에게 좋다. 수리일은 申方과 같다.	형옥, 용의 우협이며 소녀와 손자의 명좌이다. 범하면 명좌에게 해롭고, 정신을 잃고 형옥을 당하거나 氣가 막히고 괴이한 불이 난다. 수리일은 申方과 같다.
辛	금궤이고 천정(天井)이라 문과 높은 누대의 큰 집을 두고, 이곳을 다스리면 부귀재물과 百事가 길하다. 4월 乙庚일에 수리해야 길하다.	등사, 송옥이며 客(손님)의 명좌이다. 범하면 명좌에게 해롭고, 구설수나 요사한 일과 죽는 상을 당하는 재앙이 있다. 酉방 북쪽과 戌방은 4월 乙庚일에 수리한다
戌	지부이며 청룡의 좌수이고 삼원(三元)을 주관하며, 자손에게 일러 항상 청결하게 해야 길하다. 경에 이르길, 청룡이 장대하고 높으면 부귀웅호가 난다. 수리일은 辛방과 같다. 『택경』에 수리일이 없으나, 丑·辰·未월은 癸,乙,丁방과 같으니 戌방의 수리일은 辛방과 같음으로 추측된다.	백호, 용의 우족, 송옥을 주관, 노비육축의 명좌로 범하면 앉은뱅이, 절름발이, 마르고, 힘줄이 오그라든다. 수리는 辛방과 같으나 乾에서 순환하여 戌에 이르러 일주하니 24路이다.

위의 표에서 보듯이 『황제택경』 상편에는 택의 개보수와 택이 갖추어야 할 음양의 조건과 이사방위와 수리방법, 범수택차제법에 따라 길흉택일에 관한 시간적 개념에 대한 전체적인 설명을 나타낸다. 아래에서는 표내용에 따른 길흉택일과 택의 선택, 택의 전체적인 관리방법을 12가지 사례를 들어 차례로 그 뜻을 밝혔다.

첫 번째, 택의 개보수에 관한 중음중양(重陰重陽)의 금지원칙이다. 즉 양택인데 양택의 방위를 다시 넓히거나 음택인데 음택의 방위를 다시 넓히는 것은 중음중양이라하여 흉이 된다. "택의 방위를 확인했을 때 덕(德)의 방위는 높고 장대하며 윤택하고 편안한 것이 길하다. 중음중양은 흉이 되고, 다시 양택을 동방과 북방으로 음택을 서방과 남방으로 넓힌다면 중(重)이 된다."[135]

택의 수리나 개보수시에 음양의 방위를 차례대로 수리해야지 같은 방향을 두세 번 연속으로 수리하면 흉하게 되며 역시 음양의 균형을 강조한다. 천덕과 월덕의 방위를 높고 넓게 한 것은 길하다. 그렇다고 다시 양택의 동북방과 음택의 서남방을 중음

---

135) 『黃帝宅經』 卷上, "德位高壯謐密卽吉. 重陰重陽則凶, 陽宅更招東方北方, 陰宅更招西方南方爲重也."

중양하지 않아야 하며 형화방의 방위를 더 넓히지 않아야 한다는 뜻이다.

중음중양과 마찬가지로 사람의 업무로 인한 이동에 따른 입양(入陽)과 입음(入陰)에 관한 설명도 있다. "손방에서 건방으로, 오방에서 자방으로, 곤방에서 간방으로, 유방에서 묘방으로, 술방에서 진방으로 이동이나 이사를 하는 것은 입양이다. 건방에서 손방으로, 자방에서 오방으로, 간방에서 곤방으로, 묘방에서 유방으로, 진방에서 술방으로 이동하면 입음으로 본다."[136]

辰·戌이 음양공간의 경계다. 巽·離·坤·兌 4괘의 일괘삼산법 방위인 巽-巳-丙-午-丁-未-坤-申-庚-酉-辛방의 좌(坐)에서 乾·坎·艮·震 4괘의 乾-亥-壬-子-癸-丑-艮-寅-甲-卯-乙 向이다. 반대로 乾·坎·艮·震의 乾-亥-壬-子-癸-丑-艮-寅-甲-卯-乙 坐에서 巽·離·坤·兌의 巽-巳-丙-午-丁-未-坤-申-庚-酉-辛 向이다.

입양은 손방(巽方)의 남방(南方)에서 술방(戌方)까지다. 입음은 북방(北方)의 건방(乾方)에서 진방(辰方)까지다. 입양은 양택의 복덕방이며 입음은 음택의 복덕방이다. 택의 수리를 할 때 "입음과 입양을 재차 한다면 무기(無氣)라 부르고, 세 번 하면 무혼(無魂), 네 번하면 무백(無魄)이다. 집안이 파하고 흩어지며 후손이 끊어진다."[137]

음양으로 차례로 교대하지 않고 두 번, 세 번, 네 번에 걸쳐 같은 방향으로 수리하면 집안과 후손이 끊어지는 흉이 생긴다는 것이다. 기(氣)와 혼백이 없다는 것은 자신의 기운도 조상의 기운도 없다는 뜻으로 절손(絕孫)의 의미다.

따라서 수리는 반드시 "한 번씩 음에서 양으로 양에서 음으로 수리하는 것이 천도에 부합한다. 재차로 입음, 입양으로 수리할 시에는 반드시 45일이나 75일을 거주한 후에 복덕방의 수리를 해야 한다. 만약 어쩔 수 없이 중음중양 해야 한다면 생기, 복

---

136) 『黃帝宅經』卷上, "凡從巽向乾, 後午向子, 從坤向艮, 從西向卯, 從戌向辰移, 已上移轉及上官所住, 不計遠近, 悉入陽也. 從乾向巽, 從子向午, 從艮向坤, 從卯向酉, 從辰向戌移, 已上移轉及上官悉名入陰."

137) 『黃帝宅經』卷上, "再入陰, 再入陽, 是名無氣. 三度重入陰陽, 謂之無魂, 四入謂之無魄, 魂魄旣無, 卽家破逃散, 子孫絕嗣也."

덕방으로 시작해야 길하고, 오귀, 절명방의 형화방으로 시작하면 더욱 불리하다."[138] 고 하여 중음중양은 반드시 피해야 함을 강조한다. 만약 어쩔 수 없이 수리를 해야 한다면 45일이나 74일을 기다렸다가 수리를 해야 무탈하다.

결론적으로 택의 수리나 개보수는 양택이나 음택의 수리횟수를 떠나서 "복덕방위인 천덕과 월덕, 생기방위가 집안으로 들어올 때 집수리를 하고 복덕방위를 청결하고 넓게 정성스럽게 관리해야 부귀영화가 있다. 하늘의 복덕은 택으로 치면 재명(財命)이다. 재물과 수명이 성하면 영화롭지 않아도 걱정이 없으니 복덕의 방위는 반드시 부지런히 수리하고 관리해야 한다."[139]

생기방(生氣方)과 달리 반대로 오귀와 절명의 흉한 시기가 오는 방향은 피해야 한다. 생기방과 복덕방의 좋은 길시를 선택해야 재물이 집안에 넘치고 걱정이 없다. 택의 수리와 달리 업무나 여타한 이유 등으로 이동을 할 때도 재차 중음중양의 방향이면 45일과 75일 후에 이동하는 것이 천도에 맞는다. 이것은 어떤 방향으로의 이동을 살필 때도 반드시 오행의 균형을 살핀 것이다.

천덕과 월덕의 길일은 〈표-23〉에 나타내었다. 寅月과 戌月은 남방인 午方이고 卯月은 서남방인 坤方이며 辰月과 申月은 북방인 子方, 巳月과 丑月은 서방인 酉方, 午月은 서북방인 乾方, 未月과 亥月은 동방인 卯方, 酉月은 동북방인 丑方, 子月은 동남방인 巽方에 있는 것으로 삼합오행[140]과 간지합의 의미를 담고 있다.

월덕(月德)은 그 달의 덕신(德神)이니 취토(取土), 수영(修營)이 마땅하여 향(向)을 잡는 것이 좋다. 표에 나타난 子·午·卯·酉 월의 사유간지(四維干支)를 보면 천덕의 寅·申·巳·亥는 음의 간지이며 子·午·卯·酉는 乾·坤·艮·巽의 사유방(四維方)이고 辰·戌·丑·未는 양간인 甲·丙·庚·壬이다.

---

138) 『黃帝宅經』卷上, "若一陰陽往來, 卽合天道, 自然吉昌之象也. 設要重往. 卽須遂道, 住四十五日, 七十五日, 住之無咎. 仍宜生氣, 福德之方, 始吉. 更犯五鬼, 絶命, 刑禍者, 尤不利."
139) 『黃帝宅經』卷上, "故福德之方, 勤依天道, 天德, 月德, 生氣到其位卽修. 令淸潔闊厚, 卽一家獲安, 榮華富貴. 天之福德者, 宅之財命也, 財命旣壯, 何愁不榮, 故須勤修."
140) 지지오행의 삼합은 亥卯未는 木, 寅午戌은 火, 巳酉丑은 金. 申子辰은 水의 합이다.

천(天)은 양기요 월(月)은 음기이다. 천간의 양간인 甲·丙·庚·壬을 월덕으로 여긴 것은 전부 음양의 조화로 이루어진 것이다. 사유(四維)는 천도의 변화를 뜻하는 계절의 시작점을 나타낸다.

천덕의 합이 없는, "사유(四維)는 천덕의 음양합이 없으므로 유신(維辰)에 가까운 지지와 합한다. 즉 乾은 亥와 가깝고, 艮은 寅과 가까우니 乾艮과 寅亥도 합이다. 또 坤巽, 申巳, 申辰도 합이며 사유는 십간이 없으므로 합을 말하지 않았다."[141] 이것은 사유의 합은 한 가지가 아닌 여러 합이 있기 때문에 빈칸으로 두었다. 아래가 천덕과 월덕, 천덕합과 월덕합을 나타낸 표다.

⟨표-23⟩ 천도·천덕·월덕

태세	천덕방	천덕합	월덕방	월덕합
子	巽方		壬	丁
丑	庚西方	乙	庚	乙
寅	午丁方	壬	丙	辛
卯	坤方		甲	己
辰	壬子方	丁	壬	丁
巳	辛酉方	丙	庚	乙
午	乾方		丙	辛
未	甲卯方	己	甲	己
申	癸子方	戊	壬	丁
酉	艮方		庚	乙
戌	丙午方	辛	丙	辛
亥	乙卯方	庚	甲	己

---

141) 『協紀辨方書』, 「天德合」, "四維固無合矣, 則其近維卽爲合, 乾與艮合, 寅亥合也, 坤與巽合, 申巳合也, 申辰合也, 不言者, 以四維無十干."

앞서 설명한 45일과 75일에 대한 설명을 24절기로 보면, 1년 12개월의 사계절은 모두 토를 매개로 운행한다. 겨울의 丑土, 봄의 辰土, 여름의 未土, 가을의 戌土 즉 辰·戌·丑·未의 4토를 매개로 만상만물이 변화하고 수장하고 성장한다. 4토가 없다면 사계절의 의미도 없고 절기의 개념도 없다.

예를 들면 정월과 2월은 목(木)의 성장기로 목의 기운이 가장 강할 때다. 『황제택경』에서 오행기운이 강한 계절에는 사왕신의 개념을 들어 그 방위의 수리를 금하고 있다. 만약 정월과 이월에 동쪽방향을 수리하면 목(木)의 기운이 강한 사왕신(四王神)을 건드린다. 반면 목은 토를 떠나서 살 수 없다. 따라서 강한 목의 기운을 받아주는 토기가 강해지는 辰토의 삼월에 수리를 하는 것이 옳을 것이다.

수나라 소길의 『오행대의』에 "오행이 각각 72일씩 왕하고, 토는 사계절의 말미에 18일씩 있어 모두 72일이니 토가 사방에 있는데 따라 생하고, 죽음이 같지 않음을 밝힌 것이다."[142] 이는 1년을 15일씩 나누면 한 절기에 15일이 부과된다. 24절기를 15로 곱하면 일 년 360일이며 45일은 한달 반이고 75일은 두 달 반이 된다. 360°의 방위개념을 24절기 각각의 15°씩을 적용하여 계절이 바뀌고 토기가 강해지는 날을 기다려 수리를 한 것으로 추측된다.

360을 24절기로 나누면 15일이며 반달이다. 『황제택경』에서 말한 45일과 75일은 결국 한 달 반과 두 달 반을 뜻하는 것으로 추론되며 15일은 나경의 방위각인 15°가 된다. 또한 360일을 24절기로 나누고 한 절기를 15°씩 계산하면 24방위가 되고 24×15=360일이 된다.

수리일의 45일과 75일은 각 계절이 시작되는 寅·巳·申·亥월로 수리를 할 때는 두 달 반인 75일을 기다리고, 子·午·卯·酉월에 수리 할 때는 45일을 기다리는 것으로 추론된다. 즉, 토의 기운이 오는 때를 기다려서 수리를 해야 하는 것이다. 또한 수리뿐 아니라 이사를 갈 때도 중음중양의 방향이면 역시 45일과 75일 기다린 후에

---

142) 『五行大義』, 「論生死所」, "凡五行之王, 各七十二日, 土居四季季十八日, 竝七十二日, 以明土有四方生死不同."

이동하는 것이 천도에 맞는 법칙이라는 주장이다.

결론을 내리면 천덕방위는 음양오행이 서로 균형이 되는 방향이 되고 월덕방위는 오행의 왕지와 묘지, 생지이다. 수(水)의 삼합은 申子辰이고 목(木)의 삼합은 亥卯未, 화(火)의 삼합은 寅午戌, 금(金)의 삼합은 巳酉丑으로 천덕의 방위며 月德合이 되고, 『황제택경』에서 말하는 수리방위와 일치한다. 즉 申子辰 삼합 수의 月德合은 丁壬, 목의 月德合은 甲己, 화의 月德合은 丙辛, 금의 月德合은 乙庚이다.

천덕과 월덕방위에서 천간의 합이 되는 날은 삼합의 방위에 수리를 하고 월덕은 삼합오행의 화오행(化五行) 방위에 수리 일을 택하라고 하였다. 수리 일은 전부 천덕과 월덕은 귀인이 임하는 날로 귀인과의 합이 되는 날을 길일로 잡은 것이다.

반면 천덕과 월덕의 길방을 제외하고 오귀나 절명방과 형화(刑禍)는 흉방이며, 이런 흉방을 전체적으로 형화방으로 간주하였다. 오귀와 절명과 생기방 등은 기문둔갑에서 사용하는 구궁도 팔괘생기법에서 "각각의 구궁은 생기, 천의, 절체, 유혼, 화해, 복덕, 절명, 귀혼이다."[143]는 구궁방위법으로 팔괘오행의 변화에 따라 발생하는 구궁의 흉방인 오귀와 절명방을 사용한 것으로 보인다.

또한 "천덕과 월덕, 생기가 이르면 수리하고 장군, 태세, 표미, 황번, 흑방과 같은 음성(音姓)의 금기는 피하지 않는다."[144]는 내용이다. 언급된 여러 신살에서 태세는 목성의 1년 운행이며 그 해를 총괄하는 신이다. 태세(태세)의 대장이 바로 대장군이며, 황번은 오행삼합 각각의 辰·戌·丑·未 4토이며, 표미는 황번의 자리와 대충하는 자리로 역시 辰·戌·丑·未 4토가 된다.

흑방은 자연수 1~9까지를 낙서구궁에 배열하면, 일백수(一白水)-이흑토(二黑土)-삼벽목(三碧木)-사록목(四綠木)-오중궁(五中宮)-육백금(六白金)-칠적금(七赤金)-팔백토(八白土)-구자화(九紫火)다. 2번이 곤방(坤方)이 되고 색깔로 흑색을 나타내는 곤궁(坤宮)방위를 뜻한다. 따라서 천덕과 월덕, 생기방으로 길일을 잡고 형화방과 기타 태

---

143) 金星旭 著, 『九宮祕訣』, 명문당, 1994, pp.60-62.
144) 『黃帝宅經』 卷上, "天道, 月德, 生氣到其位卽修, 不避將軍, 太歲, 豹尾, 黃幡, 黑方及音姓宜忌."

세와 황번, 표미와 같은 신살 들은 피해야 하는 것에 중점을 두었다.

두 번째, 택의 수리법에 관한 내용이다. 만약에 "집안이 가난해지면 빨리 옛 담장을 고치고 법도에 맞게 수리하고 고쳐야 집안에 해가 없다."[145] 이것은 형화방은 고치고 수리하며 복덕방은 더하여 넓혀서 해를 제거하는 방법이다. 현대나 과거나 주택의 관리는 필수다. 택의 개보수는 반드시 천도의 도움을 받아 수리해야 가능한 흉을 제거한다. 함부로 수리하면 화(禍)를 입는 것은 현대나 과거와 같으며 반드시 사시(四時)의 길흉개념을 적용시켜야 한다.

세 번째, 이동을 위해 이사를 오고가는 방위를 따져 택을 선택하는 방법이다. "택을 구별하는 것은 대개 이동해서 오는 방위를 따지는데, 북쪽거리인 가북(街北)과 동쪽거리인 가동(街東)을 양으로 보지 않는다. 양택의 방위에서 이사하여 음택에 거주해야 길하다. 반대로 남가(南家)와 서가(西家)에 와서 양택에 거주해야 길하다는 것에는 개의치 않아야 한다. 이동해서 오고가는 거리를 천리와 백리, 1리와 백보나 10보의 거리는 상관없다."[146]는 것이다. 이것은 국가적인 상황이나 개인적인 여러 이유로 이동할 때는 굳이 음택과 양택을 구별하지 않는다는 것이다.

양(陽)은 양택으로 택을 중심으로 오고가는 방위가 乾·坎·艮은 북동쪽이고 진(震)은 동쪽인 乾·坎·艮·震의 양택이다. 가남(街南)과 가서(街西)는 巽·離·坤·兌의 음택으로 손·리는 동·남이며 곤·태는 남서와 서쪽이다. 양택은 음택에 거주하고 음택은 양택에 거주해야 음양의 조화가 맞다. 그러나 이 법칙이 100% 길하다는 원칙에서 벗어나는 것이며 오고가는 방위의 음양구별은 별하지 않으며 오고가는 거리의 길이도 상관이 없다는 점이다.

만약 가주(家主)가 거주하기 위한 택을 선택하였다면 택을 중심으로 방위를 따져서 복덕방과 형화방의 공간을 구별하는 것이 원칙이다. 그러나 택의 개보수는 반드시 천

---

145) 『黃帝宅經』卷上, "其宅乃窮, 急翻故宮, 宜折刑禍方舍却, 益福德方也."
146) 『黃帝宅經』卷上, "夫辨宅者, 皆取移來方位, 不以街北街東爲陽, 不妨是陽之位 作陰宅居之即吉. 街南街西爲陰, 不妨作陽宅之吉, 凡移來不勒遠近, 一里百里千里, 十步與百步同."

도에 부합해야 한다. 오고가는 방위를 따져 음택이니 양택이니 하는 구별은 하지 않아도 된다. 택을 중심으로 공간을 살펴 가주와 식솔들이 사는 공간구별과 천도에 따른 음양의 조화를 따져 개보수를 통해 음양을 구별해야 하는 것이 원칙이다.

네 번째, 양택과 음택을 형화방과 복덕방의 공간영역으로 나눈 방법론이다. 양택을 경계로 앉은 자리인 좌방(坐方)은 형화방이고 앞쪽의 향방(向方)은 복덕방으로 택을 중심으로 전후(前後)가 된다. 형화방과 복덕방의 음양영역이 어느 한쪽으로 지나치지 않도록 하는 원칙을 정해놓았다. 즉, 택을 수리할 때는 "형화방이 부족하고 다시 황폐해도 복덕방은 길게 연접해야 길하다. 형화방의 담장과 사(舍)는 좁고 얇게 하고 고장(高壯)하는 것을 경계하고, 복덕방의 담장과 사(舍)는 인가가 있으니 마땅히 연접장실 해야 한다."[147] 즉, 형화방과 복덕방의 경계와 형세에 따라 복덕방의 수리를 더 강조하고 있다.

복덕방은 사람의 활동영역이며 생활공간이다. 수리를 하면 더욱 넓히고 형화방의 담장은 얇고 좁게 한다. 다만 여기서 형화방과 복덕방이 똑같은 사(舍)의 단어를 사용하였다. 사(舍)는 집이라는 뜻이다.

형화방이나 복덕방에서 사용한 사(舍)의 단어와 함께 복덕방은 인가(人家)라는 말을 함께 나타내고 있다. 형화방은 음(陰)의 공간인 조상신을 모신 사당이나 종묘의 뜻을 가져서 사(舍)로 표현된 것으로 추론되며, 복덕방은 양(陽)의 공간으로 사람이 생활하고 활동하는 공간으로 인가(人家)를 사용하면서 동시에 사(舍)를 쓴 것으로 추론된다.

형화방은 조상신을 모신 사당과 같은 음택공간이다. 복덕방은 택의 활동 공간인 양택공간이다. 형화방은 조상신을 기리는 곳이나 복덕방은 재화를 얻기 위한 활동공간이다. "형화방의 경계가 넓어지거나 크게 부족하면 기의 부족이 일어나고 재록의 손실이 생긴다."[148] 형화방을 너무 넓혀도 좁혀도 안되며 복덕방의 공간은 연접하

---

147) 『黃帝宅經』 卷上, "刑禍方缺復荒, 福德之方連接長吉也. 刑禍方牆舍位宜狹薄, 誡之高壯也. 福德方及牆舍人家連接長實也."
148) 『黃帝宅經』 卷上, "刑禍之方戒侵拓也, 不得太縮, 縮卽氣不足, 不足卽損財祿."

고 길어야 한다. 『황제택경』에서 택을 재록(財祿)이라고 표현하였듯이 복덕방이 형화
방보다 훨씬 중요하며 재화를 벌어들이기 위한 활동공간으로 넓어야 한다는 것이다.

이외에도 택은 5가지씩의 요소로 인해 허실이 발생하니 '오허오실(五虛五實)'에 따라
택의 공간구성에 따라 부귀가 달라진다는 내용이 있다.

〈표-24〉 택의 오허오실(五虛五實)[149]

5허(五虛)	5실(五實)
택대소인(宅大人少)	택소인다(宅小人多)
택문대내소(宅門大內小)	택대문소(宅大門小)
장원불안(牆院不安)	장원완전(牆院完全)
정조부처(井竈不處)	택소육축다(宅小六畜多)
택지다옥소(宅地多屋少)	택수구동남류(宅水溝東南流)

표에서 보듯이 택에는 5가지의 허실이 있다. 집이 큰데 사람이 작고, 집은 작지만 사
람이 많아야 한다. 대문은 큰데 마당이 작고, 대문은 작은데 집이 크다. 담장의 불안
과 안전함, 부엌과 우물의 위치가 맞아야 하고, 집은 작은데 가축이 많고, 택지는 넓
은데 집이 작고, 집에서 볼 때 물이 동남쪽으로 흘러야 한다. 이렇듯 택 공간의 오허
오실에 따라 부귀가 결정되는 것이며 음양공간에 따른 기운의 조화를 중시하고 있다.

오허오실(五虛五實)과 함께 택의 크기에 따라 거주 인원수까지 규정하고 있다. "거
주하는 식구들의 수를 나누어 식구 수의 반에 해당하는 방을 만들어야 한다. 택이 넓
다고 좋은 것이 아니다. 밭도 가꾸어야 꽃이 피고 향기가 나듯이 택도 수리하고 관리
해야 번창한다. 집이 번창하면 택을 버리지 않아야 하고 쇠하지 않는데 굳이 옮기면
재앙이 있다."[150] 이것은 택의 공간에 거주하는 식구들의 수가 한 쪽으로 치우치지 않

---

149) 『黃帝宅經』卷上, "宅大人少, 一虛. 宅門大內小, 二虛. 牆院不完, 三虛. 井竈不處, 四虛. 宅地多屋少庭院廣, 五
虛. 宅小人多, 一實. 宅大門小, 二實. 牆院完全, 三實. 宅小六畜多, 四實. 宅小溝東南流, 五實."
150) 『黃帝宅經』卷上, "計口半造, 宅不宜廣. 其田雖良, 薅鋤乃芳, 其宅雖善, 修移乃昌. 宅乃漸昌, 勿棄宮堂, 不衰
莫移, 故爲受殃"

아야 하는 것으로 오허오실(五虛五實)의 조건과 부합한다.

오허오실(五虛五實)과 거주 인원수와 함께 조상의 기운도 강조하여 형화방이 아닌 실질적인 음택묘지의 중요성을 논하고 있다. 여기서 말하는 묘지는 『황제택경』에서 구분한 양택의 한 공간을 음양으로 구분한 것이 아니라 실제로 죽은 자를 모신 음택의 묘지를 뜻한다.

묘지의 음택풍수는 오행의 기운이 땅속으로 흘러 오색토가 생기고 생기가 응집되어 혈처와 명당을 만드는 곳에 사자(死者)를 모시는 것이 원칙이다. 『황제택경』에서 묘지와 택이 길하면 자손이 영화를 누리고, 흉하면 가업이 망하고 고향을 떠나며 선조의 혼령이 꾸짖고 흉화가 따른다는 것이다. 이것은 묘지에 모신 조상의 기운과 후손과의 연결성을 강조하고 있다.

묘지의 중요성과 명당을 찾아 분묘를 잘 써야 함을 강조하면서 그 일이 쉽지 않음도 설명한다. 양택과 묘지 둘 중에 어느 하나라도 좋아야지 둘 다 흉하면 절손과 부평초의 인생을 산다는 것이 『황제택경』에서 논하는 길흉론으로 분묘와 택지가 모두 좋아야 가문이 번성한다고 한다. "『청오자』에서 말하길 그 택이 득묘하면(즉 길택이 득묘하면) 이신(二神)이 점차 보호하여 자손의 봉록과 지위가 견고해진다."[151]는 것은 택과 묘지를 둘 다 갖추면 반드시 복록을 받는다는 뜻이다.

결론적으로 양택의 형태와 입지조건은 오허오실(五虛五實)의 충족과 조상을 모신 음택묘지 또한 중요하다는 점이다. 이신(二神)이 보호한다는 것은 천지의 신이며 음양의 신이고 조상과 택이 주는 2신(神)이다. 묘지는 반드시 좌향으로 득지(得地)해야 하고 택은 음양의 균형으로 득궁(得宮)해야 한다.

득지득궁과 득지실궁, 실지득궁과 실지실궁의 의미는 묘지와 택 둘 다를 얻거나 한 가지를 얻는 것과 둘 다를 얻지 못한 설명이다. 지(地)는 땅이다. "궁(宮)은 집을 뜻하는"[152] 것이니 지궁(地宮)의 의미는 결국 묘지와 택이다.

---

151) 『黃帝宅經』 卷上, "靑烏子云, 其宅得墓, 二神漸護, 子孫祿位乃固."
152) 『黃帝宅經』 卷上, "宮者宅也"

득지득궁은 묘지와 택이 둘 다 제자리를 얻은 것으로 득지득궁은 택과 묘의 좌향이 천지의 조화에 맞게 제자리에 위치하였다는 것이다. 이것은 자연적인 형세론과 이기론을 함께 나타내어 조화를 이루어야 한다는 것을 나타낸 것이다. 분묘도 제자리에 있고 택도 제자리에 있다면 최고의 길택이나 하나라도 좋아야 절손은 면한다.

다섯 번째, 형화방과 복덕방의 개보수 방법이다. "형화방과 복덕방 중에 우선순위는 형화방을 먼저 수리하는 것이 길하고 반대가 되면 흉하다. 음택에서는 巳방위에서 시작하여 순전(順轉)하고, 양택에서는 亥방위에서 기공하여 순전(順轉)[153]한다. 형화방의 수리는 백공의 힘을 쓰고 복덕방은 이백공의 힘을 써야 하며, 형화방을 진압하면 길하다. 양택은 집의 외면을 많이 수리하고 음택은 집의 내면을 수리한다."[154]는 구체적인 수리방법에 관한 설명이다.

택의 수리나 일상생활에서 가장 먼저 돌보고 가꾸는 곳이 음의 공간인 조상을 모신 곳이다. 따라서 형화방을 먼저 수리하는 것은 조상을 먼저 모시는 원리와 같다. 개보수나 건축할 때에 지신(地神)에게 먼저 기도하는 순서와 같은 의미다.

공력을 쏟을 때는 형화방과 복덕방의 크기를 고려해 복덕방에 공력을 두 배로 들이는 것도 당연하다. 巳·亥를 기준으로 음택은 巳방위부터 양택은 亥방위부터 시작하는 것은 순전(順轉)하는 방향이다. 음택은 먼저 내부를 수리하고 양택은 외부를 수리하는 것도 음양의 속성을 그대로 표현한 것이다.

결론적으로 택의 건축과 수리는 형화방과 복덕방의 기운과 절기의 흐름을 살펴 택의 축조나 수리를 할 때는 반드시 복덕이 있는 날을 택해야 한다. 만약 이러한 점을 간과하고 음양의 원리를 이해하지 못하면서 택의 개보수를 한다면 택의 쇠퇴와 화재는 물론 구설시비 등이 발생한다. "먼 곳을 범하면 반년에서 삼년 안에 흉이 일어나

---

153) 저기압이 지나가면서 바람의 방향이 북반구에서는 오른쪽, 남반구에서는 왼쪽으로 돌아, 순조로운 방향으로 가는 것이며, 지구의 자전방향이다. 자전은 시계방향, 공전은 시계반대방향으로 도는 태극의 원리와 같다.
154) 『黃帝宅經』卷上, "先修刑禍, 後修福德卽吉. 先修福德, 後修刑禍卽凶. 陰宅從巳起功順轉, 陽宅從亥起功順轉. 刑禍方用一百工, 福德方用二百工壓之卽吉. 陽宅多修於外, 陰宅多修於內."

고, 가까운 곳을 범하면 75일이나 45일, 한 달도 되지 않아 흉이 일어난다."[155]

여섯 번째, 기(氣)에 따른 개보수 방법이다. 천지운행과 음양원리에 따라 기는 항시 변한다. 택 역시 집의 기운에 따라 길흉이 변한다. "택기는 이래(移來)로 인하여 발생한다."[156] 이래는 오고가는 것으로 이사나 이동에 따라 기의 변화가 일어나며 그 변화에 따라 길흉이 발생한다. 사람이 거주할 때는 집도 같은 기운을 가진다는 생명체의 인식이다. 즉 사람이 오고가는 바에 따라 집의 기운도 변한다는 것이다.

이러한 사람과 집의 기운과 더불어 택의 모양과 형태 따른 보수법도 논하고 있다. 만약 "택의 형세를 신체라 하면, 샘물은 혈맥이며 토지는 피육이며 초목은 모발이고, 사옥은 의복이며 문호(門戶)는 관대로 만약 이같이 엄연하고 바르면 상길이다."[157] 택을 살아있는 생명체로 판단하고, 사람의 기운과 함께하며 사람의 몸에 비유하여 항상 깨끗한 상태로 관리해야 상길의 택이 된다는 것이다.

일곱 번째, 택기(宅氣)의 변화를 일으킨 내로(來路)와 저로(抵路)에 관한 개보수 방법이다. 앞의 여섯 번째의 설명에서 택기(宅氣)는 이래(移來)로 인하여 발생한다는 내용과 같은 이동(移動)에 관한 설명이다. 여기서 24로의 내로와 저로에서 사용된 로(路)의 개념이 적용된 점이다.

내로나 저로의 도로구획 개념을 보면, 진한(秦漢)시대부터 수당(隋唐)시대까지는 주·군·현을 각 지방의 경계단위로 삼았고 송대가 되어서야 도(道)를 로(路)로 바꾸었다. 당나라 때 방(坊)의 간선도로 간의 거리는 500m내지 700m 정도였으며, 방에는 나름의 지로인 십자가가 있고 방의 크기는 현대 도시계획에서 말하는 보행거리다. 성방(城坊)제도는 송대에 이르러 해체되었는데, 주로 대가(大街)는 상점가 로로 바뀌었고 송나라의 변경성은 오늘날 볼 수 있는 통용식 가로로 조성된 것이다.[158]

---

155) 『黃帝宅經』 卷上, "犯處遠而慢, 卽半年, 一年, 二年, 三年始發. 犯處近而緊, 卽七十五日, 四十五日, 或不出月卽發.
156) 『黃帝宅經』 卷上, "是知宅非宅氣, 由移來以變之."
157) 『黃帝宅經』 卷上, "宅以形勢爲身體, 以泉水爲血脈, 以土地爲皮肉, 以草木爲毛髮, 以舍屋爲衣服, 以門戶爲冠帶, 若得如斯, 是事儼雅, 乃爲上吉."
158) 李允鉌, 李相海 外 3人 옮김, 『中國古傳建築의 原理』, ㈜시공사, 2000, p.443.

송대에 로(路)를 구획구분의 단위로 사용하고 있는 점이다. 로(路)는 어떤 지역의 경계를 나타내고 이동하는 거리와 구역을 나타낸다. 이사를 하면서 오고가는 방위를 도로와 관련하여 내로와 저로라고 표현하였다. "길흉을 말하는데 최근에 동쪽에서 어떤 집으로 옮겨와서 입주 후에 서쪽방위를 수리하고 넓히면 저로이고 동쪽을 수리하고 넓히면 내로이다."[159] 이것은 24로의 어떤 방위에서 이사를 와서 어떤 방위를 수리해야 하는 뜻으로 추론된다.

만약 동쪽의 로에서 왔다면 동쪽을 수리하고 반대방향인 서쪽인 저로를 수리하면 흉하다. 이것은 사람이 이동한 후에 택에 거주하기 위한 보수방위에 따른 인사의 길흉을 따진 것이다. 다만 24로 방위만으로 길흉방위를 규정하였다는 것은 정확하게 나타내지 않았으나 내로와 저로의 로(路)는 분명히 이동에 따른 지역임을 나타낸다.

내로(來路)는 오는 길이고 저로의 저(抵)는 마주치다, 막다, 겨루다, 다다르다의 뜻을 가지고 있다. 저로는 맞닥뜨린 길과 막힌 길의 뜻을 동시에 가지고 있다. 동에서 와서 서쪽을 보수하면 저로이다. 동쪽을 보수하였다면 내로라하여 내로의 방위를 수리하는 것이 길한 방위가 된다.

복덕방과 형화방으로 이를 기준하면 동쪽의 내로는 복덕방이고 서쪽의 저로는 형화방이 된다. 만약 복덕방의 로(路)에서 왔으면 복덕방을 먼저 수리하고 형화방의 로(路)에서 왔으면 형화방을 수리하라는 의미와 같은 뜻으로 해석되어진다. 양택이면 양택공간을 먼저 수리하고 음택이면 음택공간을 수리해야 하는 의미와도 뜻을 같이 한다고 추론된다.

여덟 번째, 계절에 따른 택의 개보수에서 사왕신(四王神)을 피해야 하는 것이다. 사왕신은 춘하추동 4계절의 가장 왕성한 계절방위로 이 방위는 피해야 한다. 寅卯辰의 정월과 2월, 3월은 동방이고, 巳午未인 4월, 5월, 6월인 여름은 남방이며, 申酉戌 가을인 7월, 8월, 9월은 서방이고, 亥子丑 겨울의 10월, 11월, 12월인 북방의 수리시

---

159)『黃帝宅經』卷上, "假如近從東來入此宅, 住後更修拓西方, 名抵路, □修拓東方, 名來路"

기에 그 방향은 피해야 한다.

만약 "집을 수조동치(修造動治)하고자 한다면 반드시 사왕신을 피해야 하며 이름하여 제차(帝車), 제로(帝輅), 제사(帝舍)다. 가령 춘삼월이면 동방의 청제목왕이다. 인월이 재차(帝車), 묘월이 제로(帝輅), 진월이 제사(帝舍)로 정월과 이월, 삼월의 동쪽은 얻을 수 없다."[160] 즉 강한 계절의 3방위는 수리를 금하는 것이며 나머지 계절도 마찬가지다.

재차(帝車)와 제로(帝輅), 제사(帝舍)를 매월로 구분해보면, 정월과 4월, 7월, 10월은 재차(帝車)이고, 2월, 5월, 8월, 11월은 제로(帝輅)이며 3월, 6월 ,9월, 12월은 제사(帝舍)가 되어 피해야 한다. 제차를 범하면 아버지가 죽고, 제로를 범하면 어머니가 죽고, 제사를 범하면 자손이 죽으며 사계절의 왕한 3개월의 방위는 피해야 한다.

봄을 예로 든다면 정월은 맹춘(孟春)으로, 이월을 중춘(仲春)으로, 삼월은 계춘(季春)으로 표시하며 나머지 계절도 이와 같은 표현을 쓴다. 맹은 우두머리, 중은 가운데, 계는 끝인 막내를 의미한다.

『사기 · 천관서』에서 말하는 사계절의 우두머리인 동궁은 창제이고 서쪽은 백제, 남쪽은 적제이며 북쪽은 흑제이다.『회남자 · 천문훈』에서 동방을 창천, 서방을 호천, 남방을 염천, 북방을 현천으로 표시한 것과 같다. 각 계절의 방위를 맡은 왕들의 역할이 어긋나면 하늘에서 여러 현상들이 발생한다. 이런 현상은 지상의 황제에게도 영향을 미쳐 전쟁이나 질병, 홍수나 재해 등의 흉이 발생하여 국정운영에 어려움이 생긴다는 원리와 같다.

아홉 번째, 가주의 택이 자리한 곳 주변에 위치한 흉한 건물의 존재에 따른 개보수 방법이다. 결론적으로 말하면 가주의 택을 쏘아보고 압살하거나, 뾰족하거나 낡은 택이 있으면 흉하다는 것이다. 이것은 풍수지리의 형세론이 가져야할 일반적인 양택과 음택의 동일한 법칙에 해당한다.

---

160)『黃帝宅經』卷上, "凡欲修造動治, 須避四王神. 亦名帝車, 帝輅, 帝舍. 假如春三月, 東方爲靑帝木王, 寅爲車. 卯爲輅, 辰爲舍 卽是正月, 二月, 三月不得東."

『황제택경』에서는 이를 구두청(龜頭廳)과 고루대사의 건물로 표현하고 있다. "구두청이 남쪽이면 집주인이 바뀌고 가주의 택을 방해하는 여러 관청의 건물이 있으면 불리하다. 택에서 巳·午의 남방과 巽·巳의 동남방에 큰 누각이나 정자와 같은 고루대사(高樓大榭)가 있으면, 불리하여 마땅히 제거하는 것이 길하다. 거북이 머리 모양의 관청이 남쪽에서 북쪽의 집을 찌르는 것은 흉한 정자가 되고, 북쪽에 초고수옥(稍高豎屋)이 있으면 불리하다."[161]

〈그림-34〉거북이 머리모양 구두청의 건물[162]

위의 그림과 같이 초고수옥은 높이 세워진 택의 지붕 끝부분을 뜻하며 일반주택보다 대부분 큰 주택에 해당한다. 초고수옥의 택을 거북이 머리모양의 큰 관청이 남쪽에서 북쪽으로 찌르고, 택의 북쪽을 남쪽에 있는 구두청이 충(衝)을 하면 흉정(凶亭)이 된다. 구두청과 같은 큰 누각이나 고루대사는 일반적으로 백성의 주택보다는 높고 큰 관청건물 등이다. 우리의 한옥지붕의 용마루 끝에 세우는 망와(望瓦)와 같은 역할로 잡귀를 물리친다.

양택에서 집 앞의 도로가 막히거나 집 앞의 건물이 가주의 택보다 훨씬 크거나, 가

---

161) 『黃帝宅經』 卷上, "訣云, 龜頭午, 必易主. 亦云, 妨主諸院有之, 亦不吉. 凡宅午巳東巽巳來有高樓大榭, 皆不利, 宜去之吉. 又忌龜頭廳, 在午地向北衝堂, 名曰凶亭, 有稍高樓大屋亦不利."
162) 조너선펜비 엮음, 남경태 옮김, 『CHINA 중국의 70가지 경이』, ㈜위즈덤하우스, 2009, p.107.

주의 택을 억누르는 흉가가 있는 조건이라면 그 집은 기(氣)가 막히며 반드시 흉한 일이 나타난다. 이것은 양택을 선택할 때 피해야 할 기본조건이다. 현대 양택에서도 구두청과 같은 큰 건물이 택을 찌르고 가로막고 있다면 그 기세에 눌린 가주의 택은 압박을 받아 피해를 받는 것은 당연하다.

열 번째, 생기와 사기방에 따른 개보수 방법이다. "일 년 12개월 기간에 생기(生氣)와 사기(死氣)가 들어오는 자리가 있다. 수리하는 달의 생기자리는 복이 오는 자리다. 월(月)을 모두 모아 생기는 천도와 월의 복덕은 길하고, 각 로의 매월이 사기의 자리를 범하면 흉재가 생긴다."[163] 이것은 절기변화에 따른 길흉의 발생이다.

『황제택경』에서 나타낸 생기(生氣)와 사기(死氣)를 간지(干支)방위로 나타내면 다음과 같다.

〈표-25〉 생기방과 사기방

12개월	생기방	사기방
寅月	子·癸	午·丁
卯月	丑·艮	未·坤
辰月	寅·甲	申·庚
巳月	卯·乙	酉·辛
午月	辰·巽	戌·乾
未月	巳·丙	亥·壬
申月	午·丁	子·,癸
酉月	未·坤	丑·艮
戌月	申·庚	寅·甲
亥月	酉·辛	卯·乙
子月	戌·乾	辰·巽
丑月	亥·壬	巳·丙

표에서 보듯이 寅·申·巳·亥와 辰·戌·丑·未는 간지오행이 동일하다. 子·

---

163) 『黃帝宅經』卷上, "又云 每年有十二月, 每月有生氣死氣之位. 但修月生氣之位者福來. 集月生氣與天道, 月福德, 其吉, 路犯月死氣之位, 爲有凶災."

午・卯・酉는 4유(維)가 포함된 두 개의 짝으로 이루어진 24방위 오행이다. 생기와 사기는 서로 반대 방향인 좌향의 원리다.

12포태법으로 오행기운을 적용시켜 보자. 월지에서 지지오행의 역순으로 두 칸 아래가 생기방이고 네 칸 위가 사기방이 된다. 삼합오행의 원리를 따지면 亥卯未 목국은 巳酉丑이 생기방이고 寅午戌 화국은 申子辰, 금국의 巳酉丑은 亥卯未, 수국의 申子辰은 寅午戌 방향이 생기방이 된다.

반대로 亥卯未 목국이 다시 亥卯未로, 화국이 다시 寅午戌로, 금국이 다시 巳酉丑으로, 수국이 다시 申子辰의 방향이 되면 사기방이 된다. 월지(月支)가 삼합이 되는 오행이면 사기방이 되고 상생과 상극오행이 되면 생기방이다.

사기방(死氣方)을 보면 寅・巳・申・亥 월지오행의 천간오행은 甲・丙・庚・壬의 양간이며 12포태법으로는 午・酉・子・卯의 사지(死地)가 된다. 子・午・卯・酉 월은 癸・丁・乙・辛의 음간으로 巽・乾・坤・艮의 태지(胎地)가 된다. 辰・戌・丑・未는 戊・己의 토로 중앙을 지키고 사계절기운에 따라 기생하며 木・火・金・水 오행의 묘지가 된다. 辰・戌・丑・未월은 申・寅・巳・亥의 절지가 사기방이 된다.

결국 사기방(死氣方)은 지지오행의 사(死)・절(絕)・태(胎)가 되는 자리다. 생기방(生氣方)은 寅・巳・申・亥는 甲・丙・庚・壬의 욕지이고, 子・午・卯・酉 월지는 천간 癸・丁・乙・辛으로 乾・巽・艮・坤인 왕지이며, 辰・戌・丑・未는 申・寅・巳・亥의 장생지로 장생과 목욕, 왕지의 자리다.

사시(四時)를 주관하는 북두칠성의 손잡이별이 가리키는 방향은 12지지의 4계절을 나타내고 포태법의 운행역시 사시(四時)와 연관된다. 이것은 생기와 사기방이 별자리의 운행과도 연관이 있는 것으로 추론되는 부분이며 절기운행과의 연관이다.

열한 번째, 『황제택경』하권에 나타낸 양택도와 음택도 24로 방위에 따른 길흉신살로 개보수 방법을 나타낸 것이다. 앞서 〈표-22〉의 음택과 양택의 24로 방위공간에 음택도와 양택도의 길흉내용을 정리하여 놓았다.

도표에 나오는 내용가운데 토기소충지방과 간지의 합에 따른 길일선택과 24방위에 따른 각종 신살의 근거를 28수 별자리와『협기변방서나』[164]나『천기대요』[165]등에 나타난 여러 신살들과 비교하여 다음과 같이 설명하였다.

아래〈표-26〉에는 택을 수리할 때에 토기(土氣)가 서로 충(衝)하는 방위는 피해야 한다는 토기소충지방에 대한 설명이다. "택이나 담장을 수리할 때는 토기가 충을 하는 방위는 집안에 재앙이 있게 되니 마땅히 법에 의하여 제를 지내야 한다."[166] 수리를 할 때는 반드시 충하는 방위는 피하며 토지신(土地神)에게 제(祭)를 지내야 한다.

〈표-26〉 토기소충지방

寅月	丁未	方	申月	癸丑	方
卯月	坤	方	酉月	艮	方
辰月	壬亥	方	戌月	丙巳	方
巳月	辛戌	方	亥月	乙辰	方
午月	乾	方	子月	巽	方
未月	寅甲	方	丑月	庚申	方

도표에서 보듯이 子·午·卯·酉월인 음력 11월과 5월, 2월과 8월은 4유(維)의 巽·乾·坤·艮이다. 寅·申·巳·亥와 辰·戌·丑·未월은 간지(干支)의 짝으로 이루어져 있다. 매월에서 辰·戌·丑·未월은 역순으로 지지 5번째가 소충지방이면서, 천간 甲·庚·丙·壬과 지지 寅·申·巳·亥 오행의 묘지다.

---

164) 『四庫全書』에 수록된 각종 택일과 신살을 기록한 曆法書다.
165) 명나라 林紹周가 편찬한 것을 인조14년 成如爉이 도입하여 간행한 택일과 신살을 기록한 曆法書다.
166) 『黃帝宅經』卷下, "凡修築垣牆, 建造宅宇, 土氣所衝之方, 人家即有災殃, 宜依法禳之."

寅·申·巳·亥는 순방(順方)으로 未·丑·戌·辰를 나타내지만 쌍산오행으로 짝을 맞추고 있다. 子·午·卯·酉는 4유(維)에 해당하며, 천간오행인 乙·辛·丁·癸의 태지가 된다. 즉 포태법으로 매월의 오행기운이 묘지와 태지가 토기소충지방이 된다.

토기소충지방(土氣所衝之方)과 유사한 방법으로 『천기대요』에서는 택을 수리할 때에 동토(動土)길일을 나타내고 있는데, "사시와 상일, 생기와 천덕, 월덕의 월은 정일과 옥당, 금궤일이 길하다."[167]하여 사시(四時)를 살피고 있다. 子·午·卯·酉월은 사계절의 제왕지며 乾·坤·艮·巽방은 사계절의 왕한 기운이 가장 약해지는 절방(絶方)이 된다.

자월(子月) 동지는 입하(立夏)인 巽방위, 오월(午月) 하지는 동지(立冬)의 乾방위, 묘월(卯月) 춘분은 입추(立秋)의 坤방위, 유월(酉月) 추분은 입춘(立春)의 艮방위로 각 계절이 서로 다르다. 또한 寅·申·巳·亥月은 천간의 甲·庚·丙·壬과 같은 지지오행으로 입묘하는 방위가 辰·戌·丑·未가 된다. 다만 표에서 보듯이 寅·申·巳·亥월이 丁未와 癸丑, 辛戌과 乙辰으로 쌍산으로 짝을 이룬 것에 대한 근거를 『황제택경』에서 밝히지 않았다.

또한 辰·戌·丑·未의 사계절 토는 간지오행이 같으며 전부 목·화·금·수의 4오행이 입묘(入墓)하는 자리다. 寅·申·巳·亥월만 쌍산오행으로 짝을 이루어 토기소충지방으로 분류한 것에 대한 정확한 내용은 알 수 없다. 寅·申과 巳·亥가 대충이 되고, 쌍산좌향법에서 대충되는 곳이 丁未方과 癸丑方, 辛戌方과 乙辰方이 된다. 쌍산오행은[168] 풍수지리에서 입향을 세우는 한 가지 방법이다.

결론적으로 토기소충지방을 정리해보면 간지오행과 사계절 기운 및 쌍산오행은 전부 토기운의 작용과 연결이 된다. 매월과 토기소충지방이 서로를 향한 오행의 기운

---

167) 『新增天機大要』, 「修造動土」, "宜四時, 相日生氣天德月德月恩日定, 定日玉堂日金櫃日."
168) 24방위를 두 개씩 짝으로 이루어진 오행으로 癸丑, 艮寅, 甲卯, 乙辰, 巽巳, 丙午, 丁未, 坤申, 庚酉, 辛戌, 乾亥, 壬子로 이루어진 12개의 오행이다.

은 묘지와 태지다. 생기가 살아 움직이는 방향이 아니라 오행의 기운이 약해지는 방향이다.

택을 개보수 할 때는 생기와 천덕, 복덕과 월덕의 좋은 기운이 올 때 수리해야 길하고, 사기(死氣)가 오는 기운과 토기운이 동토하는 방향은 피해야 한다. 오행기운에서 알 수 있듯이 매월과 사시의 기운을 살펴 생기가 들어오는 기운에 수리하는 것이 가장 좋다는 점이다.

열두 번째, 내원과 달리 외원(外院)에 관한 수리법이다. 앞서 나타낸 〈표-22〉의 24로의 길흉내용은 내원(內院)을 중심으로 길흉방위와 수리일을 나타낸 것이다. 내원과 달리 외원은 특별히 개보수 날들을 정하지는 않고 있으나 내원의 길흉과 같은 방법으로 적용시키고 있는 것으로 추론된다.

다만 택의 내원과 외원을 갖춘 택은 대부분 고관대작의 집이거나 부유한 계층들이 대부분이다. 돈황막고굴(敦煌莫高窟) 벽화에 그려진 지주의 저택으로 추정되는 집의 구조를 보면, 정방형의 정원과 낭하를 기준으로 두 개의 정원이 있고 이층 누각식의 대문과 앞과 뒤의 정원 가운데 루(樓)가 있으며, 주인이 기거하고 사방에는 낭하뿐 아니라 거실도 있다. 주택의 좌측에는 축사가 있고 정원을 앞뒤로 나누고 밖에는 대문이 있으며, 뒷 정원에 있는 축사 내부에는 말과 노복들이 있고 주택 밖에는 농부가 경작하고 있다.[169]

이 택의 구조를 보면 정방형의 정원과 이층 누각식의 대문과 앞과 뒤의 정원 가운데 루(樓)가 있다. 주인이 기거하는 루와 앞의 정원은 내원이고, 뒤의 정원과 축사와 대문은 외원으로 배치하고 있다.

『황제택경』 양택도설과 음택도설 외원에서 길방으로 표시한 양택의 복덕방은 巽·巳·丙·午·丁·未·坤·申·庚·酉·辛·戌방이다. 음택의 복덕방은 乾·亥·壬·子·癸·丑·艮·寅·甲·卯·乙·辰방이다. 辰·戌을 경계로 나눴던 음택과 양택의 구분과 같다.

---

169) 劉進寶, 全寅初 譯, 『敦煌學 述論』, 아카넷, 2003, p.241.

양택 외원의 "巽方은 의당 원지죽단(園池竹簞)을 만들고 사옥을 설치하며 마땅히 평평하게 다스려야 하고, 천덕과 옥당의 자리는 마땅히 조금씩 평평하게 넓히고 장실해야 길하며, 복덕지방을 계속 넓히면 자자손손 영락한다. 오직 고루를 거듭하면서 택을 만들지 않아야 한다."[170] 이것은 외원의 수리방향도 길방의 수리를 우선으로 두고 있다는 뜻이다.

〈표-22〉에 나타낸 내원 巽方의 수리법에서 巽方은 풍문으로 평평하고 오성팔택은 장대해야 하는 것과 동일하다. 내원 庚方의 택덕, 申方의 옥당, 酉方의 대덕을 천덕과 옥당으로 보고 내원의 巳方과 丙方은 천복과 옥당복택으로 나타낸 내용과 거의 같다.

내원의 천창과 천부, 용복(龍腹)인 丁‧未‧坤方의 내용과 외원의 내용도 거의 유사하다. 다만 외원의 "옥당은 마땅히 숭당과 낭군손유등원을 두는 것이 길하다. 객청은 공객이 오는 곳이니 큰 나무를 심어 집을 두르는 대수중옥하면, 금옥보백을 부르고 인수를 주관하니 길하다."[171] 숭당은 선유들을 존중하는 장소이고 낭군손유등원은 낭군이나 후손과 어린이들의 교육장소를 나타낸다.

그리고 "택덕의 방위는 마땅히 넓히고, 진흙으로 바른 곳을 수리하며 항상 청결해야 길하고, 음악이나 연회지사에 길하며 자손과 부녀자의 장소를 만들면 귀인이 나온다. 재물이 쌓이고 덕망을 널리 떨친다."[172]는 것은 내원과 외원에서 일어나는 일이 분명히 다르다는 설명이다. 외원은 주로 손님을 위한 연회장소로 부녀자들과 자손들의 장소이다. 반면 내원은 가주가 거주하는 공간이다.

북송대 항주의 북쪽 외곽에 위치한 상류층의 택에서 조상의 위치와 여자와 아이들의 장소, 연회 등으로 구별한 내용을 보면 다음과 같은 내용이 나온다.

---

170) 『黃帝宅經』卷下, "外巽之位, 宜作園池竹簞, 設有舍屋, 宜平而薄. 外天德及玉堂之位, 宜開拓侵修, 令壯實大吉. 經日, 福德之方拓復拓, 子子孫孫受榮樂, 唯不得高樓重舍."
171) 『黃帝宅經』卷下, 外玉堂之院, 宜作崇堂及郎君孫幼等院吉, 客廳卽有公客來, 若高壯侵拓有大樹重屋, 招金玉寶帛, 主印綬喜."
172) 『黃帝宅經』卷下, 外大德宅位, 宜開拓勤修泥, 令新淨吉. 及作音樂飮會之事吉, 宜子孫婦女等院, 出貴人, 增財富貴, 德望退振."

동쪽 사당은 황제의 후의에 보답하고 조상을 기리기 위한 곳이다. 서쪽 거택은 휴식과 아이들을 기르기 위한 장소며, 남쪽 호수에서는 풍월을 살피며, 북쪽의 정원은 손님과 친지들을 즐겁게 하는 곳이다.[173]

위의 택은 『황제택경』 24로에서 설명하는 내원과 외원공간과 유사하다. 따라서 내원과 외원이 각각 맡은 역할에 따라 길흉방을 구분하고, 수리법 역시 길방을 우선으로 넓히고 관리해야 한다는 점을 나타내고 있다.

열세 번째, 금궤(金匱)의 방위에 관한 수리법으로 〈표-22〉에서 금궤는 내원의 신방(辛方)에 해당한다. "금궤는 청룡의 양쪽 자리다. 고장창교가 있어야 길하고 고루대사면 재백이 모이고 호걸과 귀한 자손이 나오며, 황제의 친인척과 결혼이 연결되며 연접총림하고 화목애밀해야 한다."[174] 금궤가 있는 택의 형태는 창고가 있고 높고 큰 집이며 정원에는 나무와 꽃들이 있다. 금궤를 갖춘 택은 고관대작이나 왕족이 아니면 만들 수 없는 주택으로 매우 소중히 여긴다.

외원에서는 "천덕, 금궤, 청룡의 자리를 삼신방위로 여겨 모두 두텁고 튼실한 고루대사를 지을 수 있다. 삼신을 믿고 마땅히 넓게 만들어야 하며 삼신의 방위를 냉박황결패하면 빈궁하게 된다."[175] 외원은 특히 삼신(三神)의 방위를 중요하게 여기며 삼신방위는 卯方과 乙方, 辰方이다.

또한 "외청룡의 辰方에는 분향할 자리를 만들고 연아빈명하면 고도기인이 자연이 이를 것이고, 우물과 수독을 설치하면 아주 길하다."[176] 외원의 역할은 손님을 잘 맞이하는 곳으로 우물과 물의 흐름을 좋게 해야 하며 항상 깨끗하게 관리해야 길하고

173) Dieter Kuhn, 陸貞任 옮김, 『하버드중국사 宋』, 천일문화사, 2015, p.466.
174) 『黃帝宅經』 卷下, 外金匱靑龍兩位. 宜作庫藏倉窖吉. 高樓大舍宜財帛, 又宜子孫出豪貴, 婚連帝戚, 連接蘩林花木藹密."
175) 『黃帝宅經』 卷下, 外天德, 金匱, 靑龍, 此三神並宜濃厚實, 大舍高樓, 修賴三神尤宜開拓, 若冷薄荒缺敗陷, 即貧窮也.
176) 『黃帝宅經』 卷下, 外靑龍, 延迓賓明, 高道奇人, 自然而至, 安井及水瀆甚吉.

청룡과 더불어 삼신의 자리를 중시한다.

열네 번째, 앞서 〈표-22〉에서 보여준 전체적인 수리법의 여러 내용들이다. 내원과 외원의 복덕방과 형화방의 길흉 설명에서 수리 날짜를 정할 때 천간합으로 정하고, 용의 몸체를 배와 손발, 옆구리 등으로 길흉방을 정한 내용, 각 방위에 따라 사람에 따른 질병과 대상이 누구인가 등의 내용 설명을 여러 신살(神煞)의 자리와 비교하여 나타낸 것이다.

먼저 수리일을 천간합으로 정하고 있는 부분이다. 간지오행과 팔괘오행의 상(象)으로 나타낸 천간합(天干合)은 甲己합, 乙庚합, 丙辛합, 丁壬합, 戊癸합으로 이 날에 수리를 해야 한다.

예를 한 가지 들어보면, 〈표-22〉에서 寅方은 천형이고 용의 등이며 현무로, 서자와 양자와 그 부인과 장녀의 명좌이다. 그것을 범하면 태아를 상하고 옥사와 연루되며 도둑을 맞거나 패망하는 재앙이 있다. 6월 갑일과 기일에 수리하고 각성은 6월이 흉하고 11월은 길하다는 내용이다.

寅方의 수리는 甲己 일에 수리하고, 6월인 未月에는 흉하고 11월인 子月은 길하다는 것을 보면 寅方은 목기(木氣)가 강한 달이다. 甲己합은 土가 되고 木은 土에 있어야 안정이 되듯 甲己合 土가 되는 날에 수리하는 것은 이해가 된다. 6월 未月은 포태법으로 보면 목의 기운이 묘로 들어가고 목기가 약해진다. 반면 11월인 子月은 수기가 강하여 수생목(水生木)의 오행상생으로 목기를 도와준다. 갑기일에 수리하여 6월은 흉하고 11월이 길한 것은 오행상생상극의 원리와 일치한다.

또 한 가지 예를 들면 "천문양수는 의당 평온실해야지 지나치면 마땅하지 않다. 여기를 범하면 가장을 잃고 머리와 목구멍에 큰 병을 얻는 재앙이 있을 수 있다. 오월 정일과 임일에 수리하면 길하고 북방은 불용의 원칙에 의해 壬子일과 丁巳일에 수리하지 않는다."[177)]

---

177) 『黃帝宅經』 卷下, "天門陽首, 宜平穩實, 不宜絶高壯, 犯之損家長, 大病頭項等災(五月丁壬日修吉, 北方不用壬子, 丁巳日)"

여기에서 천문의 양수는 건궁(乾宮)이다. 건은 팔괘의 괘상으로 보면 아버지를 뜻하고 신체로 표현하면 머리 부위나 우두머리에 해당한다. 집안의 우두머리가 편안하면 집안이 평안해지고 가장인 아버지의 기운이 약해지면 가세가 기울어지는 의미가 전부 담겨 있다.

乾宮은 오행으로 金이고 10월의 水다. 10월은 입동의 계절이며 겨울에 집수리를 하지 않는 것도 상식이다. 따라서 겨울의 수기운이 약해지는 여름철에 수리하고 오행의 수기운이 강해지는 계절은 피하라고 한 것과 역시 일치한다.

건방(乾方)이 절고장은 금한다는 점도 마찬가지다. 건방(乾方)의 건물이 잘리거나 너무 높고 강대하면 흉해진다. 다만 오월(午月)의 丁日과 壬日은 길하고 북방의 壬子와 丁巳일은 길하지 못하다고 하였다. 이것은 같은 丁壬의 습으로 여름은 길하고 겨울은 흉으로 표현한 것도 역시 북방은 수기운이 강해지는 계절이다.

또한 양택도에서 癸方은 24로 형화방의 방위다. "癸方은 벌옥이고 구진이며 차남과 그 부인의 명좌이다. 그것을 범하면 명좌인에게 해로우며 구설수나 송사 등의 재앙이 있다. 7월 丁日, 壬日에 수리하는데 3월도 같다. 궁우성은 3월이 마땅하지 않으며 7월은 길일이다."[178] 계방(癸方)은 지지로 보면 자방(子方)에 해당한다.

자방(子方)은 북방으로 감방(坎方)이며 괘상은 중남(中男)이다. 또한 궁우성은 토와 수(水)로 3월은 마땅하지 않다고 하였다. 가주의 성씨가 아닌 오행기운으로 보면 3월은 토기(土氣)도 강하지만 목(木)의 기운도 강한 달이다. 따라서 토의 기운을 상극하므로 길하지 않은 것으로 추론된다. 그리고 7월은 금의 기운이니 토생금인 오행상생으로 보아 길한 것으로 추론해볼 수 있으나, 丁壬합 날에 수리하라고 한 것은 정확한 이유를 알 수가 없다.

수리일을 나타내는 천간의 합은 다섯 개의 법칙이 있다. 甲己는 토운(土運), 乙庚은 금운(金運), 丙辛은 수운(水運), 丁壬은 목운(木運), 戊癸는 화운(火運)의 개념이다. 천간

---

178) 『黃帝宅經』卷下, "癸爲罰獄, 勾陳, 次子婦命座, 犯之害命坐人, 口舌鬪訟等災(七月丁壬日修, 三月亦通, 宮羽姓不宜三月, 七月卽吉)"

의 합은 태양과 달이 순환하듯 음양이 서로 순환하는 가운데 일어나는 우주변화의 법칙으로, 오행은 木-火-土-金-水로 순행하여 상생한다. 천간오행의 변화작용에 의해 만물이 성장소멸을 거듭하고 변화 흐름을 이어가며, 제일 먼저 甲己 토운(土運)에서 시작되는 것이 천간합의 원리다.

천간의 운행상황은 토에서 시작되어 지지는 우선(右旋)하고 천간은 좌선(左旋)하면서 간지(干支)운행이 태극의 원리로 천지자연이 운행하는 이치와 같다. 『황제택경』에서 논하고 있는 천간의 합은 택일선택 방법에 보편적으로 사용되고 있다.

다만 택일선택 방법을 천간의 합으로 정한 정확한 이유는 설명이 없다. 음양오행 상생상극으로 유추해보면, 북방의 방위를 담당하는 乾·亥·壬·子·癸·丑은 丁壬 일에 수생목이 되고, 동방의 방위를 담당하는 艮·寅·甲·卯·乙·辰은 甲己 일에 목극토가 되며, 남방의 방위를 담당하는 巽·巳·丙·午·丁·未는 丙辛 일에 수극화이고, 서방을 담당하는 坤·申·庚·酉·辛·戌은 乙庚 일에 토생금으로 수리일을 정하였다고 추론되어진다. 목·화·금·수 4오행의 합이며 사계절의 변화에 따른 것으로 판단되어진다.

천간오합화기(天干五合化氣)는 하도오행의 수(數)로서 보면 토를 중심으로 1·6이 갑기 합, 2·7이 을경 합, 3·8이 병신 합, 4·9가 정임 합, 5·10이 무계 합으로 오방(五方)이 된다. 『황제내경·소문』에서는 오합오운을 설명하길 오운은 갑기합 토운이고 을경합은 금운이며, 병신합은 수운이고 정임합은 목운이며 무계합이 화운으로 오방과 오합, 오운의 다섯 가지 방위와 운행을 나타낸다.

이는 戊·己를 기점으로 시작한다. 戊·己는 규벽·각진(奎壁·角軫)이며 천지의 문호(門戶)다. 戊는 천문(天門)이요 己는 지호(地戶)로 戊·亥 사이에 있으니 규벽의 분야가 되고, 지호는 辰·巳의 사이에 있으니 각진의 분야가 된다. 오운은 각진에서 일으킨다. 갑기태세의 戊·己는 금천지기(金天之氣)이므로 각진을 경유하며, 각은 辰이요 진은 巳이니 그 해(歲)에서는 무진·기사(戊辰·己巳)가 되므로 천간의 토를 따라 토운이 된다. 을경지세(乙庚之歲)는 소천지기(素天之氣)이니 경진·신사(庚辰·辛巳)이고 천간이 금이므로 금운이 된다. 병신지세(丙辛之歲)의 壬·癸는 원천지기(元天之氣)이니 임진·계사(壬辰·癸巳)이니 수운, 정임지세(丁壬之歲)의 갑을은 창천지기(蒼天之氣)이니 갑진·을사(甲辰·乙巳)를 따라 목운, 무계지세(戊癸之歲)의 병정은 단천지기(丹天之氣)이니 병진·정사(丙辰·丁巳)이므로 화운이 된다.[179]

토를 기준으로 별자리 운행에 따른 절기 개념으로 길일을 선택한 것으로 추론되는 부분이다. 이를 근거로 결론을 추론해 보면, 북방은 생명의 씨앗을 보관하다 丁壬合의 목(木)으로 탄생시키는 역할을 하고, 탄생된 동방의 목은 甲己合 土에 의지하여 성장한다. 목(木)이 한창 성장한 남방에서는 수화기제(水火旣濟)처럼 丙辛合인 수(水)의 기운으로 꽃을 피우고 열매를 맺을 준비를 한다. 서방의 가을은 결실을 맺고 새로운 생명탄생의 준비는 乙庚合의 금기운이 하는 것으로 해석하여, 천간합은 사계절이 변화하는 가운데 만물의 성장소멸과 운행질서를 파악하여 이를 택일에 사용한 것으로 추론되어진다.

또한 택을 용이라 하고 사람의 신체와 자연의 일부로 비유하고 있다. 이것은 택은 살아있는 생명체이며 수리일 역시 사계절 순환에 맞추어 수리해야 한다. 다만 5개의 천간 합 가운데 戊癸合이 없는 것은 戊土는 구궁의 중심인 토 방위를 담당하고 집인 택도 토상(土上)에 건축된다. 토는 구궁도의 중앙이며 토를 매개로 사계절이 운행되어 토가 수리일이 없는 것이다.

천간합을 12포태법의 생왕사절로 비유해 보면 북방을 담당하는 수의 기운은 3월에는 입묘하고 7월은 장생한다. 동방의 목기운은 6월은 입묘하고 8월은 태지이며 10월은 장생한다. 남방의 화기운은 11월은 태지이고 9월은 입묘하며 1월은 장생이다. 서방의 금기운은 2월은 태지가 되고 12월은 입묘이며 4월은 장생으로 보아 오행각각의 기운이 가장 약해질 때와 시작을 의미하는 장생에 수리일을 잡고 있다.

---

179) 김동규 역, 『협기변방서』, 명문당, 2018, pp.77~80.

천간합의 택일선택과 더불어 개보수 방법을 용의 신체부위에 비유하고 있는 설명이 있다. 주작과 천복은 용두와 용미, 사상과 길창은 우수와 좌족, 용배는 寅・申, 형옥과 대덕은 우협과 좌협, 백호와 지부는 용의 우족과 좌수, 귀문은 용복, 인문은 용장으로 나타내었다. 즉 巳・亥는 용두와 용미, 寅・申은 용의 등, 辰・戌은 용의 손발, 卯・酉는 좌우측 옆구리, 坤은 용의 창자, 艮은 용의 배로 머리와 꼬리, 손발, 등, 배, 창자로 구성되어 이를 24로에 길흉방으로 나타낸다.

4) 음양방위론

『황제택경』은 택의 한 공간을 반으로 나누고, 이를 24로의 공간영역으로 구분하여 12로는 음의 공간인 음택, 12로는 양의 공간인 양택으로 분류하였다. 이렇게 분류한 택을 중심으로 택의 앞쪽은 복덕방이고 뒤쪽은 형화방이다.

음택과 양택의 구분과 형화방과 복덕방의 기준은 팔괘다. 팔괘의 괘상이 뜻하는 남자와 여자로 구별하여 乾・坎・艮・震의 남성은 양택, 坤・巽・離・兌의 여성은 음택이다. 이는 후천팔괘방위로 양괘와 음괘로 나눈 것과 동일하다. "건은 서북에서 삼남을 거느리고, 곤은 서남에서 삼녀를 통솔하며 乾・坎・艮・震은 양괘요, 坤・巽・離・兌는 음괘가 된다."[180]는 것이 후천팔괘의 기준이다.

남자의 양괘 4괘, 여자의 음괘 4괘씩을 나누어 음택과 양택으로 구분하였다. 음택과 양택의 기준은 12지지의 辰・戌을 경계로 乾에서 辰까지를 양위(陽位), 巳에서 戌까지를 음위(陰位)의 공간으로 나누어 음양을 택 방위체계의 기준으로 삼았다.

음양론과 함께 팔괘방위와 간지오행 또한 방위기준이다. "집의 대소에 따라 중원을 사면으로 나누고, 24로를 배속한다. 24로는 10천간과 12지지와 乾・艮・坤・巽이며 이를 24로"[181]라 한다. "작금에 비추어 24로와 팔괘구궁을 남녀의 자리에 위치하고, 택 음양의 경계로 삼아 길흉을 고심하였다. 결과 음양의 이론에 맞추어 보면 길흉의 증험은 틀

---

180)『協紀辨方書』,「後天八卦方位」, "乾統三男于西北, 坤統三女于西南, 乾坎艮震陽, 巽離坤兌陰."
181)『黃帝宅經』卷上, "隨宅大小, 中院分四面作二十四路, 十干十二支乾艮坤巽, 共爲二十四路是也."

림이 없었으니 이 법식을 양생영지성법이라 할 수 있다."[182] 즉, 음양의 균형을 가장 중요하게 여겼다.

가장 오래된 동양의학서적이자 음양오행의 원리를 담고 있는『황제택경』「소문」에는 "음양사시는 만물의 시작과 끝이며 생사의 근본이다. 이를 거역하면 재해가 생기고, 따르면 어떤 질병도 일어나지 않는다. 이것이 도를 얻는 것이다."[183]하여 만물의 생로병사는 음양사시의 운행에 따르며 자연의 순리를 따라야 재해가 일어나지 않는다는 내용과 같다.

즉, 택의 공간에서 중요하게 여겨야 할 점은 음양의 불균형으로 인한 치우침이다. 택의 공간에는 남녀가 같이 공존해야 하고 음양의 균형이 가장 큰 덕을 갖추는 것이다. 이러한 원리를『황제택경』에서는 음이 양을 품고, 양이 음을 품는다는 양기포음과 음기포양으로 나타내고 있다. 이것은 태극이 서로를 품고 있는 이치와 같다.

풍수지리의 산용(山龍)과 마찬가지로 택은 용이며 산수(山水)의 배합과 같이 음양의 균형이 맞아야 한다. 만약 그렇지 못하면 반드시 흉함이 생긴다. 풍수지리에서 산수의 음양배합이 이루어져야 부귀재물을 얻는다는 이치와 같다.

음양의 균형이 가장 중요하다. "음양이기에 순응하는 것이 바른 것이다. 택일선택에 일반적으로 사용하는 각종 신살의 개념과 오행에 따른 60갑자도 모두 음양의 두 기운에서 비롯된 것이다. 단지 이를 (오행에 따른) 방위에 배속하였을 뿐이다."[184] 따라서 음양의 기운에 따라 생기와 사기가 들어오는 방위를 살펴야 한다.

음양의 균형과 더불어 거주하는 인원에 따라 방의 개수까지 계산한 것도 음양의 균형이다. 물론 기혼자와 미혼자의 차이는 있을지라도 음양의 균형에 맞추어 거주하는 것이 장수하는 길임을 알려준다.

집수리를 하는 방법도 마찬가지다. "음택은 巳방위에서 시작하여 순전하고 양택은

---

182)『黃帝宅經』卷上, "今採諸秘驗, 分爲二十四路, 八卦九宮配女男之位, 宅陰陽之界, 考尋休咎並無出前二宅, 此實養生靈之聖法也."
183)『黃帝內經・素問』,「四氣調神篇」, "故陰陽四時者, 萬物之終始也, 死生之本也. 逆之則災害生, 從之則苛疾不起, 是謂得道."
184)『黃帝宅經』卷上, "順陰陽二氣爲正. 此諸神殺及五姓六十甲子, 皆從二氣而生列在方隅."·

亥방위에서 시작하여 순전한다. 형화방에 백의 공력을 쏟아 수리한다면, 복덕방은 이백의 공력을 쏟아 형화방을 진압해야 길하다. 양택은 외부를 수리하고, 음택은 내부를 수리한다."[185]는 것도 음양의 균형이다.

음양의 일반적인 의미를 살펴보면 음은 감추는 성질이 있고 양은 발산하는 기질이 있다. 택으로 비유하면 형화방은 음이고 복덕방은 양이다. 만약 똑같은 공력을 투입한다면 형화방과 복덕방은 각각 50%씩의 공간을 차지한다.

생산적 활동을 하는 공간은 양의 공간으로 당연히 공력분배를 할 때 복덕방의 공력이 형화방보다 높아야 생활공간에서의 음양의 균형이 맞다. 또한 음택은 내부를, 양택은 외부를 수리하는 것도 음양의 속성에 맞는 수리법이다. 택공간을 차지하는 영역도 당연히 양의 공간이 넓어야 하는 것이 일반적인 택의 공간배치다.

택의 수리와 이사는 물론 거주와 관리를 위해서도 마찬가지로 음양의 균형이 맞아야 한다. 봄이면 동방의 기운이 강하고 여름이면 남방의 기운, 가을이면 서방의 기운이고 겨울이면 북쪽의 기운이 강하여, 각 계절이 맡은 방위의 수리는 피해야 한다고 하였다.

결론적으로 논하면 택의 중원(中院)을 중심으로 팔괘구궁과 간지로 기준한 음택과 양택은 공간방위개념이다. 이를 다시 형화방과 복덕방으로 나눈 것도 공간개념이다. 이와 달리 택의 수리와 관리에 적용시킨 천덕, 월덕, 생기방 등의 택일선택은 생기가 들어오는 시간개념이다.

『황제택경』은 24로 방위에 따라 공간방위와 시간개념인 계절변화의 개념도 동시에 담고 있다. 계절에 따라 옷이 바뀌듯 주택도 이러한 계절에 따른 균형을 갖추어야 한다. 택의 공간구성에 음양의 균형이 잘 조화되어 있다면 계절변화의 시간개념도 택관리의 기본개념으로 여겨야 하며 이에 따른 방위공간과 사시개념도 늘 염두에 두어야 한다.

---

185)『黃帝宅經』卷上, "陰宅從巳起功順轉, 陽宅從亥起功順轉, 刑禍方用一百工, 福德方用二百工壓之卽吉, 陽宅多修於外, 陰宅多修於內."

5) 공간길흉론

아래는 『황제택경』하권에 표시된 양택도 24로의 길흉방위로 새롭게 정리한 것이다. 음택도 역시 마찬가지다. 아래 〈그림-35〉에서 보듯이 24로에 따른 길흉방위를 나타내고 있다. 길흉방에 천문, 주작과 용두, 대화, 사상과 용의 우수, 벌옥과 구진, 관옥, 귀문, 천형과 용배와 현무, 형옥과 용우협, 등사와 송옥, 백호와 용우족, 풍문, 천복, 명당, 용좌족, 천창, 인문과 용장, 옥당, 택덕, 대덕과 용좌협, 금궤와 천정, 지부와 청룡좌수 등이 표시되어 있다.

그림에 나타낸 24로에 따라 수리와 이사, 계절의 변화에 맞춘 택의 관리 등에 관해 길흉방위를 살펴야 하는 것이 주된 설명이다. 천지인귀(天地人鬼)의 4유방은 앞서 『황제택경』의 해제와 판본내용에서 육조시기의 식반에 나타낸 4유방과 동일하다.

천지인의 삼원은 하늘과 사람의 일을 주관하고 귀문은 저승을 뜻하며, 戊ㆍ己의 중앙을 포함하여 오방의 방위를 천지인귀로 표시한 것이다. 팔괘의 괘상에서 坤괘의 상은 땅과 어머니, 乾의 괘상은 하늘과 아버지다. 양택도에서 乾은 하늘, 坤은 사람을 나타내고 있어 괘상의 분류법과 달리 하고 있다.

수나라 소길의 『오행대의』에 나타낸 천지인귀의 4문을 보면 아래와 같은 내용이 나온다.

> 병서에 이르길 양(陽)이 갑자에서 나오면 술해가 부족하여 천문이 되고, 음(陰)이 갑오에서 나면 진사가 부족하니 지호가 된다. 양이 갑인에서 경계를 세우면 자축이 부족하니 귀문이 되고, 음이 갑신에서 경계를 세우면 오미가 부족하니 인문이 된다. 양이 갑진에서 성하면 묘가 막히고, 음이 갑술에서 흥하면 유가 막힌다. 이는 모두 육갑의 공망된 지지다.[186]

이것은 〈그림-35〉 양택도의 천지인귀방위와 동일하다.

---

186) 『五行大義』, 「論配支幹」, "兵書云, 陽生甲子不足戌亥仍爲天門, 陰生甲午不足辰巳仍爲地戶, 陽界甲寅不足子丑仍爲鬼門, 陰界甲申不足午未仍爲人門, 陽盛甲辰卯爲之隔, 陰興甲戌酉爲之隔, 此竝是六甲之空地支也."

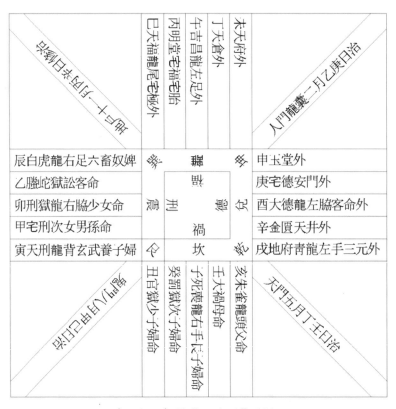

〈그림-35〉 양택도의 길흉방위

그림에서 보듯이 戌·亥가 천문, 辰·巳가 지호, 子·丑이 귀문, 午·未가 인문으로 서북방과 동남방, 동북방과 서남방을 나타내는 4유방이다. 따라서 양택도에서 나타낸 천지인귀의 4유방은 각 방위가 맡은 역할을 의미하는 것으로 추론되어진다. 물론 육십갑자와 짝을 이루지 못하는 공망으로『오행대의』에서는 나타내었다.

그러나 앞서 밝힌바 있는 육조시기의 식반에 나타낸 방위개념처럼 그 시대에 사용된 구궁의 방위개념으로 이해하는 것이 옳다. 그리고 천지인귀의 4유방에 함께 표시된 택의 수리는 천간의 합으로 선택한다는 내용은 논자가 앞서 자세히 설명하였다.

천지인귀의 사유방과 달리 길흉방을 용의 신체로 설명하고 있는 앞의 〈표-22〉 내용이다. 용의 머리와 오른손, 용의 등과 오른쪽 옆구리와 용의 오른쪽 다리, 용의 왼쪽 다리와 용의 배, 용의 좌측 옆구리와 용의 왼손, 용꼬리로 길흉을 표시하고 있다. 용의 머리를 기준으로 등과 배, 오른쪽과 왼쪽, 용꼬리로 나누어 길흉 표시를 하였다.

사마천의 『사기 · 천관서』에 천문 28수의 별자리를 용과 백호, 주작의 입과 날개, 어깨 등 여러 부위를 빗대어 나타내고 있다. 또한 『주역 · 설괘전』에서 "乾은 머리, 坤은 배, 震은 다리, 巽은 허벅지, 坎은 귀, 離는 눈, 艮은 손, 兌는 입"[187]이라는 설명으로 팔괘의 괘상으로 사람의 신체를 나타내고 있다.

28수의 구분과 사람의 신체로 구분한 방위개념은 『황제택경』에서 구분한 형화방과 복덕방을 용의 신체로 구분한 형태와는 다른 개념이다. 예를 들어 양택의 복덕방은 巽 · 巳 · 丙 · 午 · 丁 · 未 · 坤 · 申 · 庚 · 酉 · 辛 · 戌이 되고, 형화방은 乾 · 亥 · 壬 · 子 · 癸 · 丑 · 艮 · 寅 · 甲 · 卯 · 乙 · 辰이 된다.

양택의 용두는 乾方이고 음택의 용두는 巳方이며, 양택의 용미는 巳方이고 음택의 용미는 亥方이다. 양택에서 볼 때 복덕방에 있는 용미는 천복이 되고 용두는 주작이 된다. 음택은 용미가 천복이 되고 용두는 주작이 된다. 주작은 형혹성으로 불리며 전쟁을 주관하는 별로 흉성이다.

子 · 午方은 용우수와 용좌족이고 卯 · 酉는 용좌협과 용우협이다. 寅 · 申은 용배다. 용의 좌수와 우족은 辰 · 戌이다. 艮은 용복이고 坤은 용장이다. 巳 · 亥는 용두와 용미다. 乾은 천문, 巽은 풍문, 艮은 귀문, 坤은 인문으로 천지인귀를 나타낸다. 양택과 음택의 복덕방은 용미와 용장, 좌협과 좌수, 좌족을 나타낸다. 형화방은 용두와 용배, 우수와 우협, 우족을 나타낸다. 양택의 복덕방은 용미와 용장의 좌측이며 음택의 복덕방은 용두와 용배의 우측이다.

따라서 巳 · 亥는 용의 머리와 꼬리, 寅 · 申은 용배, 艮 · 坤은 복장, 卯 · 酉의 협, 子 · 午의 수족으로 나누어진다. 택을 용으로 인식하였으니 巳 · 亥의 머리와 꼬리는 음양의 연결점으로 영속성을 나타낸다. 이를 기점으로 택을 반으로 뚝 잘라 좌우와

---

187) 『周易』, 「說卦傳」, "乾爲首坤爲腹, 震爲足巽爲股, 坎爲耳離爲目, 艮爲手兌爲口."

전후로 복덕방과 형화방으로 구분한 것은 태극의 원리와 같다.

『사기』「천관서」나 『주역』「설괘전」에서 구분한 천문별자리와 사람의 신체로 표시한 개념과 「황제택경」에서 의미하는 용의 신체개념은 서로 다르다. 다만 용의 신체로 구분한 길흉기준에서 좌측이 길하고 우측이 흉하다는 것이 아니라, 음양의 상대적 개념으로 양택은 좌측이 길하고 음택은 우측을 길한 방위로 구분하고 있는 것으로 추론되어진다.

음양개념에서 남자가 양이면 여자는 음이고 손등이 양이면 손바닥이 음이듯이 오른쪽은 양이고 왼쪽은 음으로 음양균형에 맞춘 길흉방의 배치방법이다. 이것은 28수의 별자리 방위와는 또 다른 인식이다.

각종 신살에 따른 길흉방위를 보면, 복덕방의 길신은 천지인귀의 4유인 乾·巽·坤·艮을 제외하고 천복, 명당, 길창, 천창, 천부, 옥당, 택의 복덕방인 택덕, 대덕, 금궤와 천정, 지부를 복덕방으로 인식하고 있다. 흉신은 주작, 대화, 사상, 벌옥, 관옥, 천형, 택의 형화방인 택형, 형옥, 등사와 송옥, 백호를 형화방으로 인식하고 있다. 아래에 간지(干支)방위와 길흉신살의 대칭관계를 도표로 표시하였다.

〈표-27〉음택도와 양택도의 길흉방위 대칭관계

방위	巳·亥	丙·壬	午·子	丁·癸	未·丑	申·寅	庚·甲	酉·卯	辛·乙	戌·辰
신살	天福朱雀	明堂大禍	吉昌死喪	天倉罰獄	天府官獄	玉堂天刑	宅德宅刑	大德刑獄	金匱·天井 騰蛇·訟獄	地府白虎

위에서 보듯이 음택과 양택의 길흉신살들이 서로 대칭관계를 이룬다. 巳·亥의 경우만 예를 들면, 巳·亥의 방위는 음택과 양택의 복덕방과 형화방으로 서로 대칭관계며 나머지 방위도 대칭관계에 있다. 앞서 용의 신체로 길흉을 좌우전후로 나눈 원리와 같은 대칭이다.

위의 길흉신살은 앞서『황제택경』에서 무시해도 좋은 신살인 장군, 태세, 표미, 황번, 흑방과 음성 신살과는 틀리다. 도표에 나타낸 신살의 의미와 방위는 천복과 명당, 길창과 천창, 천부와 옥당의 길신이고 택의 복덕방인 택덕과 대덕, 금궤와 천정, 지부는 전부 길성이고 복덕방이다. 반면 주작, 대화, 사상, 벌옥, 관옥, 천형, 택의 형화방인 택형, 형옥, 등사와 송옥, 백호는 흉성으로 형화방이다.

길성과 흉성은『사기』「천관서」에서도 나타나 있다. 그러나 별자리와 달리『황제택경』의 길성은 복덕방의 공간으로 표시하였다. 대화와 송옥, 관옥, 벌옥 등의 흉성은 형화방의 공간으로 표시하여 길성과 흉성구별이 실제적으로 별자리의 방위와 일치하지는 않는다.

앞서〈표-22〉의 갑로(甲路)를 보면 갑로의 복덕방은 택덕(宅德)이다. 갑로의 형화방은 택형(宅刑)이다. 따라서 12로씩 길성과 흉성의 상대성으로 복덕방과 형화방을 길흉관계로 나타낸 것으로 추론된다. 택을 살아있는 용으로 인식하였듯이 용의 신체를 복덕방과 형화방의 상대적공간인 음양의 공간개념으로 인식하여 길흉을 나타낸 것이다.

6) 시간택일론

『황제택경』에서 인사(人事)의 길흉과 연관시킨 방위개념은 고대인들이 농사에 가장 필요한 역법과 천문방위에 따른 자연현상과의 연관성이다. 별자리의 운행과정에서 나타나는 사시(四時)의 시간개념을 인사의 길흉사건과 택일선택으로 음양을 연결시켰다.

고대인들의 방위개념은 일월오성과 북극성, 북두칠성과 28수, 동서남북 사방과 팔괘와 구궁, 24간지의 음양오행적 사고방식과 천문별자리와의 연관성이다. 『황제택경』역시 팔괘와 구궁, 24간지의 방위관이 이미 고착화되어 24로와 팔괘구궁의 괘상에 따른 택의 구별, 4유에 따른 택의 구별, 4유와 10천간 12지지가 방위의 기본이론이다. 천문풍수지리에서 길흉방위를 선택하는 방법과 기준은 물의 흐름과 사격(砂格), 구성(九星)방향과 오행의 길흉방향에 따른 각종 신살방 등이다. 여기에 오행상생상극의 원리를 적용시켰다.

이와 달리『황제택경』에서는 오행방위의 상생상극이 계절 개념을 적용시킨 음양 균형이다. 내원과 외원의 공간구별과 같은 방향의 수리는 피해야 하는 중음중양(重陰重陽)과 만약 중음중양이 된다면 천도에 따라 45일이나 75일을 기다려야 무구하다는 길흉판단은 날짜택일에 따른 시간선택론이다.

시간개념을 적용시킨 예를 들면 "癸는 벌옥이고 구진이며, 차자의 부인명좌로 범하면 명좌에게 해롭고 구설과 소송의 싸움 등이 생기는 재난이 생긴다. 칠월 丁壬일에 수리가 길하다. 삼월도 가능하지만 궁우성의 삼월은 마땅하지 않고 칠월의 길일은 가능하다. 癸方은 천창이며 문호와 객사, 대나무 측간을 세우면 길하다. 재물이 없어지면 이곳을 수리하여 육축을 두는데 높고 두텁게 넓힌다. 칠월 丁壬일에 수리가 길하다"[188]고 하였다.

여기에서 나타낸 궁우성은 가주의 성씨를 나타내는 것과 더불어 오행의 성질을 나타낸다. 궁우성의 달에서 궁성은 12지지의 辰·戌·丑·未월로 3월, 6월, 9월, 12월의 土月이고, 우성은 亥·子月이다. 사계절의 지지는 亥子丑, 寅卯辰, 巳午未, 申酉戌의 네 방위다. 여기서 삼월은 일괘삼산의 손괘에 해당하는 달이며, 궁우성은 토의 坤·艮, 수의 乾卦다. 양택의 乾은 오월의 丁壬일이고 艮은 8월의 丁壬일이며 음택의 坤은 2월의 乙庚일을 수리일로 표기하고 있다.

癸方의 수리가 삼월은 가능하나 궁우성의 3월이 적합하지 않다는 것을 추론해보면 다음과 같다. 즉 癸方을 수리하는 매년을 궁우성 년으로 가정해보면, 土오행인 辰·戌·丑·未月과 수오행인 亥·子月의 수리는 토와 수의 상극관계로 부적합하다는 뜻으로 추론되어진다. 궁우성의 삼월은 궁우성 년의 삼월로 보아 辰·戌·丑·未 년과

---

188)『黃帝宅經』卷下, "癸爲罰獄句陳, 次子婦命坐, 犯之害命坐口舌鬪訟等災. 七月丁壬日修, 三月亦通, 宮羽姓不宜三月, 七月卽吉日. 癸天倉, 立門戶客舍簞厠吉, 經云, 財耗亡治天倉, 安六畜開拓高厚. 七月丁壬日修吉."

亥·子 년의 3월인 辰月에는 수리가 부적합하다는 오행상극개념으로 추론되어지는 부분이다.

또한 양택의 "寅은 천형이고 용의 배이며 현무로 서자와 양자의 자부(子婦)와 장녀의 명좌다. 육월 甲己일에 수리하고, 각성(角姓)은 육월에 흉하고 십일월에 수리가 가능하다."[189]는 경우도 마찬가지로 각성(角姓)은 목(木)의 기운이다.

목(木)은 寅·卯오행이다. 寅·卯 년의 목(木)은 12포태법으로 미(未)에서 입묘하여 목기의 기운이 가장 약해진다. "미는 천부이며 정방과 수리와 같고,"[190] 丁方은 정월 丙辛日에 수리가 길하다고 하였다. 즉 6월인 미월의 수리는 정월 丙辛일에 수리하는 것이다. 또한 11월은 겨울 水의 기운이며 寅卯의 목(木)을 생해주는 달이다. 따라서 각성(角星)의 목년(木年)은 목(木)을 생해주는 기운에 수리하고 미월(未月)에는 수리하지 않는다는 원리가 된다.

이는 결국 오행의 왕·상·휴·수·사(旺·相·休·囚·死)에 따른 사시(四時)의 기운을 살핀 오행상생상극개념으로 음양의 균형을 맞추고 있는 것으로 추론된다. 즉 궁우성이나 각성의 의미는 가주의 성씨뿐 아니라 오행상생상극과 시간변화를 함께 나타내는 뜻이고 이를 길흉택일에 적용시키고 있다는 점이다.

음택도와 양택도에서 밝힌 택의 수리는 계절의 시간변화와 음택과 양택의 상대적 개념과 더불어 매년 바뀌는 오행의 기운을 살펴 택일을 선택한 것으로 추측된다. 이런 시간개념이 택의 관리에 가장 중요하게 적용시킨 음양의 균형과 맞아떨어진다.

『황제택경』에서 논하고 있는 길흉신살은 대부분 천도의 운행과 기후에 따른 오행기운의 변화가 매년과 매월이 다르고, 오행의 왕쇠강약에 따른 간지변화로 비교하여 신살로 규정하고 있다. 다만 신살의 종류가 수십, 수백 가지에 이르러 이 책에서 일일이 열거하여 비교하기는 어렵다.

『황제택경』에서 논하는 길흉계념의 핵심은 팔괘구궁과 24간지가 방위이론의 축이

---

189)『黃帝宅經』卷下, "寅爲天刑龍背玄武, 庶養子婦長女命坐. 六月甲己日修, 角姓六月凶十一月吉."
190)『黃帝宅經』卷下, "未天府, 修與丁同."

다. 각종 여러 가지 신살은 무시하고 사시개념을 적용시킨 시간선택론은 택일선택에 따른 택의 계절관리가 가장 우선임을 알려준다. 이것은 음양구분과 동시에 시간과 공간을 전부 포함하는 택의 전체적인 수리법으로 공간과 시간, 음양이 중심이다.

제2장 『양택삼요』의 양택풍수

1. 『양택삼요』의 동서사택론(東西四宅論)

1) 『양택삼요』의 저자와 성립연대

『양택삼요』는 중국은 물론 우리나라에서 양택의 길흉방위체계로 가장 일반적이며 널리 사용되고, 현장에서 적용시키고 있는 대표적인 양택서다. 저자인 조정동은 호가 구봉(九峰)으로 조구봉이라 불리며 서촉지방의 관리였다.

조정동의 이력을 보면 "조공은 역리에 정통한 서촉의 관리로 공무중의 한가한 시간을 이용하여 다시 연구하고 고찰하여 『양택삼요』 일편이라 하여 매듭을 지었다. 음택과 더불어 둘 다 중요하지만, 음택은 위치에 따라 부조(父祖)의 음덕을 맞이해 면면히 그 덕이 이어지기를 바라지만 그 공이 늦다. 양택은 산 사람이 의탁하고 몸을 맡기며 조석으로 출입을 하는 곳이라 길흉의 응함이 바르게 영향을 준다."[191]고 하였다.

조정동이 서촉지방의 관리로 근무하면서 틈틈이 고서들을 익히고 스스로 연구하여 『양택삼요』를 저술하였다는 것이다. 스스로 풍수지리를 공부하여 묘지의 음택과 양택의 발복의 속도가 다른 점을 알았고, 특히 양택은 음택보다 길흉발생이 정확하다는 것을 자신의 증험을 통해 나타내었다.

『주역』에도 조예가 깊어 『양택삼요』 권4의 「주역괘가」에서 대문과 주방의 오행관계를 『주역』의 괘로 길흉관계를 나타내었다. 『양택삼요』 서문과 1권에 나타낸 하도낙서와 『주역』 64괘, 음양오행과 구성(九星), 팔괘구궁과 삼원명결에 따른 본명(本命)의

---

191) 『陽宅三要』, 「序」, "趙公精通易理, 官於西蜀, 公餘之暇, 復研究而深考之, 著陽宅三要一編, 蓋陽宅之關繫, 與 陰宅并重 陰宅則邀父祖之蔭, 冀圖綿遠其益常, 故其功緩, 而陽宅爲生人棲托之所, 朝夕出入之地, 吉凶之應 捷於影響."

출생 나이를 구별하는 삼원갑자[192] 등으로 볼 때 역법의 이치 또한 분명하게 깨닫고 있었던 사람이다. 아울러 풍수지리의 두 이론체계인 이기론과 형세론을 함께 사용하여 여러 향법체계에 적용시키고 이를 주요하게 다루고 있다.

조정동은 북경주변 하북성 사람이다. 서촉은 알다시피 사천성의 성도이며『삼국지』의 제갈공명이 '천하삼분지계(天下三分地界)'의 한 곳으로 지목했던 익주로 불린 촉나라다. 중국 남서부 양자강 상류에 위치하며 중국의 서남지역으로 묘족과 요족, 이족 등 많은 소수민족이 거주하고 티베트와 베트남이 인접해 있는 지역이다.

청나라는 고증학을 중시한 철학사상의 흐름을 이어왔다. 서양유럽과의 교류를 통해 근대과학의 발전과 더불어 동서양의 철학사상과 고증학의 발전, 실학사상 등이 동시에 전개되었던 시대로 근대와 가장 가깝다.

청대 고증학의 흐름과 함께 조정동 역시『양택삼요』와 비슷한 시기에 편찬한『지리오결』에서 고전을 인용하여 풍수지리의 이론체계를 학습하였다고 밝혔다.

> 『지리오결』은 옥수경, 천옥경, 청오경, 흑낭경, 황낭경, 선파집, 효사집, 탁옥부, 정문침,, 천기회원, 인자수지, 일관감여, 삼재발비, 사마수법, 지리정종, 지리대성, 사탄자 등에 중점을 두었으며, 기타 지리의 모든 서적을 두루 갖추어서 참작하였고 주가 분명하지 않은 것은 성씨를 인용하였다.[193]

이와 같이 기존의 풍수이론을 재정리하여 편찬된『양택삼요』는 청6대 황제인 건륭제(1711~1799)시대에 만들어졌다. 본문「삼원명결」편에 "천계갑자년이 하원이며 강

---

192) 삼원갑자는 曆年을 구궁의 변화에 따라 180년을 기준하여 60년씩을 일원으로 나누어 상·중·하로 구분한다. 180년을 60년씩 상원·중원·하원의 삼원으로 나누고, 60년의 일원은 60갑자를 기준하므로 삼원갑자라 부른다. 명나라 16대 황제인 숭정제 시대의 갑자년이 1624년으로 이를 천계갑자년이라 부르며 하원갑자의 시작이다. 60년을 더하여 1684년은 상원갑자, 1744년은 중원갑자가 된다. ·

193)『地理五訣』,「凡例」, "是書于『玉髓經』『靑烏經』『黑囊經』『黃囊經』『仙婆集』『孝思集』『琢玉斧』『頂門針』『天機會元』『人子須知』『一貫堪輿』『三才發秘』『司馬水法』『地理正宗』『地理大成』『四彈子』, 地學諸書皆有所辨擇, 均未主明引用姓氏."

희23년 갑자가 상원이고 건륭9년 갑자는 중원"[194]이라고 삼원의 시기를 밝혔다.

천계 甲子년은 1624년이고 강희 23년은 1684년, 건륭9년 甲子는 1744년의 갑자년으로 건륭제의 재위기간(1735~1796)으로 볼 때, 조정동 자신도 건륭제 시기에 관리로 재직하면서『양택삼요』를 만들었던 것이다.

『양택삼요』와 더불어 편찬된『지리오결』의 자서(自序)에도 편찬시기를 가경11년 8월 초하루라고 표기한 내용이 있고 "『양택삼요』 서문에서 양택에 관해 일편"[195]이라하여 매듭을 지었다는 내용이 있다.

『양택삼요』 1권에 '수업서천팽읍왕용필몽정씨(受業西川彭邑王庸弼夢亭氏)'가 나온 점과『지리오결』서문에 사천성도부팽현수업왕용필몽정씨근식(四川成都府彭見受業王庸弼夢亭氏謹識)의 내용과 사천성도에서 수업한 왕용필이 작성한 서문에 적힌 건륭병오국월상완중양일(乾隆丙午菊月上浣重陽日)의 1786년 9월9일의 날짜로 볼 때,『양택삼요』는 1786년을 기점으로『지리오결』과 함께 비슷한 시기에 작성되었을 것으로 추정된다. 다만 건륭 9년의 중원(中元)시기는 1744~1804년이며『지리오결』서문에 나타난 가경 11년은 1806년이고 건륭 丙午년은 1786년이다.

『지리오결』자서에 "건륭15년에 조부가 돌아가시고 다시 3년 안에 부친도 돌아가셨음"[196]을 밝히면서 가경11년 8월 초하루에 자서를 썼다고 하였다. 건륭15년은 1750년이고, 3년 후 1753년에 조정동이 젊었던 시절에 조부와 부친을 잃었다고 하였다. 조부를 잃은 후 좋은 땅을 찾기 위해 많은 풍수지리가의 설명을 듣고 정확한 답을 얻지 못하자 "형가서 수십 권을 읽고 스스로 풍수지리를 연마하였음을"[197] 밝히고 있어 관리로 재직하면서 풍수지리에 몰두한 것임을 알 수 있다.

따라서『양택삼요』의 편찬시기는『지리오결』의 자서내용으로 볼 때, 사천성도수업 왕용필몽정씨의 서문에 기록된 건륭(乾隆) 丙午 상원중양일은 1786년 9월9일이다.

---

194) 『陽宅三要』, 卷一, 「三元命訣」, "如天啓甲子年, 今庚熙二十三年甲子, 又爲上元, 乾隆九年中元."
195) 『陽宅三要』, 「序」, "著陽宅三要一編"
196) 『地理五訣』, 「自序」, "予于乾隆十五年祖父歸空之后, 三年內, 先君子以壯年去世."
197) 『地理五訣』, 「自序」, "遂買形家書數十種反复研"

이때 왕용필몽정씨의 서문이 작성되었다. 가경11년 1806년에『지리오결』의 편찬이 이루어졌고『양택삼요』역시『지리오결』이 편찬된 1806년을 기점으로『지리오결』과 거의 유사한 시기에 함께 만들어진 것으로 추론된다.

아울러『양택삼요』에서 논하고 있는 팔괘오행과 구성오행,『주역』64괘의 내용 등이 전부 설명되고 있어 음양오행은 물론 역리방면에도 두루 정통한 사람이었다. 조정동은 자신의 증험과 풍수고전을 바탕으로 양택풍수의 향법체계를 만들었고 이를 통해 인사(人事)의 길흉으로 반영시켰다.

특히 음택보다 양택으로 인해 부귀가 일어나며 먹는 음식에 따라 질병이 발생하는 점을 강조하여 반드시 양택의 방위법칙을 따라 대문과 가주의 거처와 부엌으로 이어지는 오행상생을 강조하였다.

2)『양택삼요』의 현행본

현재 나타나 있는『양택삼요』는『문연각사고전서본』이고 여러 곳에서 출판된 현황이 있다. 민국7년(1918년) 발행으로 추정되는 목판본인 선성당 장판본 권4 2책이 있으나 발행처는 미상이다. 우리나라는 국립한글박물관 소장의 1918년 석인본과 국립민속박물관 목판본이 있으며 둘 다 2책 권4로 구성되어 있다.

우리나라는『양택삼요』와 달리 국립중앙박물관소장이 소장하고 있는 조선말기 사람인 손유헌이 편찬한『민택삼요』전6권이 있다. 다만『민택삼요』의 이론체계는『양택삼요』와 거의 유사한 내용을 담고 있고, 방위기준점이 다르지만 방위이론 체계는『양택삼요』를 대부분 따랐기에 조선말기의『양택삼요』로 불리기도 한다.

청대 이후에 발간된『양택삼요』는 북경 화령출판사의 2책과 섬서 사범대학의 출판본과 북경이공대학 출판 등 여러 종류가 있으나 내용은 거의 대동소이하다. 최근에 우리나라는 서성서국의 출판본의『양택삼요』를 번역한 김경훈의 역해본[198]이 있다.

---

198) 趙廷棟, 金勁勳 譯,『陽宅三要』, 자연과 삶, 2003.

이처럼『양택삼요』는 여러 종류가 출판되었으나 내용은 대부분 원문과 비교해 별반 차이가 없다. 이는『양택삼요』가 근현대와 가까운 청대라는 시기와 저자의 출생년도가 분명하다는 점이다. 이론체계인 음양오행론과 팔괘론, 팔문구성과 삼원명결,『주역』등에 관한 특별한 이견도 없다. 조정동 역시 여러 풍수서적을 참조하였다고 하였으며 풍수향법의 대표방위체계인 24방위체계에 특별한 이의제기가 없는 양택서다.

우리나라에서도『양택삼요』의 핵심내용인 대문과 안방, 부엌으로 이어지는 오행상생법을 보편적인 이론체계로 사용한다. 그러나 우리나라와 중국은 양택건물의 규모와 크기가 다르고 지역적 특색도 다르다.

중국의 양택이 가진 구조적인 특색을 보면, 북방지역은 추운날씨로 인해 대체적으로 사합원(四合院)의 구조형태를 이루고 남방지역은 원림주택의 형태가 특색이다. 우리나라는 중국과 달리 산천의 모습과 형태는 물론 지리적 위치도 달라 우리는 보편적으로 배산임수를 양택의 기본배치 원칙으로 하고 있다. 우리나라 대부분의 주택은 산록완사면에 위치하고 주택 앞에 명당이 펼쳐져 농사를 경작할 수 있는 구도다.

이로 인해 우리나라는『양택삼요』의 주안점인 대문과 가주의 거처, 주방으로 이어지는 문·주·조(門·主·灶)의 오행상생법칙과 팔괘방위법칙을 참조하되 도시와 산골주택 또한 다르므로『양택삼요』의 방위법칙이 우리에게 완전한 방위체계라고 여기는 것은 재고의 여지가 있다. 아래 서적들은 중국과 우리나라가 소장하고 있는『양택삼요』들이다.

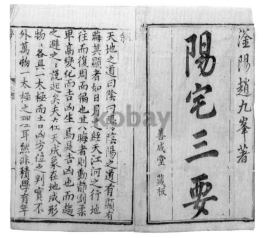

〈그림-36〉 선성당 장판본 〈그림-37〉 국립민속박물관소장 목판본

이상의 내용들을 종합해 볼 때 『양택삼요』는 여러 출판본이 있고 그 내용들이 대부분 대동소이하다. 중국과 우리가 소장하고 있는 『양택삼요』는 대부분 같은 내용으로 구성되어 있어 청대 이외의 판본은 없다는 것이 거의 확실하다. 다만 소장자들이 이를 여러 곳에서 출판하여 소장하고 있다.

3) 명·청대의 주거문화와 양택풍수

청나라는 북방지역의 산악 민족에 속한다. 북방지역의 주택형태는 남방문화와는 많은 차이가 있다. 여진족인 청나라에 의해 중국이 통일되자 북경은 사실상 명·청대의 수도로 자리매김 된다. 명나라시대에 거의 대부분 완성시켰던 자금성은 북경을 대표하는 양택건물로 중국에서 가장 웅대한 제왕의 궁으로 현존하고 있다.

자금성은 전조후침(前朝後寢), 좌조우사(左祖右祀), 면조후시(面朝後市)의 배치형태를 이루고 있다. 남북을 중심축으로 북방의 주거형태인 사합원의 배치형태로 여러 건물들이 군락을 이루고 있으며, 자금성 앞쪽은 종묘사직이고 뒤쪽은 황실의 침실공간으로 정원과 전각을 배치하고 있다.

자금성은 용반호거한 용흥지지의 풍수대길지라는 지세 때문에 원·명·청의 정궁으로 가능했다. 자금성의 태묘는 복기택조로 조상신들을 모시는 음택 풍수지리로 재현되어 있어, 원·명·청의 도성인 자금성의 축조는 당시 만연한 풍수지리가 정치문화의 중심에서 그 기능을 충분히 발휘했음을 의미한다.[199] 이처럼 중국에서는 자금성을 풍수지리의 완전한 형국을 갖춘 결정체로 여긴다.

명·청대는 이민족과 한족문화가 함께 서로 어울렸던 시기였다. 북방민족인 청나라가 국정운영에 가장 취약했던 부분이 백성들의 주식량원인 농업기술에 따른 기후환경과 문화적 차이였다. 이로 인해 중국을 통일한 청나라는 원·명대의 전반적인 문화방식을 따를 수밖에 없는 약점이 있었다. 알다시피 북방은 농사가 부적합한 추운 산악지역이기 때문이다.

청나라는 북방민족으로 한족문화와 어울리면서 정치·경제·문화적으로 일대변혁이 일어나고 외국열강과의 교류가 빈번하여 국제화의 일원으로 나가는 시기였다. 또한 중화문명과 서방문명의 충돌로 인해 아편전쟁과 중일전쟁의 영향으로 패망의 길을 걸었던 나라이기도 하다.

명·청대의 북방지역은 항상 수많은 전란에 휩싸여 있었기 때문에 경제전반이 쇠락해진 반면, 남방은 전란이 적고 농업에 적합한 기후로 인해 인구와 경제가 북방을 훨씬 능가하였다. 남방과 북방의 지역문화 차이로 인해 청나라는 정치중심은 북방에 두면서 문화와 경제는 남방에 존재하는 상태로 국정운영을 이끌게 된 것도 자연환경 때문에 일어난 정치관계였다.

남북의 지리적인 기후문화에 따라 주거형태도 이를 따르는 형태가 나타난다. 북방지역의 주택은 일반적으로 사합원의 형태를 이루고 남방에는 원림주택이 대표적이었다. 남방의 원림주택의 구조는 주택 안에 정원을 두고 자연을 닮은 인공적인 산수배치구도를 만드는 등의 자연조경을 중시한 주택이다.

반면 사합원은 북방의 춥고 건조한 날씨를 막고자 사방에 담을 두른 폐쇄적인 형

---

199) 김혜정, 『風水學說史』, 도광출판사, 2020, p.248.

태의 주택이다. 원림주택이나 사합원의 특색은 본채와 마당과 대문을 중심으로 자연적인 지형적 특색에 맞추어 건축된 결과물이다.

북경의 사합원은 명·청시기 북방 평원지역 도시주택의 전형적인 형식으로 명·청대에 반포되었던 주택등급제도의 기초가 되었다. 북경지역에 두루 보급된 사합원의 민간주택은 북경사람들의 전통적인 주택으로 동남서북에 방을 만들어 중앙의 뜰을 조성하고, 그밖에 담장을 두른 하나의 원자(院子)배치를 이루고 있다. 표준적인 사합원은 남북의 세로축선을 따라 방옥과 원락을 대칭으로 배치하고 대문은 동남쪽 모서리에 열게 하였다.[200]

남방의 원림주택과 북방의 사합원구조가 명·청대를 대표하는 주택형태이다.『양택삼요』에서 다루고 있는 여러 양택의 종류인 정택과 동택, 변택과 화택역시 사합원을 주택의 기본배치 구도로 방위체계를 나타낸다. 북방지역의 건축방향은 추위를 피하는 것이 우선이므로 일반적인 배치법이 당연히 북좌남향(北坐南向)이 된다.

아래 그림은 주택의 크기와 입구의 방향만 다를 뿐 일반적인 사합원의 기본배치구조다. 주택을 담장으로 먼저 둘러싼 후, 대문을 기준으로 원자를 마당중심에 두고 좌우상하로 방과 부엌의 배치구조를 나타낸다.

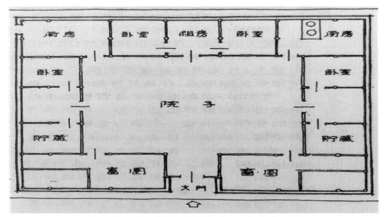

〈그림-38〉 사천 엄한현의 주택평면도[201]

200) 嚴文明 外 3人, 김상일 역,『中華文明史』4券下, 東國大學校出版部, 2017, pp.290-291.
201) 劉敦楨,『中國住宅概說』, 白花文藝出版社, 2003, pp.127.

2. 『양택삼요』의 구성내용과 방위체계

1) 『양택삼요』의 구성과 내용

『양택삼요』는 크게 2책 4권으로 분류된다. 제1권은 「양택총강」이며 양택방위체계의 전반적인 이론내용을 담고 있다. 길흉판단의 방위체계인 하도낙서와 팔괘구궁, 음양오행의 상생상극, 팔문과 구성오행, 동서사택의 길흉방위와 양택종류에 따른 길흉방위, 특정용도의 건물에 적용된 길흉방위와 형세론을 포함하여 전반적인 양택의 방위체계를 나타낸다.

일괘삼산법(一卦三山法)의 24방위, 구성방위(九星方位)와 음양오행을 바탕으로 지형지세의 형세론과 이기론을 함께 적용시키는 길흉론을 설명하고 있다. 또한 팔문과 구성(九星)배열에 따른 오행상생 방위와 본인이 거주해야 하는 동서사택의 선택법을 삼원구운법을 통해 가주의 나이별로 본명궁을 구별하고 있다.

1권의 「양택총강」에서는 문·주·조의 주인방과 더불어 부엌의 방위를 매우 중요하게 다루며, 동서사택의 문(門)·주(主)·조(灶)의 방위체계에서 특정 목적을 가진 건물에 따라 양택에서 가장 중요한 주(主)의 위치를 지정하고 있다.

주(主)는 가주의 거처를 뜻하는 장소이다. "수도인 경도는 황궁의 내성이 주(主)가 되고, 성성(省城)은 삼사의 집무실이 주(主)가 되며, 주현은 공당, 유학은 문묘, 사원은 정전, 신사와 백성은 고방을 주(主)로 세우고, 한 원내에 여러 가족이 있으면 부엌을 주(主)로 세워 길흉을 판단한다."[202]하여, 주(主)는 양택건물에서 가장 중요한 역할이자 중심인 곳으로 규정한다.

2권은 동서사택의 서사사택(西四四宅)인 乾·坤·艮·兌 4괘 방위와 32대문과 32개의 안채와 32개의 부엌방위를 비교하여 오행상생방위와 팔괘오행에 따른 길흉방위를 표시하고 있다. 제3권은 동사사택(東四四宅)인 坎·離·震·巽 4괘 방위와 32대

---

202) 『陽宅三要』卷一, 「陽宅總綱」, "京都以皇殿內城作主, 省城以三司衙署作主, 州縣以公堂作主, 儒學以文廟作主, 庵觀寺院以正殿作主, 紳士百姓以高房作主, 一院同居數戶以鍋灶爲主, 看吉凶."

문과 32개의 안채와 32개의 부엌방위를 비교한 길흉론을 역시 오행상생과 팔괘오행으로 나타내었다. 오행상생과 팔괘오행, 팔문구성의 오행상생, 괘상과 팔괘의 배합에 따른 길흉 등을 각종 질병과 인사의 길흉에 적용시키고 있다.

4권은 동서사택 64개의 부엌방위와 64개의 대문방위를 『주역』64괘의 원리에 비추어 설명하고, 팔괘오행의 상생상극과 팔괘배합으로 길흉방위를 살펴 인사의 길흉에 적용시킨다. 조정동은 자신이 증험하고 시험해본 결과 부엌이 흉하면 반드시 사람에게 질병이 발생한다는 것을 경험을 통해 밝히고 있다.

> 부엌이 흉하면 사람에게 흉이 되는 것은 여러 번 시험해도 틀림없고 백발백중
> 이었으므로 부엌이 삼요에서 가장 제일이다.[203]

조정동은 모든 만병의 근원이 음식에서 오는 것으로 인식하여 부엌의 역할과 위치가 제일 중요함을 특히 강조하고 있다. 기(氣)가 출입하는 대문과 음식을 만드는 부엌의 방위를 세심히 살펴야 하며, 이를 「주역괘가」편에서 팔괘오행의 상생상극으로 길흉을 설명한다.

특정용도의 건물에서는 가장 중심적인 목적을 가진 건물을 주(主)로 잡아 동서사택에 따른 문·주·조의 팔괘오행상생을 길한 방위로 여긴다. 『양택삼요』의 길흉방위체계는 팔괘오행과 구성오행, 음양오행의 오행상생논리가 방위체계의 핵심이다.

분명한 사실은 중국의 지형지세는 우리와는 건물형태와 배치가 틀리다. 따라서 『양택삼요』의 방위체계를 참조하되 우리나라 양택에 적용시키는 유일한 방위측정법으로 인정하기에는 무리가 따른다는 사실이다. 앞서도 밝혔지만 한반도의 지형지세로 볼 때, 사합원과 원림주택의 방위성을 떠나 배산임수를 우선으로 지형지세를 파악한 후에 방향을 살폈다. 이런 사실은 현존하는 대부분의 조선시대 양택을 살핀 결과에서 드러났던 사실이다.

---

203) 『陽宅三要』 卷四, "灶凶則人口凶, 屢試屢驗, 百發百中, 故灶爲三要之一."

『양택삼요』는 팔괘오행과 음양오행론을 방위이론의 핵심으로 여기면서 방위체계와 더불어 자연적인 형세론도 함께 취하고 있다. 팔괘오행방위는 물론『감룡경』에서 구성(九星)으로 산세를 살핀 길흉방위를 나타내었다. 또한『양택삼요』와 더불어『지리오결』에서 보여준 향법체계를 양택의 좌향법으로 함께 사용하고 있다. 팔괘오행의 방위성을 이론체계로 다루면서 용·혈·사·수·향을 전부 양택풍수로 적용시켜 길흉판단의 근거로 삼는다. 또한 풍수지리에서 가장 중심적인 이론체계인 이기론과 형기론을 함께 사용하여 길흉판단의 근거로 삼고 있다.

2) 동서사택 팔괘오행론의 방위체계

『양택삼요』는 乾·坤·艮·兌·坎·離·震·巽의 팔괘를 구분하여 동사사택(東四四宅)과 서사사택(西四四宅)으로 구분하였다. 팔괘에서 坎·離·震·巽 4괘 방위는 동사사택(東四四宅)이고 乾·坤·艮·兌 4괘 방위는 서사사택(西四四宅)이다. 24방위로 구분하며 일명 팔택풍수로 칭한다. 아래 도표는 일괘삼산법의 24방위와 괘상, 구성(九星)의 상을 나타낸 것이다.

〈표-28〉 팔괘의 상과 24방위와 구성오행

乾	坎	艮	震	巽	離	坤	兌	팔괘 의상과 24방위
戌·乾·亥	壬·子·癸	丑·艮·寅	甲·卯·乙	辰·巽·巳	丙·午·丁	未·坤·申	庚·酉·辛	
西北 金	北方 水	東北 土	東 木	東南 木	南 火	西南 土	西 金	
父·天	중남·山	소남·山	장남·雷	장녀·風	중녀·火	母·地	소녀·澤	
九星[204]								
탐랑	거문	녹존	문곡	염정	무곡	파군	좌보	우필
木	土	土	水	火	金	金	木	木

길흉 측정에서의 팔괘 배합은 수화상극(水火相剋)을 포함한 오행상생이 길한 배합이

---

204)『陽宅三要』卷一,「乾門九星歌解」, "輔弼二木, 文曲水星, 巨門土星, 廉貞火星, 祿存土星, 破軍金星, 武曲金星, 貪狼木星." ·

다. 乾·坤의 배합과 마찬가지로 坎·離의 배합 또한 음양의 수화기제(水火旣濟) 배합이며, 巽·震은 같은 목(木)오행의 짝으로 길흉관계를 나타내고 있다. 다만 乾·坤과 坎·離 배합은 상극관계가 아닌 음양의 조화를 이루는 배합으로 여긴다.

팔괘와 팔문구성의 길흉법은 '대유년가우팔문투구성'에서 길흉을 나타내고 있다. "乾은 육살-천의-오귀-화해-절명-연년-생기로 나아가고, 坎은 오귀-천의-생기-연년-절명-화해-육살로 나아간다. 艮은 육살-절명-화해-생기-연년-천의-오귀로 나아가고, 震은 연년-생기-화해-절명-오귀-천의-육살로 나아간다. 巽은 천의-오귀-육살-화해-생기-절명-연년으로, 離는 육살-오귀-절명-연년-화해-생기-천의로, 坤은 천의-연년-절명-생기-화해-오귀-육살로, 兌는 생기-화해-연년-절명-육살-오귀-천의이다."[205]

이러한 길흉법은 팔괘의 작괘 순서에 따라 가주의 명궁과 팔문의 길흉이 달라진다. 아래 〈표-29〉는 팔괘와 팔문유년의 순서에 따른 길흉관계를 나타내었다.

〈표-29〉 명궁과 팔문유년 길흉순서

星＼命宮	乾	坎	艮	震	巽	離	坤	兌
乾	伏	六	天	五	禍	絕	延	生
坎	六	伏	五	天	生	延	絕	禍
艮	天	五	伏	六	絕	禍	生	延
震	五	天	六	伏	延	生	禍	絕
巽	禍	生	絕	延	伏	天	五	六
離	絕	延	禍	生	天	伏	六	五
坤	延	絕	生	禍	五	六	伏	天
兌	生	禍	延	絕	六	五	天	伏

팔문구성으로 생기-오귀-연년-육살-화해-천의(천복이나 천을과 같음)-절명-복위(

205) 『陽宅三要』卷一,「大遊年歌又八門套九星」, "乾六天五禍絕延生, 坎五天生延絕禍六, 艮六絕禍生延天五, 震延生禍絕五天六, 巽天五六禍生絕延, 離六五絕延禍生天, 坤天延絕生禍五六, 兌生禍延絕六五天

190 · 천문풍수학

귀혼)으로 팔문을 돌리면, 연년과 생기, 천의와 복위는 길택에 해당하고 오귀와 육살, 화해와 절명은 흉택이 된다. 천의는 천복과 천을이며『양택삼요』에서는 천의와 천을 이 함께 혼용되어 사용되고 있다.

팔문을 북두구성과 연결시켜 길흉을 규정하는 경우를 보면 "乾門이 乾의 복위라면 보필성으로 두 개의 목성이다. 그 구성(九星)의 길흉은 정해진 것이 없으니 주(主)가 길하면 길하고, 주(主)가 흉이면 역시 흉으로 옛날부터 보필성이라 한다. 육은 육살이며 문곡수성으로 흉이며, 천은 천의로 거문토성으로 길하다. 오는 오귀로 염정화성으로 흉하며, 화는 화해로 녹존토성으로 흉이다. 절은 절명으로 파군금성으로 흉이며, 연은 연년으로 무곡금성으로 길하다. 생은 생기로 탐랑목성"[206]으로 길흉을 표시한다.

구성(九星)의 길흉은 탐랑ㆍ거문ㆍ무곡이 3길성이며, 보필(輔弼)은 반반이고 나머지는 흉성으로 정의한다. 복위(귀혼)는 길흉을 반반으로 여긴다. 구성팔문의 방위관계에 따라 길흉을 정하여 구성(九星)과 유년상의 팔문을 배합시키면서 길흉성을 고정시켜 놓았다. 같은 청대의 양택서인『팔택명경(八宅明鏡)』에서도 "동서사택의 길성과 흉성을 복위와 생기, 천의와 연년을 길방으로 정하고 절명과 오귀, 화해와 육살을 흉방으로 정의하고 있다."[207]

아래 〈표-30〉은 구성오행(九星五行)과 팔문팔택을 배합시킨 길흉분류법이다. 탐랑ㆍ거문ㆍ무곡은 생기와 천을과 연년택의 길성이고, 나머지는 흉택이며 보필은 반반이다.

---

206)『陽宅三要』卷一,「乾門九星歌解」, "乾門伏位, 卽輔弼二木星也, 其星吉凶無定, 主吉彼亦吉, 凶彼亦凶, 故輔弼星, 六爲六煞文曲水星凶, 天爲天醫巨門土星吉, 五爲五鬼廉貞火星凶, 禍爲禍害祿存土星凶, 絕爲絕命破軍金星凶, 延爲延年武曲金星吉, 生爲生氣貪狼木星吉."
207)『八宅明鏡』,「東四與西四星煞之對照」, "都有伏位生氣天醫延年等四個吉位, 以及絕命五鬼禍害六煞等四個凶方."

〈표-30〉 구성팔문의 오행팔택

구성(九星)	팔택(八宅)
탐랑 木	생기 宅
거문 土	천을, 천의 宅
녹존 土	화해 宅
문곡 水	육살 宅
염정 火	오귀 宅
무곡 金	연년 宅
파군 金	절명 宅
좌보, 우필 木	복위 宅

이처럼 산을 구성(九星)의 체로 논하고 있는『감용경』의 내용을 적용시켜 삼길성과 사흉성으로 구분하고 보필은 반반씩의 길흉관계로 나타낸다. "탐랑은 장자, 거문은 중자를 흥하게 하고, 무곡은 첩의 집이 융성해지고, 문곡은 중간아들이 실패하고 녹존은 작은 아들이 망한다. 파군, 염정은 장자가 재물을 탐하다 형을 받는다."[208] 이처럼 삼길성을 중요하게 여겨 탐랑과 거문의 장자와 중자가 창성해진다는 인식이다.

『양택삼요』와 더불어 풍수지리에서 구성(九星)은 형세론과 이기론을 포함하여 산을 살피는 하나의 방법이다. 산을 살피는 방법은 음택과 양택 방위 모두에 해당된다. 특히 특정용도 건물인 관공서의 위치설정에서 삼길성의 방향에 있는 산을 살피고, 팔괘의 괘상으로 삼길성이 지닌 사람과의 가족관계를 나타내어 길흉을 판단한다.

『양택삼요』는 팔괘와 구성(九星)의 체와 천문사상을 길흉측정 방법에 적용시키고, 구성(九星)에 어울리는 산이 있다면 천지가 상합한 것으로 여겨 길한 방위로 인식한다. 또한『주역』64괘를 동서사택의 문 · 주 · 조와 연결시키고 있다.

음양오행 상생상극의 원리, 팔괘 방위에 따른 길흉구별, 오행상생배열에 따른 양

---

208)『陽宅三要』卷一,「九星分房興敗歌」, "貪狼長子巨興中, 武曲小房必定隆, 文敗中房祿敗少, 破廉長子受貪刑"

택구별, 자연적인 산세와 지세의 모양으로 길흉을 구별하는 형세론, 관아의 대문방위 측정에 사용된 이기론, 팔괘방위에 따른 문·주·조의 길흉법 등을 총괄적으로 적용시켜 길흉 측정방법에 사용한다.

다음은『양택삼요』에서 논하고 있는 이러한 길흉적용법을 차례로 정리한 것이다.

첫 번째,『주역』64괘로 살핀 문·주·조 삼요에서 안채를 뺀 대문과 부엌을 살피는 방법이다.『주역』은 동양사상의 원천으로 불린다. 전통적으로 복희가 괘를 만들고 문왕이 괘사를 짓고 주공(?~B.C. 1095)이 효사를 지었으며, 공자(B.C. 551~B.C. 479)가 십익을 지음으로써, 네 분의 성인에 의해서 현재의『주역』이 완성되었다고 전한다.[209]

조정동은 자신의 증험을 바탕으로 음식을 만드는 부엌의 중요성을 유독 강조하고 있다. "대문은 기의 출입이며 부엌은 식록으로 만병의 근원은 음식으로 인해 발생한다. 양택의 세 요소 중에 부엌이 가장 중요하고 제일이다."[210]

한 가지 예를 들어 건방의 부엌과 건방의 대문의 관계인 건조배건문(乾灶配乾門)을 보면 천천순건(天天純乾)이다. "두 개의 금이 비화이고 순양이며 음이 없어 처를 극하고 자식을 상하며 거듭 처첩을 취해도 장남과 자손까지 불리하다."[211]는 것이다.

이 내용에서 팔괘의 괘상으로 보면 양의 기운만 있고 음의 기운은 없다. 그리고 두 금이 비화(比和)의 관계라 초년에는 길하지만, 해가 갈수록 흉이 많아지며 처첩이 극을 당하고 후손이 상해를 당해 길하지 못하게 된다.

위 건문건조(乾門乾灶)는 乾이 두 개이니『주역』의 중천건(重天乾) 괘와 같다. 중천건(重天乾)은 두 개의 하늘을 뜻한다. 하늘에는 두 개의 태양이 있을 수 없고 두 개의 양(陽)이 되고 음(陰)이 없어 처음에는 길하다 후일 흉이 일어나는 의미를 나타낸다.

또 다른 예를 들면 천풍구(天風姤)는 건방의 부엌과 손방의 대문인 건조배손문(乾灶配巽門)이다. 乾은 하늘이요 巽은 풍(風)이며 목(木)의 바람으로 하늘과 바람이 만났으니 천풍구이다. "건조배손문(乾灶配巽門)은 금과 목이 형전(刑戰)이요 맏며느리가 산망

---

209) 林采佑 옮김,『周易과 術數學』, 동과서, 2014, p.21.
210)『陽宅三要』卷四,「周易卦歌」, "門爲氣口灶爲食祿, 蓋萬病皆由飮食而得. 灶爲三要之一."
211)『陽宅三要』卷四,「天天純乾」, "二金比和純陽無陰, 傷妻剋子妻妾重娶, 長房子孫不利."

하고 집안에 풍병이 많다. 해수와 중풍이 있으며 사람과 가축이 상하고 부녀자들의 수명이 짧다."[212]는 것이다.

건조배손문(乾灶配巽門)의 경우 금과 목의 음양이 서로 싸워 여자가 상하고 질병을 초래한다는 것이다. 건괘(☰)와 손괘(☴)가 합친 천풍구(天風姤)는 아래 괘인 손괘의 초구는 음이고 나머지 5개의 효는 전부 양이다. 하나의 음이 다섯의 양을 대하여 음이 강해질 수밖에 없으니 음의 몸이 상하는 것은 당연하다는 논리다. 역시 음양의 불균형에 따른 흉의 발생이다.

64개의 부엌과 64개의 대문이 오행상생과 팔괘오행이 서로 상생하는 배치가 길하다. 『주역』64괘사는 역에서의 괘는 괘사 64조와 효사 384조로 이루어져 있다. 괘사는 64괘중에 각 해당괘의 길흉을 판단하는 문장이고, 하나의 상으로 여러 의미를 전달하며 괘효의 길흉을 판단하는 점으로 본다.[213]

두 번째, 길흉측정 방법은 양택을 정택(靜宅)과 동택(動宅), 변택(辨宅)과 화택(化宅)으로 구별하여 오행상생의 논리를 펼친다. 정택은 독립된 하나의 양택이다. 한 개의 양택에 마당과 부엌과 안채가 있는 구조다. "정택의 방위를 측정할 때는 안마당 십자선 정중앙에 나경을 놓은 후에 24산(山)의 방위를 살펴 길흉을 올바르게 판단하여야 한다."[214] 방위측정은 집의 정중앙인 마당이 기준이다.

정택을 제외하고 동택과 변택, 화택의 기준은 가옥구조가 1층과 2층이 아니라 넓은 정원에 나란히 여러 줄과 수십 줄의 배열로 되어 있는 양택이다. 과거에는 주택을 고층높이로 건축하지는 않았다. "양원과 삼원, 사원, 오원이 동택이며 교번팔괘를 사용하고, 여섯 줄에서 열줄 까지는 변택으로 쌍금쌍목쌍토법을 사용한다. 열한 줄에서 열 다섯줄까지의 층을 화택으로, 화택에서 만물이 생한다."[215] 동택과 변택, 화택

---

212) 『陽宅三要』卷四, 「天風姤」. "金木刑戰長婦産亡, 家多瘋症. 咳嗽癱患, 損人傷畜, 婦女短壽."
213) 林采佑 옮김, 앞의 책, pp.36-37.
214) 『陽宅三要』卷一, 「靜宅一盤看法」. "凡看靜宅, 干天井用尺分淸, 正中下十字紙, 將羅盤放干天井十字正中心, 定準二十四山向."
215) 『陽宅三要』卷一, 「靜宅動宅辨宅化宅分辨法」. "兩院三院四院五院俱爲動宅, 用巧番八卦, 六層七層八層九層爲變

의 길흉관계를 오행상생으로 순서를 정하고 있다.

동택은 첫 번째 건물에서 2-3-4-5번째의 순서로 정오행(正五行)의 상생을 우선으로 길흉을 정한다. 예를 들어 동택의 첫 번째 양택이 목(木)이면, 다음으로 화−토−금−수의 오행상생법칙을 쓴다. 마찬가지로 구성(九星)의 순서를 살펴 첫 번째가 탐랑 목성이면 두 번째는 화성 염정, 세 번째는 거문 토성, 네 번째는 무곡 금성, 다섯 번째는 문곡 수성의 순서다.

변택과 화택은 두 개씩의 오행인 쌍금, 쌍토, 쌍목의 오행상생을 쓴다. 예를 들어 첫 번째 줄이 목(木)이면 둘째 줄도 같은 목(木)이 되어 쌍목이 되고, 세 번째 줄은 목 생화(木生火)를 받는 화이고, 넷째와 다섯째 줄은 화생토(火生土)의 토가 되며 여섯째와 일곱째 줄은 토생금(土生金)의 금이 되고, 여덟 번째는 수가 되고 아홉과 열 번째는 수 생목(水生木)이라 다시 목이 된다는 오행상생법이다.

구성(九星)의 순서를 보면 첫 번째 건물이 탐랑 목성이면 두 번째는 보필, 세 번째 는 화성인 염정, 네 번째와 다섯 번째는 토성으로 녹존다음에 거문, 6번과 7번째 건 물은 금성으로 무곡과 파군, 8번은 문곡 수성, 9번과 10번은 보필과 탐랑의 순서로 화택도 마찬가지다. 팔괘에서 坎·離의 수·화(水·火)는 한 개씩의 오행이지만 목· 금·토는 두 개씩의 오행으로 이루어져 있다.

팔괘의 원리는 오행이 가진 수(數)에서 비롯되었다. 수(數)는 성수(成數)와 생수(生數) 로 나뉜다. 하도낙서의 중심점은 5,10의 戊·己 土다. 1~5까지는 생수이고 6~10까지는 성수다. 생수와 성수의 배합이 수는 1·6, 화는 2·7 목은 3·8, 금은 4·9이며 토는 5·10 이다.

양택을 5층과 10층을 끝과 시작으로 구분한 원리는 토가 기준이다. 토에서 만상만 물이 살아가듯 양택 역시 토상에 건축하므로 정택과 동택, 변택과 화택의 기준을 5 와 10으로 나누어 오행상생의 원리를 적용시킨 것이다.

宅, 用雙金雙木雙土貫井看法. 至於十一·十二·十三·十四·十五層, 皆爲化宅, 化生萬物也."

대문의 위치에 따라 나타낸 오행상생 방위는 동서사택에서 4정방 子·午·卯·酉 방위에 대문을 둔 경우가 있고, 4우방인 乾·坤·艮·巽에 대문을 둔 경우가 있다. 4정방과 4우방은 낙서구궁의 방위 배치와 같고 8개의 방위를 나타낸다.

첫 번째~다섯 번째 줄까지인 동택의 경우를 보면 다음과 같다. 4정방 子·午·卯·酉는 '동택사정문간법(動宅四正門看法)'에 해당하고, 4우방 乾·坤·艮·巽은 '동택사우문간법(動宅四隅門看法)'에 해당한다. 4정방과 4우방에 대문을 둔 경우에 문·주·조의 오행상생법에 따라 길흉이 달라진다.

먼저 4우방의 방위를 보는 법이 동택사우문간법(動宅四隅門看法)이다. "동택의 네 곳인 乾·坤·艮·兌로 향하는 집은, 네 곳의 정문에서 모두 교번팔괘를 쓰며 문에서 유년팔문을 일으켜 구성을 구별한다."[216] 교번팔괘란 좌향을 정한 주(主)된 방(房)에서 팔문투구성의 유년을 일으켜 향상(向上)을 보아 무슨 성(星)인지를 보는 것이다. 확인된 성(星)을 시작으로 대문에서 팔문투구성의 유년(遊年)으로 오행상생을 살펴 부엌의 길흉을 본다. 대문이 수성이면 다음은 화성－목성－금성－토성으로 나가는 정오행의 상생순서이다. 앞서 동택은 첫 번째 줄에서 다섯줄까지의 집이라고 하였다.

단 동택은 방(房)의 유무를 떠나 담장을 하나의 성으로 간주한다. 예를 들면 "태주간문(兌主艮門)의 동택인 경우 艮에서 유년을 일으키면 진궁(震宮)은 육살이다. 육살은 수성이라 첫 번째 다리가 육살수성이고 두 번째 건물이 생기목성이다. 이렇게 차례로 생해주면서 문이 치우친 번성(番星)은 일정하고 변하지 않으니 나머지는 이와 같이 추정하면 된다."[217] 이것은 양택으로 들어가는 대문의 입구부터 오행상생과 구성(九星)의 상생순서를 적용시킨 것이다. 아래 그림이·乾·坤·艮·兌의 4우방 4택 방위로 유년팔문구성을 정리한 것이다.

---

216) 『陽宅三要』卷二, 「動宅四隅門看法」, "動宅四隅, 乾坤艮兌向, 開四隅正門, 俱用巧番八卦, 到向上看得何星"
217) 『陽宅三要』卷二, 「動宅四隅門看法」, "如兌主艮門動宅, 卽從艮上起遊年, 到震宮是六煞, 頭層橋卽算六煞水星, 二層生氣木, 依次生進, 此偏門番星, 一定不易之法, 餘推類."

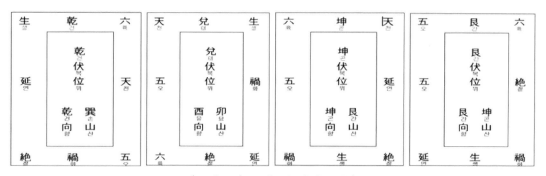

〈그림-39〉 동택 4우방의 4도[218]

위 그림에서 보듯이 4우방의 문과 주, 부엌에서 팔문투구성의 오행상생은 부엌입구와 명궁의 길흉을 보는데 모두 쓴다. "4도에 팔궁의 유년을 순포하여 길흉을 정하고, 오행이 배합되면 네 가지 4유년도는 전부 길택으로 복수가 흥륭하며, 부귀에 맞설 사람이 없고 만약 불합하면 이와 같지 않고 남녀 모두 명궁이 맞아야 확실하다."[219] 생기와 천을, 연년의 자리에 문·주·조가 배치되면 더할 나위없는 길지(吉地)가 된다.

위 그림의 1번과 4번 손산건향(巽山乾向)과 간산곤향(艮山坤向)의 두 가지 예를 설명해보자. 손산건향(巽山乾向)의 예시를 보면, 건향(乾向)은 건문(乾門)이며 건문에서 유년팔문을 배열하면 곤주(坤主)는 연년택에 있다. 간조(艮灶)는 천을의 방위다. "건문(乾門)은 연년택이고 간조(艮灶)는 천을의 부엌이라 2토가 생금하여 남녀 수명이 길고 처는 어질고 자식은 효도하며 부귀왕성, 번창, 자손과 재물이 모두 왕성하다. 과거시험에서 갑과에 연달아 합격하고 작은 아들이 더욱 왕성하며 아들 넷을 낳는 삼길택이다."[220] 간조(艮灶)의 천을방위와 주(主)의 연년방위가 가장 좋은 방향이며 최고의 길택이 되고 있다.

간산곤향(艮山坤向)의 예시를 보면, 곤문간주건조(坤門艮主乾灶)로 "자식들이 어머니

---

218) 『陽宅三要』 卷二, 「動宅四隅門看法圖」

219) 『陽宅三要』 卷二, 「動宅四隅門看法」, "此四圖順布八宮之遊年, 以定吉凶, 若五行配合, 此四遊年圖爲全言宅, 福壽雙隆富貴無敵, 若有一者不合不能如是, 男女命宮俱合更准."

220) 『陽宅三要』 卷二, 「動宅四隅門看法圖」, "乾門坤主艮灶, 爲延年宅, 天乙灶, 二土生乾金, 男女有壽妻賢子孝, 富貴榮昌丁旺財旺, 科甲連綿小房更盛, 生四子爲三吉宅."

품에 안겨 집안이 화목하고 2토가 합하여 재물이 많고 노음(老陰)과 소양(少陽)이 건금 (乾金)을 생한다. 수명은 백세를 누린다. 공명현달에 부부가 화목하고 아버지는 자애 롭고 자식은 효도하는 삼길택이다."[221] 음양의 乾·坤이 합하는 자리가 천지배합이 되어 길한 배치를 이룬다.

다음으로 4정방의 동택에 관한 설명이다. 4정방의 동택 가운데 아래 그림은 감주 이문진조(坎主離門震灶)의 삼층동택대길지도(三層東宅大吉之圖)의 한 예시이다.

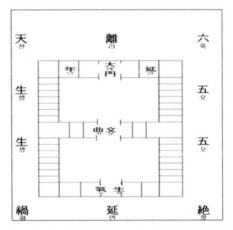

〈그림-40〉 坎主離門震灶 삼층 동택대길지도[222]

이 그림은 감주이문진조(坎主離門震灶)이자 이문감주진조(離門坎主震灶)의 세 줄 동택 으로 사정번금을 쓴다. "첫째 줄은 연년 금이고 둘째 줄은 문곡 수가 되고, 셋째 줄은 생기 탐랑의 목성으로 고대(高大)하게 지어진 주방이다. 방에서 1탐랑과 1연년인 두 개의 대길성과 震의 부엌이 배합되어 주방과는 천의이며, 대문과는 생기가 되어 감 주(坎主)가 진조(震灶)를 생하고 震灶는 이문(離門)을 생해 문·주·조 삼자가 수목상 생, 목화통명이 되어 오복이 갖추어졌다. 동사택 동택의 정문으로 제일 좋은 집이 다."[223]

---

221)『陽宅三要』卷二,「動宅四隅門看法圖」, "坤門艮主乾灶, 子投母懷一家和順, 二土相並財帛豊隆, 老陰少陽生乾 金, 壽享期頤功名顯達, 夫婦和諧父慈子孝, 爲生氣三吉宅."
222)『陽宅三要』卷三,「坎主離門震灶三層東宅大吉之圖」
223)『陽宅三要』卷三,「動宅四正門看法」, "看頭層延年金, 二層文曲水, 第三層生氣, 貪狼木星高大作主房, 房上一貪

여기서 감주진조(坎主震灶)의 이문(離門)에서 감주(坎主)는 연년이고, 중녀와 중남이 만났으니 수화기제(水火旣濟)의 정배(正配)함이다. 이문(離門)에서 진조(震灶)는 생기이고 감주(坎主)에서 진조(震灶)는 천의이다. 그리고 연년은 무곡성으로 금성이며 감주는 문곡성으로 수성이다. 진조는 생기 탐랑의 목성으로 대길성이 모여 합을 이루어 가장 좋은 자리에 배정되고 있다.

첫 번째 문의 금(金)이 두 번째 문의 수성(水星)을 생하고, 수성은 세 번째 목성(木星)을 생하는 오행상생의 순서가 되고 길성으로 구성되어 있다. "이문감주(離門坎主)에서 진조(震灶)는 제자리를 잡은 부엌으로 동주사명(東廚司命)에 부합하여 과거의 갑과에 연달아 합격한다."[224] 여기서 동주사명은 부엌과 집주인의 본명궁이 같다는 뜻이다.

이처럼 4정방과 4우방간법에서 설명하는 구성(九星)방위의 길흉내용과 오행상생법에 따른 길방위는 삼길성과 오행상생으로 동일하다. 또한 변택과 화택을 보는 방법도 쌍오행을 사용한 순서 배치의 방법을 사용하여 길흉을 판단한다. 다만 변택과 화택에서는 양택건물의 여러 공간 배치와 달리 별도의 공간인 적루방(滴淚房)을 설명하고 있는 내용이 나온다. 적루방은 말 그대로 눈물을 흘리는 방으로 흉을 뜻한다.

적루방(滴淚房)은 "큰방 아래에 작은 방, 작은 문이 있는 것을 이름 하여 적루방이라 부른다. 큰 방의 처마물이 작은 방에 떨어지면 손자로 인한 단장의 곡소리이며, 주로 어린이가 요절하고 병이 많아 키우기 어렵고, 오귀방에 있다면 어린이 다섯 명이 마음을 상하게 하니 자손이 귀한 사람은 절대 금물이다."[225] 적루방은 큰 방 아래에 딸린 작은 방으로 처마의 크기도 낮고 작은 공간의 아랫 방으로 큰 건물의 기운에 억눌리는 작은 방이다.

큰방 처마에서 작은 방으로 떨어지는 물소리는 흉으로 작용한다. 풍수지리에서는

狼一延年, 兩個大吉星, 又配震灶, 與主爲天醫, 與門爲生氣, 坎主生震灶, 震灶生離門, 門主灶三者水木相生, 木火通明五福齋全, 東四宅東宅正門第一吉地."
224) 『陽宅三要』 卷三,「離門坎主」,"震灶爲得位灶, 合東廚司命, 科甲連綿."
225) 『陽宅三要』 卷二,「滴淚房」,"大房簷下有小房小門, 名滴淚房, 大房滴小房, 兒孫哭斷腸, 主小口夭亡, 多病難養, 若在五鬼方, 心傷小兒五個, 人丁不旺者切忌."

물소리가 격하게 흐르면 흉한 것이다. "무릇 물로서 주작을 삼을 경우 여울이 격렬하게 부딪쳐 흐르면서 소리를 내는 곳은 기피해야 한다. 슬픈 울음소리다."[226]하여 물은 소리가 나지 않고 천천히 흐르는 것이 좋다.

음택이나 양택의 앞을 흐르는 물소리가 크게 나고 격렬하게 흐르면 흉한 물이 된다. 적루방의 설명에서 큰 방 지붕에서 내리는 물소리가 작은 방을 때리는 것이 마치 곡소리와 함께 눈물을 흘리는 모습을 설명한 것이다.

이상과 같이 위에서 나열한 양택도에서 가장 이상적인 길택인 4우문택도와 4정방택도의 팔문구성에서 탐랑과 천을, 연년택이 가장 좋은 길택이다. 이를 오산자향(午山子向), 유산묘향(酉山卯向), 자산오향(子山午向), 건산손향(乾山巽向)의 탐랑득위(貪狼得位)의 동사사택의 4택도로 표시하고 있다.

아래그림이 '동사택감리진손유년기례(東四宅坎離震巽遊年起例)'로 4택도를 나타낸 것이다.

〈그림-41〉 동사택 감리진손 4유년기례[227]

위 그림은 감리진손유년기례(坎離震巽遊年起例)로 대문과 주방, 부엌과 명궁, 아궁이의 방향을 보는 것으로 모두 이 네 그림에서 나타난다. "유년을 따라 팔궁을 순서대로 맞추어가면서 길흉을 보고 문·주·조와 명궁과 아궁이의 5가지가 네 유년도와

---

226) 『錦囊經』, 「四勢編」, "夫以水爲朱雀者, 忌夫湍激, 謂之悲泣."
227) 『陽宅三要』 卷三, 「東四宅坎離震巽四遊年起例」

맞으면 전부 길한 집이다. 수명은 팽조와 같고 복은 분왕[228]과 같으며 부는 석숭[229]에 비하고 귀는 배도[230]와 같고 자손은 문왕[231]과 같다. 만약 하나라도 맞지 않으면 이와 같지 않고 남녀의 명궁이 모두 맞으면 더욱 확실하다."[232] 본명궁과 더불어 문·주·조의 팔문구성을 유년(遊年)에 맞추어 길흉을 판단한 것이다.

위 그림에서 보듯이 탐랑과 천을, 연년택이 최고로 길하다. 건산손향(乾山巽向)에 손문감주진조(巽門坎主震灶)의 정택도는 손문에서 감궁은 주(主)의 생기방, 진은 연년의 부엌으로 수목상생과 궁성오행 상생의 탐랑택으로 대길한 양택이다.

이문감주진조(離門坎主震灶)의 정택도는 이문(離門)을 시작으로 팔문을 돌리면 생기방이 진방(震方), 연년방이 감방(坎方)이 된다. 유산묘향(酉山卯向) 진문이주손조(震門離主巽灶)의 정택도는 생기의 주(主), 연년의 부엌이다.

위의 세 가지 경우는 동사택의 바른 향(向)으로 탐랑과 연년, 생기방이 대길한 택이다. 팔괘오행과 팔문구성의 길성배합으로 탐랑, 천을, 연년의 삼길성과 합치된 삼길택이다. 삼길성이 합치되면 설사 본명궁이 동서사택에 맞지 않더라도 길함이 있고 흉은 없다. 다만 발복의 늦고 빠름에 약간의 차이가 있을 뿐 발복하지 않는 사람이 없다하여 삼길성을 가장 중요한 길성으로 여기고 있다.

양택이 위치한 "지세(地勢)의 생김새 즉 땅의 모양이 경사져도 삼길의 자리에 위치하면 흉이 아니다. 다만 네 번째인 오산자향(午山子向), 감문진주이조(坎門震主離灶)의 정택도는 천을의 안채와 연년의 부엌이지만 다만 궁성이 상극되어 차길이다."[233]는

---

228) 당나라의 무장으로 안녹산과 사사명이 일으킨 안사의 난을 토벌하였고 분왕으로 봉하여 입신, 출세하여 장수 번영의 상징으로 된 인물이다.

229) 西晉시대의 문인이자 관리로 자는 季倫이고 발해군 남피 사람으로 산동성 청주시에서 출생하여 무역을 통하여 큰 부자가 되었으며 수많은 처첩과 하인을 거느리고 중국과 한국, 동아시아 지역에서 부자의 대명사로 알려진 인물이다.

230) 당나라의 재상으로 字는 中立이며 시호는 文忠이다. 宦官에 대한 강경책으로 당나라 헌종·목종·경종·문종의 4代朝에 걸쳐 활약한 인물이다.

231) 성이 姬이며 이름은 昌이다. 강태공과 더불어 은나라 紂王을 멸하고 周나라를 창건한 인물이다.

232) 『陽宅三要』卷三, 「東四宅貪狼得位歌」, "順布八宮之遊年, 以定吉凶, 若五者俱合, 此四遊年圖, 爲全吉之宅, 壽如彭祖福似汾王, 富比石崇貴如裵杜丁如文王, 若有一者不合不能如是, 男女命宮俱合更准."

233) 『陽宅三要』卷三, 「東四宅貪狼得位歌」, "但地勢歪斜, 恐人錯誤, 宮星相剋, 次吉之宅"

내용에서 상극개념이 적용되고 있다.

주(主)는 진(震)의 목(木)이고 연년은 이조(離灶)인 화라 목생화가 된다. 그러나 문이 감문(坎門)인 수이고 부엌의 조(灶)가 화로 수화상극 관계다. 같은 동사택이지만 상극으로 인하여 초년은 길하다가 세월이 오래되면 극처상자(剋妻傷子)하므로 부엌의 방향을 바꾸는 것이 좋다는 것이다.

앞의 그림들에서 보여주듯 문·주·조가 천을과 연년, 생기의 삼길택에 자리 잡고 명궁과 합치되는 것이 가장 좋은 배치다. 비록 명궁이 합치되지 않더라도 삼길의 자리에 앉으면 길함은 있어도 흉함은 없고 발복의 크기와 빠르고 늦음의 차이만 있다.

이러한 결론은 양택을 보는 요약으로 "동사명은 동사사택에, 서사명은 서사사택에 살아야 하는 규칙에 얽매이지 않는다. 만약 이에 얽매이면 통하지 않으니 이런 이치를 따질 수 없어 그림으로 갖춘 것이다. 위의 네 그림에 비추면 효험이 있고 대동소이하며 백발백중이다."[234]는 것이 방위배치의 결론이다.

즉 가주(家主)의 본명궁에 앞서 문·주·조가 반드시 삼길성에 있는 것이 더 중요하다. 궁성간의 오행이 서로 상극이 되면 후일 흉해지나, 반드시 오행상생방위로 고쳐야 되며 가장 우선은 삼길성의 방위에 중점을 두어야 한다.

길흉방의 측정방법은 나경으로 정한다. 나경을 측정하는 방법은 '각구일태극양반간법 정문주조지흉길(各具一太極兩盤看法定門主灶之凶吉)'로 측정기준점에 관한 설명을 하고 있다. 측정기준은 각원의 마당 정중앙을 측정하는 경우가 있고, 가주의 고대방[235]마당을 중심으로 측정하는 경우와 주방이 따로 독자적인 공간을 갖춘 경우의 세 가지 측정방법이 있다.

각원이나 가주의 안채마당은 마당 정중앙이 기준이다. 부엌이 독자적인 공간을 갖춘 경우는 부엌 마당의 정중앙이 기준이다. 각원의 안마당과 고대방의 안마당, 부엌

---

234) 『陽宅三要』 卷三, 「東四宅貪狼得位歌」, "此看陽宅之節要, 不可拘定東四命人, 止宜住東四宅, 西四命人正宜住西四宅, 若執泥之卽爲不通, 但講理不可不備, 凡是三吉宅, 俱照此四圖斷驗, 大同小異百發百中."
235) 고대방은 주택에서 가장 높으며 주인이 거처하는 방을 뜻한다.

의 안마당의 세 곳에서 나경을 위치해놓고 문·주·조의 방위를 확인한다.

만약 독립된 정택의 한 공간인 경우는 택의 앞마당에 중심점을 두고 문·주·조의 방위를 확인한다. "동사택은 동사택의 방향에 마구간과 돼지우리, 창고와 차를 끓이는 화로 등이 있어야 길택이며 화장실은 오귀육살방에 있어야 횡재를 한다."[236]는 것으로 용도에 따른 공간까지 동사사택을 구별하여 길흉방위를 나눈다.

조정동은 '각구일태극(各具一太極)'으로 보는 법은 양택에서 틀리는 법이 없을 정도로 정확하다며 나경측정의 중요성을 강조하였다. 길흉의 반응이 없는 것은 나반을 잘못 놓았기 때문이다. "태극과 음양, 팔괘가 정해져 있기 때문에 방향이 정해진 정확한 자리를 찾으면 되는 것이 각구일태극의 이치며, 오행생극의 원인으로 길흉이 생긴다."[237] 나경의 위치선정에 따라 큰 오차가 발생하므로 반드시 정확한 위치를 정해야 한다는 점이다.

세 번째, 길흉측정방법은 풍수지리 형세론에 대한 적용법이다. 『양택삼요』에서는 양택건물이 위치한 자연적인 산세와 지세, 사격(砂格)형세의 모양과 특징으로 길흉을 구별하고, 일반주거지 외에 어떤 특정목적을 가진 양택에 대해서도 사격(砂格)형세를 적용시켜 일종의 비보풍수를 적용시킨다.

특정건물인 사당이나 종묘와 관공서 등과 산골과 도시의 양택에 형세론을 포함하여 음양오행과 구성방위를 사용한다. 도시와 달리 산골의 양택에서는 용·혈·사·수·향을 전부 살피는 가운데 용맥의 흐름과 득수(得水)를 파악하여 산세가 유정하고 감싸주는 장소는 발복하는 자리로 인식한다.

『감룡경』에서 산골의 명당을 논할 때 "산골에서는 만두(巒頭)를 주로 보고 그 다음에 택법을 보는데, 용의 참 기운이 웅장하고 산환수포(山環水抱)하면 크게 발복할 자

---

236) 『陽宅三要』卷三, 「各具一太極兩盤看法定門主灶之凶吉」, "東四宅馬房猪圈庫倉床帳茶爐俱宜安四東宅吉房, 厠所宜安五鬼六煞方主發橫財." ·

237) 『陽宅三要』卷三, 「各具一太極兩盤看法定門主灶之凶吉」, "各具一太極者, 各院有名院之陰陽也, 陰陽旣分八卦己定, 生剋因之, 而吉凶萬焉"

리다."[238] 산이 돌고 물이 감싸는 산환수포(山環水抱)의 형세가 풍수지리에서 최고로 여기는 발복하는 장소와 같은 관법이다. 이것은 일반적인 음택의 묘지풍수에서 기본적으로 관찰하는 길한 장소의 판단법과 같다. 물은 혈처를 감싸고 지나며 환포하는 형세가 제일이다.

대도시의 수많은 건물에서 배산임수의 조건을 모두 만족시킬 수는 없다. 그러나 산골에서는 배산임수를 기본원칙으로 양택의 위치와 방위를 잡는 것이 옳다. 또한 산골은 대도시에 비해 주택의 크기나 규모가 작다. 따라서 산골에서는 산세와 자연환경을 우선시해야 하므로 도시와 산곡의 양택은 구분되어야 한다.

산곡(山谷)의 양택을 제외하고 사당이나 관공서, 도성 등의 특정 건물의 방위는 팔괘오행의 상생법칙을 사용한다. 과거시험을 위해 공부하는 사람들은 문필봉을 가까이해야 좋다는 형세론도 적용시킨다.

만약 자연적으로 생긴 문필봉이 없다면 인위적으로 세운 높은 탑을 문필봉으로 해석한다. "과거갑과에 떨어지면 甲 · 巽 · 丙 · 丁방위에 문필봉 하나를 세우고, 산위에 문필봉이 있거나 평지에 높은 탑을 쌓아도 문필봉이 된다."[239] 인위적인 문필봉은 비보풍수의 적용법이다. 붓처럼 생긴 자연산세의 문필봉은 하나의 사격(砂格)으로 향법의 방위성과 더불어 산세의 기운을 함께 살피는 것이다.

문필봉은 산의 모양에 따라 목산체(木山體)와 화산체(火山體)로 판단하기도 한다. 몸체가 가늘고 독립적이면서 붓끝처럼 뾰족하게 생기면 화산체이고, 몸체가 삼각형을 띠면서 끝부분만 뾰족한 모양은 목산체로 보기도 한다. 문필봉의 형세는 자세히 살펴야 하지만 대체적으로 불이 타오르는 화산체로 보는 것이 옳다.

특정건물인 사당이나 종묘에서 시각적으로 보이는 방향에 있는 구성(九星)의 봉우리가 삼길육수 방위에 있으면 길한 방위다. 이것은 사당이나 종묘를 떠나 음택이나

---

238) 『陽宅三要』 卷一, 「山谷城市論」, "陽宅山谷, 與城市不同, 山谷先以巒頭爲主, 而後宅法龍, 眞氣壯, 山環水抱卽有大發者."·

239) 『陽宅三要』 卷一, 「文筆高塔方位」, "不發科甲者, 宜於甲巽丙丁四字上, 立一文筆峰, 或山立文筆, 或平地修高塔皆爲文峰."

양택 모두에 해당한다. "삼길은 최관용(催官龍)으로 亥·震·庚은 삼길방이며, 艮·丙·巽·辛·兌·丁을 육수라 하며 삼길육수가 내룡입수 되면 극귀하다."[240] 삼길육수방은 입향에 모두 사용되는 길한 방위다.

단 "십자로의 입구에 토분(土墳)을 세우는 것은 戊·己살을 범하여 불리하다"[241] 戊·己살은 9층 나경의 5층 천산 72룡[242]과 7층인 투지 육십룡[243]으로 길흉을 살피는 방법이다. 용맥이 내려오는 방향인 과협처[244]에 나경을 놓고 정북에서 방위측정을 하여, 과협처에서 내려온 용이 무자순(戊子旬) 방향으로 내려오는 살을 피해야 하는 것이다.

십자로의 戊·己살 뿐만 아니라 관청건물은 탐랑과 연년, 천을의 모든 길성이 비추어야 길하고 송사가 정대하기 위해서는 문·주·조가 서로 상생해야 한다. "관청의 중심인 대당은 높이 만들고 대당양측 끝으로 문을 내지 않고, 추녀 아래에 작은 방을 만들지도 않으며 대문과 두 번째 문 아래에 비석이 있는 것도 마땅치 않다. 호랑이 어금니의 모양새가 되어 구설 시비와 무뢰배들의 소송이 많다. 단 대당의 앞 마당에 양쪽의 비석이 좌우로 홀을 잡은 모습이면 높은 벼슬아치와 충의의 선비가 나오며, 정문 바깥쪽에도 동과 서로 대립하여 서 있으면 유학자나 명사가 나온다고 한다."[245]

관청에는 양쪽으로 '홀'[246]을 잡은 관리가 서있듯이 비석이 서있어야 한다. 대문과 주위에 비석이 어지럽게 자리하고 있으면 송사를 불러일으키고, 나라에 반역하는 무리가 나올 수 있으므로 방정한 모습을 유지해야 한다. 땅과 건물의 모양이 방정하지

---

240) 『地理五訣』, "亥震庚爲三吉方, 艮丙巽辛兌丁爲六秀, 若龍從此三處來, 卽是三吉六秀催官龍."
241) 『陽宅三要』卷一,「廟星方位」, "十字路口, 不宜立土地廟, 犯戊己煞, 諸事不利."
242) 주산에서 혈까지 내려오는 용맥을 세분화 시킨 72개의 용맥으로 9층 나경에서 5층을 말하며 왕상, 고허, 패기, 공망맥이 있으며 왕상맥이 길한 맥이다.
243) 9층 나경의 4층의 쌍산방위에 5개씩의 용을 60개 干支로 배정시켜 혈까지 내려온 용맥을 혈자리 안의 천광할 자리에 배정시키는 용을 말한다. ·
244) 용맥이 살기를 털고 혈자리를 만들기 위해 힘을 모으는 장소를 過峽處라 한다.
245) 『陽宅三要』卷一,「看衙署論」, "大堂地其宜高, 正大光明, 兩旁山頭不宜開門, 兩山頭不宜有少房, 大門下儀門下暖閣邊, 主口舌是非, 訟棍上控, 因形似虎牙故也, 若大堂前正院中兩旁有碑對立, 爲左執笏右執笏, 主出大宦忠義之士, 或頭門外東西邊對立, 若出大儒名士."
246) 자신의 관직을 표시하는 나무나 상아로 만든 손에 들고 있는 수판을 말한다.

못하면 오히려 관청의 역할에서 벗어나 백성을 힘들게 한다. 이 점은 과거나 현대의 관공서에서도 깊이 새겨들어야 할 풍수지리의 원리로 택지와 건물이 모두 방정한 모양이 좋다. 다만 여러 조건이 맞지 않는다면 비보풍수를 적용시켜야 한다.

묘지나 건물을 떠나 전후좌우에서 산이나 바위 등이 쏘아보고 겁박하고 위협하는 모습을 흉지로 여기는 것은 풍수지리의 근본적인 길흉 구별의 형세론이다. 관청과 같은 건물에도 같은 의미를 적용시켜 함부로 비석을 세우거나 문과 방을 규칙에 맞지 않게 만들고 서로 대칭적으로 각을 세우는 방향은 피해야 한다.

관청의 형세에 따른 길흉을 보면, "관청의 모양새는 반드시 넓고 크고 전착후관(前窄後寬)하고 양측 담장이 비스듬한 관(棺) 모양이면 재정이 튼튼하고, 관민이 풍족하며 관리가 뛰어나고 기강이 바로 선다. 만약 지세가 앞이 넓고 뒤가 좁은 채찍과 뱀 꼬리 모양이면, 관민이 고달프고 관청이 오래 존재하기가 어렵다."[247]

관청에 설치하는 시설물 또한 "백호방에 흉한 형상의 물건을 놓지 않아야 한다.[248] 관청은 건물과 땅의 모양은 물론 설치되는 시설물에 있어서도 반드시 흉함을 살펴 적절한 위치를 정해야 한다.

만약 이를 어기면 관청에 송사가 많이 일어나고 항상 시끄럽고 편안하지 못하면 오귀를 범한 것으로 흉이다. 다만 이러한 흉사를 물리치는 방법으로 "오일파귀법(五日破鬼法)을 쓴다. 재를 성밖 하천에 보내는 법, 하천이 없으면 십자로의 입구에 보내어 향촉에 지전을 태워 제사지내고, 옛날 부엌에 사용하던 철기는 빈방에 두었다가 백일이 지난 후 금기가 흩어져 나간 다음에 쓰고, 관청의 대당 앞에는 작은 방과 문을 만들지 못하며, 만약 만든다면 자손이 끊기고 처가 상하고 모든 일이 걱정스럽다."[249]

---

247) 『陽宅三要』卷一,「看衙署論」, "衙署地勢, 總是端正廣大, 前窄後寬, 兩邊有斜牆如棺材形, 爲緊口衙署, 若前寬後窄, 爲鞭稍蛇尾, 官民窮苦, 不能在衙署."
248) 『陽宅三要』卷一,「看衙署論」, "白虎方不宜, 凶煞刑象諸物件."
249) 『陽宅三要』卷一,「看衙署論」, "用五日破鬼法, 將灰土送出城外河中, 無河卽送到十字路口, 用香獨紙錢祭送則不犯, 至於舊灶房, 所用一切鐵器, 放在空房內, 遲百日散過金氣方可用, 若不出百日內使用, 大堂前最忌小房小門, 又主乏嗣, 傷妻尅子, 諸事優愁."

오일파귀법은 관청의 여러 흉한 시설물로 인해 시끄러운 일들이 발생했을 때 흉을 막아주는 비보풍수의 방법이다.

네 번째, 팔괘방위에 따른 문·주·조 삼요의 길흉측정이다. 동서사택의 문·주·조 팔괘방위에 따라 동사택 32개의 문·주와 서사택 32개의 문·주와 부엌의 팔괘방위 관계로 길흉관계를 나타낸다. 이는 팔괘방위에 따른 동사택과 서사택을 문·주·조 삼요와의 상관관계를 따진 것이다.

건·곤·간·태(乾·坤·艮·兌) 서사택인 건문건주(乾門乾主)에서부터 태문곤주(兌門坤主)까지, 동사택 감·리·진·손(坎·離·震·巽)의 감문감주(巽門震主)에서 손문진주(巽門震主)까지 가각 총 32방위에 따른 각각의 길흉을 나타낸 것으로『양택삼요』권3과 권4의 길흉방위의 핵심 내용이다.

여기에서는 총 64개의 문주조의 설명은 생략하고 동사택과 서사택의 문·주·조 삼요방위에서 4개의 서사택인 건·곤·간·태(乾·坤·艮·兌)와 팔괘방위를 곱한 32 방위의 문·주와 다시 8개 부엌의 팔괘방위를 먼저 표시하였다. 이는 건문건주(乾門乾主), 곤문곤주(坤門坤主), 간문간주(艮門艮主), 태문태주(兌門兌主)의 문·주와 부엌 방위와 비교하여 길흉을 판단한 것이다.

다만 서사택의 건·곤·간·태(乾·坤·艮·兌)의 택을 전부 설명하지는 않았다. 건문건주(乾門乾主)와 건문곤주(乾門坤主)의 서사택 두 개와 부엌과의 관계만 나타내었다. 나머지는 같은 방식으로 오행상생 관계와 팔문길성으로 유추해보면 길흉을 알 수 있다.

먼저 건문건주(乾門乾主)와 부엌인 조(灶)의 관계다. 건문건주는 2건이며 2금이고 순양이 두 개다. 팔문과 팔괘를 작괘하면 안방은 복위택으로 길한 방위며 순양의 복위택이다. 건문건주(乾門乾主)는 "초년에는 발복과 귀함이 있으나 순양이 변하지 않아 양이 성하고 음이 쇠하여, 오래되면 부녀자 요절에 과부가 나오며 후손이 끊어지는 차길이다."[250] 금이 2개로 음양의 불균형에 따른 길흉사다.

---

250)『陽宅三要』卷二,「乾門乾主」, "乾乾純陽傷婦女, 此各伏位純陽之宅, 初年發福發貴, 但純陽不化, 陽盛陰衰, 久則婦女夭亡, 孤寡乏嗣, 次吉."

한 가지 예시인 서사택인 건문건주(乾門乾主)와 8개의 부엌 방위에 따른 길흉관계를 아래 도표에 나타낸 내용이다.

〈표-31〉 건문건주배팔조(乾門乾主配八灶)[251]

乾門乾主	순양의 복위택, 초년 발복, 發貴, 오래되면 처자 손상, 과부와 후손이 어려워 차길이다.
坎灶	水가 金氣를 빼앗아 처음은 좋지만 후일 재산, 음탕, 노름, 처자손상, 양자, 해수병이 있다.
艮灶	천을의 자리이며 토금 상생이니 초년은 부귀쌍전, 生三子이나 오래되면 陰이 없어 재혼, 처첩, 부녀손상, 양자로 대를 잇는다.
震灶	오귀의 자리이니 長子가 불리하고 관재구설, 파재, 투도흉사, 대흉이 일어나며 4,5의 數에 발생한다.
巽灶	녹존토성이며 상생 궁으로 초년에 小吉하고 오래되면 부녀자단명, 요통, 심통, 복통이 발생한다.
離灶	화금 상극이니 陰盛陽衰로 여자가 많고 자손과 재물부족, 과부, 두통과 안질, 부인의 성품이 강하고 후손이 어렵다.
坤灶	연년으로 토금이 상생하고 부부정배, 4子를 낳고 복록과 壽를 갖춘다.
兌灶	生氣處이며 대문과 主가 比和, 초년재물과 자손, 오래되면 처첩을 거느리나 과부만 남는다.
乾灶	門·主와 比和, 三陽의 동거로 초년 발복, 오래되면 처를 극하고 후손이 어렵다.

위의 표에서 보듯이 건문건주(乾門乾主)와 부엌방위에 따른 길흉 내용을 보면, 대문과 안방은 같은 금이니 비화(比和)이고 길흉이 반반이다. 또한 양의 기운이 성하고 있어 당연히 음의 기운이 약해진다. 오행상생상극과 팔괘의 괘상으로 길흉을 보면, 대문과 안방인 주(主)의 금기운이 전부 감조(坎灶)의 수기운으로 오행상생을 해주고 있다.

따라서 부엌은 상생을 받아 길지가 되지만 수(水)기운이 넘쳐나 이로 인한 피해가 발생한다. 도표 내용에서 보듯이 감조(坎灶)는 초년에 발복하다 후일 나빠지는 원인이 수의 기운

---

251) 『陽宅三要』 卷二, 「乾門乾主」, "此各伏位純陽之宅, 初年發福發貴, 但純陽不化, 陽盛陰衰, 久則婦女夭亡, 孤寡乏嗣次吉. 坎灶水洩金氣, 初年得相生之道吉, 久則散財窮苦, 嫖賭淫蕩妻子損傷, 乏嗣抱養咳嗽吐痰. 艮爲天乙灶土金相生, 初年富貴雙全生三子, 年久純陽無陰傷婦乏嗣, 重娶妻妾抱養過繼. 震灶犯五鬼作亂, 長子不利官司口舌, 傷人敗財凶死偷盜, 多應四五之數大凶. 巽灶爲祿存土星, 與門相生宮, 卻與門相剋, 初年小吉, 久則婦女短壽, 腰腿心腹疼痛. 離灶火金相剋, 陰盛陽衰多女少男, 丁財不在久多寡居, 主頭疼眼疾惡瘡等症, 婦人性剛乏嗣. 坤灶爲延年土金相生, 夫婦正配主生四子, 福祿壽齊全大吉. 兌灶爲生氣, 與門主比和, 初年發財發丁, 久則重娶妻妾, 並出寡居次吉."

탓이다. 수(水)는 음이고 음은 여자와 중남을 뜻하니 잘 나가다가 잘못된 길을 가게 된다.

건문건주(乾門乾主)의 간조(艮灶)는 토금의 기운이 왕하고 부엌의 조(灶)가 토생금으로 대문과 안방을 생하여 주고, 음식은 모든 생육의 기운이며 시작이니 내외부적으로도 당연히 좋은 일이 발생한다. 그러나 문·주·조가 전부 남자인 양의 기운이다.

오행의 기운은 서북(西北)인 음의 기운이지만 팔괘의 괘상으로 보면 전부 남자를 뜻하여 남자의 기운이 강해진다. 비록 천을(天乙)의 길성에 자리하고 있지만 양의 기운이 넘쳐나니 음의 기운이 쇠해짐은 당연하다. 감조(坎灶)와 간조(艮灶)는 둘 다 양의 기운이 강해짐으로 인한 흉사가 발생한다는 뜻으로 역시 음양의 부조화이다.

간조(艮灶)에 비해 진조(震灶)는 두 금의 기운이 목(木)의 기운을 상극하니 진조(震灶)는 약해진다. 진은 장남이고 오귀의 자리이니 양의 강한 기운들이 역시 뭉친 것이다. 아버지에 비하여 장남의 기대치가 떨어짐은 역시 흉으로 작용한다.

손조(巽灶)는 음하나가 두 양(陽)을 상대하고 상생하니 처음에는 금을 다스리며 잘 나가다가 마침내 한 부녀자의 힘으로 두 양(陽)을 상대하기는 벅차게 된다. 결국 몸이 상하고 음의 기운이 상하는 것이 당연하다.

이조(離灶)는 두 금(金)인 건문건주와 한 개의 화가 두 금(金)을 상대한다. 더구나 부엌의 조(灶)에서 금의 기운을 살리는 형국이니 먹고사는 것은 이조(離灶)에 달렸다. 따라서 이조의 기운이 강해야만 금을 상대할 수 있다. 당연히 강한 여인이 되고 성품이 강해지는 것은 틀림없다. 그러나 손조(巽灶)와 같이 처음은 잘 나가다가 역시 기운이 약해지는 것은 마찬가지다. 두 건(乾)의 기운이 강하니 여자가 강해지고 후일 기운이 상한다.

반면 곤조(坤灶)는 어머니가 부자(父子)를 상대하니 지혜롭고 따뜻하다. 또한 곤조에서 기운을 돋우니 부자는 당연히 성공한다. 복록과 수(壽)를 누리는 것은 어머니의 마음으로 정배(定配)하였으니 부부가 조화롭고 자식이 많음은 당연하다.

건문건주(乾門乾主)와 같은 금기운인 태조(兌灶)는 비화(比和)의 관계다. 오행은 전부 음인 금의 기운이고, 팔괘의 괘상인 소녀가 두 양을 상대하니 소녀의 귀여움은 사랑을 독차지 한다. 그러나 역시 오래되면 양의 기운이 넘쳐나니 음의 기운이 약해지고, 사랑은 미움으로 바뀌니 음이 나빠짐은 당연한 결과로 이어진다.

건조(乾灶) 역시 태조(兌灶)와 같은 금기운으로 비슷한 결과를 초래한다. 세 개의 양(陽)이 동거하니 처음은 기운이 넘쳐난다. 점차로 음의 기운이 약해지고 이로 인한 부녀자의 고통은 당연히 흉으로 작용하게 된다.

도표내용에서 보여준 길흉의 내용을 결론지으면 건문건주배팔조(乾門乾主配八灶)는 음양의 균형을 기본구도로 오행의 기운과 팔괘의 괘상으로 분석한 것이다. 가장 좋은 배합의 결과는 건문건주(乾門乾主)에 연년의 자리인 곤(坤)의 부엌이 가장 이상적인 부부 배합이자 음양의 배합이다.

이는 천지가 결합하여 만상만물이 생겨나듯 한 어머니가 지아비와 화합하여 행복한 가정을 꾸리고, 사랑과 정성으로 만든 음식으로 남편과 자식을 보살피니 복(福)과 수(壽)를 누리고 사회적인 성공을 가져다준다는 뜻을 내포하고 있다.

그러나 『양택삼요』에서 밝힌 오행 방위의 기운으로만 따져보면 乾·坤은 서북향으로 서사택인 음의 기운이다. 이는 음양의 조화로움에서 벗어난다. 따라서 『양택삼요』에서 가장 중요하게 여기고 있는 오행 방위는 팔괘의 괘상(卦象)으로 살핀 음양오행으로 길흉 여부를 가린다. 또한 이조(離灶)와 건문건주를 비교해 화·금(火·金)상극으로 나타낸 것은 오행의 상극기운으로 본 것이다.

앞서 밝힌 팔괘를 팔문(八門)으로 정의하고, 이를 구성(九星)과 연결시켜 길흉방위를 정한 것은 오행의 기운과 팔괘와 팔문구성, 오행상생상극과 팔괘의 괘상으로 길흉사를 구별하는 종합적인 판단을 한 것이다.

음양구별의 기준도 오행과 함께 팔괘의 괘상과 팔괘오행으로 판단하고 있다. 건삼(乾三)을 순양(純陽)이라 하고 곤삼(坤三)을 순음(純陰)이라 표현한 것이 그것이다. 즉 남녀로 구별한 것이다. 동사택이나 서사택의 여러 다른 배합에서도 같은 원리를 적용하고 있다.

다음은 서사택의 건문곤주(乾門坤主)와 부엌의 관계를 도표로 정리한 것이다.

〈표-32〉 건문곤주배팔조(乾門坤主配八灶)[252]

乾門坤主	천문이 땅에 이르니 영화롭고 연년택으로 토금상생, 부부정배, 4자득남, 일가평화, 자손이 어질고 효도하며 부귀왕성, 壽가 다하여 백 살이 되는 것은 연년이 득위(得位)한 것이다.
坎灶	수가 토의 극이니 중남이 단명, 위와 배가 아프고 길하지 못하다.
艮灶	대문상생, 남녀가 착하며 대길하다.
震灶	대문과 主가 상극이니 대흉하다.
巽灶	대문과 金木, 主와 木土 상극이니 노모와 맏며느리가 요사한다.
離灶	화금 상극이니 흉하다.
坤灶	대문상생, 主와 비화로 대길이다.
兌灶	대문과 생기, 主와 천을로 대길하다.
乾灶	대문과 상생, 主와 비화로 대길하다.

건문곤주(乾門坤主)는 천지배합으로 부부가 바른 배합을 하였으니 최고의 자리다. 문과 안방이 상생하니 모든 기운의 배합이 바르다. 부부가 화목하고 복록과 수(壽)를 누리며 득남(得男)을 하는 것은 정(正) 위치에 있기 때문이다. 부엌과도 서로 좋은 방향이니 전체적으로 대길한 자리이다. 단 감조(坎灶)와 진조(震灶), 손조(巽灶)와 이조(離灶)는 음양의 치우침과 팔문과 팔괘의 자리가 흉지가 되어 흉사가 발생한다.

건문곤주(乾門坤主)에서 후손이 절손하는 일은 없다. 노모와 맏며느리가 상하고 있지만 이것은 오행상극으로 인한 결과로 손조(巽灶)를 목(木)으로 보고 있기 때문이다. 도표에서 보듯이 진조(震灶)의 방향이 가장 대흉이다. 금·목·토가 서로 상극으로 1음이 2양을 상대하니 벅차고, 대문과 안방과 달리 부엌은 오귀(五鬼)방향으로 귀신들

---

252) 『陽宅三要』 卷二, 「乾門坤主」, "名延年宅土金相生, 夫婦正配星宮相生, 生四子, 一家和平, 子孝孫賢富貴榮昌, 壽咸期頤延年得位故也. · 坎灶水受土剋, 中男短命, 肚腹疼痛不吉. 艮灶與門相生, 男女好善大吉. 震灶與門主相剋大凶, 巽灶與門金木相剋, 與主木土相剋, 老母長婦夭壽. 離灶火金相剋凶, 坤灶大吉, 兌灶與門爲生氣, 與主爲天乙大吉, 乾灶與門主相生比和大吉."

의 장난이 난동을 부린 이유다.

위 도표의 건문건주(乾門乾主)와 건문곤주(乾門坤主) 외에 나머지 서사택인 곤문건주(坤門乾主)와 부엌, 간문간주(艮門艮主)와 부엌, 태문태주(兌門兌主)와 부엌의 관계 역시 오행상생과 팔문구성(八門九星)에서 생기, 연년, 천을, 귀혼을 길한 자리로 여겼다. 오귀, 육살, 화해, 절명의 자리는 흉한 방위였다. 비록 오행상생이 있더라도 팔문(八門)과 팔괘구성(八卦九星)의 자리가 흉하면 흉한 것이었다.

반면 같은 오행기운인 비화(比和)는 길하고 팔괘의 괘상을 적용하여 길함과 흉함의 대상을 정하였다. 가장 중요한 부분은 기운이 들어오는 출입구인 문의 기운이 주(主)를 생하는 것이 가장 이상적인 배합이다.

주(主)가 조(灶)를 생하면 최고의 자리가 되고 문·주·조의 삼요가 서로 상생해주는 방위가 최고의 배합으로 영광이 끝없이 계속된다. 서사택인 건곤간태(乾坤艮兌)의 4택에서 乾門을 제외하고, 坤門과 艮門, 兌門의 배합설명이 남아 있다. 가장먼저 건문(乾門)의 길흉을 비교한 것은, 팔괘의 괘상과 오행상생상극, 팔문구성의 길흉 판단법과 유사하였기에 곤문(坤門)과 간문(艮門), 태문(兌門)의 길흉내용은 유사하여 전체적인 기록은 생략하였다.

다음으로 동사택의 경우다. 동사택의 감리진손(坎離震巽) 네 방위와 팔괘방위를 곱한 32방위의 문·주와 1괘의 문·주에 다시 8개의 방위와 부엌의 방위를 나타내었다. 이를 감문감주(坎門坎主)와 이문이주(離門離主), 진문진주(震門震主)와 손문손주(巽門巽主)의 4가지 종류가 있고 다시 조(灶)의 방위와 비교하여 길흉을 판단하였다.

서사택의 내용에서 밝혔듯이 32방위를 전부 나타내지는 않았다. 동사택의 감문감주와 이문이주, 진문진주와 손문손주 4개와 조(灶)와의 내용만 살폈다. 나머지 내용은 앞선 방법대로 유추하여 보면 길흉을 짐작할 수 있다.

아래는 동사택 감문감주(坎門坎主)와 조(灶)의 관계를 도표로서 표시한 것이다.

坎門坎主	물이 거듭 만나 처자와 이별, 복위의 主, 純陽의 집으로 초년 발복, 오래되면 剋妻傷子하여 乏嗣, 과부가 살고 坎이 두 번이기에 二男이 동거하니 처첩이 없다.
艮灶	오귀의 부엌, 水土상극, 중남이 불리하고 어린이가 사망하며 대흉이다.
震灶	천을로 초년 발복하고 좋으나 오래되면 극처상자 하는 것이 순양이다.
巽灶	생기로 福·祿·壽를 갖추고 五子가 등과하는 부엌이라 大吉大利하다.
離灶	연년으로 四子를 얻는 次吉이다.
坤灶	절명이며 토수 상극으로 中男이 불리하다.
兌灶	화해로 금수상생이나 이름 하여 洩氣로 젊은 여자가 요절한다.
乾灶	육살의 순양으로 극처상자하며 天門落水를 범해 방탕한 자가 나온다.
坎灶	복위의 부엌으로 三陽이 동거하여 초년에는 부귀 발복하여 사람과 집안을 갖추나 오래되면 剋妻하고 乏嗣하는 것은 순양이다.

감문감주(坎門坎主)는 같은 수(水)로 비화의 관계다. 감(坎)은 중남(中男)으로 감이 둘이니 중남이 둘이며 순양이다. 양의 기운이 많아 남자가 가권(家權)을 잡으니 음이 부족하여 극처하게 되고, 음양의 불균형으로 주로 여자가 힘을 발휘하지 못한다.

수(水)의 기운이 많아 수생목(水生木)으로 수의 기운을 설기시키는 것이 좋아 震·巽의 자리가 역시 길한 자리다. 다만 震은 장남(長男)으로 삼양(三陽)의 피해가 있어 처(妻)가 극을 당한다. 巽의 자리는 대길대리(大吉大利)라 하였으니 이는 오행상생에 따른 조화다. 천을과 생기, 연년의 자리는 길하며 坎灶는 세 개의 부엌이 되어 전부 비화이며 반길반흉(半吉半凶)이자 3양으로 역시 극처를 한다.

여기서 3양의 문제점도 있지만 수는 오행으로 음의 기운이다. 음의 기운은 반드시 양의 기운이 있어야 음양의 균형이 맞는 것이 자연의 원리이다. 따라서 양인 이조(離

253) 『陽宅三要』卷三, 「坎門坎主」, "此名伏位純陽之宅, 初年大發, 但純陽不化, 久則剋妻傷子, 出寡居多乏嗣, 重坎爲二男同居, 無妻妾故也. 艮灶犯五鬼, 水土相剋中男不利, 小口死亡大凶. 震灶爲天乙, 初年發福好善, 久則剋妻傷子純陽故也. 巽灶爲生氣, 福祿壽齊全, 名五子發科灶大吉大利. 離灶爲延年, 生四子次吉. 坤灶爲絕命, 土水相剋中男不利. 兌灶爲禍害, 金水相生, 名洩氣少婦夭亡. 乾灶爲六煞純陽, 剋妻傷子, 犯天門落水出淫狂. 坎灶爲伏位灶, 三陽同居, 初年大發富貴人齊家齊, 久則剋妻乏嗣, 純陽故也."

竈)를 봄이 마땅하다. 이조는 수화상극이 아니라 수화기제가 된다. 그러나 현실적인 삶에 있어 부엌의 방향은 대부분 남쪽 방향에 있지 않다.

햇빛이 강한 남쪽 방향은 음식이 쉽게 상하게 하는 방향이다. 도표에서 보듯이 이조(離竈)는 두 번째 길한 자리로 나타내었고 네 아들을 얻는 방위자리로 나타내었다. 일반적으로 양택에서 가장 선호하는 남향이 좋다는 인식과는 다른 관법이다.

결론을 내리면 앞서 설명한 동서사택(東西四宅)에 따른 길흉은 오행상생을 전부 길한 방위로 보았다. 오행상극의 관계는 전부 흉으로 보고 있는 것이 공통점이다. 한 가지 예를 들면 巽의 오행기운은 화(火)인 초여름 입하(立夏)의 계절이고, 팔괘의 괘상으로 보면 바람을 뜻하고 목(木)을 뜻한다. 『양택삼요』에서는 巽을 단지 목으로만 판단하고 있는 것에 유념해야 한다.

팔괘오행의 괘상으로 보면 목·화·토·금·수의 정오행과 달리 손문손주(巽門巽土)는 2목이다. 목은 반드시 토에 의해 성장하므로 토의 부엌은 2목인 巽에게 상극을 당하는 형태다. 그러나 토는 2목에 의지하여 존재하므로 서로가 서로를 향해서는 상생하는 관계로 볼 수 있다.

만약 많은 수가 토를 적신다면 토는 물에 쓸려갈 것이다. 그러나 목이 수생목으로 수기(水氣)를 받아주고 목이 토를 붙잡고 있다면 오히려 토는 살아갈 수 있다. 이것이 오행과 자연의 섭리다. 이와 달리 『양택삼요』에서는 오행상생상극의 논리로만 길흉을 판단하고 있는 것이 핵심이다.

오행상생과 상극을 길흉으로 단정하지 말고 자연의 섭리를 감안한 오행상생상극의 관계를 좀 더 세밀하게 정리하여 길흉 판단을 하였다면 더욱 심오한 방위체계가 되었을 것이라는 아쉬움은 남는다. 다만 조정동이 자신의 증험을 강조하여 수많은 길흉을 고증하였다는 점 또한 무시할 수도 없다.

중국과 달리 조선시대 사대부 양택에서는 사랑채와 안채 중 어느 곳을 주인이 거처하는 주(主)로 정할 것인가에 관한 견해가 서로 다른 점이 있다. 삼요는 바깥대문과 사랑방, 그리고 부엌을 지칭하는 것으로[254] 보는 견해도 있다. 다만 대부분의 조선시대 양택을 확인한 결과 부엌방위는 대부분 안채와 붙어 있었다.

물론 반빗간이라는 독립적인 부엌이 있는 고택이나 종택도 있다. 사랑채와 안채는 대부분 각각 독립된 공간을 가지고 있다. 마당에서 안채로 들어오는 문과 바깥대문에서 사랑채로 들어오는 문이 따로 있어 주(主)의 기준에 관한 견해가 달라지는 점이다.『양택삼요』의 논리로만 100% 접근할 수 없는 것이 우리의 주택배치구조다.

『양택삼요』에서는 "각원의 팔괘방위를 배열하여 오행상생상극의 원리에 비교한다."[255]고 하였듯이 안채와 사랑채는 각원에 속한다. 안채는 부부공간이며 사랑채는 남자만의 공간으로 안채와 사랑채의 공간을 음양공간으로 분리하였다.

안채를 주(主)로 여기는『양택삼요』와 마찬가지로 조선시대 양택의 주(主)도 안채가 되어야 한다. 그러나 실제사례를 연구한 여러 논문들에서도 사랑채와 안채에 대한 주(主)의 해석이 다른 점이 있는 것은 분명하다.

전라남도 외암리 민속마을의 양택 65채의 삼요 분석을 분석한 김덕동의 논문에서 삼요가 완전히 배합된 주택은 12채로 18.46%라고 밝혔다. 정성현 · 김성우(1988)는 문화재관리국이 출간한『문화재대관』에 수록된 주택 62채 중 52채인 80.6%가 동서사택 방위에 부합하고, 류창남 · 천인호(2009)의 연구에서 밝힌 삼요에 부합하는 가구는 53채 중 34채인 60.7%와 큰 차이를 보이고 있다.[256] 이처럼 우리나라의 고전양택에서 삼요의 방위적용이 완전히 일치하지 않았고 주(主)의 기준 또한 명확하지 않았다.

양택지의 선택은 무엇보다 자연형국이나 형세를 먼저 살핀 후에 방위를 정하는 것이 순서다. 방위부터 먼저 정하는 것은 옷의 단추를 잘못 끼운 꼴이다. 즉 입지를 먼저 정한 후에 방향을 잡는 순서가 좌향의 기본원칙이다. 따라서 문 · 주 · 조 삼요의

254) 鄭成鉉,「양택삼요의 간법과 그 적용에 따른 조선시대상류주택의 배치계획에 관한 연구」,『대한건축학회논문집』4권 5호, 대한건축학회, 1988.
255)『陽宅三要』卷一,「各具一太極定主定門定灶法」, "各院佈各院之八卦, 各院取各院之吉凶."
256) 金德東,「외암리 민속마을의 풍수입지 및 이기론적 특성」, 동방대학교 박사논문, 2016, p.374.

오행상생법 역시 형세를 먼저 파악한 후에 대문과 안채와 부엌의 배치를 나타내어야 한다. 오행상생이 무조건 길하다고 하는 방위논리는 재고의 여지가 있다고 추론된다.

3) 삼원과 본명궁의 방위체계

양택을 건축하거나 선택할 때 가주(家主)가 동사택과 서사택 중 어떤 4택을 선택하는 가에 대한 선택방법을 『양택삼요』에서는 본명(本命)으로 정한다고 하였다. 팔괘구궁과 가주의 본명을 정하는 방법은 '삼원명결(三元命訣)'이다. 삼원명결은 삼원(上元·中元·下元)의 논리를 적용하여 60년을 일원(一元)으로 규정하고, 1일원마다 운이 바뀌며 180년 의 삼원을 일주기로 하는 방법이다. 갑자년을 육십갑자의 시작점으로 잡는다.

구궁도의 각궁에 따라 남녀로 구별하여 남자의 "상원갑자는 일궁에서 시작하고 중 원갑자는 손궁에서 시작하며, 하원갑자는 태궁에서 시작점을 잡고, 여자의 상원갑자 는 중궁인 오중에서 시작하며, 중원갑자는 2궁에서 시작하고, 하원갑자는 8궁에서 시작하여 포국을 하는 방법으로 본명궁을 정한다. 남자는 역행으로 여자는 순행하여 본명궁을 정한다."[257]는 방법이 '야마도간장결도(野馬跳澗掌訣圖)'이며 손바닥을 사용하 는 작괘법이다.

〈표-34〉 구궁과 삼원구성(三元九星)

사록손(四綠巽)	구자리(九紫離)	이흑곤(二黑坤)
삼벽진(三碧震)	오황중(五黃中)	칠적금(七赤金)
팔백간(八白艮)	일감수(一坎水)	육백금(六白金)

삼원구궁포국법은 기문둔갑판으로 길흉방을 선택할 때 필히 참고하는 것이다. 본 래 지리의 길흉을 논단하는 것이며 양택과 음택에 쓰던 방술로서 기문둔갑과 혼합하

---

257) 『陽宅三要』卷一,「三元命訣」, "上元甲子一宮, 看中元起巽下兌間, 上五中二下八女, 男逆女順是根元, 男一宮一 旬, 至本旬宮, 逆數至生年本命, 女一宮一旬, 順數至生年本命."

여 각종 길흉방을 판단할 때 응용한다.[258] 여기서 "삼원이란 구궁에서 일어나 휴문일백, 사문이흑, 상문삼벽, 두문사록, 중궁오황, 개문육백, 경문칠적, 생문팔백, 경문구자"[259]로 본명궁을 정하고 있다.

〈그림-42〉가 야마도간장결도이다. 그림의 손바닥에서 보듯이 12지지를 숙지한 후에, 알감(一坎) — 이곤(二坤) — 삼진(三震) — 사손(四巽) — 오중(五中) — 육건(六乾) — 칠태(七兌) — 팔간(八艮) — 구이(九離)의 순서로 운행시킨다.

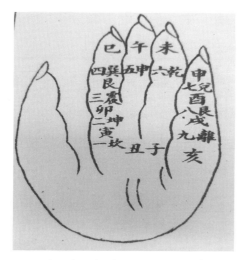

〈그림-42〉 야마도간장결도[260]

자오묘유(子午卯酉)의 4정방인 감리진태(坎離震兌)와 인신사해(寅申巳亥)의 4유방인 간곤손건(艮坤巽乾)의 위치를 사용한다. 손바닥 중앙을 오중황토(五中黃土)로 규정하여 한 궁씩 역행과 순행을 하면서 시간의 흐름에 따라 60갑자를 맞추고 자신이 타고난 생년을 간지로 표현한다.

본명궁을 정하는 삼원의 시작은 청나라를 기점으로 천계갑자년인 1624년이 하

258) 金成旭. 編著, 『九宮祕訣』, 명문당, 1994, p.324.
259) 『協紀辨方書』, 「三元九星」, "三元者, 起于九宮也, 以休門爲一白, 死門爲二黑, 傷門爲三碧, 杜門爲四綠, 中宮爲五黃, 開門爲六白, 驚門爲七赤, 生門爲八白, 景門爲九紫."
260) 『陽宅三要』 卷一, 「野馬跳澗掌訣圖」, "野馬跳澗法, 從寅數到狗, 一年隔一位."

원(下元), 1684년이 상원(上元), 건륭9년인 1744년이 중원(中元), 1804년이 하원(下元)이다. 다시 60년을 더하면 1864년이 상원(上元)이다. 상원은 1864년 甲子에서~1923년 癸亥까지의 출생자이고, 中元은 1924년 甲子에서~1983년 癸亥까지의 출생자, 下元은 1984년 甲子에서~2043년 癸亥까지의 출생자를 말한다.

아래 도표에 명·청대에서 현대까지의 삼원기간과 남녀의 본명궁을 태어난 생년과 비교하여 삼원 구궁에 나타내어 자신의 본명궁이 동사택인지 서사택인지를 구별할 수 있도록 나타내었다.

〈표-35〉 명·청에서 현대시기까지 삼원

삼원	운	명대~청대	청대	청대~현대
상원	1운 (1入中)	명·홍치 17년~ 가정 2년까지	강희 23년~ 43년까지	동치 3년~ 광서 9년까지
	2운 (2入中)	가정 3년~ 22년까지	강희 43년~옹정 元年까지	광서 10년~ 광서 29년까지
	3운 (3入中)	가정 23년~ 42년까지	옹정 2년~ 건륭 8년까지	광서 30년~ 서기 1923년까지
중원	4운 (4入中)	가정 43년~ 만력 11년까지	건륭 9년~ 28년까지	서기 1924년~ 1943년까지
	5운 (5入中)	만력 12년~ 31년까지	건륭 29년~ 48년까지	서기 1944년~ 1963년까지
	6운 (6入中)	만력 11년~ 천계 3년까지	건륭 49년~ 가경 8년까지	서기 1964년~ 1983년까지
하원	7운 (7入中)	천계 4년~ 숭정 말년까지	가경 9년~ 도광 3년까지	서기 1984년~ 2003년까지
	8운 (8入中)	청·순치 원년~ 강희 2년까지	도광 4년~ 23년까지	서기 2004년~ 2023년까지
	9운 (9入中)	강희 3년~ 22년까지	도광 24년~ 동치 2년까지	서기 2024년~ 2043년까지

〈표-36〉 본명궁의 구궁

남성구궁팔택법(동사사택: 坎離震巽, 서사사택: 乾坤艮兌)								
2黑坤土	3碧震木	4綠巽木	5黃中土	6白乾金	7赤兌金	8白艮土	9紫離火	1白坎水
1872	1871	1870	1869	1868	1867	1866	1865	1864
1881	1880	1879	1878	1877	1876	1875	1874	1873
1890	1889	1888	1887	1886	1885	1884	1883	1882
1899	1898	1897	1896	1895	1894	1893	1892	1891
1908	1907	1906	1905	1904	1903	1902	1901	1900
1917	1916	1915	1914	1913	1912	1911	1910	1909
1926	1925	1924	1923	1922	1921	1920	1919	1918
1935	1934	1933	1932	1931	1930	1929	1928	1927
1944	1943	1942	1941	1940	1939	1938	1937	1936
1953	1952	1951	1950	1949	1948	1947	1946	1945
1962	1961	1960	1959	1958	1957	1956	1955	1954
1971	1970	1969	1968	1967	1965	1964	1964	1963
1980	1979	1978	1976	1975	1974	1973	1972	1971
1989	1988	1987	1986	1985	1984	1983	1982	1981
1998	1997	1996	1995	1994	1993	1992	1991	1990
2007	2006	2005	2004	2003	2002	2001	2000	1999
2016	2015	2014	2013	2012	2011	2010	2009	2008
2025	2024	2023	2022	2021	2020	2019	2018	2017
2034	2033	2032	2031	2030	2029	2028	2027	2026
2043	2042	2041	2040	2039	2038	2037	2036	2035
4綠巽木	3碧震木	2黑坤土	1白坎水	9紫離火	8白艮土	7赤兌金	6白乾金	5黃中土
여성구궁팔택법(동사사택: 坎離震巽, 서사사택: 乾坤艮兌)								

위 도표에서 보듯이 남녀의 본명궁은 서로 다르다. 자신과 가족의 팔괘간법으로 동사택과 서사택이 구별되지만, 가족 구성원들이 동사택과 서사택으로 나뉘지는 경우가 발생한다. 부부의 본명궁이 동서(東西)로 나뉘고 구궁오행이 상극관계가 된다면 같은 공간에 거주하는 가족 구성원과의 상극이 발생한다. 따라서 오행상생상극의 관계를 파악하고 있어야 한다.

예를 들면 진·태(震·兌)의 오행은 목·금(木·金)이다. 괘상(卦象)으로 진은 장남이며, 태는 소녀가 되고 곤괘(坤卦)의 토는 어머니가 된다. 즉 토인 어머니에서 목(木)이 자라고 금은 토의 상생을 받는다. 상극의 원리와 상생의 원리를 같이 살펴야 하는 점이 이것이다. 따라서 오행상생상극의 원리를 정확하게 이해하여 양택의 공간 배치에 활용되어야 한다.

앞서 설명한 팔괘배합인 건·곤(乾·坤)의 배합, 간·태(艮·兌)의 배합, 감·리(坎·離)의 배합, 손·진(巽·震)이 서로 짝을 이루고, 동사택은 감리진손(坎離震巽)의 수-목-화 오행상생과 서사택은 건곤간태(乾坤艮兌)로 토-금의 오행상생과 팔문구성의 오행상생관계를 살피는 것도 중요한 양택의 길흉방위법이다. 그러나 본명궁에 앞서 팔괘와 구성오행(九星五行)의 상생법칙이 우선이다. 본명궁은 가주의 선택에 필수조건은 아니라는 점도 분명히 인지해야 하고 괘상에 따른 배치법도 고려되어야 한다는 점을 명심해야 한다.

4) 팔괘방위론

『양택삼요』"1권에는 오행생극과 음양배합, 유년가결(遊年歌訣)과 아서간법(衙署看法)이 있고, 2권에는 서사사택 32개의 문과 32개의 주와 8개의 부엌의 배합과 3권에는 동사사택 32개의 문과 32개의 주와 8개의 부엌의 배합, 4권에는 64개의 부엌과 64개 문의 배합, 팔괘의 배합에 따른 길흉의 증험을"[261] 나타내고 있다. 서사택과 동사택으로 나누어 음양배합과 오행상생상극의 원리를 문·주·조와 비교하고 역의 64괘를 부엌과 문의 배합으로 설명한다.

이를 위해 무극과 태극의 원리, 양의(兩儀)와 음양의 원리, 문왕팔괘에 따른 괘상과 팔괘의 오행방위, 하도낙서의 선천수와 후천수, 팔괘와 팔문구성의 관계, 음양오행 상생상극 관계와 택의 팔괘방위론에 관한 기본사상을 담고 있다. 오행과 팔괘방위론

---

261) 『陽宅三要』,「目錄」, "卷一, 五行生剋陰陽配合, 遊年歌訣衙署看法, 卷二, 西四四宅三十二門, 三十二主配合八灶, 卷三, 東四四宅三十二門, 三十二主配合八灶, 卷四, 六十四灶六十四門, 裝成八卦斷驗歌訣."

은『양택삼요』의 근본방위체계다

팔괘방위론은 음양의 원리가 기본바탕이다. 태극이 움직여 양의가 생기며, 양의는 음양이다. "태극은 본래 움직임과 고요함의 이치를 함축하고 있으나 동정을 체용으로 나눌 수 없다. 고요함은 태극의 본체요 움직임은 태극의 작용이다."[262] 태극이 움직여 양을 낳고 고요하여 음을 낳는 이치, 무극이 움직여 태극이 되고 음양을 낳는다.

오행은 음양의 기질이며 하나의 태극이다. 태극과 무극은 동정(動靜)에 따르니 태극과 무극, 음양이라는 세 가지의 뜻은 서로간의 상호작용에서 발생한다. 태극이 음양이며 음양을 나누면 오행이다. 양의는 사상을 만들고 사상은 팔괘를 생한다. "역에는 태극이 있으니 양의를 생하고 양의는 사상을 생하고 사상은 팔괘를 생한다."[263]는 원리가 음양오행과 사상팔괘이다.

"건태이진(乾兌離震)의 4괘는 양(陽)의 자리고, 손감간곤(巽坎艮坤)의 4괘는 음(陰)의 자리다. 건·태(乾·兌)는 태양이요, 이·진(離·震)은 소음이다. 손·감(巽·坎)은 소양이요 간·곤(艮·坤)은 태음이다."[264] 乾·坎·艮·震은 양괘의 괘상이요, 巽·離·坤·兌는 음괘의 괘상이다.

『주역』「설괘전」에서 "乾은 하늘이니 아버지라 칭하고, 坤은 땅이니 어머니로 칭하고, 震은 한번 구하여 득남(得男)하니 이르러 장남이다. 巽은 한번 구하여 득녀하니 이르러 장녀이고, 坎은 두 번 구하여 득남하니 이르러 중남이다. 離는 두 번 구하여 득녀하니 이르러 중녀요, 艮은 세 번 구하여 득남하니 이르러 소남이다. 兌는 세 번 구하여 득녀하니 이르러 소녀다."[265] 건곤배합이 삼남삼녀가 되는 이유를 괘상으로 나타낸다. 결국『양택삼요』에서 사용하는 사상(四象)과 양괘와 음괘의 구분은 선천과 후

---

262)『太極解義』, "太極自是涵動靜之理, 却不可以動靜分體用, 蓋靜卽太極之體也, 動卽太極之用也."
263)『周易』,「繫辭傳」上, "易有太極是生兩儀, 兩儀生四象, 四象生八卦."
264)『협기변방서』,「선천팔괘차서」, "乾兌離震爲陽, 巽坎艮坤爲陰, 乾兌爲太陽, 離震爲少陰, 巽坎爲少陽, 艮坤爲太陰.
265)『주역』,「설괘」, "乾天也故稱乎父, 坤地也故稱乎母, 震一索而得男故謂之長男, 巽一索而得女故謂之長女, 坎再索而得男故謂之中男, 離再索而得女故謂之中女, 艮三索而得男故謂之少男, 兌三索而得女故謂之少女."

천팔괘의 구분이다.

동사택의 감리진손(坎離震巽)과 서사택의 건곤간태(乾坤艮兌)의 구분은 남녀의 괘상 구분과 달리 사상(四象)으로 구분하고 있다. 소양과 소음은 동사택이고 태양과 태음은 서사택으로 음양을 혼합하여 짝을 이루어 구분한다.

동사택과 서사택의 길흉에서 "동서가 서로 섞여있는 택은 절대 금물이며 동사택의 문·주·조는 수목상생과 목화통명하고, 유년상의 생기, 천을, 연년 등의 삼길성과 부합해야 한다. 서사택 역시 동사택과 섞이면 안되고 문·주·조가 토금이 상생하거나 비화되고, 궁성이 상생하거나 비화하여야 한다. 부귀지가를 시험해보면 삼길에 합하지 않고 능히 발복하는 집은 없다."[266]하여 동서사택의 혼용금지를 단정하고 있다.

동사택 감리진손(坎離震巽)의 팔괘 방위는 구궁도에서 정북과 정남, 정동과 동남이다. 서사택 건곤간태(乾坤艮兌)의 방위는 서북과 남서, 동북, 정서다. 감리진손은 감궁을 기점으로 동남쪽 방향이고, 건곤간태는 남서를 기준으로 동북방까지다. 즉 동사택과 서사택의 팔괘방위는 낙서후천팔괘의 구궁방위와 같다.

팔괘의 "건곤배합, 간태배합, 감리배합, 손진배합"[267]에서 건곤은 천지와 부모, 양과 음, 금과 토이다. 간태는 소남과 소녀, 산과 못, 양과 음, 토와 금이다. 감리는 중남과 중녀이며 양과 음이다. 진손은 장남과 장녀, 우레와 바람, 양과 음으로 목(木)과 목(木)의 비화다.

팔괘 배합에 따라 동사택의 문·주·조는 수목상생과 목화통명이 길하다. 서사택은 토금상생과 비화가 길하고 궁성이 상생하거나 비화하면 길하다. 동사택은 수-목-화 오행이고 서사택은 토-금오행이다.

동사택의 수목상생과 목화통명(木火通明)은 수생목-목생화의 오행상생관계가 길하다. 서사택의 토금 역시 오행상생과 비화가 길하다. 북두구성의 궁성이 상생하거나 비

---

266) 『陽宅三要』卷一, 「東西八宅不許相混論」, "東四宅門主灶不混西四宅, 俱以水火相生, 木火通明, 盡合遊年相生氣 天乙延年三吉星, 西四宅門主灶不混東四宅, 俱係土金相生比和, 宮星相生宮星比和, 試觀富貴之家未有不合三 吉, 而能發福者也."
267) 『陽宅三要』卷一, 「八卦相配」, "乾坤配艮兌配, 坎離配巽震配."

화도 길하고, 상극관계는 흉하여 팔괘오행과 구성(九星)과의 상생을 우선으로 여긴다.

다만 동서사택이 서로 섞이는 것은 금물이다. 또한 본명궁과 유년에 따른 팔문과 구성을 연결시켜 명궁과 팔괘와 팔문, 유년과 팔문과 구성(九星)의 관계를 길흉판단의 근거로 삼고 있다. 팔문은 후천팔괘를 사용하여 구궁도의 중앙을 제외한 나머지 8궁에 팔괘를 배치하여 길괘가 팔문의 길문과 합하면 길하고, 흉문과 합하면 흉하다는 배치법으로 팔괘생기법이다.

팔문은 생기-오귀-연년-육살-화해-천의-절명-귀혼의 순서다. 팔괘생기법은 기문법의 하나로 중궁에 들어가는 지반수가 중심이다. 음둔과 양둔을 막론하고 팔괘 중 길괘가 팔문의 길문과 배합되면 길하고, 흉괘와 흉문이 배합되면 대흉하다는 것으로 유년에 따라 괘의 변화가 일어난다.

팔문과 구성(九星)의 관계가 '대유년가우팔문투구성(大遊年歌又八門套九星)'으로 대유년에 따른 변괘로 본명궁의 행년과 변괘를 배합하여 길흉을 나타낸 것이다. "대유년 변괘는 상택가(相宅家)들이 주로 사용하는 것으로, 선택에 택장의 행년으로 배합하여 수조(修造)를 결정한다는 설로 유년이란 이름을 붙였다. 건곤괘로부터 변괘하여 탐랑-염정-무곡-문곡-녹존-거문-파군-보필의 순서다."[268]

가령 건(乾)이 본명궁이면, 팔괘와 구성배합을 따져 작괘법으로 삼효(三爻)의 乾卦에서 먼저 상효(上爻)를 변화시키면 兑의 탐랑, 兑의 중효(中爻)를 변화시키면 震의 염정, 震 하효(下爻)의 변화는 坤 무곡, 坤 중효(中爻)의 변화는 坎 문곡, 坎 상효의 변화는 巽 녹존, 巽 중효의 변화는 艮 거문, 艮 하효의 변화는 離 파군, 離 중효의 변화는 乾 보필이 된다. 즉 乾에서 시작하여 兑-震-坤-坎-巽-艮-離-乾의 순서로 괘의 변화가 일어난다.

乾 3효의 예에서 팔괘순서와 팔문의 배합을 보면, 건삼효의 상효가 변하면 생기방이 되고 중효가 변하면 오귀방, 하효의 변화는 연년방, 중효가 변하면 육살방, 상효

268) 『協紀辨方書』, 「大遊年變卦」, "大遊年變卦, 相宅家用之, 選擇有以宅長行年配合修造之說, 故名遊年. 其法亦由天定卦翻變而出, 而以貪狼廉貞武曲文曲祿存巨門破軍輔弼爲序."

가 변하면 화해방, 중효가 변하면 천의방, 하효가 변하면 절명방, 중효가 변하면 귀혼방이 된다. 팔문과 팔괘의 배합은 구성(九星)과 본명궁을 팔괘의 변괘로 인해 일어나는 길흉의 관계를 나타낸 것이다.

동서사택 혼용금지를 원칙으로 팔괘오행의 음양원리, 괘상의 음양, 오행의 불균형과 균형이 길흉의 기본원리이다. 팔괘방위론은 감방(坎方)을 기준으로 이방(離方)까지의 동남방을 동사택, 건곤간태 방향을 서사택으로 나누고 낙서구궁에 따른 공간구별로 문·주·조의 팔괘오행상생을 중요한 원리로 삼았다.

하도는 乾·坤의 천지(天地), 艮·兌의 산택(山澤), 震·巽의 뇌풍(雷風), 坎·離의 수화(水火)가 기제를 이룬다는 팔괘배합이다. 낙서(洛書)는 『주역』「설괘전」에서 말하길 만물이 震에서 나와 巽에서 가지런히 되고, 離에서 만물이 빛나며, 坤에서 만물을 양성시키고 兌에서 성숙해진다. 乾에서 음양이 충돌하고 坎에서 만물이 귀장하여 艮에서 이루어져 다시 震으로 나오는 천도의 순환원리를 담고 있다. 『양택삼요』는 선후천의 팔괘이론을 양택의 팔괘방위론에 적용시켜 팔괘배합과 사상(四象)의 음양 기운에 따른 동서(東西)로 택을 나눈 것이다.

5) 공간길흉론

『양택삼요』는 도시와 산골, 관공서와 어떤 특정건물의 양택에 형세론과 이기론의 향법체계를 모두 적용시킨다. 문·주·조의 방위위치에 따라 길흉을 살피는 공간구성에 따른 방위배치법이 주요한 이론이다.

고대로부터 이어져온 방위개념은 북극성과 북두칠성, 28수별자리, 동서남북, 팔괘구궁, 24간지체계를 벗어나지 않는다. 일괘삼산법(一卦三山法)의 24방위가 기본방위체계다. 양택공간의 중심점을 기준 잡은 후에 나경으로 팔괘방위를 구별하여 길방과 흉방으로 나눈 공간배치법이다.

예를 들어 나경으로 좌향을 판단하여 손산건향(巽山乾向)이면 문이 건방(乾方), 주(主)

가 손방(巽方)이 되는 배치다. "손산건향으로 문을 열고 원 중앙에 나반을 놓아 팔괘를 분포시켜 24산향으로 나눈다. 문·주·조가 어느 궁인지 살피고 유년의 순서를 살펴 상생이면 길하고 상극이면 흉하다. 나머지 일곱 개의 문의 방향도 이와 같다."[269]는 것으로 8개의 팔괘 공간으로 나누고 있다.

아래 〈그림-43〉에서 보듯이 원중(院中)을 중심으로 건문(乾門)에서 시작하여 팔문을 순포하면 팔괘와 팔문에 배치된다. 팔문배치에 따른 건간곤태(乾艮坤兌) 서사택이다. 건간곤태는 복위-천을-연년-생기의 배치가 길한 공간이고, 나머지 동사택의 공간은 흉으로 나타낸 것이 『양택삼요』의 공간배치론이다.

독립된 정택을 제외한 "동택과 변택, 화택의 경우 먼저 대문 안과 대문 바깥쪽 마당중앙에 십자선을 그어 나반을 놓고, 대문이 어떤 궁인지를 정해놓고 동사택에 속하는지 서사택에 속하는지를 대문으로 정한다. 고대방에 와서는 고대방의 원중(院中)에서 나반을 놓아 방문의 중앙까지 측정하여 어떤 궁에 있는지를 알아 택의 주(主)를 정한다. 또한 부엌에 와서는 부엌의 원중에 나반을 놓아 부엌과 방문이 어떤 궁인지를 정하고 동서사조(東西四灶)를 살펴 부엌을 정한다."[270]

나경으로 동택과 변택, 화택의 대문 방향과 고대방의 방향, 각원을 중심으로 문의 위치에 따른 동서사택의 구별과 부엌을 별도의 독립적인 장소로 인정하여 문을 기준으로 동서사택을 구별한다. 여기서 부엌을 별도의 공간으로 여겨 동서사택으로 구별한 것은 『양택삼요』에서 부엌의 중요성을 강조하고 있는 주장과 일치한다. 물론 현대주택과 달리 과거주택은 부엌은 별도의 공간에 있었다.

---

269) 『陽宅三要』卷一, 「八門起例乾門圖」, "巽山乾向開正門, 在正院中下羅針佈八卦, 分二十四山向, 看係某主某門某灶, 順數遊年相生吉, 相剋凶, 與七門向.

270) 『陽宅三要』卷一, 「動宅變宅化宅三盤看法」, "凡看東變化宅, 先在大門內二門外院之正中, 用十字線分開下一羅盤, 看大門在某宮某字, 或屬東四宅, 或屬西四宅, 則門卽定矣. 再至高大房院之正中下一羅盤, 用線牽至高大房門之正中, 看在某宮某字, 係某宅主卽定矣. 又于廚房院中下一羅盤, 看灶房門在某宮某字, 係東四灶, 西四灶, 則灶卽定矣."

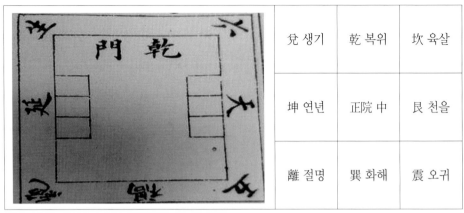

兌 생기	乾 복위	坎 육살
坤 연년	正院中	艮 천을
離 절명	巽 화해	震 오귀

〈그림-43〉 팔문기례건문도(八門起例乾門圖)[271]

건물 배치에서 공간방위는 원중(院中)을 중심으로 문의 방위를 우선기준으로 잡았다. 문을 기준으로 독립된 공간 영역으로 동서사택을 구별하여 오행상생상극관계를 살피고, 부엌공간을 따로 분리하여 동서사조(東西四灶)를 구별한 것이 공간배치에 따른 판단법이다. 또한 각각의 공간을 측정하여 동서사택을 구별한 후에 각각의 공간 영역에 놓지 말아야할 물건까지 예시를 정하고 있는 것은 공간면적까지 고려한 길흉방위를 나타낸다.

예를 들어 관청의 "대당 앞 정문 바깥쪽 담장의 백호방에 엽전과 화로, 연자매 같은 흉살모양의 물건들이 있으면 편안하지 않으며 낡고 깨어진 가옥과 비스듬히 기울어진 도로가 쏘아보는 것도 마땅하지 않다. 이런 것은 백성의 고방(高房)을 파괴하고 관아와 백성이 함께 불길하다."[272]는 것이다.

이것은 어떤 기능적인 목적을 가진 건물과 주변 환경의 공간배치에 따른 길흉론의 설명이다. 공간배치에 따른 길흉론은 풍수지리에서 자연의 모습을 살펴 길흉을 판단하는 사격론(砂格論)과 같은 인식이다. 사격은 무엇보다 모양이 반듯하고 분명한 형태를 지니며 아름다운 모습이 좋다. 이런 적용은 앞서도 언급하였지만 음택이나 양택

---

271) 『陽宅三要』卷一,「八門起例乾門圖」
272) 『陽宅三要』卷一,「看衙署論」, "大堂前以至頭門外照牆, 白虎方, 不宜安錢爐碾磨凶煞形象諸物件, 並不宜破房歪斜路射, 以及百姓高房破壞照牆, 俱主不吉." ·

이 동일하게 적용된다.

결론적으로 『양택삼요』의 길흉방 배치는 천을과 연년, 생기의 삼길성이 첫 번째가 되어야 한다. 복위는 길흉이 반반이며 흉방은 오귀와 화해, 육살과 절명이 사흉성이다. 또한 사격의 모양과 위치, 땅의 모양, 어떤 목적을 가진 양택의 모양과 형세가 뛰어나야 길택이 된다. 여기에 문과 주인방, 부엌의 팔괘오행과 팔괘 배합은 물론 정오행과 구성오행(九星五行)의 상생배치가 가장 우선적이라는 공간방위논리를 펴고 있다.

3. 조선시대 양택의 실제사례를 통한 방위관 비교

우리나라는 현재 조선시대 양반들의 고택인 양택이 상당수 존재하고 있다. 논저에서는 약 21곳의 조선시대 양택의 장소를 직접 방문하고 방위를 확인하여 『황제택경』과 『양택삼요』의 방위체계를 비교한 양택의 문·주·조 방위를 나타내었다.

향교와 서원, 고택과 종택, 생가 등을 나경 4층인 지반정침으로 살펴 아래 〈표-37〉에 나타내었다. 다만 논자가 확인한 조선시대 양택에서 『황제택경』 24로의 방위구분은 택을 기준으로 구별이 가능하였으나 사실적인 인사(人事)의 길흉내용은 기록하지 못하여 음택과 양택만 구별하였다. 방위측정은 주로 『양택삼요』의 동서사택으로 기준하였다.

일반적으로 조선시대 상류주택의 배치를 보면 여성공간은 안채가 되고 남성 공간은 사랑채였다. 보통 남향의 집에서 사랑채는 동남쪽에 안채는 서북쪽에 있고 사당은 동북쪽에 배치되고 있었다. 또한 음양오행설에 의한 풍수지리가 큰 작용을 하여 마을의 입지와 구성형태는 물론, 집 주변의 자연지세에 따라 대문과 안방, 부엌과 사랑방 등의 위치와 방향, 규모 등을 결정하여 주택배치와 공간구성에 큰 영향을 미쳤다.[273]

273) 정영철, 『한국건축의 흐름』, 도서출판 씨아이알, 2016, p.430.

조선시대 상류계층의 주거 공간에서 가장 두드러진 것은 사랑채다. 사랑채는 남녀의 공간구별과 계급의 상하관계와 접객공간, 장유유서와 교육공간, 풍류공간과 제사공간 등의 역할을 하며 집안의 구심점이 되는 공간이다. 주로 가장이 거처하며 선비로서의 사색과 독서와 시화가 행해지고, 후학을 양성하는 학문의 장소이자 손님을 맞이하는 대화의 장소이며 때로는 의례가 행사되는 제장이었다.[274] 조선시대 양반들의 양택에서 사랑채가 차지하는 비중은 상당하였다.

방위측정은 대문과 본채의 대청을 기준으로 좌향을 정하였다. 일부를 제외하고 대부분의 조선시대 양택은 하나의 담장을 중심으로 두세 개의 각원(各院)으로 이루어져 있다. 『양택삼요』에서 각원을 기준하여 방위를 살피고, 각원에 건물이 여러 개 있을 경우 부엌을 주(主)로 잡았던 이유도 부엌의 중요성 때문이다. 물론 사랑채와 안채는 각원에 속한다. 기(氣)의 출입은 바깥대문으로부터 시작되어 사랑채로 안채로 부엌으로 이어진다.

대문에서 가장먼저 기(氣)를 받아들이는 사랑채와 마당의 위치에 따라 안채로의 내문 방향이 달라지고 안채에 따라 부엌의 위치도 달라진다. 또한 사랑채는 남성들의·전용 공간으로 조선시대 가부장적인 유교문화의 영향으로 남녀공간을 안채와 사랑채로 분리시켰다.

실제 현장에서 측정한 양택 방위에서 가장 문제가 되었던 것도 주(主)의 기준이었다. 사랑채와 안채 중 어느 곳을 주(主)로 정해야 하는 기준이 모호하였다. 다만 논자는 안채를 주(主)로 정하였다. 논자가 안채를 주(主)로 정한 이유는 『양택삼요』에서는 황궁의 주(主)는 내성으로, 유학은 문묘로, 신사와 백성은 고방으로 정하고 있다. 조선의 사대부 양택을 기준으로 내성은 안채가 된다. 따라서 가장 중심적인 목적에 맞추어 안채를 주(主)로 잡아야 하는 것이 옳다.

물론 여러 논문자료에서 사랑채와 안채를 각각의 공간으로 구별하여 대문과의 관

---

274) 윤일이, 『한국의 사랑채』, 산지니, 2005, p.41.

계를 밝히고 있다. 그리고 조선시대 양택에서 부엌은 가족과 가주의 건강을 책임지는 곳으로 안채와의 인접성으로 볼 때 주(主)는 안채가 되어야 한다.

안채가 주(主)가 되어야 하는 또 다른 이유가 있다. 조선시대 양택에서 사랑채의 위치는 대문으로부터 기의 출입을 먼저 받는 곳이다. 다만 사랑채는 하나의 담장 안에 안채와 거의 붙어 있거나 바로 옆이나 앞쪽에 독립적으로 위치한 경우가 대부분이다. 그러나 안채와 부엌은 대부분 붙어 있는 형태였고 별도의 공간에 있기도 하였지만 안채와 가장 가까운 곳에 있다. 부엌의 중요성을 강조한 『양택삼요』의 주장으로 볼 때 안채가 주(主)가 되어야 하는 이유다.

사랑채와 안채는 마당의 외문에서 내문으로 연결되고 사랑채와 안채가 연결된 작은 소문(小門)을 통해 항상 왕래가 이루어진다. 물론 안채에서도 바깥으로 통하는 작은 소문(小門)이 있다. 사랑채는 거의 대부분 대문(大門)을 마주한다.

조선시대 양택에서 방향 측정은 안채와 대문을 기준으로 동서사택을 구별하였다. 물론 사랑채에서 안채로 출입하는 내문을 기준으로 문·주·조 방위도 함께 살폈다. 그리고 본대문은 도로와 마주한 곳을 기준하였다.

아래도표에 있는 양진당과 운조루 양택의 경우 실제 모습은 사랑채와 안채가 분리되어 있어 안채를 기준으로 방위측정을 하고 동서사택을 구별하였다. 서원과 향교는 양택의 주거목적이 달라 입지선정에 있어 형세론에 더 비중을 두었다는 사실을 확인하였다. 방향 측정은 명륜당을 기준으로 문·주를 측정하였다.

조선시대 양택에서 드러난 또 하나의 큰 문제점은 부엌의 방위였다. 문·주·조 방위측정과 실제사례를 나타낸 여러 논문에서도 문·주와 문·조, 문·주·조 방위를 따로 나타내어 설명한다. 물론 우리의 고전양택을 보전하기 위한 정부정책의 일환으로 고증을 통한 수리 및 보수과정에 많은 변화가 있어온 것은 사실이다. 일부 고전 양택을 제외한 대부분의 양택은 부엌이 안채에 부속되어 있는 구조였다. 실제 현장에서 확인한 결과 대부분 이러한 형식을 취하고 있었다.

아래 도표에서 보듯이 동서사택이 일치하는 양택과 혼용된 양택이 구분되어 있다. 이것을 문·주·조의 오행상생법과 틀리다고 혼용양택을 전부 흉한 것으로 간주할 수는 없다. 그리고 조선시대 대가들의 양반주택은 대부분 부엌을 따로 두고 있다. 물론 규모가 작은 양반주택들이 부엌을 안방과 연결시키고 있었지만, 대가(大家)의 주택은 반빗간[275]이라 하여 별도의 부엌이 있었다. 반빗간은 궁실의 수라간(水刺間)과 같은 역할이다.

이처럼 부엌위치에 따라 동서사택이 혼용되는 경우가 대부분이었다. 우리나라의 음식문화에서 부엌과 장독대의 역할은 매우 중요하므로 부엌방위는 대단히 중요한 자리를 차지한다. 부엌이 안채 옆에 붙어있는 대부분의 고택에서 부엌의 용도가 명확하지 않았다. 부엌이 단순한 난방시설 인지와 부엌용도와 겸용 인지와 음식을 만드는 전용공간 인지의 구별이 명확하지 않았다.

조선시대 고관들은 아랫사람들이 음식을 만들어 왔을 것이며 독자적인 부엌공간이 있었다는 것은 분명한 사실이다. 따라서 현존하는 조선시대 양택의 부엌방위는 시대성을 살피고 세밀한 검토가 필요한 부분이다. 또한 정확한 부엌 방위와 부엌의 용도를 파악해야 문·주·조의 동서사택이 분명해진다.

반 빗간이라는 별도의 부엌공간을 두었다면 이곳을 부엌으로 인정하고, 안채 옆에 부엌이 있다면 정확한 용도와 위치를 측정해야 한다. 안채 옆에 부엌이 붙어있는 곳으로 방위측정을 하면 거의 대부분 동서사택 혼용이 된다. 안채에 부엌이 딸려있는 이문감주(離門坎主)의 양택에서 부엌형태가 'ㄱ'자 건물이 아닌 안채와 붙은 'ㅡ'자형의 건물은 대부분 간방(艮方)과 건방(乾方)이 되며 동서 혼용은 불가피해진다.

또한 문·주가 묘좌유향(卯坐酉向)과 유좌묘향(酉坐卯向)의 태문진주(兌門震主), 진문태주(震門兌主)는 동서사택의 혼용이 된다. 따라서 부엌공간의 독립성과 안채와의 부속성과 용도를 고려하여 문·주·조를 세밀히 살펴야 한다는 점이다.

---

275) 반빗간은 독립된 부엌건물로 조리를 하고 음식을 만드는 공간으로 아궁이와 가마솥과 장작을 두고 있다.

현장측정결과 문·주·조의 오행상생이 이루어지는 경우와 오행상극이 되는 경우가 함께 있었다. 즉 100%『양택삼요』가 요구하는 동서사택 배치와 일치하지 않았다. 방위측정에서 안채와 사랑채의 구분, 주(主)의 정확한 기준, 부엌공간의 독립성과 부속성에 따른 정확한 위치와 용도 등을 고려한 방위측정은 매우 중요한 기준이다.

　논자가 확인한 아래의 양택들은 현존하고 있는 양택들이며 대부분 사람들이 거주를 하고 있었다. 이외에도 많은 현장을 확인하였지만 대부분 아래와 유사한 형태였다. 우리의 고전양택의 입지와 건축현실은 세심한 고증이 필요하다고 사료된다. 대부분의 고택들은 사합원의 형태를 이루면서 자연적인 형세론을 함께 취하고 있다.

〈표-37〉 양택의 실제사례

측정방법	황제택경		양택삼요				
	음택	양택	동사택	서사택	동서혼용	형세특징	문·주·조 방위
강진 강진향교		○	○			배산임수	巽門坎主
안동 도산서원		○	○			배산임수	離門坎主
영주 소수서원		○	○			배산임수 연화부수	離門坎主
안동 충효당		○			○	배산임수 산태극수태극	兌門震主坎灶
안동 양진당		○	○			배산임수 산태극수태극	巽門坎主巽灶
울산 근재고택		○			○	배산임수	離門坎主乾灶
거창 동계고택		○			○	배산임수	離門坎主乾灶
예천 석문종택		○			○	배산임수	巽門坎主兌灶
안동 농암종택		○			○	배산임수	離門艮主乾灶
울진 윤광수고택		○			○	배산임수	震門坎主艮灶

서산 정순왕후생가		○			○	배산임수 아미사	巽門乾主艮灶
예산 추사선생고택	○			○		배산임수	離門兌主巽灶
의령 이병철생가		○	○			배산임수	離門坎主乾灶
진주 구인회생가	○				○	배산임수	震門兌主坎灶
의령 탐진안씨종택		○			○	배산임수	震門兌主乾灶
서산 유기방가옥		○	○			배산임수	離門坎主震灶
경주 최부자고택		○			○	배산임수 토산	巽門坎主艮灶
고창 서정주생가	○				○	배산임수	震門坤主乾灶
고창 인촌선생생가	○			○		배산임수	坎門離主震灶
아산 윤보선생가	○				○	배산임수 토산	艮門坤主坎灶
구례 운조루		○		○		배산임수	兌門乾主乾灶

상기도표에서 보듯이 『황제택경』은 음택과 양택으로 구별하였고 『양택삼요』는 동서사택으로 구별하였다. 동서사택이 일치하는 경우는 향교와 서원을 제외하고 양진당과 추사선생, 인촌선생, 이병철, 유기방, 운조루의 양택이다. 나머지는 거의 동서사택(東西四宅)의 혼용택으로 삼요법칙의 오행상생원리와 맞지 않았다. 또한 배산임수나 안산의 지형적 특색을 가지고 있다.

위의 주택만으로 추론해볼 때 동서혼용택이라 하여 팔괘배합과 오행상생법으로 전부 흉택으로 간주할 수는 없다. 우리산천의 모든 양택들은 형세론을 함께 살펴 양택입지와 방위를 취하고 있었던 것은 현장에서 확인한 사실이다.

비록 동서사택의 혼용이 있더라도 형세론을 더 중시하여 양택입지를 선택한 것이 조선시대 양택의 공통점이었다. 이러한 동서사택의 혼용이 발생하는 것은 우리산천의 자연형세에 따른 입지성과 더불어 부엌위치 때문이다.

우리한옥은 1920년대부터 주택의 양적 문제와 질적인 문제가 거론되어 조선식 주택을 개량해 햇빛과 바람이 잘 들어오고 청결하게 하자는 주장이 있었고, 재래식 부엌이 비능률적이고 식사준비에 노력이 많이 소모되므로 부엌을 찬간[276]겸용이 되도록 계획하자는 방침에 의해 많은 변화를 겪었다.[277] 이러한 건축수리는 서양인들의 한옥 근대화에 발맞추어 우리 한옥들의 구조가 그 흐름을 따랐던 것으로 보이는 부분이다.

이와 더불어 시대변화를 따라 양택의 크기나 규모에 많은 변화가 있었으며, 생활공간의 편리성추구에 따라 부엌이 거의 안채와 붙어 있는 형태로 변이된 것이 동서혼용택이 된 원인이라고 추론된다. 또한 현존하는 양택들의 축조시기가 주로 조선말에 건축된 것이 많았으며 이후 새롭게 증축되거나 개보수를 통해 관리가 되고 있었다.

결론적으로 무엇보다 중요한 것은 우리의 양택에서 주(主)의 정확한 기준, 부엌 방위의 정확한 측정, 우리나라의 자연적 산세, 조선시대의 유교적 영향을 고려한 주택형태를 전체적으로 살펴 양택의 방위측정이 되어야 한다.

중국과 달리 우리의 양택은 절대방위를 따랐던 것이 아니었다. 형세론을 바탕으로 양택의 방위를 정하고 사랑채와 안채를 만들었다. 좌향법으로 볼 때 좌(坐)의 입지를 먼저 정한 후 향(向)과 문(門)의 방향을 정했다. 현장에서 확인한 양택은 전부 이런 요인들을 감안한 좌향법을 따랐다.

우리국토가 만약 산지가 아닌 평지라면 절대 방위에 따라『양택삼요』의 문·주·조 삼요의 오행상생배치를 적용시키면 된다. 우리나라는 전체국토면적의 70%가 산악지형이며 산의 높이가 평균적으로 약 200~1000m의 산지로 이루어진 국가다. 대부분 산록완사면에 주택이 위치하고 있어 반드시 산수(山水)를 먼저 살핀 배산임수의 배치구도가 우선되어야 한다.

---

276) 찬간은 반빗간을 뜻하고 별도의 부엌공간이다.
277) 임창복,『한국의 주택, 그 유형과 변천사』, 돌베개, 2011, p.130.

우리의 양택은 자연조건에 맞추어 입지선택이 이루어졌다. 땅의 모양과 입지형태가 정사각형을 이루기보다 자연과의 조화를 우선으로 두었다. 우리양택의 대표라고 할 수 있는 경복궁도 완전한 정사각형의 배치구도를 이루고 있지는 않다.

우리나라의 기후역시 겨울에는 북서풍이 불고 여름에는 남서풍이 불어온다. 특히 해안지방은 해륙풍의 영향을 받아 대륙성기후와 해양성기후가 함께 나타나 사계절을 만들고 삼면이 바다로 이루어진 지형을 가진 나라다. 방위성과 더불어 자연조건을 우선적으로 살펴야 하는 이유다.

다만 문·주·조의 방향배치와 어울리게 구조배치가 이루어진 주택에서 실제 가족들의 길흉여부는 확인하지 못한 것은 아쉽다. 그러나 조선시대 양반들의 양택에서 찾을 수 있었던 점은 분명하게 풍수지리의 여러 법칙적용은 물론이고 중국의 원림주택에 적용시켰던 자연과 일치하는 주택 개념과 더불어 사신사의 형세론 또한 적용시키고 있었다는 점은 분명하였다.

4. 현대양택의 기본배치원리

장풍득수(藏風得水)에서 시작된 풍수지리는 땅과 바람과 물로 지구생물이 살아가는 구성요소다. 지구의 바람은 계절변화의 첨병이고 물은 생명수가 된다. 사람은 호흡을 통해 피를 순환시킨다. 호흡은 바람이요 피는 물이다.

풍수는 지구의 생명을 움직이고 변화시키는 가장 큰 원인이다. 사람도 마찬가지다. 산소가 없으면 피는 돌지 않고 피가 돌지 않으면 죽는다. 풍수지리는 미신이 아니라 자연과학이며 철학이자 인간의 삶과 함께해오고 있는 삶의 지침서다.

사람의 일생을 100으로 본다면 천지인의 영향은 각각 33.3%다. 하늘의 영향, 땅의 영향, 사람의 자력에 의해서 일생을 마치게 된다. 결국 천지(天地)의 영향이 66.6%가 되는 가운데 풍수지리가 그 중심에 있다. 풍수는 건곤(乾坤)이자 감여(堪輿)로 음양이자 천지의 학문으로 죽어서는 음택, 살아서는 양택이다. 집을 나서면 길이 있고 바람이 있고 물이 흐른다.

풍수는 지구의 에너지이자 인류생존의 주재자이거늘 누가 미신이라고 단정할 수 있는가? 삶의 에너지를 보충하고 사회생활을 영위하게끔 만드는 장소는 집이자 양택이다. 춥고 배고픈 장소가 아니라 따뜻하고 배부른 장소가 되어야 한다.

한 달의 월급으로 생활하는 사람이 부자가 되는 길은 따뜻하게 자고 먹고, 에너지를 보충하면서 생각을 하고 저축을 하는 것이 부자의 지름길이다. 그 중심에 집이 있다. 에너지의 통로가 막히면 기운이 다하듯이 사람과 집도 마찬가지다. 문의 위치, 안방의 위치, 주방의 위치, 가구배치, 실내외 조경배치를 통해 기의 흐름을 원활하게 해야 심신이 편안해지고 부자가 된다. 사람역시 깨끗하고 단정하고 좋은 음식을 먹어야 건강해진다.

사람에게는 대운(大運)과 소운(小運)의 명운이 있듯이 주택도 주택의 운명이 있다. 사람은 이동이 가능하나 집은 이동이 쉽지 않다. 집이 처한 환경, 주변건물, 산세, 도로여건, 건축의 연월일시, 충살 등이 집의 운명이다. 건물이나 주택이나 건축 형태는 사람에게 영향을 미친다. 주택을 사찰과 같은 모양이나 특이한 조형물을 설치하거나 특이하게 건축하여 남의 이목을 받고자 할 때는 그 용도에 맞아야 한다.

주택이나 건물이 위치할 때 피해야 하는 지형은 여러 조건을 살펴야 하는데 그 가운데 몇 가지 주의해야 할 점을 들면 다음과 같다. **첫째,** 높은 산 위쪽은 피한다. 음택에서 높은 곳은 천혈(天穴)에 해당하여 묘지로 사용된다. 그러나 반드시 사신사의 형국을 갖추고 바람을 피하는 포근한 곳이어야 한다. 그렇지 않고 높은 산에 음택이던 양택이던 택지를 조성하면 바람을 맞게 되고, 양택의 경우 대문이 양쪽 골짜기에서 흘러내린 물을 바라보는 당문파가 되면 흉세가 된다. 날이 갈수록 재물이 손실되는 것은 당연하다. 혈처나 문의 위치를 조정하여 좌우의 물을 바라볼 수 있도록 배치한다.

둘째, 골짜기나 명당에 있지만 꺼져있는 땅에 주택이 위치한 경우다. 배산임수에 해당하여 언뜻 좋아 보이나 지세를 살펴보았을 때 땅이 꺼져 있는 경우다. 이 경우는 우선적으로 복토를 해야 한다. 그렇지 않다면 이동하는 것이 좋다.

셋째, 땅의 모양을 살펴야 한다. 고대인들이 생각한 '천원지방(天圓地方)'의 천문사상에 따라 땅은 네모난 방형이 제일 좋으며 가용성도 제일 높다. 땅의 모양이 삼각형이거나 마름모 등 정방형이 아닌 경우에는 가급적 피하는 것이 좋으며 그렇지 못하면 문의 위치를 반드시 살펴야 한다.

삼각형의 경우는 모서리 끝에다 대문을 내고 본채가 삼각형 밑변에 건축하는 것이 좋다. 『황제택경』에서 앞서 논하였던 택의 오허오실에 따라 "집이 큰데 사람이 작고, 집은 작지만 사람이 많아야 한다. 대문은 큰데 마당이 작고, 대문은 작은데 집이 크다. 담장의 불안과 안전함, 부엌과 우물의 위치가 맞아야 하고, 집은 작은데 가축이 많고, 택지는 넓은데 집이 작고, 집에서 볼 때 물이 동남쪽으로 흘러야 한다."[278]는 원칙을 살펴야 함이 좋다. 삼각형은 대문은 작고 마당을 넓게 하는 것이 좋다.

『양택삼요』에서도 말하길 "무릇 양택과 관청은 전착후관의 관재형의 모양을 해야 한다."[279] 택지의 앞쪽보다는 뒤쪽이 넓어야 하는 것과 같다. 만약 삼각형 밑변이 도로와 접하고 있다면 도로방향으로 대문을 낸다.

넷째, 물길을 살피는 것이다. 풍수지리에서 득수(得水)와 취수(聚水)는 길수(吉水)이며 거수(去水)는 흉이다. 대문을 기준으로 반궁수, 충살수, 천전수(穿箭水), 사수(射水) 등은 절대로 피해야 하는 물이다. 반드시 물은 만궁하여야 한다. 명당수가 모이는 취수의 경우 물은 맑고 깨끗한 것이 좋다. 냄새가 나거나 진흙수, 폭포수, 월견수(越見水), 교검수(交劍水), 지하수 등의 물은 흉으로 여긴다.

어쩔 수 없는 경우라면 대문의 방향을 바꾸어야 한다. 대문방향이 물길이 나가는

---

278) 『黃帝宅經』卷上, "宅大人少, 一虛. 宅門大內小, 二虛. 牆院不完, 三虛. 井竈不處, 四虛. 宅地多屋少庭院廣, 五虛. 宅小人多, 一實. 宅大門小, 二實. 牆院完全, 三實. 宅小六畜多, 四實. 宅小溝東南流, 五實."
279) 『陽宅三要』, 「三暑總論安□法」, "凡陽宅衙署, 有前窄後寬."

방향이라면 이 역시도 대문방향을 바꾸어야 한다. 물길은 대문을 기준으로 만궁하는 것이 최고이다. 현대식 아파트라면 현관문에서 계단이 바로 보이는 것은 좋은 방향이 아니다. 대문은 물길을 따라 물이 오는 방향을 선택해야 하며 충살수인지 만궁수인지, 역세와 순세이기를 구별해야 한다. 산은 인물이요 물은 재물이다.

다섯째, 배산임수의 산세를 살펴야 한다. 도시에서는 산을 보기가 어렵다. 주로 도로를 따라 집을 선택하고 건축한다. 반면 시골주택은 배산임수가 거의 일반적인 형태다. 산의 형세와 높이는 주택에 영향을 미친다. 기운이 강한 산을 등지는 경우와 마주보는 경우는 입장차가 완전히 다르다. 등진다면 기운을 등에 업은 것이나 왕후장상이요, 마주본다면 역모로 몰려 죽임을 당하고 기운에 압도된다.

만약 산을 마주보고 있는데 주택과의 거리가 너무 가깝다면 천옥(天獄)에 해당하므로 감옥에 갇히는 형상이다. 거리가 멀리 있다면 오히려 기운을 받아들여 인물이 배출된다. 따라서 산의 형세와 거리를 살펴 건축해야 한다.

여섯째, 사신사(四神砂)의 배치형태를 살펴야 한다. 『금낭경』에 이르길 "무릇 장사를 지낼 때는 좌측에 청룡, 우측에 백호, 앞쪽에 주작, 뒤쪽에 현무로 삼는다. 현무는 머리를 드리우고, 주작은 춤추어 날며, 청룡은 구불거리고 백호는 가만히 웅크려 앉아 있어야 한다. 형세가 이와 반대면 당연히 (집안과 사람이)다치고 죽는다. 백호가 둘러싸는 것은 시신을 깨물고 있음이고, 청룡이 웅크리면 주인을 시기하고, 현무가 머리를 드리우지 않으면 주검을 거부하지 않고(시신을 거부한다), 주작이 춤추지 않으면 날아서 가버린다."[280]는 것이 사신사의 배치형태다.

음택이나 양택의 형세 배치는 산골주택이나 도시주택이 동일하다. 도시주택을 기준으로 백호방에 나를 겁박하는 큰 건물이 있거나 쏘아보거나 찌르는 형태라면 대문방향을 바꾸어야 한다. 현무나 주작 역시 집을 감싸는 모습이어야 좋은 형태다. 현무의 뒤쪽 건물이 압박하거나 주작의 앞쪽 건물이 찌르거나 첨탑이 있거나, 사찰 등의

---

280) 『錦囊經』, 「四勢篇」, "夫葬, 以左爲靑龍, 右爲白虎, 前爲朱雀, 後爲玄武. 玄武垂頭, 朱雀翔舞, 靑龍蜿蜒, 白虎蹲踞. 形勢反此, 法當破死. 故虎繞謂之啣尸, 龍踞謂之嫉主, 玄武不垂者拒尸, 朱雀不翔舞者騰去.

종교시설이 있다면 역시 피해야 한다.

청룡은 인물을 내고 백호는 재물과 여자 등 사나운 기운을 뜻한다. 왼쪽의 건물이 높고 비상하는 모습이면 인물이 나고, 우측의 백호방이 주택을 겁박하거나 누르는 모습의 건물이 있다면 반드시 재난이 일어난다. 『황제택경』에서 말하길 "구두청이 오방 (午方)에 있어 북향으로 집을 충하면 이르러 흉정이라 한다. 뾰족하게 높이 서있는 집 역시 불리하다.[281]고 하였다.

양택을 고를 때는 집 앞이나 옆과 뒤쪽 등 여러 방향에서 집을 쏘아보거나, 자신의 집을 억누르는 큰집이 있으면 흉하다는 것이다. 건물모서리가 주택의 대문을 쏘아보아도 역시 흉한 것은 마찬가지다. 양택풍수에서는 일반적으로 도시의 높은 건물을 산으로 여긴다.

도시양택에서는 대부분 현무(玄武)의 뒤쪽에도 집이 있거나 도로가 있다. 도로역시 주택의 뒤편을 충하면 흉하고 건물도 마찬가지다. 뒤를 튼튼히 받쳐주면 좋으나 겁박하듯이 누르면 역시 흉하다. 앞쪽건물 역시 마찬가지다. 너무 높으면 뇌옥이 되어 햇빛을 가리고 기의 흐름을 방해한다.

일곱째, 여러 흉살방(삼살방)을 피하고 길시를 택해서 건축한다. 주택의 건축은 사람이 태어난 연월일시와 같다. 길시와 지운을 살펴야 한다. 『황제택경』에서 말하길 "무릇 담장의 건축과 수리, 집과 지붕의 건조에 토기가 충하는 방위는 인가에 재앙이 있게 되니, 마땅히 법에 따라 제사를 지내야 한다. 정월에 토기가 충하는 방위는 未·坤이고, 2월은 坤, 3월은 壬·亥, 4월은 辛·戌, 5월은 乾, 6월은 寅·甲, 7월은 癸·丑, 8월은 艮, 9월은 丙·巳, 10월은 辰·乙, 11월은 巽, 12월은 申·庚이다."[282]

여덟째, 주택이나 상가건물, 다용도의 여러 건물에서 지켜야할 주요 문제는 도로와 문의 방향과 물길의 형태다. 앞서도 설명하였지만 주택을 중심으로 사신사를 토대로 물

---

281) 『황제택경』, "又忌龜頭廳在午地, 向北衝堂, 名曰凶亭. 有稍高豎屋, 亦不利."
282) 『황제택경』, "凡修築垣牆, 建造宅宇, 土氣所衝之方, 人家卽有災殃, 宜依法禳之. 正月土氣衝丁未方, 二月坤, 三月壬亥, 四月辛戌, 五月乾, 六月寅甲, 七月癸丑, 八月艮, 九月丙巳, 十月辰乙, 十一月巽, 十二月申庚."

길을 살피고, 실내조경과 실외조경도 전부 오행과 사신사의 구도에 근거하여 방향을 정한다. 주택이나 사람이나 음양오행이 원칙이다. 오행의 태과불급, 왕상휴수의 기운을 살펴 주택을 관리하고 수리 보수해야 한다. 도시양택과 산곡양택도 이 원리에서 벗어나지 않는다.

도로는 택을 감싸거나 평행한 모양이 좋다. 택지보다 낮아야 하며 경사진 도로는 흉하다. 도로가 택지를 사방에서 충하는 형태는 흉이며 뒤편 도로도 기가 끊어져 좋지 않다. 집은 작은데 8차선 10차선 등의 넓은 도로 역시 흉이며 사면으로 둘러싸여 있어도 흉이다.

아홉째, 배산임수와 명당을 기본으로 통풍과 햇빛이 잘 들어야 하고 나무와 잔디가 잘 자라나야 한다. 계곡이나 절벽, 물소리가 나는 곳 등은 피하고 자갈이 있거나 물이 빠지지 않거나, 매립지와 절개지, 신전, 제단, 공동묘지, 전쟁터 사당, 군부대, 교도소, 법원, 사찰과 교회, 철탑, 공장, 축사 등의 입지는 피한다.

열 번째, 나무는 집의 처마높이를 기준으로 올라가면 흉이다. 지기(地氣)를 뺏고 수기(水氣)가 많아져 집에 음의 기운이 넘친다. 집안의 나무는 곤(困)자와 같은 모습이라 흉이 많아진다.

열한 번째, 주변건물은 산의 높이에 맞추어 건축하는 것이 좋다. 지기를 가진 산의 높이보다 건물이 높아지면 지기는 쇠한다. 높고 큰 건물은 산으로 간주한다. 필로트 방식으로 1층을 주차장으로 만드는 경우도 흉이다. 바람이 드나든다.

열두 번째, 실내는 밝게 하는 것이 가장 우선이다. 햇빛은 온도조절과 병원균의 퇴치와 감성조절 등 사람에게 많은 영향을 미친다. 실내 인테리어는 가급적 구석진 곳을 밝게 만드는 장식을 하고 청결함이 우선이다. 실내에 비치하는 수족관이나 화분 등도 음기를 생산한다. 조명의 밝기도 적당해야 하고 전자제품 등도 실내의 크기와 비교해서 설치한다.

열세 번째, 각 방으로 들어가는 문과 방에 놓인 침대가 충이 되지 않고 서로 조화롭게 배치되어야 한다. 안방의 화장실문이 침대와 충이 되면 흉이다. 침대 머리맡에

에어컨설치는 흉이고 화장대 거울이 침대와 마주하면 흉이다. 장롱이나 책상의 모서리가 침대를 향해 충이면 흉이고, 좌우측과 앞쪽에 거울은 피한다.

침대 머리가 도로를 향하는 것도 흉이다. 침대 머리맡에는 가급적 장식을 하지 않는 것이 좋다. 각 방의 문 앞에 화장대, 침대와 충이 되지 않도록 하며 밤중에 일어나 거울에 비친 자신의 모습을 보니 귀신 그림자가 따로 없다. 책상도 역시 문과 충이 되지 않아야 한다.

열네 번째, 문(門)의 중요성이다. 세상에 존재하는 건물이나 주택의 문은 사람의 출입을 위해 존재한다. 모든 건물에 부속되어 있는 문은 사용처에 따라 개폐(開閉)를 거듭하면서 기의 출입이 가장 빈번한 곳이다. 『양택삼요』의 문·주·조 법칙에서도 가장 중요한 곳을 대문으로 여겼다. 또한 문은 공격과 수비의 역할을 동시에 하면서 안전한 생활공간의 첨병역할을 맡고 있는 중요한 곳이다. 풍수지리에서 바람과 물을 중요한 요인으로 보듯이 문은 기의 출입을 조절하는 역할을 하므로 양택에서 첫 번째로 중요한 곳으로 여겨야 한다.

『주역』「계사하」에 "문을 겹치고 딱딱이를 쳐서 도적을 대비한다."[283]하여 문은 위험으로부터의 방비라고 적고 있다. 사람은 자신의 집과 타인의 집으로 들어갈 때의 행동이 틀리다. 만약 물건을 팔게 되거나 부탁을 위한 경우라면 더욱 그럴 것이다.

사람은 문 앞에서 조심스러워진다. 꽉 닫힌 문을 열기란 쉽지 않다. 사람이 가진 마음의 문도 마찬가지다. 꽉 닫힌 마음의 문을 열려면 많은 노력을 통해 서로 소통해야 한다. 건물의 문도 마찬가지다.

이처럼 문은 기의 출입이 가장 먼저 이루어지는 곳으로 조선시대의 고택이나 종택에서 대문을 가장 중요하게 여기고 있다. 『양택삼요』에서 추구하는 문·주·조 길흉법의 시작은 문이다. 대문으로 들어온 기는 안방과 주방은 물론 주택 전반에 걸쳐 영향을 미치기 때문에 문에서 시작되는 기는 가장 중요하다.

---

283) 『周易』, 「繫辭下」, "重門擊柝 以待暴客"

조선시대 고택들의 솟을대문을 보면, 바깥에서 안으로 들어오는 형태지 안에서 밖으로 나가는 형태가 아니다. 즉 대문 안으로 복이 들어오라는 뜻이다. 대문에 부착하는 춘첩자(春帖字)[284]도 양기(陽氣)가 많이 들어오는 글자로 대부분 이루어진다. 전원주택을 지을 때 고려해야할 문의 형태다.

현대식 아파트의 경우는 좁은 공간의 활용도에 따라 현관문이 전부 밖으로 나가는 형태다. 또한 현관문은 주인을 상징하고 베란다 창문은 가족을 상징하기도 한다. 사회활동을 열심히 해서 가족을 먹여 살리는 가장의 기운이 약해지는 구조다. 현관문에다 종을 달아 소리를 울린다면 가장의 기운이 살아나게 하는 한 가지 방법이다.

가족들이 활동하는 거실은 양의 공간이고 잠을 자는 공간은 음의 공간이다. 당연히 조명이 달라져야 한다. 가구의 형태도 거실에는 대부분 둥근형태가 좋으며 음의 공간에는 사각형의 배치가 좋다. 경복궁의 기둥이 둥근 형태와 사각형태가 건물의 용도에 따라 다른 것은 둥근 것은 양의 기운이고, 사각형은 음의 기운을 나타낸다. 천원지방(天圓地方)의 원리에 따른 풍수배치다.

---

284) 춘첩자(春帖字)는 주로 입춘 날에 대문에다 붙이는 立春大吉, 建陽多慶 등의 글자다.

제3부
풍수 실무론 및 원전

제1장 실무론
1. 음택 법칙론
2. 압살법
3. 양택 택일법

제2장 원전 해석
1. 『천기대요』의 만년도
2. 『청오경』
3. 『금낭경』
4. 『황제택경』

제1장 실무론

1. 음택 법칙론

음택풍수에서 논하고 있는 형기론과 이기론, 택일론 등의 여러 길흉구별법칙은 대부분 『천기대요』[285]를 참조하였다. 무릇 장사(葬事)를 지내는 과정의 개장과 이장에서 지켜야 할 여러 가지 법칙들이 있다. 다만 현시대는 묘지관리나 장지선택의 어려움 등으로 화장(火葬)이나 기타 여러 매장방법을 사용하는 추세이고, 또한 기존의 묘지를 파묘한 후에 다시 화장해서 이장을 하고 있기도 하다. 여러 이유 등으로 개인이 택일이나 길흉을 구별하기는 어려운 현실이다.

장묘문화의 핵심은 조상과 후손의 동기감응이다. 길일과 길시를 택해 여러 흉살의 위험이 없는 길일과 길시를 찾아 장사를 지내거나 이장과 개장을 하여야 하는 것이 원칙으로 다음과 같은 여러 방법이 있다.

첫 번째, 산운(山運)을 보는 법이다. 산운은 당년(當年)에 따라 산의 오행기운을 살펴 금산체, 목산체, 화산체, 수산체, 토산체 등으로 나누어 오산년운(五山年運)을 살핀다. 여기서 중요한 점은 좌산(坐山)의 오행과 당년의 오행을 살피는 것이다. 좌산은 兌·(酉)丁·乾·亥는 금산, 艮·震(卯)·巳는 목산, 離(午)·壬·丙·乙은 화산, 甲·寅·辰·巽·坎·戌·辛·申은 수산, 癸·丑·坤·庚·未는 土山이다.

망자의 납음오행이 좌산을 극하거나, 비화, 좌산이 망자를 생하면 길하고, 좌산이 망자의 기를 설기시키거나 극하면 흉하다. 단 당년과 좌산, 망자와의 관계를 홍범오행과 납음오행의 상생상극으로 파악해야 한다. 이는 홍범오행으로 『천기대요』에서는

---

285) 『천기대요』는 조선후기 관과 민가에서 함께 사용하였던 음양오행설에 의한 길흉관련 방서(方書)로 일상생활은 물론 관혼상제에 관한 많은 내용을 담고 있다.

土山과 水山을 水土山으로 같이 취급하고 있다.

좌산과 당년의 오행이 서로 상생하면 좋다. 만약 서로 상극관계라면 장지(葬地)를 선택할 수 없다. 그러나 망인의 사주를 살펴 상극을 해소시키는 길신이 있다면 장지(葬地)를 선택해도 무방하다. 만약 金山에 당년이 화운(火運)이고 망자의 납음오행을 살펴 화기(火氣)가 있다면 좌산을 극하는 것으로 길하지 못하다. 임시장지를 만들었다가 후일 다시 이장하는 것이 좋다. 그러나 현실적으로 불가능하다. 망자의 간지와 납음오행을 살펴 취용을 결정해야 한다.

두 번째, 절기개념의 적용이다. 만약 망인(亡人)의 납음오행이 금인(金人)이라면 가을 3개월은 금왕지절이다. 비록 火의 극을 받더라도 火의 기운이 약하여 영장(營葬)에는 무관하다는 것이다. 목(木)의 망인은 계하지절(季夏之節)인 미월(未月)에 장사지내지 못하는 것은 목극토가 원인이다. 또한 목(木)은 미월에는 묘에 입묘하여 목기운이 약하여 장사지내지 못한다고 해석한다.

망인의 기운이 약하고 산운이 왕하면 쓸 수 없고, 망인이 왕하고 산운이 약하면 사용할 수 있는 논리다. 이는 12운성의 절기개념을 사용하여 오행기운을 살피는 것이 원칙이다. 풍수지리는 음양오행의 기본적인 원리를 다루고 있다. 풍수의 법칙을 실행함은 감여가의 변통에 있으니 오행의 원리를 정확하게 숙지해야 한다.

세 번째, 당일 일진의 천을귀인 시간을 선택하여 하관이 가능하며, 우선적으로 황도시를 따른다. **네 번째,** 제주(祭主)는 당년과 매월의 삼살방(겁살 · 재살 · 천살)의 방위는 엎드리지 않는다. 이장을 한다면 이장하는 새로운 산의 좌를 보고, 당년의 관계를 살펴야 한다. 이를 만년도(萬年圖)에 나타내었다. 만년도에서 보듯이 대리(大利)와 소리(小利)의 좌를 사용한다. 2020년은 庚子年이고 子 · 艮 · 寅 · 卯 · 巽 · 坤 · 申 · 庚 · 辛 · 戌坐만 가능하다.(만년도 부록표기)

다섯 번째, 구묘의 광중을 열 때는 반드시 공망일을 가려야 한다. 공망일은 천상천하대공망일(天上天下大空亡日)을 선택한다. 乙丑, 甲戌, 乙亥, 癸未, 甲申, 乙酉, 壬辰,

癸巳, 甲午, 壬寅, 癸卯, 壬子일, 庚午, 辛未, 壬申, 癸酉, 戊寅, 己卯, 壬午, 癸未, 甲申, 乙酉, 甲午, 乙未, 丙申, 丁酉, 壬寅, 癸卯, 丙午, 丁未, 戊申, 己酉, 庚申, 辛酉 일의 천우불수총길일(天牛不守塚吉日)을 선택한다.

여섯 번째, 시간선택이다. 甲乙일은 申·酉時, 丙丁일은 丑·午·申·戌時, 戊己일은 辰·戌·酉時, 庚辛일은 辰·丑·巳時, 壬癸일은 丑·卯·巳時를 피한다. 구묘(舊墓)의 흉살이 있는 방위는 봄 3개월은 未方, 여름 3개월은 戌方, 가을 3개월은 丑方, 겨울 3개월은 辰方에 있다. 따라서 묘를 팔 때는 계절별 辰·戌·丑·未의 시간은 피한다.

일곱 번째, 투수일(偸修日)이다. 투수일은 구년(舊年)의 신(神)은 떠나고 신년(新年)의 신(神)은 아직 나오지 않은 공망일로, 대한(大寒)절기 후 10일, 입춘(立春)절기 전 5일에 이장이 가능하다.

여덟 번째, 세관교승(歲官交承)일로 산운의 극과 흉살을 받아도 무방한 날이다. 대한(大寒) 후 5일, 입춘(立春) 전 2일과 청명(淸明)과 한식(寒食)일은 임의로 장사(葬事)나 가택의 수리와 건축, 묘지 보수 비석보수 등을 해도 무방한 날이다. 입춘일은 피하고 황도일을 택한다. 세관교승(歲官交承)일은 모든 신(神)이 상천(上天)하는 날이므로 각종 보수에 길하고, 한식날 하루에 일을 끝마치지 못하면 청명일에 끝내는 것이 길하다.

아홉 번째, 24山 좌국택법(坐局擇法)이다. 좌산과 당년, 명주의 년지와 일간오행을 파악하여 좌산과 오행의 상생, 삼합, 십신의 4길신을 추산하는 것이다. 산이 일간을 상생하거나 삼합이 되고, 십신의 4길신이 응하면 좌산을 해도 무방한 것이다. 일간의 기운강약에 따라 설기시키거나 부조(扶助)하며, 묘용(墓龍)이 실령(失令)되면 용을 보좌하고, 명주의 명간(命干)이 실시하면 명간을 도와야 한다.

용이 일간의 간지와 삼합하거나, 좌산과 삼합하면 상격이고, 삼기(三奇)가 있고 생왕유기(生旺有氣)하면 중격이다. 이러한 격이 없으면 하격에 속한다. 용과 본명의 납음오행이 생왕하면 유기하다. 좌향은 정음정양법에 근거하여 좌향을 놓고 산용이 본명과 상생, 비화, 녹·마·귀의 삼길성과 삼기면 길하다. 본명과 태세, 본용을 파악한다.

　열 번째, 산을 취하는 법이다. 산을 취하는데 있어 8가지의 법칙이 있으니 명주의 일간이 장생지와 록지에 앉고, 년지를 보아 역마가 되면 길하다. 천을귀인의 자리, 인수의 자리가 길하고 재신(財神)은 아극재(我剋財)라 명주가 산을 극하면 길하다. 정관과 식신의 자리가 길하다. 단 산이 나의 기를 설기시키는 것이 아니라 산이 나를 위하는 식신이 길하다는 것이 8가지의 법칙이다.

　무릇 장사를 지낼 때는 망인의 본명을 우선한 후에 하관하는 것이 제일이요, 개토가 다음이다. 망자의 오행과 24산의 사계절 왕상휴수사의 기운을 파악하여 생왕하거나 비화를 얻으면 길하다. 좌운과 장사당일의 연월일시를 파악하여 납음오행으로 망인의 납음과의 관계를 파악한다. 이것은 음택과 양택의 법칙이 동일하다.

　열한 번째, 성묘(省墓)와 삼우제(三虞祭)의 예법이다. 장사를 치룬 후에 첫 성묘는 3일 만에 간다. 성묘를 가기 전에 지내는 우제(虞祭)를 지내는데, 초우, 재우, 삼우가 있다. 초우제(初虞祭)는 장사를 지내고 돌아온 직후 영좌(靈坐)에 혼백을 모시고 제례를 지낸다. 즉 장사당일에 지내는 제사다. 재우(再虞)는 다음날 아침에 제례를 올린다. 만약 당일의 일진이 甲·丙·戊·庚·壬의 양간이라면 그 다음날인 乙·丁·己·辛·癸 날에 지낸다. 삼우(三虞)는 재우 다음날 아침에 양일(陽日)에 제례를 지낸다.

　열두 번째, 황도와 흑도 시간으로 황도 시간을 택해 하관시를 보는 법이다.

〈표-38〉 황도·흑도 길흉시간

月과 日辰, 日辰과 時, 월일	靑龍黃道	明堂黃道	天刑黑道	朱雀黑道	金櫃黃道	天德黃道	白虎黑道	玉堂黃道	天牢黑道	玄武黑道	司命黃道	句陳黑道
1寅	子	丑	寅	卯	辰	巳	午	未	申	酉	戌	亥
2卯	寅	卯	辰	巳	午	未	申	酉	戌	亥	子	丑

3辰	辰	巳	午	未	申	酉	戌	亥	子	丑	寅	卯
4巳	午	未	申	酉	戌	亥	子	丑	寅	卯	辰	巳
5午	申	酉	戌	亥	子	丑	寅	卯	辰	巳	午	未
6未	戌	亥	子	丑	寅	卯	辰	巳	午	未	申	酉
7申	子	丑	寅	卯	辰	巳	午	未	申	酉	戌	亥
8酉	寅	卯	辰	巳	午	未	申	酉	戌	亥	子	丑
9戌	辰	巳	午	未	申	酉	戌	亥	子	丑	寅	卯
10亥	午	未	申	酉	戌	亥	子	丑	寅	卯	辰	巳
11子	申	酉	戌	亥	子	丑	寅	卯	辰	巳	午	未
12丑	戌	亥	子	丑	寅	卯	辰	巳	午	未	申	酉

길시(吉時)인 황도는 태양이 지나가는 가상의 길이다. 흉시를 나타내는 "흑도는 달이 황도의 북쪽을 운행하는 길이며, 동쪽의 운행은 청도, 서쪽의 운행은 백도, 남쪽의 운행은 적도라 한다. 황도의 안과 밖에 네 개 씩의 길이 있어 8도라 하고 황도와 합쳐 9도라 한다."[286] 조선 태조4년에 작성한 『천상열차분야지도』에서 황도는 적도의 안과 밖에 네 개 씩의 길이 있다는 것을 나타낸다.

만약 황도시간을 선택할 수 없으면 다른 귀인시를 선택할 수 있다. 귀인시는 당일 일진의 천간을 보아 甲·戊·庚－未時, 乙·己－申時, 丙·丁－酉時, 辛－五時, 壬·癸－卯時와 巳時에 하관을 할 수 있으나 황도시간이 우선이다.

열세 번째, 산중산법(山重喪法)과 년명중상법(年命重喪法), 월중상(月重喪), 일중상(日重喪)으로 거듭 상을 당한다는 방향이다.

산중산법은 ①壬子－癸丑－丙午－丁未 山(坐): 寅·申·巳·亥年이 重喪. ②艮寅－甲卯－坤申－庚酉 산(좌): 辰·戌·丑·未年이 중상. ③乙辰－巽巳－辛戌－乾亥 산(좌): 子·午·卯·酉年이 重喪이다.

년명중상법(年命重喪法)은 망인의 띠와 당년의 관계다. ①子·午·卯·酉생 亡人은

---

286) 『天象列次分野之圖』, "行黃道之東謂之靑道, 行黃道之南謂之赤道, 行黃道之西謂之白道, 行黃道之北謂之黑道, 黃道內外各四, 并黃道爲九道也."

子・午・卯・酉년이 중상. ②辰・戌・丑・未생 망인은 辰・戌・丑・未년이 중상. ③寅・申・巳・亥생 망인은 寅・申・巳・亥년이 중상이다.

월중상(月重喪) 당월에 상을 당하면 피하는 일진이다. 일중상(日重喪)은 巳・亥일이다. 연월일을 살펴 두 개 이상이 흉일에 걸리면 날짜를 조정해야 한다.

1월	2월	3월	4월	5월	6월	7월	8월	9월	10월	11월	12월
甲・庚	乙・辛	戊・己	丙・壬	丁・癸	戊・己	甲・庚	乙・辛	戊・己	丙・壬	丁・癸	戊・己

이외에 실제 매장지에서 이루어지는 하관시에 흙을 취토하는 방향은 천덕과 월덕 방에서 취토한다. 제주가 엎드리지 않는 방향은 삼살방으로 년월로 취하며 양인방도 피한다. 상여를 놓을 수 없는 방향은 년으로 보아 巳酉丑-艮方, 申子辰-巽方, 寅午戌-乾方, 亥卯未-坤方이다. 입관과 하관시에 당일 간지와 생년의 지지가 충이 되거나, 간지가 전부 충을 하는 사람은 피한다. 예를 들어 甲午일이면 甲子생, 庚子생 등이다.

2. 압살법(壓殺法)

첫 번째, 이장을 할 시에는 모든 살을 제압하는 압살법이 필요하다. 일행선사가 사용한 사리제정압살정국(四利帝星壓殺定局)으로 능히 모든 살을 제압하고 복덕을 발한다. 도표에서 보듯이 예를 들어, 子年에 이장할 운이면 자년은 축・묘・미・유(丑・卯・未・酉) 4개의 월에 가능하다.

만약 卯月을 선택하였다면 묘에 해당하는 진・오・술・자(辰・午・戌・子)일을 택하고, 다시 순서대로 戌日을 택하였다면 戌에 해당하는 해・축・사・미(亥・丑・巳・未)시 가운데 하나를 택한다. 당년과 시는 동일하여야 하니 자시를 택한다. 그러나 술일은 자시가 나오지 않는다. 단 반드시 당년(當年)과 시(時)는 같아야 한다.

<표-39> 사리제성압살정국

年月日時	태양	태음	용덕	복덕
子	丑	卯	未	酉
丑	寅	辰	申	戌
寅	卯	巳	酉	亥
卯	辰	午	戌	子
辰	巳	未	亥	丑
巳	午	申	子	寅
午	未	酉	丑	卯
未	申	戌	寅	辰
申	酉	亥	卯	巳
酉	戌	子	辰	午
戌	亥	丑	巳	未
亥	子	寅	午	申

두 번째, 성마귀인정국(星馬貴人定局)이다. 성마귀인은 태을(太乙), 정천(定天), 천을(天乙)의 삼길성으로, 당년과 당월, 당일, 당시를 오행삼합의 원리에 맞추고 당년에 따라 길한 좌산을 나타낸 것이다.

<표-40> 성마귀인정국

申子辰(年月日時)	艮寅丙午辛戌의 坐山
亥卯未(年月日時)	巽巳庚酉癸丑의 坐山
寅午戌(年月日時)	坤申壬子乙辰의 坐山
巳酉丑(年月日時)	乾亥甲卯丁未의 坐山

세 번째, 자미제성정국(紫微帝星定局)이다. 자미제성정국은 북신대제(北辰大帝)로 백
귀(百鬼)가 놀라고 모든 신살이 달아나는 대길성이다. 평(平)·정(定)·수(收)·개(開)의
좌를 놓으면 길하다. 예를 들면 子年에 庚酉 坐가 되면 庚酉가 있는 子月, 巳月, 午
月, 亥月이 적합하고 일시도 子, 巳, 午, 亥가 적합하다.

<표-41> 자미제성정국

區分	平	定	收	開
子(年月日時)	甲卯	乙辰	庚酉	辛戌
丑(年月日時)	乙辰	巽巳	辛戌	乾亥
寅(年月日時)	巽巳	丙午	乾亥	壬子
卯(年月日時)	丙午	丁未	壬子	癸丑
辰(年月日時)	丁未	坤申	癸丑	艮寅
巳(年月日時)	坤申	庚酉	艮寅	甲卯
午(年月日時)	庚酉	辛戌	甲卯	乙辰
未(年月日時)	辛戌	乾亥	乙辰	巽巳
申(年月日時)	乾亥	壬子	巽巳	丙午
酉(年月日時)	壬子	癸丑	丙午	丁未
戌(年月日時)	癸丑	艮寅	丁未	坤申
亥(年月日時)	艮寅	甲卯	坤申	庚酉

네 번째, 통천규첩법(通天竅捷法)으로 당년에 길한 좌를 놓는 방법이다. 소현·소
중·소화·대화·대중·대주(小縣·小重·小火·大火·大重·大州)는 흉하고, 대길·진
전·청룡·영재·진보·고주(大吉·進田·靑龍·迎財·進寶·庫珠)는 길하다.

年月日時	大吉	進田	靑龍	迎財	進寶	庫珠
子	艮寅	甲卯	乙辰	坤申	庚酉	辛戌
丑	乾亥	壬子	癸丑	巽巳	丙午	丁未
寅	坤申	庚酉	辛戌	艮寅	甲卯	乙辰
卯	巽巳	丙午	丁未	乾亥	壬子	癸丑
辰	艮寅	甲卯	乙辰	坤申	庚酉	辛戌
巳	乾亥	壬子	癸丑	巽巳	丙午	丁未
午	坤申	庚酉	辛戌	艮寅	甲卯	乙辰
未	巽巳	丙午	丁未	乾亥	壬子	癸丑
申	艮寅	甲卯	乙辰	坤申	庚酉	辛戌
酉	乾亥	壬子	癸丑	巽巳	丙午	丁未
戌	坤申	庚酉	辛戌	艮寅	甲卯	乙辰
亥	巽巳	丙午	丁未	乾亥	壬子	癸丑

예를 들면 甲・卯 좌(坐)는 자・인・진・오・신・술(子・寅・辰・午・辛・戌)년이 길하고 자・인・진・오・신・술(子・寅・辰・午・辛・戌)중에 월일시를 택한다. 6개의 길신들 중에 당년과 좌를 선택하여 같은 방법으로 택일하여 조장(造葬)한다.

이 법과 더불어 양산(陽山)은 양년 월일시를, 음산(陰山)에는 음년 월일시를 선택하는 주마육임정국(走馬六壬定局)이 있는데 통천규와 함께 사용하면 좋다. 양산은 임자・간인・을진・병오・곤신・신술(壬子・艮寅・乙辰・丙午・坤申・辛戌) 山이며, 음산은 계축・갑묘・손사・정미・경유・건해(癸丑・甲卯・巽巳・丁未・庚酉・乾亥)의 山이다.

다섯 번째, 논안장명폐대길(論女葬鳴吠大吉)이다. 이 날은 총14일로 초빈을 열거나, 묘를 파하거나, 관 뚜껑을 열거나, 관을 고치거나 이장하는데 모두 길한 날이다. 庚午, 壬申, 癸酉, 壬午, 甲申, 乙酉, 庚寅, 丙申, 丁酉, 壬寅, 丙午, 己酉, 庚申, 辛酉 일로, 산운의 극과 본명을 피하여 사용한다.

여섯 번째, 입관길시로 입관의 시간은 천간을 사용하여 시간을 택한다.

〈표-43〉 입관길시

子 日	甲 · 庚 時
丑 日	乙 · 辛 時
寅 日	乙 · 癸 時
卯 日	丙 · 壬 時
辰 日	甲 · 丁 時
巳 日	乙 · 庚 時
午 日	丁 · 癸 時
未 日	乙 · 辛 時
申 日	甲 · 癸 時
酉 日	丁 · 壬 時
戌 日	庚 · 壬 時
亥 日	乙 · 辛 時

일곱 번째, 정충(正沖)으로 생년과 지지가 충하는 일진은 피한다. 甲子生은 甲午일을 피한다. 만약 정록(正祿), 천을귀인(天乙貴人), 역마(驛馬)를 만나면 비록 충이 되더라도 가능하다.

여덟 번째, 태세압본명(太歲壓本命)으로 당년을 구궁의 중앙에 놓고 순행시켜 다시 중궁에 닿는 생이 태세압본명이다. 이장과 개장, 수묘를 할 시에 당년의 태세를 구궁도를 적용시켜 망자의 본명태세가 중궁에 들어가면 묘지를 건드리지 않는 날이다. 그 중에도 태세의 극을 받으면 大忌(대기)하고 비화, 상생은 금하지 않는다.

아홉 번째, 공망일이다. 6갑순 중에 조장, 혼인에 있어 흉신악살이 공망에 떨어지면 길하고 길신이 공망에 들면 흉하다.

종합해보면 산가묘운(山家墓運)을 정오행(正五行)으로 보고 年克, 月克, 日克, 時克을 하면 그에 해당하는 육친이 해를 입는다. 만약 사주를 보아 망자나 가주의 납음오행이 제극하면 무관하다. 24산의 절기를 따라 생왕유기하고, 아울러 통천규와 주마육

임등 길성과 길일을 찾는 것이 우선이다.

가택수리나 건축 등은 가주의 본명인 생년을 위주로 상량(上樑), 개기(開基), 정초(定礎)를 잡는 길일을 택일한다. 반면 매장은 망인의 본명을 위주로 하관을 우선하여 개토(開土)와 금정(金井)을 잡는다. 본명은 산운으로 오행기운을 취하여 생왕유기함을 우선하고, 좌운 및 년일이 납음오행의 극을 받지 않도록 하여 귀인의 날을 택한다. 광중을 팔 때는 5척으로 대략 1m 50cm를 넘지 않도록 한다. 깊이 파면 혈이 파괴되며, 감여가(堪輿家)의 묘리에 따라 적당한 깊이를 파는 것이 좋다.

3. 양택 택일법

가옥건축과 수리에서 택일과 좌향을 살피는 방법이다. 첫 번째, 삼갑법(三甲法)으로, 육갑(六甲)[287]에서 생갑(生甲), 병갑(病甲), 사갑(死甲)순(旬)으로 구분하여 당해 연도를 살피는 것이다. 취임과 진급 등의 길상(吉祥)한 일로 인한 입택, 이주, 혼인에는 생갑(生甲)순(旬)이 길하다. 반면 매장은 반대로 사갑(死甲)순(旬)이 길하고 병갑(病甲)旬은 평상하다. 2020년은 경자(庚子)년은 갑오순에 있다. 자오묘유(子午卯酉)년이 생갑(生甲) 순(旬)이다.

<표-43> 삼갑법

매년	生甲旬	病甲旬	死甲旬
子	甲子旬, 甲午旬	甲寅旬, 甲申旬	甲辰旬, 甲戌旬
丑	甲辰旬, 甲戌旬	甲子旬, 甲午旬	甲寅旬, 甲申旬
寅	甲寅旬, 甲申旬	甲辰旬, 甲戌旬	甲子旬, 甲午旬
卯	甲子旬, 甲午旬	甲寅旬, 甲申旬	甲辰旬, 甲戌旬
辰	甲辰旬, 甲戌旬	甲子旬, 甲午旬	甲寅旬, 甲申旬
巳	甲寅旬, 甲申旬	甲辰旬, 甲戌旬	甲子旬, 甲午旬
午	甲子旬, 甲午旬	甲寅旬, 甲申旬	甲辰旬, 甲戌旬
未	甲辰旬, 甲戌旬	甲子旬, 甲午旬	甲寅旬, 甲申旬

---

287) 육갑(六甲)은 甲子-甲戌-甲申-甲午-甲辰-甲寅이며 12지지의 육십갑자의 시작점이다.

申	甲寅旬, 甲申旬	甲辰旬, 甲戌旬	甲子旬, 甲午旬
酉	甲子旬, 甲午旬	甲寅旬, 甲申旬	甲辰旬, 甲戌旬
戌	甲辰旬, 甲戌旬	甲子旬, 甲午旬	甲寅旬, 甲申旬
亥	甲寅旬, 甲申旬	甲辰旬, 甲戌旬	甲子旬, 甲午旬

취임과 진급 등의 길상스러운 일로 인한 입택, 이주, 혼인에는 생갑순(生甲旬)이 길하다. 반면 매장은 반대로 사갑순(死甲旬)이 길하고 병갑순(病甲旬)은 평상하다. 2020년은 경자년으로 갑오순에 있다. 자오묘유(子午卯酉)년이 생갑순(生甲旬)이다.

두 번째, 전길일(全吉日)이다. 황제의 물음에 구천현녀가 대답한 날로 건축의 기초공사, 주춧돌, 기둥, 상량보의 개기(開基), 정초(定礎), 입주(立柱), 상량(上梁) 등에 좋은 길일이다. 가주의 생기법에 맞추어 오귀, 육살, 화해, 절명 등의 흉일은 피하고 생갑순에 맞추며, 甲子, 乙丑, 丙寅, 己巳, 庚午, 辛未, 癸酉, 甲戌, 乙亥, 丙子, 丁丑, 癸未, 甲申, 丙戌, 庚寅, 壬辰, 乙未, 丁酉, 庚子, 壬寅, 癸卯, 丙午, 丁未, 癸丑, 甲寅, 丙辰, 己未일이다.

세 번째, 기조길년(起造吉年)이다. 간지와 가주의 생년에 따른 길일 선택으로 12지지로 살핀 길일이다. 가주의 생왕과 년월의 삼합을 취하면 길하고, 순중 공망 및 양인, 삼살은 피한다.

<표-45> 기조길년

子生	午生	卯生	酉生
甲己·丁壬·戊癸年 吉	甲己·乙庚·丙辛年 吉	乙庚·丙辛·丁壬年 吉	甲己·乙庚·戊癸年 吉
辰生	戌生	丑生	未生
乙庚·丙辛·丁壬年 吉	甲己·乙庚·戊癸年 吉	丙辛·丁壬·戊癸年 吉	甲己·乙庚·戊癸年 吉
寅生	申生	巳生	亥生
丙辛·丁壬·戊癸年 吉	甲己·乙庚·戊癸年 吉	甲己·乙庚·丙辛年 吉	甲己·丁壬·戊癸年 吉

네 번째, 대투수일(大偸修日)로 모든 흉신이 상천하는 날이다. 공작 및 수리에 길하다. 壬子, 癸丑, 丙辰, 丁巳, 戊午, 己未, 庚申, 辛酉일이다.

제2장 원전 해석

1. 『천기대요』의 만년도

갑자순(甲子旬)

坐 \ 年	갑자 甲子	을축 乙丑	병인 丙寅	정묘 丁卯	무진 戊辰	기사 己巳	경오 庚午	신미 辛未	임신 壬申	계유 癸酉
자 좌 子坐	年克	炙退	三殺 陰符	小利	年克	炙退	三殺 歲破	陰符 年克	地官	炙退
계 좌 癸坐	年克 向殺	浮天	坐殺 傍陰	大利	年克 向殺	大利	坐殺	傍陰 年克	向殺	大利
축 좌 丑坐	年克	傍陰	三殺	小利	年克	大利	三殺 傍陰	年克 歲破	小利	地官
간 좌 艮坐	陰符	年克	年克	大利	大利	年克 陰符	大利	大利	大利	小利
인 좌 寅坐	年克	三殺	小利	天官 傍陰	年克	三殺	大利	年克 天官	傍陰 歲破	三殺
갑 좌 甲坐	年克	坐殺 傍陰	大利	向殺 傍陰	年克	坐殺	大利	年克 向殺	浮天 傍陰	坐殺
묘 좌 卯坐	炙退	三殺 年克	年克	小利	炙退 陰符	年克 三殺	小利	小利	炙退	三殺 歲破 陰符
을 좌 乙坐	大利	坐殺	大利	年克 向殺	傍陰	坐殺	大利	向殺	大利	坐殺 浮天 傍陰
진 좌 辰坐	年克 地官	三殺	傍陰	小利	年克	三殺	小利	年克 傍陰	小利	三殺
손 좌 巽坐	年克 陰符	大利	大利	大利	年克	陰符	大利	年克	小利	大利
사 좌 巳坐	三殺	年克 傍陰 地官	年克 天官	大利	三殺	年克	傍陰 天官	大利	三殺	大利

병 좌 丙坐	坐殺 傍陰	大利	向殺	年克	坐殺	傍陰	向殺	浮天	坐殺	大利
오 좌 午坐	三殺 歲破	小利	地官	灸退 年克 陰符	三殺	小利	大利	灸退	三殺 陰符	小利
정 좌 丁坐	坐殺	傍陰	向殺	大利	坐殺	大利	年克 傍陰 向殺 浮天	大利	坐殺	年克
미 좌 未坐	三殺 年克	歲破	小利	地官	年克 三殺 傍陰	小利	大利	年克	三殺	傍陰
곤 좌 坤坐	年克	大利	陰符	大利	年克 陰符 浮天	大利	大利	年克 陰符	大利	陰符
신 좌 申坐	年克	天官	傍陰 歲破	三殺	年克 地官	天官	小利	年克 三殺 傍陰	大利	天官
경 좌 庚坐	年克	向殺	大利	浮天 坐殺	年克 傍陰	向殺	小利	年克 坐殺	大利	向殺 傍陰
유 좌 酉坐	小利	陰符	灸退	三殺 歲破	小利	地官	灸退 年克 陰符	三殺	小利 冬至後 不利	年克
신 좌 辛坐	年克 傍陰	向殺	浮天	坐殺	年克	向殺 傍陰	大利	年克 坐殺	大利	向殺
술 좌 戌坐	年克	小利	大利	三殺 傍陰	年克 歲破	小利	地官	年克 三殺	傍陰	大利
건 좌 乾坐	小利	陰符	大利	陰符	大利	浮天	年克 陰符	小利	陰符	年克
해 좌 亥坐	天官	大利	三殺	小利	傍陰 天官	歲破	年克 三殺	地官	天官	年克 傍陰
임 좌 壬坐	浮天 向殺	傍陰	坐殺	年克	向殺	大利	坐殺 傍陰	大利	向殺	大利

갑술순(甲戌旬)

坐＼年	甲戌 (갑술)	乙亥 (을해)	丙子 (병자)	丁丑 (정축)	戊寅 (무인)	己卯 (기묘)	庚辰 (경진)	辛巳 (신사)	壬午 (임오)	癸未 (계미)
子坐 (자좌)	三殺	年克	陰符	炙退 年克	三殺	小利	小利	炙退 陰符	三殺 歲破	年克
癸坐 (계좌)	坐殺	浮天 年克	向殺 傍陰	年克	坐殺	大利	向殺	傍陰	坐殺	年克
丑坐 (축좌)	三殺	年克 傍陰	小利	年克	三殺	小利	傍陰	小利	三殺	年克 歲破
艮坐 (간좌)	陰符	小利	大利	大利	大利	陰符	年克	大利	大利	小利
寅坐 (인좌)	地官	天官 年克	小利	三殺 年克 傍陰	小利	天官	大利	三殺	傍陰	天官 年克
甲坐 (갑좌)	大利	向殺 年克	大利	坐殺 年克 傍陰	大利	向殺	大利	坐殺	浮天 傍陰	向殺 年克
卯坐 (묘좌)	小利	地官	炙退	三殺	陰符	大利	炙退 年克	三殺	小利	陰符
乙坐 (을좌)	大利	向殺	大利	坐殺	年克 傍陰	向殺	大利	坐殺 年克	大利	向殺 浮天 傍陰
辰坐 (진좌)	歲破	年克	傍陰 地官	三殺 年克	大利	大利	小利	三殺 傍陰	小利	年克
巽坐 (손좌)	陰符	年克	大利	年克	大利	陰符	大利	大利	小利	年克
巳坐 (사좌)	天官	傍陰 歲破	三殺	地官	天官	大利	三殺 年克 傍陰	大利	天官	大利
丙坐 (병좌)	傍陰 向殺	大利	坐殺	大利	向殺 年克	傍陰	坐殺	年克 浮天	向殺	大利
午坐 (오좌)	小利	炙退	三殺 歲破	陰符	地官 年克	炙退	三殺	年克	陰符	炙退
丁坐 (정좌)	年克 向殺	傍陰	坐殺 年克	大利	向殺	大利 冬至後 不利	浮天 傍陰 坐殺	大利	向殺 年克	大利

미좌 未坐	小利	年克	三殺	年克 歲破	傍陰	地官	三殺	大利	大利	傍陰 年克
곤좌 坤坐	大利	年克	陰符	年克	浮天 陰符	大利	大利	陰符	大利	年克 陰符
신좌 申坐	小利	三殺 年克	傍陰	天官 年克	歲破	三殺	地官	傍陰 天官	大利	三殺 年克
경좌 庚坐	大利	年克 坐殺	大利	年克 向殺 浮天	傍陰	坐殺	大利	向殺	小利	坐殺 傍陰 年克
유좌 酉坐	灸退 年克	三殺 陰符	年克	大利	灸退	三殺 歲破	陰符	地官	灸退 年克	三殺
신좌 辛坐	傍陰	坐殺 年克	浮天	向殺 年克	小利	坐殺 傍陰	大利	向殺	大利	坐殺 年克
술좌 戌坐	小利	年克 三殺	大利	年克 傍陰	大利	三殺	歲破	小利	傍陰 地官	三殺 年克
건좌 乾坐	年克	陰符	年克	陰符	大利	浮天	陰符	小利	年克 陰符	大利
해좌 亥坐	三殺 年克	大利	年克 天官	小利	三殺 傍陰	小利 冬至後 不利	天官	歲破	三殺 年克	傍陰 地官
임좌 壬坐	坐殺 浮天	傍陰	向殺	大利	年克 坐殺	大利	向殺 傍陰	年克	坐殺	大利

갑신순(甲申旬)

坐＼年	갑신 甲申	을유 乙酉	병술 丙戌	정해 丁亥	무자 戊子	기축 己丑	경인 庚寅	신묘 辛卯	임진 壬辰	계사 癸巳
자좌 子坐	地官	灸退	三殺 陰符 年克	大利	小利	灸退	三殺	陰符	年克	灸退
계좌 癸坐	向殺	浮天	坐殺 傍陰 年克	大利	向殺	大利	坐殺	傍陰	向殺 年克	大利
축좌 丑坐	小利	傍陰 地官	三殺 年克	大利	大利	大利	三殺 傍陰	小利	年克	小利
간좌 艮坐	陰符	小利	大利	年克	大利	陰符	大利	大利	大利	年克

인 좌 寅坐	歲破	三殺	地官 年克	傍陰 天官	小利	三殺	大利	天官	傍陰 年克	三殺
갑 좌 甲坐	大利	坐殺	年克	向殺 傍陰	大利	坐殺	大利	向殺	浮天 年克 傍陰	坐殺
묘 좌 卯坐	灸退	三殺 歲破	小利	年克 地官	灸退 陰符	三殺	小利	小利	灸退	三殺 陰符 年克
을 좌 乙坐	年克	坐殺	大利	向殺	傍陰	坐殺	年克	向殺	大利	坐殺 浮天 傍陰
진 좌 辰坐	大利	三殺	傍陰 歲破 年克	小利	地官	三殺	小利	傍陰	年克	三殺
손 좌 巽坐	陰符	大利	年克	大利	大利	陰符	大利	大利	年克	大利
사 좌 巳坐	三殺	傍陰	天官	年克 歲破	三殺	地官	傍陰 天官	大利	三殺	年克
병 좌 丙坐	坐殺 傍陰 年克	大利	向殺	大利	坐殺	傍陰	向殺 年克	浮天	坐殺	大利
오 좌 午坐	三殺 年克	小利	小利	灸退 陰符	三殺 歲破	小利	年克 地官	灸退	三殺 陰符	大利
정 좌 丁坐	坐殺	傍陰	向殺	大利	坐殺	年克	向殺 傍陰 浮天	大利 冬至後 不利	坐殺	大利
미 좌 未坐	三殺	小利	年克	小利	三殺 傍陰	歲破	小利	地官	三殺 年克	傍陰
곤 좌 坤坐	大利	大利	陰符 年克	大利	浮天 陰符	大利	大利	陰符	年克	陰符
신 좌 申坐	大利	天官	傍陰 年克	三殺	小利	天官	歲破	三殺 傍陰	地官 年克	天官
경 좌 庚坐	大利	向殺	年克	坐殺 浮天	傍陰	向殺	大利	坐殺	年克	向殺 傍陰
유 좌 酉坐	小利	陰符	灸退	三殺	小利 冬至後 不利	年克	灸退 陰符	三殺 歲破	小利	地官

辛坐	傍陰	向殺	浮天年克	坐殺	大利	向殺傍陰	小利	坐殺	年克	向殺
戌坐	小利	大利	年克	三殺傍陰	大利	小利	大利	三殺	傍陰歲破年克	小利
乾坐	大利	陰符	大利	陰符	小利冬至後不利	浮天年克	陰符	小利冬至後不利	小利	小利
亥坐	天官	大利冬至後不利	三殺	小利	傍陰天官	年克	三殺	小利冬至後不利	天官	傍陰歲破
壬坐	向殺浮天年克	傍陰	坐殺	大利	向殺	大利	坐殺年克傍陰	大利	向殺傍陰	大利

갑오순(甲午旬)

坐＼年	갑오 甲午	을미 乙未	병신 丙申	정유 丁酉	무술 戊戌	기해 己亥	경자 庚子	신축 辛丑	임인 壬寅	계묘 癸卯
子坐	三殺歲破年克	小利	陰符地官	灸退	三殺年克	小利	大利	灸退陰符年克	三殺	小利
癸坐	坐殺年克	浮天	向殺傍陰	大利	坐殺年克	大利	向殺	傍陰年克	坐殺	大利
丑坐	三殺年克	傍陰歲破	小利	地官	三殺年克	大利	傍陰	年克	三殺	小利
艮坐	陰符	年克	年克	大利	大利	陰符年克	大利	大利	大利	小利
寅坐	年克	天官	歲破	三殺傍陰	地官年克	天官	大利	三殺年克	傍陰	天官
甲坐	年克	向殺傍陰	大利	坐殺傍陰	年克	向殺	傍陰	坐殺年克	浮天傍陰	向殺
卯坐	小利	年克	灸退年克	三殺歲破	陰符	地官年克	灸退	三殺	小利	陰符
乙坐	大利	向殺	傍陰	坐殺年克	大利	向殺	大利	坐殺傍陰	大利	向殺浮天傍陰

辰坐	年克	小利	傍陰	三殺	年克 歲破	小利	地官	三殺 傍陰 年克	小利	大利
巽坐	陰符 年克	大利	大利	大利	年克	陰符	大利	年克	小利	大利
巳坐	天官	傍陰 年克	三殺 年克	大利	天官	年克 歲破	三殺 傍陰	地官	天官	大利
丙坐	向殺 傍陰	大利	坐殺	年克	向殺	傍陰	坐殺	浮天	向殺	大利
午坐	小利	灸退	三殺	陰符 年克	小利	灸退	三殺 歲破	小利	陰符 地官	灸退
丁坐	向殺	傍陰	坐殺	小利	向殺	大利	坐殺 浮天 傍陰 年克	大利	向殺	年克
未坐	年克	小利	三殺	小利	傍陰 年克	小利	三殺	年克 歲破	小利	傍陰 地官
坤坐	年克	大利	陰符	大利	年克 浮天 陰符	大利	小利	年克 陰符	大利	陰符
申坐	年克	三殺	傍陰	天官	年克	三殺	小利	傍陰 天官 年克	歲破	三殺
庚坐	年克	坐殺	大利	向殺 浮天	傍陰 年克	坐殺	大利	向殺 年克	大利	坐殺 傍陰
酉坐	灸退	三殺 陰符	小利	小利	灸退	三殺	陰符 年克	大利	灸退	三殺 歲破 年克
辛坐	傍陰 年克	坐殺	浮天	向殺	年克	坐殺 傍陰	大利	向殺 年克	小利	坐殺
戌坐	地官 年克	三殺	大利	傍陰	年克	三殺	大利	年克	傍陰	三殺
乾坐	小利	陰符	大利	小利	大利	浮天	陰符 年克	小利	陰符	年克
亥坐	三殺	地官	天官	小利	三殺 傍陰	大利	天官 年克	大利	三殺	傍陰 年克

壬坐	坐殺浮天	傍陰	向殺	年克傍陰	坐殺	大利	年克向殺傍陰	大利	坐殺傍陰	大利

갑진순(甲辰旬)

坐＼年	갑진 甲辰	을사 乙巳	병오 丙午	정미 丁未	무신 戊申	기유 己酉	경술 庚戌	신해 辛亥	임자 壬子	계축 癸丑
자좌 子坐	小利	灸退年克	三殺歲破陰符	年克	地官	灸退	三殺	陰符	小利	年克灸退
계좌 癸坐	向殺	浮天年克	坐殺傍陰	年克	向殺	大利	坐殺	傍陰	向殺	年克
축좌 丑坐	小利	傍歛年克	三殺	年克歲破	小利	地官	三殺傍陰	小利	大利	年克
간좌 艮坐	陰符	小利	大利	大利	大利	陰符	年克	大利	大利	小利
인좌 寅坐	大利	三殺年克	小利	傍陰年克天官	歲破	三殺	地官	天官	傍陰	三殺年克
갑좌 甲坐	大利	坐殺年克	大利	向殺年克傍陰	大利	坐殺	大利	向殺	浮天傍陰	坐殺年克
묘좌 卯坐	灸退	三殺	小利	小利	灸退陰符	三殺歲破	年克	地官	灸退	坐殺浮天傍陰
을좌 乙坐	大利	坐殺	大利	向殺	年克傍陰	坐殺	大利	向殺年克	大利	坐殺浮天傍陰
진좌 辰坐	大利	三殺年克	傍陰	年克	大利	三殺	歲破	傍陰	地官	三殺年克
손좌 巽坐	陰符	年克	大利	年克	大利	陰符	大利	大利	小利	年克
사좌 巳坐	三殺	傍陰	天官	大利	三殺	大利	傍陰天官年克	歲破	三殺	地官

병좌 丙坐	坐殺 傍陰	大利	向殺	大利	坐殺 年克	傍陰	向殺	年克 浮天	坐殺	大利
오좌 午坐	三殺	大利	小利	灸退 陰符	三殺 年克	小利	大利	灸退 年克	三殺 歲破 陰符	小利
정좌 丁坐	坐殺	傍陰	向殺 年克	大利	坐殺	小利 冬至後 不利	向殺 傍陰 浮天	大利	坐殺 年克	大利
미좌 未坐	三殺	年克	大利	年克	三殺 傍陰	小利	小利	小利	三殺	傍陰 歲破 年克
곤좌 坤坐	大利	年克	陰符	年克	浮天 陰符	大利	大利	陰符	小利	年克 陰符
신좌 申坐	地官	天官 年克	傍陰	三殺 年克	小利	天官	小利	三殺 傍陰	大利	天官 年克
경좌 庚坐	大利	向殺 年克	小利	坐殺 年克 浮天	傍陰	向殺	大利	坐殺	大利	向殺 傍陰 年克
유좌 酉坐	年克	陰符 年克	灸退 年克	三殺	小利	小利 冬至後 不利	灸退 陰符	三殺	年克	小利
신좌 辛坐	傍陰	三殺 年克	浮天	坐殺 年克	大利	向殺 傍陰	大利	坐殺	大利	向殺 年克
술좌 戌坐	歲破	年克	地官	三殺 年克 傍陰	大利	小利	大利	三殺	傍陰	年克
건좌 乾坐	年克	陰符	年克	陰符	大利	浮天	陰符	小利	年克 陰符	小利
해좌 亥坐	天官 年克	歲破	三殺 年克	地官	傍陰 天官	大利 冬至後 不利	三殺	大利	天官 年克	傍陰
임좌 壬坐	向殺 浮天	傍陰	坐殺	大利	向殺 年克	大利	坐殺 傍陰	年克	向殺	大利

갑인순(甲寅旬)

坐＼年	갑인 甲寅	을묘 乙卯	병진 丙辰	정사 丁巳	무오 戊午	기미 己未	경신 庚申	신유 辛酉	임술 壬戌	계해 癸亥
자좌 子坐	三殺	小利	陰符 年克	灸退	三殺 歲破	小利	地官	灸退 陰符	三殺 年克	小利
계좌 癸坐	坐殺	浮天	向殺 傍陰 年克	大利	坐殺	大利	向殺	傍陰	坐殺 年克	大利
축좌 丑坐	三殺	傍陰	年克	大利	三殺	歲破	傍陰	地官	三殺 年克	小利
간좌 艮坐	陰符	小利	大利	年克	大利	陰符	大利	大利	大利	年克
인좌 寅坐	大利	天官	年克	三殺 傍陰	小利	天官	歲破	三殺	傍陰 地官 年克	天官
갑좌 甲坐	大利	向殺	年克	坐殺 傍陰	大利	向殺	大利	坐殺	浮天 年克 傍陰	向殺
묘좌 卯坐	小利	大利	灸退	三殺 年克	陰符	大利	灸退	三殺 歲破	小利	陰符 地官 年克
을좌 乙坐	年克	向殺	傍陰	坐殺	傍陰	向殺	年克	坐殺	大利	向殺 浮天 傍陰
진좌 辰坐	大利	小利	傍陰 年克	三殺	大利	小利	小利	三殺 傍陰	年克 歲破	小利
손좌 巽坐	陰符	大利	年克	大利	大利	陰符	大利	大利	年克	大利
사좌 巳坐	天官	傍陰	三殺	年克	天官	大利	三殺 傍陰	大利	天官	年克 歲破
병좌 丙坐	向殺 傍陰 年克	大利	坐殺	大利	向殺	傍陰	坐殺 年克	浮天	向殺	大利
오좌 午坐	地官 年克	灸退	三殺	陰符	小利	灸退	三殺 年克	小利	陰符	灸退

정 좌 丁坐	向殺	傍陰	坐殺	大利	向殺	年克	坐殺 傍陰 浮天	小利 冬至後 不利	向殺	大利
미 좌 未坐	小利	地官	三殺 年克	小利	傍陰	小利	三殺	小利	年克	傍陰
곤 좌 坤坐	大利	大利	陰符 年克	大利	浮天 陰符	大利	大利	陰符	年克	陰符
신 좌 申坐	歲破	三殺	傍陰 年克 地官	天官	小利	三殺	小利	傍陰 天官	年克	三殺
경 좌 庚坐	大利	坐殺	年克	向殺 浮天	傍陰	坐殺	大利	向殺	年克	坐殺 傍陰
유 좌 酉坐	灸退	三殺 歲破 陰符	小利	地官	灸退	三殺 年克	陰符	小利 冬至後 不利	灸退	三殺
신 좌 辛坐	傍陰	坐殺	浮天 年克	向殺	大利	坐殺 傍陰	大利	向殺	年克	坐殺
술 좌 戌坐	小利	三殺	年克 歲破	傍陰	地官	三殺	大利	小利	傍陰 年克	三殺
건 좌 乾坐	大利	陰符	大利	陰符	小利 冬至後 不利	年克 浮天	陰符	小利 冬至後 不利	陰符	大利
해 좌 亥坐	三殺	小利 冬至後 不利	天官	歲破	三殺 傍陰	地官 年克	天官	大利 冬至後 不利	三殺	傍陰
임 좌 壬坐	坐殺 年克 浮天	傍陰	向殺	大利	坐殺	大利	向殺 年克 傍陰	大利	坐殺	大利

2. 『청오경(靑烏經)』

『청오경』은 중국 한나라 사람으로 알려져 있으나 정확한 연대는 알 수 없다. 『풍속통의』에 "한대에 청오씨가 술수에 능한 사람으로"[288] 청오라는 사람을 기록하고 있다.

---

288) 『풍속통의』「일문」27편, "漢有靑烏子, 善術數."

또한 위진남북조 시대에 청오자가 자주 거론되는 점으로 추측하건데, 청오자라는 이름은 한대에서부터 위진남북조 시대를 겸하고 있다. 다만 현재 일반적으로 청오자는 한대(漢代)의 인물로 알려져 있다.

〔본문해석〕

先生漢時人也. 精地理陰陽之術, 而史失其名. 郭璞葬書引, 經曰, 爲證者, 卽此書也. 先生之書, 簡而嚴約, 而當誡後世陰陽家, 書之祖也.

선생은 한나라 때 사람이다. 지리와 음양지술에 정통하였으나 사서에 이름이 전해지지 않는다. 곽박이 장서(금낭경)에 인용하여 '經曰' 하며 증거로 삼고 있는 것이 이 책이다. 선생의 글은 간략하고 엄밀하면서 요약되어 있어, 마땅히 후세 음양가들 문장의 조종이 되고 있다.

盤古渾淪, 氣萌大朴. 分陰分陽, 爲淸爲濁. 生老病死, 誰實主之. 無其始也, 無有議焉.

아주 오랜 옛날 혼돈상태에서(반고혼륜) 氣가 싹이 터 큰 바탕이 되었다. 음으로 나뉘고 양으로 나뉘며 맑고 탁함이 이루어졌다. 생노병사가 이루어진 것을 누가 주관하였는가! 그 처음은 없고, 그것을 의논하면 없는 것이다.

不能無也, 吉凶形焉, 曷如其無, 何惡其有. 藏於杳冥, 實關休咎. 以言有人, 似若非是.

없다는 것은 불가능하여 길흉에 형상이 있으니, 어찌 그것을 없다고 할 것이며 어찌 그것이 있다고 나쁘겠는가! 깊숙이 어두운 곳에 감추어져 있으나 실로 휴구(근심과 걱정)에 관계된다. 이 말은 사람에게 있어서는 시비와 같다.

其於末也, 一無外此. 其若可忽, 何假於予. 辭之疣矣, 理無越斯.

그 끝은 있으나 이 이치보다 나은 것은 조금도 없다.[289] 만약 그것을 소홀히 한다면 어찌 나에게 거짓이 있겠는가! 이 말은 몸의 사마귀와 같지만 이치는 이보다 나은 것이 없다.

山川融結, 峙流不絶, 雙眸若無, 烏乎其別. 福厚之地, 雍容不迫, 四合周顧, 卜其主客.

산천이 서로 통하고 높은 봉우리에서 흐르는 물이 끊이지 않으니, 두 눈동자가 만약 없다면 어찌 구별하겠는가! 복이 두터운 땅은 용모가 핍박하지 않고, 사방이 서로 돌아보는 것이니 주맥과 손맥이 법에 맞는다.

山欲其迎, 水欲其澄. 山來水回, 逼貴豊財. 山囚水流, 虜王滅侯, 山頓水曲, 子孫千億.

산은 맞이하고자 하고 물은 맑고자 한다. 산이 오고 물이 돌면 귀함이 가깝고 재물이 풍요하다. 산이 닫히고 물이 흐르면 왕은 포로가 되고 제후는 망하고, 산이 조아리고 물이 구불거리면 자손은 천억이 된다.

山走水直, 從人寄食, 水過西東, 財寶無窮. 三横四直, 官職彌崇.

산이 달아나고 물이 직거로 흐르면 남을 따라 밥을 먹게 되며, 물이 서에서 동으로 흐르면 재보가 무궁하다. 세 번 가로로 흐르고 네 번 직거하면 관직이 높게 된다.

九曲委蛇, 準擬沙堤, 重重交鎖, 極品官資. 氣乘風散, 脈遇水止. 藏隱蜿蜒, 富貴之地.

물이 뱀처럼 구곡수로 흘러 모래제방 같고, 겹겹이 서로 교쇄[290]하면 극품의 관직

---

289) 이 내용은 묘지를 만들어 길흉화복의 차이가 있을지라도 그 차이는 분명히 있다는 뜻이다.
290) 교쇄는 자물쇠 같이 서로 채워주는 형태다.

에 오른다. 기는 바람을 타면 흩어지고 맥은 물을 만나면 멈춘다. 맥이 숨어서 완연[291]하면 부귀의 땅이다.

不蓄之穴, 是爲腐骨, 不及之穴, 生人絶滅. 騰漏之穴, 翻棺敗槨, 背囚之穴, 寒泉滴瀝. 其爲可畏, 可不愼乎.

기(생기)가 쌓이지 못한 혈은 뼈가 썩고, 기가 이르지 못한 혈은 산 사람이 절멸된다.(후손절멸) 기가 날아가고 새는 혈은 관곽[292]이 도망가고 깨질 것이며, 기가 배신하고 막힌 혈은 찬물이 (광중)에 적셔질 것이다. 그것이 가이 두려운 것인데 어찌 신중하지 않겠는가!

百年幻化, 離形歸眞, 精神入門, 骨骸返根. 吉氣感應, 累福及人, 東山吐焰, 西山起雲.

백년을 살면 幻化[293]하여 형체를 떠나 眞(혼이나 자연)으로 돌아가며, 정신은 입문하고 骨骸는 반대로 뿌리(땅)로 돌아간다. 길한 기운이 감응하면 사람에게 복을 가져다 주고, 동쪽 산에서 불기를 토하면 서쪽 산은 구름이 일어난다.

穴吉而溫, 富貴延綿, 其或反是, 子孫孤貧. 童斷與石, 過獨逼側, 能生新凶, 能消已福.

혈이 온화하고 길하면 부귀가 오래기고, 혹 반대가 되면 자손이 외롭고 가난해진다. 동산(민둥산), 단산(맥이 끊어진 산), 석산(돌산)과 더불어 과산(맥이 밋밋하게 지나가는 산), 독산(홀로 솟아 있는 산), 핍산(핍박당하는 산), 측산(기울어진 산)은 능히 새로운 흉이 생기고 이미 있던 복도 사라진다.

---

291) 蜿蜒은 뱀이 가는 것처럼 구불구불거리는 모습이다.
292) 棺槨은 시신을 넣는 관이다.
293) 환화는 변화하고 바뀐다는 뜻으로 죽음을 의미한다.

貴氣相資, 本原不脫. 前後區衛, 有主有客. 水行不流, 外狹內闊. 大地平洋, 杳茫莫測.

귀한 기운이 서로 돕고 본래의 근원(용맥)에서 이탈하지 않고, 앞뒤로 호위하듯이 하면 주인(주산)도 있고 손님(객산)도 있다. 물이 가나 흐르지 않고 바깥이 좁고 안이 넓다. 큰 땅은 바다와 같이 평평하고 아득하고 망망함을 헤아리기가 어렵다.[294]

沼沚池湖, 眞龍憩息. 情▨內求, 愼莫外覓. 形勢彎趨, 享用五福.

늪, 물가, 연못, 호수는 진룡이 행룡을 멈추어 쉬는 곳이다. 정(작용)은 안(물을 마주한 안쪽)에서 찾고 삼가 바깥에서 찾지 않아야 한다.(龍盡處를 찾는 곳) (물의)형세가 활처럼 굽어 감싸주면 오복을 누리게 된다.

勢止形昂, 前澗後岡, 位至侯王. 形止勢縮, 前案回曲, 金穀璧玉.

세(용세)가 멈추고 형이 머리를 들어 우뚝하고, 앞에 계곡의 물이 있고 뒤에 언덕이 받쳐주면 제후나 왕에 이를 것이다. 형이 멈추면서(혈이 맺힘) 용세가 모이고 앞으로 안산이 回曲(굽이쳐 막아준다)하면 금덩어리와 곡식과 벽옥을 가지게 된다.

山隨水著, 迢迢來路. 挹而注之, 穴須回顧. 天光下臨, 百川同歸, 眞龍所迫, 孰卞玄微.

산을 따라 물이 오는데 길을 따라 멀리에서 온다. 산이 당겨서 물을 마주하면(산수가 서로를 본다) 혈은 반드시 돌아서 볼 것이다. 하늘의 빛이 아래에 임하고 모든 냇물이 함께 모이면, 진룡이 가까이에 있는 것이니 누가 그 현미함을 분별하겠는가!

---

294) 물이 흐르는 것처럼 보이나 흐르지 않아야 하고, 바깥의 수구는 좁으나 명당의 국세는 넓고 평평한 것이 바다와 같은 곳이어야 한다.

鷄鳴犬吠, 鬧市烟村, 隆隆隱隱, 孰探其原. 若乃, 斷而復續, 去而復留, 奇形異相, 千金難求.

닭이 울고 개가 짖는 시끄러운 시장과 밥을 짓는 연기가 나는 마을에서, 융성하였다가 숨었다 하니 누가 근원을 찾을 수 있겠는가![295] 만약 맥이 끊어졌다가 다시 이어지고, 가다가 다시 머무는 기이한 형상은 천금을 주고도 구하기 어렵다.

折藕貫珠, 眞氣落莫, 臨穴坦然, 誠難捫摸. 障空補欠, 天造地設, 留与至人, 先賢難說.

잘라진 연뿌리는 구슬이 꿴 것 같고, 참된 기운이 떨어져 없어졌는데, 혈에 임하여 평평해졌으니 정말로 어루만져 찾기가 어렵다.[296] 빈곳을 막고 흠결이 있는 곳을 보완하여 하늘이 만들고 땅이 세운 것을, 사람에게 이르러 남겨놓았으니 선현이라도 설명하기 어렵다.[297]

草木鬱茂, 吉氣相隨, 內外表裏, 或然或爲. 三岡全氣, 八方會勢, 前遮後擁, 諸祥畢至.

초목이 울창하고 길한 기운이 서로 따르며, 내외의 표리는 혹 자연적일 수도, 혹 인위적일수도 있다. 세 산의 온전한 기운과 팔방의 세가 모이고, 앞에서 막고 뒤에서 받쳐주면 모든 상서로움이 이르게 된다.[298]

---

295) 용맥의 흔적이 다변한다는 뜻이다.
296) 용맥의 흔적이 구슬같이 꿰어지고 이어지다가 혈에 와서는 평평해져 흔적이 사라지니 기운을 찾기가 실로 어렵다는 뜻이다.
297) 유여지인은 하늘이 숨겨놓은 혈처를 공덕한 사람에게 내어주는 것은 선현이라도 깨닫기가 어렵다는 뜻이다.
298) 세 봉우리의 온전한 기, 팔방의 세, 안산과 현무가 구비된 땅. 조종-부모-주산인 세 산의 기, 사신사의 형이 갖추어진 산.

地貴平夷，土貴有支，穴取安止，水取超遞，向定陰陽，切莫乖戾，差以毫釐，繆以千里．

땅의 귀함은 평탄하고 온화하며, 흙의 귀함은 가지가 있어야 하고,[299] 혈은 안정되게 그친 곳을 취하고, 물은 멀리서 흘러 보내오는 것을 취해야 한다. 향은 음양으로 정하고, 절대로 어긋나서 벗어나지 말고, 털끝만큼의 차이는 그 오류가 천리를 낳는다.

擇術盡善，封都立縣，一或非宜，法主貧賤．公侯之地，龍馬騰起，面對玉圭，小而首銳，更遇本方，不學而至．

술법의 선택에 최선을 다하면 도읍을 세우고 현이 들어서지만, 하나라도 마땅치 않으면 法主[300]는 빈천해진다. 공후가 나는 땅은 (산세)용마가 일어나는 것 같고, 얼굴을 대하는(안산) 곳에 옥규가 있으며 봉우리가 작아도 머리가 뾰족하고, 다시 본방을 만나면 배우지 않아도 이르게 된다.[301]

宰相之地，繡繳伊邇，大水洋潮，無上之貴．外台之地，捍門高峙，屯踏排迎，周圍數里．

재상이 나는 땅은 수놓은 듯 얽혀있는 봉우리가 가까이에 있고, 큰물이 밀려오는 바다와 같으면 더 이상의 귀함이 없다. 관청(벼슬아치)이 나는 땅은 한문[302]이 높이 솟아있고, 군사들이 둔을 치고 배치된 듯해야 하며 수리(가까운 곳)안을 둘러싸야 한다.

筆大橫椽，是名判死，此昂被低，誠難推擬．官貴之地，文筆揷耳，魚袋双聯，庚金之位．南火東木，北水鄙伎．

---

299) 선익, 혈장, 호종사 등으로 가지가 지탱해주는 땅이 좋다는 뜻이다.
300) 법자체가 될 수도 있고, 법을 실행하는 사람이 주체가 될 수도 있다.
301) 용마의 산세를 갖추고 안산에 문필봉과 옥규사가 있고, 방위를 제대로 갖추었으면 배움이 없어도 공후지지에 이르게 된다.
302) 捍門은 수구처에 자리 잡아 물길의 흐름을 막아주며 문설주와 같은 바위를 뜻한다.

(형세가) 큰 붓이며 가로로 서까래 같으면 이르러 판사라 하는데, 이것은 높고 저것은 낮다하면 참으로 추측하기가 어렵다. 귀한 관직에 오르는 땅은 문필봉이 귀를 세운 것처럼 하고, 어대사가 쌍으로 이어지며 경금(서쪽)의 자리다.[303] 남쪽이나 동쪽에 있거나 북쪽에 있으면 비천한 재주를 가진다.

地有佳氣, 隨土所起, 山有吉氣, 因方所主. 文筆之地, 筆尖以細, 諸福不隨, 虛馳材芸.

땅에 아름다운 기가 있으면 흙에 따라 일어나는 곳이 있고, 산이 길한 기운이 있으면 방위에 따라 주인이 있다. 글과 문장가가 나는 땅은 붓처럼 뾰족하고 가는 것이나, 모든 복이 따르지 않으니 재주와 기예만 헛되이 쫓는다.

大富之地, 圓峰金櫃, 貝宝杳來, 如川之至. 貧賤之地, 亂如散蟻, 達人大觀, 如示諸指.

대부가 나는 땅은 봉우리가 둥글고 금궤와 같으며, 패물과 보물이 거듭 들어와 마치 냇물이 흐르는 것과 같다. 빈천한 땅은 산세가 어지러워 마치 개미가 흩어지는 것과 같고, (지리에)통달한 사람이 크게 보면 마치 손가락을 보는 것 같다.

幽陰之宮, 神靈所主. 葬不斬草, 名曰盜葬. 葬近祖墳, 殃及兒孫.

유음의 궁은 신령이 주관하여 주인이 된다. 장사지내는데 풀을 베지 않는 것은 이름 하여 도둑장사를 치르는 것이다. 조상의 분묘 가까이에서 장사를 지내면 재앙이 어린 손자에게 미친다.

一墳榮盛, 一墳孤貧, 穴吉葬凶, 与棄屍同. 陰陽符合, 天地交通, 內氣萌生, 外

---

303) 어대사가 서쪽이면 금어대, 남쪽이면 화어대, 동쪽이면 목어대, 북쪽이면 수어대라 칭한다.

氣成形.

한 분묘가 영화롭고 번성하면 한 분묘는 외롭고 가난해지는데, 혈자리는 길하지만 장사를 잘못지내면 마치 시체를 버리는 것과 같다. 음양이 부합하고 천지가 서로 통하면, 내기가 싹을 틔우고 외기는 형을 이룬다.

內外相乘, 風水自成, 察以眼界, 會而性情. 若能悟此, 天下橫行.

내기와 외기가 서로 승하면(융화) 풍수는 스스로 이루어지니, 눈으로 살피고 성정을 모우라. 만약 이를 능히 깨닫는다면 천하를 횡행[304]할 것이다.

3. 『금낭경(錦囊経)』

『금낭경』은 당나라 곽박이 『청오경』의 내용을 부연하여 만든 풍수지리서다. 우리나라는 728년(唐 개원)에 간행된 당본을 들여와 수차례 간행을 거쳐, 현재 규장각에서 필사본을 가지고 있다. 당나라 연국공인 장설과 승려 일행선사, 승려 홍사가 각각 주를 달았고 상 하편으로 이루어져 있다. 본 내용은 서울대 규장각본을 참조하였다.

제1 기감편(氣感篇)

葬者乘生氣也. 五氣行乎地中.

장사는 생기를 타야한다. 오기가 땅속을 흐른다.

人受体於父母, 本骸得氣, 遺体受陰.

사람은 부모로부터 몸을 받으니 본해(부모의 유골)가 기를 득하면 유체(자식)는 음덕

---

304) 橫行은 동서남북을 가로지르며 돌아다닌다는 뜻이다.

을 받는다.

経曰, 氣感而応, 鬼福及人. 是以銅山西崩, 靈鐘東応, 木華於春, 粟芽於室.

경에 이르길 기가 감응하면 귀복(귀신의 복, 禍福)이 사람에게 미친다. 이는 서쪽의 구리동산이 무너지면 동쪽의 신령스러운 종이 감응하는 것이며, 나무가 봄에 꽃을 피우면 실내에서 밤 싹이 난다.

毫釐之差 禍福千里.

털끝만큼의 차이가 화복이 천리가 된다.

経曰, 地有四勢, 氣從八方.

夫陰陽之氣, 噫而爲風, 升而爲雲, 降而爲雨, 行乎地中, 則爲生氣.

경에 이르길 땅에는 사세가 있고, 기는 팔방을 따른다고 하였다.

무릇 음양의 기는 뿜으면 바람이 되고, 오르면 구름이 되며, 내리면 비가 되고, 땅 속으로 흘러 다니면 즉 생기가 된다.

経曰 氣乘風則散, 界水則止. 古人聚之使不散, 行之使有止, 故謂之風水.

경에 이르길 기는 바람을 타면 흩어지고, 물을 만나면 멈춘다고 하였다. 옛사람은 기가 모이고 흩어지지 않고, 기가 행하다 멈춘 곳을 이르러 풍수라 하였다.

風水之法, 得水爲上, 藏風次之.

풍수의 법은 득수가 우선이고 장풍이 그 다음이다.

(何以言之氣之盛, 雖流行, 而其余者猶有止, 雖零散, 而其深者猶有聚.

어찌 기의 성함을 말하겠는가! 비록 기가 흘러 다니지만 그 남음은 오히려 멈춤에 있고, 비록 기가 흩어지는 것이나 그 깊음은 오히려 모임에 있다.)

故藏於涸燥者宜淺, 藏於坦夷者宜深.

고로 메마르고 건조한 곳에 장사지낼 때는 얕게 파고, 탄이(평평하고 온화한 곳)한 것은 마땅히 깊게 파야 한다.

経曰, 淺深得乘, 風水自成.

경에 이르길 얕고 깊음을 얻고 기를 타면 풍수는 저절로 이루어진다.

夫土者氣之体, 有土斯有氣, 氣者水之母, 有氣斯有水.

무릇 흙은 기의 체이므로 흙이 있으면 기가 있고, 기는 물의 어미(근본)이므로 기가 있으면 물이 있다.

経曰, 外氣橫形, 內氣止生, 蓋言此也. 丘壟之骨, 岡阜之支, 氣之所隨.

경에 이르길 외기가 가로로 형을 이루고,[305] 내기가 멈추어 생하는 것이 대개 이런 말이다. 구롱(산언덕)의 골(뼈대)과, 강부(낮은 언덕)의 가지는 기가 따르는 바이다.

経曰, 土形氣行, 物因以生.

경에 이르길, 흙이 형상을 이루고 기가 행하면 물체가 이로서 생긴다.

蓋生者氣之聚, 凝結者成骨, 骨者人之生氣, 死而獨留.

대개 생은 기가 모인 것이고, 응결되어 이룬 것이 골이니, 골은 사람의 생기로 죽으면 오직 (뼈)만 남는다.

---

305) 장설과 일행은 가로놓인 모양은 물이 가로로 흘러서 밖에 모양이 나타남으로 안 기운이 멈추면 생기가 생긴다고 하였고, 過水가 오는 산을 멈추게 하는 것이고, 외기는 물, 내기는 오행을 이른다고 하였다.

故葬者, 反氣納骨, 以蔭所生之法也.

따라서 장사는 기의 반응을 뼈에 들게 하여 낳은 자식들에게 음덕을 주는 법도이다.

제2 인세편(因勢篇)

五氣行於地中, 發而生乎万物. 其行也, 因地之勢, 其聚也, 因勢之止. 葬者原其起, 乘其止.

오행의 기가 땅속을 흘러 다니다가 이것이 발하여 만물이 생한다. 오기의 행함은 땅의 세력에 의한 것이며, 기의 응집은 땅의 세가 멈춘 것이다. 장사는 기가 일어난 근원을 찾아, 기가 멈추는 곳에 승[306]해야 한다.[307]

寅申巳亥四勢也, 衰旺繫乎形応. 震離坎兌乾坤艮巽八方也, 來止迹乎岡阜.

인・신・사・해(동서남북)는 사세며, 쇠왕은 형세의 응함에 달려 있다. 진 이 감 태 건 곤 간 손(팔괘방위)은 팔방이니 (기가)오고 멈추는 것은 강부[308]에 있다.[309]

---

306) 乘은 타다, 헤아리다는 뜻으로 혈처를 찾아 시신을 묻어야 하는 것이다.
307) 장설과 일행은 산언덕과 낮은 언덕의 세력이 마치 사람의 혈맥과 같이 기가 오고가는 것으로, 기운이 멈추면 세력이 멈추고 그곳에 기운이 모여 있으니 이곳에 장사를 지내야 한다고 하였다.
308) 岡阜는 산등성이나 언덕의 용맥에 있는 것이다.
309) 오행의 왕・쇠・강・약, 생・왕・사・절의 12운성표, 四局의 생・왕・사・절이다.

구분	木	火	土	金	水
春	旺	相	死	囚	休
夏	休	旺	相	死	囚
季月	囚	休	旺	相	死
秋	死	囚	休	旺	相
冬	相	死	囚	休	旺

구분	長生	沐浴	冠帶	建祿	帝旺	衰	病	死	墓	絶	胎	養
甲	亥	子	丑	寅	卯	辰	巳	午	未	申	酉	戌
乙	午	巳	辰	卯	寅	丑	子	亥	戌	酉	申	未
丙	寅	卯	辰	巳	午	未	申	酉	戌	亥	子	丑
丁	酉	申	未	午	巳	辰	卯	寅	丑	子	亥	戌
戊	寅	卯	辰	巳	午	未	申	酉	戌	亥	子	丑
己	酉	申	未	午	巳	辰	卯	寅	丑	子	亥	戌
庚	巳	午	未	申	酉	戌	亥	子	丑	寅	卯	辰

地勢原脈, 山勢原骨, 委蛇東西, 或爲南北. 千尺爲勢, 百尺爲形.

지세는 맥을 근원으로 하고, 산세는 골(산형과 용맥)을 근거로 하니, (지세나 산세)뱀처럼 구불하게 동서로 혹은 남북으로 가야 한다. 천척이면 세를 이루고, 백척이면 형을 이룬다.[310]

勢來形止, 是謂全氣, 全氣之地, ▨葬其止. 全氣之地, 宛委自復, 回還重復.

세로 와서 형에 멈추면 이르러 온전한 氣라하며, 온전한 기를 갖춘 땅에서는 氣가 멈춘 곳에 장사지내야 마땅하다.

온전한 기를 갖춘 땅은 굴곡하기를 스스로 되풀이하고, 휘돌면서 환포하는 것을 거듭한다.

若踞而候也, 若攬而有也. 欲進而却, 欲止而深, 來積止聚, 沖陽和陰.

마치 웅크리고 앉아서 기다리는 듯 하고, 잡아당겨서 있도록 하는 것과 같다. 나아가려고 하되 물러나고, 멈추고자 하되 깊어야 한다. (기가) 와서 쌓이고 멈추어 모이면 양의 충으로 음의 화함이 일어난다.(음양의 조화)

土膏水深, 鬱草茂林, 貴若千乘, 富如万金. 經曰, 形止氣蓄, 化生万物, 爲上地也.

땅이 기름지고 물이 깊으며, 초목과 숲이 울창하면 귀함은 천승[311]에 오르고, 부는

辛	子	亥	戌	酉	申	未	午	巳	辰	卯	寅	丑
壬	申	酉	戌	亥	子	丑	寅	卯	辰	巳	午	未
癸	卯	寅	丑	子	亥	戌	酉	申	未	午	巳	辰

구분	胞	胎	養	生	浴	帶	官	旺	衰	病	死	墓
火局	亥	子	丑	寅	卯	辰	巳	午	未	申	酉	戌
金局	寅	卯	辰	巳	午	未	申	酉	戌	亥	子	丑
水局	巳	午	未	申	酉	戌	亥	子	丑	寅	卯	辰
木局	申	酉	戌	亥	子	丑	寅	卯	辰	巳	午	未

310) 尺은 寸의 10배다. 촌은 약 손가락 한마디인 약 3cm며 1척은 약 30cm로 1자가 된다. 따라서 백척은 30m, 천척은 300m가 된다. 丈은 척의 10배로 약 3m가 된다.

311) 1乘은 말 네 마리가 끄는 수레로, 갑사, 보졸, 취사, 피복, 수송 등 약 100명이 따라 붙는다. 천자는 만승, 제후는 천승, 대부는 백승을 보유하는 것이 춘추전국시대의 조직이다.『맹자』「양혜왕」편에 "万乘之國, 弑其君者, 必千乘之家. 千乘之國, 弑其君者, 必百乘之家." 만승의 나라에서 君을 시해하는 자는 반드시 천승의 집이고,

만금에 이른다. 경에 이르길, 형이 멈추어 기가 축적되면 만물을 화생하게 하니 상등의 땅이라 하였다.

제3 평지편(平支篇)

地貴平夷, 土貴有支. 支之所起, 氣隨而始, 支之所終, 氣隨而鍾.

땅의 귀함은 평평하고 온화함에 있고, 흙의 귀함은 가지언덕에 있다. 지의 일어남은 기를 따라 시작되고, 지가 끝나는 곳은 기가 이를 따라 뭉친 곳이다.

觀支之法, 必以隱隱隆隆, 微妙玄通, 吉在其中.

지(가지언덕)를 보는 법은 반드시 은은융융[312]하고, 미묘하여 깊이 통하는 것으로 길함이 그 가운데 있다.

經曰, 地有吉氣, 隨土而起, 支有止氣, 隨水而比.

경에 이르길, 땅에 길기가 있으면 흙을 따라 일어나고, 가지에 기가 멈추면 물에 따라 견주어진다.

其法以勢, 順形而動, 回復終始, 法葬其中, 永吉無凶.

그 법에 있어 세력(평지룡)은 순하고 형이 움직여, 시작과 끝이 다시 돌아서 오는 것이니 그 가운데에 법대로 장사를 지내면 길함은 영원하고 흉함은 없다.

천승의 나라에서 君을 시해하는 자는 반드시 백승의 집이다.
312) 隱隱隆隆은 숨었다가 성하여 솟기를 반복하는 것이다.

제4 산세편(山勢篇)

山者, 勢險而有也. 法葬其所會, 乘其所來. 審其所廢, 擇其所相, 避其所害. 禍福不旋日, 是以君子, 奪神工改天命.

산은 세의 험함이 있다. 법에 맞는 장사는 그(산세의 기운) 모이는 곳에 해야 하며 그 오는 바를 타야 한다. 폐하는 바를 살피고, 그 상(산세의 모습)을 가려서, 해로움이 있는 곳은 피한다. 화복은 하루라도 돌릴 수 없으니 이로써 군자라면, 神工을 빼앗아 천명을 고쳐야 한다.

經曰, 葬山之法, 若呼谷中, 言應速也.

경에 이르길, 산에 장사지내는 법이, 산골짜기에서 소리를 지르면 말이 응하는 빠름과 같다.[313]

是故, 四勢之山, 生八方之龍, 四勢行氣, 八方旋生, 一得其宅, 吉慶榮貴.

따라서 사세의 산은 팔방의 용을 생하고, 사세의 기가 행하면 팔방의 용이 살아 도니, 그 택(음택)을 얻으면 길한 경사가 영화롭고 귀하게 된다.

山之不可葬者五, 氣因土行, 而石山不可葬也.

산에 장사를 지내지 못하는 것이 5가지가 있는데, 기는 흙으로 다니는 것이니 돌산에는 장사지내지 못한다.

氣因形來, 而斷山不可葬也. 氣以勢止, 而過山不可葬也. 氣以龍會, 而獨山不可葬也. 氣以生和, 而童山不可葬也.

---

313) 메아리는 바로 응답하는 것이니 길흉의 응답이 빠름을 뜻한다.

기는 모양의 형으로 오는 것이니 단산(단맥)에는 장사지내지 못한다. 기는 세를 멈추어야 하므로 과산(용맥이 지나가는 산)에는 장사지내지 못한다. 기는 용이 모여야 하므로 독산(사신이 없는 산)에는 장사지내지 못한다. 기는 생화가 있어야 하므로 동산(초목이 자라지 않는 민둥산)에는 장사지내지 못한다.

占山之法, 以勢爲難, 而形次之, 方又次之.

산에 (용혈을) 보는 법은 세(용세)가 제일 어렵고, 다음이 모양의 형이며, 또 다음이 방위다.

上地之山, 若伏若連, 其原自天. 若水之波, 若馬之馳, 其來若奔, 其止若尸.

상등의 산은 엎드린듯하면서 이어지고, 그 근원은 하늘이다. 마치 물결과 같고, 말이 달리는 것 같으며, 그 (용맥)오는 것이 달리는 것 같고, 멈추면 시신과 같다.

若懷萬寶而燕息, 若具萬饍而潔齊, 若槖之鼓, 若器之貯, 若龍若鸞, 或騰或盤. 禽伏獸蹲, 若萬乘之尊也.

마치 만 가지 보물을 품에 안고 편안히 쉬는 것 같고, 마치 만 가지 반찬을 구비하면서 깨끗하고 단정하게 차린 것 같고, 마치 풀무의 북을 두드리는 것 같고[314], 마치 그릇을 갈무리하는 것 같고, 마치 용 같고 난새(봉황) 같아서, 혹 오르기도 하고 혹 자리를 잡는 것 같다. 날짐승은 엎드리고 길짐승은 웅크리는 것이 마치 만승[315]의 존귀함과 같다.

天光發新, 朝海拱辰, 四勢端明, 五害不親, 十一不具, 是謂其次.

하늘의 빛이 새롭게 빛나고, 바다와 별이 서로 껴안은 듯하니 사세가 단정하고 밝으며, 다섯 가지의 해로움(석 단 독 과 동산)이 가까이 하지 않으며, 열 개 중에 하나

---

314) 기운이 가득한 모습이다.
315) 천자는 만승, 제후는 천승 부호는 백승의 마차를 가진다는 뜻이다.

라도 갖추어지지 않으면 이르러 그 다음이다.(차등)

제5 사세편(四勢篇)

夫葬, 以左爲靑龍, 右爲白虎, 前爲朱雀, 後爲玄武.

무릇 장사는 좌측에 청룡, 우측에 백호, 앞쪽에 주작, 뒤쪽에 현무로 삼는다.

玄武垂頭, 朱雀翔舞, 靑龍蜿蜒, 白虎蹲踞.

현무는 머리를 드리우고, 주작은 춤추어 날며, 청룡은 구불거리고 백호는 가만히 웅크려 앉아 있어야 한다.

形勢反此, 法當破死. 故虎繞謂之啣尸, 龍踞謂之嫉主, 玄武不垂者拒尸, 朱雀不翔舞者騰去.

형세가 이와 반대면 당연히 (집안과 사람이)깨지고 죽는다. 백호가 둘러싸는 것은 시신을 깨물고 있음이고, 청룡이 웅크리면 주인을 시기하고, 현무가 머리를 드리우지 않으면 주검을 거부하지 않고(시신을 거부한다), 주작이 춤추지 않으면 날아서 가버린다.

夫以水爲朱雀者, 忌夫湍激, 謂之悲泣. 以支爲龍虎者, 要若肘臂, 謂之回抱. 朱雀源於生氣, 派於已盛, 朝於大旺.

무릇 물로 주작을 삼을 경우, 피하는 것은 여울이 격렬히 부딪혀 흐르는 것이며, 이르러 슬피 우는 것이다. 가지로 용호를 삼는 것은 팔과 팔꿈치를 요하는데, 이르러 둘러 안는 것이다. 주작의 근원은 생기에 있으니 이미 성한 곳에서 갈라지고, 마주하여 모이면 크게 왕하다.

澤於將衰. 流於囚謝. 以返不絕. 法每一折. 瀦而後泄. 洋洋悠悠. 顧我欲留. 其來無源, 其去無流.

못의 물은 장차 쇠하여지니 흐르는 물은 가두면서 흘러야 한다.[316] 돌이킴으로 끊어짐이 없으니, 법에 한번 꺾어진 다음에 고였다가 새어나가야 한다. 바다와 같이 양양하고 유유하게 멀고, 스스로 돌아보고 머물러야 한다. 그 오는 것에 근원이 없어야 하고 가는 것에 흐름이 없어야 한다.(멀리서 오고 가는 것이 보이지 않는)

經曰. 山來水回. 貴壽而財. 山囚水流. 虜王滅侯.

경에 이르길, 산이 오고 물이 돌면, 귀하면서 장수하고 재물이 쌓이고, 산이 갇히고 물이 흐르면, 왕은 포로가 되고 제후는 망한다.

제6 귀혈편(貴穴篇)

夫外氣所以聚內氣. 過水所以止來龍. 千尺之勢. 宛委頓息. 外無以聚. 內氣散於地中.

무릇 외기가 내기를 모이게 하고, 지나는 물은 오는 용을 멈추게 한다. 천척의 세력이 구불거리고 조아리며 와서 그치더라도, 외기가 모이지 않으면 내기는 땅속으로 흩어져버린다.

經曰. 不蓄之地. 腐骨之藏也.

경에 이르길, 기가 모이지 않는 땅은 썩은 뼈를 간직하는 곳이다.

---

316) 쇠하여지면 윤택하게 하고, 流水는 가둔 후에 흘러가게 해야 한다. 오행이 왕한 것은 흐르게 하고, 쇠한 것은 보해야 한다.

夫噫氣爲風, 能散生氣, 龍虎所以衛區穴. 疊疊中阜, 左空右缺, 前曠後折, 生氣散於飄風.

무릇 내쉰 기운은 바람이 되고, 능히 생기를 흩어지게 하니 용호가 구역을 이룬 혈을 호위한다. 산언덕이 첩첩해도 좌우가 비고 허하고, 앞이 넓어 공허하고 뒤가 꺾이면 생기는 회오리바람에 흩어진다.

經曰, 騰漏之穴, 敗槨之藏也.

경에 이르길, (기운이)올라가고 새는 혈은 부서진 관을 간직하는 곳이 된다.

夫土欲細而堅, 潤而不澤, 裁肪切玉, 備具五色.

무릇 흙은 가늘되 굳어야 하며, 윤기가 있되 습기가 없어야 하고, 잘라진 옥이 기름질 한 것처럼 오색을 갖추어야 한다.

夫乾如穴粟, 濕如刲肉, 水泉沙礫, 皆爲凶宅.

무릇 건조하기가 곡식을 모아놓은 구덩이 같고, 습하기가 저민 고기 같고, 물이 땅에서 솟고 모래와 자갈이 있으면 대개 흉택이다.[317]

皆穴有三吉, 葬有六凶. 天光下臨, 地德上載.

대개 혈은 3개의 길한 것이 있고, 장사를 지내는데 6가지 흉이 있다.

天光下臨, 地德上載, 藏神合朔, 神迎鬼避, 一吉也.

하늘의 빛이 땅으로 비치고, 땅의 덕을 위로 실으며, 장사를 지낸 혼이 초하루 날과 합하고[318] 길신이 마중하고 흉신을 피하는 것이 첫 번째 길함이다.

---

317) 너무 건조하고 습기가 전혀 없고, 샘물이 솟고 모래자갈이 있는 땅은 흉택으로 여긴다.
318) 朔은 장사를 지낸 혼이 길한 연월일시와 합하는 날을 의미한다.

陰陽沖和, 五土四備, 已穴而溫, 二吉也.

음양이 충화(조화)하고 오색토에서 4가지를 구비하면, 이 혈은 온화함을 갖추었으니 두 번째 길이다.

目力之巧, 工力之具, 趨全避闕, 增高益下, 三吉也.

안력을 공교하게 하고, (묘지조성)공력을 갖추고, 완전함을 쫓으며 빠진 곳을 피하고, 높은 곳은 더하고 낮은 곳은 더 낮추는 것이 세 번째 길함이다.[319]

陰錯陽差爲一凶, 歲時之乖爲二凶. 力小圖大爲三凶. 憑富恃勢爲四凶. 僭上偪下爲五凶, 變應怪見爲六凶.

음이 어긋나고 양이 틀리면 첫 번째 흉이요, 세시(장사지내는 시간)[320]가 어그러짐은 두 번째 흉이다. 힘이 적으면서 크게 도모함은 세 번째 흉이고[321], 부를 빙자해 지세만 유지하는[322] 것이 4흉이다. 위로 어긋나고 아래를 핍박하면 다섯 번째 흉이며,[323] 변하고 응하는데 괴이함을 드러내면 여섯 번째 흉[324]이다.

經曰, 穴吉葬凶, 與棄屍同.

경에 이르길, 혈은 길하나 장사지냄이 흉하면 주검을 버리는 것과 같다고 하였다.

---

319) 높은 곳은 마땅히 높이고 낮은 곳은 더욱 낮추는 것은, 용이 높이 올랐다가 혈에 가서는 더욱 낮아져 혈이 맺히는 것을 말한다.
320) 혈이 있되 사람이 없거나, 사람이 있되 혈이 없거나, 사람과 혈이 있되 시간이 맞지 않으면 장사지낼 수 없는 것이 양균송의 三不葬論이다.
321) 그릇이 작은 사람이 왕후장상의 땅을 요구하는 것은 흉이다.
322) 부유함을 의지하여 음양의 이치를 깨닫지 못하면 길지를 구하지 못하는 것이다.
323) 신분에 걸맞지 않게 크고 화려하거나 너무 모자라게 묘지를 장식하거나, 신분을 이용해 타인의 묘지를 핍박하는 것이다.
324) 장사를 지내는데 사람이 다치거나, 땅에서 벌레가 나오고 뱀 등이 나오는 괴이한 현상.

제7 형세편(形勢篇)

經曰, 勢止形昂, 前澗後岡, 龍首之藏.

경에 이르길, 세가 그치고 형이 머리를 들고, 앞에는 물이 흐르고 뒤에는 언덕이 있으면 용머리의 감추어짐이다.[325]

鼻顙吉昌, 角目滅亡, 耳致侯王, 脣死兵傷.

(용의)코와 이마는 길창하며, 뿔과 눈는 멸망하며, 귀에 이르면 후왕이 나고, 입술은 죽거나 전쟁에 나가 다친다.

宛而中蓄, 曰龍之腹, 其臍深曲, 必世後福, 金穀璧玉.

구불거리며 가운데 모은 것을 용의 배라 하며, 그 배꼽은 깊고 굽어서(혈을 정하면) 반드시 후세에 복을 받고, 돈과 곡식, 벽옥이 넘쳐난다.

傷其胸脇, 朝穴暮哭, 其法滅族.

가슴과 겨드랑이에 상함이 있으면, 아침에 혈을 쓰면 저녁에 곡소리가 나니, 그 법은 멸족되는 것이다.

夫古人之葬, 盖亦難矣. 岡龍之辨, 睎目惑心, 禍福之差, 侯虜有間.

무릇 고인의 장사지내는 법은 대개 역시 어렵다. 낮은 언덕과 산언덕의 구별은 눈을 어지럽게 하고 마음을 흔들게 하니, 화복의 차이는 제후와 포로의 사이가 된다.

故山勢盡而, 擧者爲尾, 而占首有疑. 其法在耳角目鼻之具.

---

325) 용진처에 眞龍의 머리인 혈이 맺히는 것이다.

따라서 산세가 다해 솟아오른 것이 꼬리라 하니, 머리에 점혈하고자 하면 의심을 해야 한다. 그 법은 귀, 뿔, 눈, 코의 갖춤에 있다.

耳角之辨, 百尺之山, 十尺相邇. 以坎爲首, 甲角震耳.

귀와 뿔의 구별은 백척의 산에서 십척으로 서로 가깝다. 감으로 머리를 삼으면 갑에 뿔이 있고, 진에 귀가 있다.

八山對求, 乾角在癸, 龍目宛然, 直離之申. 兌以坎爲鼻, 艮以坎爲脣.

팔산이 마주 대하여 구하는데 乾의 뿔은 癸에 있고, 용의 눈은 완연하여 離山의 申에 있다. 兌산은 坎에 코를 삼고, 艮산에서는 坎에 입술을 삼는다.

土圭測其方位, 玉尺度其遠邇.

토규(나침반)로 방위를 측정하고, 옥척(자)으로 멀고 가까움을 헤아린다.

乘金相水, 穴土印木, 外藏八風, 內秘五行. 龍虎抱衛, 主客相迎.

금을 타면 수를 돕고, 토에 혈을 파면 목에 도장을 찍는다. 바깥으로 팔풍을 간직하고 안으로 오행을 숨긴다.[326] 용호가 서로를 안아주고 주객이 서로 맞이한다.

微妙在智, 觸類而長, 玄通陰陽, 功奪造化.

미묘한 지혜가 있으려면, 오래도록 여러 형을 접촉하고 음양의 이치에 현통하면 조화의 공을 뺏을 수 있다.

---

326) 혈장을 구성하는 요소는 입수도두인 승금=구(毬), 상수인 선익=우각, 혈토인 인목=순전=전순으로 구성된다. 즉 혈에 입수-선익-순전의 형태를 만든다. 金을 타서 장사지내면 水로 도움을 삼고, 坤산에 혈을 파면 木으로 도장을 삼는다. 金은 水를 생하고, 木은 土를 이김으로 도장이 된다.

夫牛臥馬馳, 鸞舞鳳飛, 騰蛇委蛇, 黿鼉龜鱉, 以水別之.

무릇 소가 눕고 말이 달리는 듯 하며, 난새가 춤을 추고 봉황이 날고, 뱀이 오르고 구부리고, 자라와 악어, 거북이와 큰 자라(원 타 구 별) 등은 물로서 구별한다.

牛富鳳貴, 騰蛇凶危.

소는 부하고 봉황은 귀하며, 등사는 흉하고 위험하다.

形類百動, 葬皆非宜. 四應前案, 法同忌之.

형이 백가지로 움직이면, 장사가 대개 마땅하지 않다. 사방으로 응하는 산과 앞의 안산도 법에서는 똑같은 이치로 금한다.

제8 취류편(取類篇)

夫重岡疊阜, 群壟象支, 當擇其特, 情如伏尸. 大者特小, 小者特大.

무릇 산과 언덕이 중첩하고, 언덕이 무리를 지어도 가지(지룡)의 상으로 당연히 그 특별함을 택하여야 누워있는 시신과 정이 있다. 큰 것은 작은 곳이 특이하고, 작은 곳은 큰 곳이 특이하다.

參形雜勢, 客主同情, 所不葬也.

형이 섞이고 잡스러운 세력으로, 손님과 주인이 같은 정세면 장사지내지 않아야 한다.

夫支欲起於地中, 壟欲峙於地上. 支壟之前, 平夷如掌.

무릇 지룡[327]은 땅속에서 일어나고자 하며, 산언덕용은 지상으로 높이 솟고자 한

---

327) 지룡은 평양룡이자 낮은 언덕용을 의미한다.

다. 지룡과 산언덕용은 앞이 평탄하고 손바닥같이 평평해야 한다.[328]

故支葬其巓, 壟葬其麓, 卜支如首, 卜壟如足.

따라서 지룡에 장사지낼 때는 그 꼭대기에 하고, 산언덕용은 산기슭에 지낸다. 지룡에 점혈하는 것은 마치 머리와 같고, 산언덕용에 점혈하는 것은 마치 발과 같다.

形勢不經, 氣脫如逐. 形如仰刀, 凶禍伏逃. 形如臥劍, 誅夷逼僭.

형세가 경(법)에 맞지 않으면 기가 이탈하고 쫓기듯 한다. 형이 마치 치켜든 칼 같으면 흉화와 숨어서 달아나는 일이 생긴다.[329] 형이 누워있는 칼 같으면 오랑캐를 죽이고 협박하고 참한다.

形如橫几, 子孫滅死. 形如覆舟, 女病男囚. 形如灰囊, 災舍焚倉.

형이 마치 가로로 놓인 제사상 같으면 자손이 멸하고 죽는다. 형이 마치 엎어진 배 같으면 여자는 병들고 남자는 옥에 갇힌다. 형이 마치 재를 담는 주머니와 같으면 집을 태우고 창고가 불탄다.

形如投筭, 百事昏亂. 形如亂衣, 妬女淫妻.

형이 마치 산가지와 같으면 백가지의 일이 혼란에 빠진다. 형이 마치 어지러운 옷과 같으면 여자가 질투가 많고 처가 음란하다.

形如植冠, 永昌且歡. 形如覆釜, 其巓可富. 形如負扆, 有壟中峙, 法葬其止, 王侯崛起.

형이 마치 관리의 관모가 심어진 것 같으면, 영창하고 기쁨이 있다. 형이 마치 엎

---

328) 혈이 맺히는 용진처의 전면은 명당이 넓고 평평한 모양이 좋다.
329) 산세가 뾰족하고 날카로운 모습이다.

어진 가마솥 같으면 그 꼭대기는(장사지내면) 가히 부를 이룬다. 형이 마치 둘러놓은 병풍 같고 산언덕용이 가운데로 우뚝 솟아 있어, 법에 맞추어 그치는 곳에 장사지내면 왕후처럼 일어선다.

龍遶虎踞, 前案如戸, 貴不可露. 形如燕巢, 法葬其凹, 胙土分茅. [330)

용이 두르고 백호가 웅크린 듯 하고 안산이 마치 집(문짝) 같으면, 귀함은 이슬 맞지는 않을 것이다. 형이 마치 제비집 같아 법에 맞추어 그 오목한 곳에 장사지내면 봉록을 받고 지역을 받는다.

形如側罍, 後岡遠來, 前應曲回, 九棘三槐.

형이 마치 엎어진 술독(대야) 같고, 뒤에서 산언덕이 멀리서 오고, 앞에서는 둥글게 굽으며(산수가 환포하듯) 응하면 삼공과 구경(공경대부)이 난다.

勢如萬馬, 自天而下, 其葬王者. 勢如巨浪, 重嶺疊障, 千乘之葬.

세가 만 마리의 말들과 같이 스스로 하늘에서 내려오는 것 같으면. 왕을 장사지내는 것이다. 세가 마치 큰 물결 같고, 산봉우리들이 중첩하여 막으면 천승(제후)의 자리다.

勢如降龍, 水遶雲從, 爵祿三公. 勢如雲從, 璧 [331)**立雙峯, 翰墨詞鋒.**

세가 내려오는 용과 같고, 물이 두르고 구름이 따르는 듯하면, 작록이 삼공에 이른다. 세가 구름이 따르는 듯하고, 쌍봉우리가 옥과 같이 서 있으면(쌍봉우리가 절벽같이 서 있으면) 한림학사와 날카롭게 직언하는 충신이 나온다.

---

330) 조토는 녹을 받는 땅을 의미하고, 모는 제후가 통치하는 땅이다.
331) 옥 璧이 원문에 있으나 울타리 壁이 맞는 것으로 추측됨. 쌍봉이 옥과 같이 아름답고 둥글다는 뜻도 되지만, 문필봉을 생각하면 쌍봉이 절벽같이 서 있어야 화산체의 문필봉이 된다.

勢如重屋, 茂草喬木, 開府建國.

세가 마치 집을 중첩하여 놓은 듯하고, 초목이 무성하고 나무가 높이 자라는 곳이면 관청이나 나라를 세울 수 있는 곳이다. (지기가 왕성하다)

勢如驚蛇, 屈曲徐邪, 滅國亡家. 勢如戈矛, 兵死刑囚, 勢如流水, 生人皆鬼.

세가 마치 놀란 뱀처럼 굴곡하여 모두 기울여지면 나라가 사라지고 가정이 망한다. 세가 마치 싸우는 긴 창과 같으면 병사가 죽고 형벌을 받고 갇힌다. 세가 마치 흐르는 물과 같으면 산사람이 대개 홀린 듯 미친다.

夫勢與形順者吉, 形與勢逆者凶.

무릇 세는 형과 더불어 도리를 쫒아야 길하고, 형과 더불어 세와 역(이치와 틀림)이면 흉하다.

勢凶形吉, 百福希一, 勢吉形凶, 禍不旋日.

세가 흉하고 형이 길하면 백가지 복중에서 한가지의 복도 드물 수 있고, 세가 길하고 형이 흉이면 불행이 하루를 돌지 않는다.

新刊地理全書 郭璞『錦囊經』上·下

4. 『황제택경』(『문연각사고전서』 전자판 원문, 迪志文化出版有限公司 참조)

1. 提要(제요)

臣等謹案, 宅経二巻, 旧本題曰黄帝撰. 案漢志形法家, 有宮宅地形二十巻, 則相宅之書, 較相墓為古. 然隋志有宅吉凶論三巻, 相宅図八巻, 旧唐志有五姓宅経二巻, 皆不云出黄帝, 是書蓋依託也. (신등근안, 택경이권, 구본제왈황제찬. 안한지형법가, 유궁택지형이십권, 즉상택지서, 교상묘위고. 연수지유택길흉론삼권, 상택도팔권, 구당지유오성오택이권, 개불은출황제. 시서개의탁야.)

신 등이 삼가 살펴보니, 『택경』 두 권은 구본(旧本)으로 제목에 황제가 지은 것이라 하였습니다. 한지(한서 · 예문지)의 형법가에 『궁택지형』이십권이 있는데, 즉 상택지서로 상묘(相墓)에 비해 더 오래된 것입니다. 그런데 수지(수서 · 예문지)에는 『택길흉론』 세 권, 『상택도』 여덟 권이 있고, 구당지(구당서 · 경적지)에 『오성택경』 두 권이 있는데 전부 황제라는 말이 나오지 않았으니, 이것으로 책은 (황제의 이름을) 의탁한 것입니다.

考書中稱黄帝二宅經, 及淮南子, 李淳風, 呂才等宅經二十九種, 則作書之時, 本不僞稱黄帝, 特方技之流欲神其說, 詭題黄帝作耳. (고서중칭, 황제이택경급회남자, 이순풍, 여재등택경이십구종, 즉작서지시, 본불위칭황제, 특방기지류욕신기설, 궤제황제작이.

책의 내용에서, 황제이택경을 말하고, 회남자, 이순풍, 여재 등 택경 29종을 살펴보았지만 책이 만들어진 시기에는 황제라 칭하지 않았고, 특별한 방기지류[332]를 신비롭게 말하고자 황제가 지은 것이라고 제목을 속인 것입니다.

---

332) 방기지류(方技之流)는 독자적인 기술을 가진 방술가들을 뜻한다.

其法分二十四路考尋休咎, 以八卦之位向, 乾坎艮震及辰爲陽, 巽離坤兌及戌爲陰, 陽以亥爲首巳爲尾, 陰以巳爲首亥爲尾, 而主於陰陽相得, 頗有義理, 文辭亦皆雅馴. (기법분이십사로고고심휴구, 이팔괘지위향, 검감간진급진위양, 손이곤태급술위음, 양이해위수, 사위미, 음이사위수, 해위미, 이주어음양상득, 파유의리, 문사역개아순.)

그 법은 24로를 나누어 휴구[333]를 살피고, 팔괘방향인 건감간진에서 진방까지는 양의 자리요, 손리곤태에서 술방까지는 음의 자리며, 양은 해방을 (용의)머리로 사방을 (용의)꼬리로, 음은 사방을 머리로 해방을 꼬리로 하여 음양상득(음양의 조화)을 위주로, 자못 뜻과 이치가 있으며 글과 문장역시 대체적으로 높고 품위가 있습니다.

宋史藝文志, 五行類有相宅經一卷, 疑即此書, 在術數之中猶最爲近古者矣. 乾隆四十六年十月恭校上. 總纂官臣紀昀, 臣陸錫熊, 臣孫士毅. 總校官臣陸費墀. (송사예문지, 오행류유상택경일권, 의즉차서, 재술수지중유최근고자의. 건륭사십육년십월공교상. 총찬관신기윤, 신육석웅, 신손사의, 총교관신육비지.)

『송사·예문지』오행류에『상택경』1권이 있는데, 이 책으로 여겨지며 술수류 가운데 최고로 오래된 것입니다. 건륭 46년(1781년) 10월 삼가 교정하여 올립니다.

총 찬관 신하 기윤, 신하 육석웅, 신하 손사의.

총 교관 신하 육비지.

『택경』상권

夫宅者, 乃是陰陽之樞紐, 人倫之軌模, 非夫博物明賢, 而能悟斯道也. (부택자, 내시음양지추뉴, 인륜지궤모, 비부박물명현, 이능오사도야.)

무릇 집이라는 것은, 바로 음양이 근원이요 인륜의 규범으로, 사물에 박식한 밝은 현자가 아니어도 능히 그 도를 깨우칠 수 있다.

---

333) 휴구는 길흉이나 화복을 뜻한다.

> 就此五種[334], 其最要者唯有宅法, 而眞秘術. (취차오종, 기최요자유유택법, 이진비술.)

이 5가지 종류 가운데 최고로 중요한 것은 오로지 택법이 있으니 참된 비술이다.

> 凡人所居, 無不在宅, 雖只大小不等, 陰陽有殊. 縱然客居一室之中, 亦有善惡, 大者大說, 小者小論, 犯者有災, 鎭而禍止, 猶藥病之效也. (범인소거, 무부재택, 수지대소부등, 음양유수. 종연객거일실지중, 역유선악, 대자대설, 소자소론, 범자유재, 진이화지, 유약병지효야.)

무릇 사람이 거주하는 곳은 집이 아니면 없는 것으로, 다만 크고 작음이 같지 않고, 음양의 다름이 있을 뿐이다. 설령 사람이 한 집안에 거주해도 좋고 나쁨이 있어 큰 집은 크게 논하고, 작은 집은 작게 논하는데 이를 범하면 재앙이 따르고, (이를) 진압하면 화를 그치게 하니, 마치 약이 있어 병을 치료하는 효과와 같다.

> 故宅者, 人之本. 人以宅爲家, 居若安即家代昌吉, 若不安即門族衰微. 墳墓川岡, 並同玆說. 上之軍國, 次及州郡縣邑, 下之村坊署柵, 乃至山居, 但人所處, 皆其例焉. (고택자, 인지본, 인이택위가, 거약안즉가대창길, 약불안즉문족쇠미, 분묘천강, 병동자설. 상지군국, 차급주군현읍, 하지촌방서책, 내지산거, 단인소처, 개기예언.)

따라서 집이라는 것은 사람의 근본이다. 사람이 집으로 가정을 이루고, 집에 거주하면서 만약 편안한즉 집안대대로 창성하고 길하지만, 만약 불안하면 문족이 쇠하고 미미해진다. 천강(川岡)[335]의 분묘도 역시 같은 설명이다. 위로는 나라로부터 다음으로는 주·군·현에 이르고, 아래로는 시골 촌방과 관청에서 산의 거주지까지, 사람이 거처하는 곳은 대개 그 예시에 해당된다.

---

334) 오종(五種)은 오행론에 근거한 5가지 종류를 말하는 것으로 보인다. 음양오행은 인사(人事)의 길흉화복을 예단하는 방법에 사용되기도 하는 이론이다. 보통 인사의 길흉을 예단하는 방법으로 집의 선택, 묘지선택, 운명감정, 점을 치는 법, 천문을 살피는 점성법 등을 말한다. 이런 행위는 전부 천지의 음양오행에 근거를 두며 이를 5가지 종류로 분류한 것으로, 오종 가운데 최고는 집이라는 점이다.
335) 천강은 산천과 언덕을 뜻하는 용어다. 즉 여러 산천에 있는 봉분이나 묘지를 뜻한다.

目見耳聞, 古制非一. 黃帝二宅經, 地典宅經, 三元宅經, 文王宅經, 孔子宅經, 宅錦, 宅撓, 宅統, 宅鏡, 天老宅經, 劉根宅經, 玄女宅經, 司馬天師宅經, 淮南子宅經, 王微宅經, 司最宅經, 劉晉平宅經, 張子毫宅經, 八卦宅經, 五兆宅經, 玄悟宅經, 六十四卦宅經, 右盤龍宅經, 李淳風宅經, 五姓宅經, 呂才宅經, 飛陰亂伏宅經, 子夏金門宅經, 刁曇宅經, 已上諸經, 其皆大同小異, 亦皆自言秘妙, 互推短長, 若不遍求, 即用之不足. (목견이문, 고제비일. 황제이택경, 지천택경, 삼원택경, 문왕택경, 공자택경, 택금, 택요, 택통, 택경, 천로택경, 유근택경, 현녀택경, 사마천사택경, 회남자택경, 왕미택경, 사최택경, 유진평택경, 장자호택경, 팔괘택경, 오조택경, 현오택경, 육십사괘택경, 우반룡택경, 이순풍택경, 오성택경, 여재택경, 비음란복택경, 자하금문택경, 조담택경, 이상제경, 지개대동소이, 역개자언비묘, 호추단장, 약불편구, 즉용지부족.)

눈으로 보고 귀로 들으니, 예로부터 지어진 것이 하나가 아니다. 『황제이택경』, 『지전택경』, 『삼원택경』, 『문왕택경』, 『공자택경』, 『택금』, 『택통』, 『택경』, 『천로택경』, 『유근택경』, 『현녀택경』, 『사마천사택경』, 『회남자택경』, 『왕미택경』, 『사최택경』, 『유진평택경』, 『장자호택경』, 『팔괘택경』, 『오조택경』, 『현오택경』, 『육십사괘택경』, 『우반룡택경』, 『이순풍택경』, 『오성택경』, 『여재택경』, 『비음란복택경』, 『자하금문택경』, 『조담택경』, 이상 모든 (택)경들이 대개 대동소이하고, 역시 대개 스스로 신비한 묘책이라 말하지만 장단점이 있어, 두루 살피지 않으면 즉 사용하기에 부족하다.

近來學者, 多功五姓八宅, 黃道, 白方, 例皆違犯大經, 未免災咎. 所以人犯修動, 致令造者不居, 却毀陰陽, 而無據效, 豈不痛哉! (근래학자, 다공오성팔택, 황도, 백방, 예개위범대경, 미면재구. 소이인법수동, 치령조자불거, 각훼음양, 이무거효, 기불통재.)

요즘 학자들이 많이 힘쓰는 것은 오성팔택, 황도, 백방으로 이런 사례들은 대개 큰법도를 어기고 범하는 것으로 재앙과 허물을 면하지 못하고 있다. 소이 사람들이 수동(수리하고 움직임)을 범하여 거주하지 못하는 집을 짓기에 이르렀고, 음양을 훼손하여 의지할 효능을 없게 하니 어찌 애석하지 않겠는가!

況先賢垂籍, 誠勸昭彰, 人自冥蒙, 日用而不識[336]. 其象者, 日月, 乾坤, 寒暑, 雌雄, 晝夜, 陰陽等, 所以包羅万象, 擧一千従運変, 無形而能化物. 大矣哉, 陰陽之理也! (황선현수적, 계욱소창, 인자명몽, 일용이불식, 기상자, 일월, 건곤, 한서, 자웅, 주야, 음양등, 소이포라만상, 거일종운변, 무형이능화물. 대의재, 음양지리야!)

하물며 선현들은 서적으로 전하여 힘써 경계하고 밝게 드러내었는데, 사람들이 몽매하여 매일 쓰면서도 알지 못한다. 그 상이라는 것이 일월, 건곤, 한서, 자웅, 주야, 음양 등으로 소이 포라만상2하는 것으로, 하나를 들면 천 번이 따르는 것처럼 운행하고 변하여 형체도 없이 만물을 화육시킨다. 크도다 음양의 이치가!

經之陰者, 生化物情之母也, 陽者, 生化物情之父也. 作天地之祖, 爲孕育之尊, 順之則亨, 逆之則否, 何異公忠受爵, 違命變殃者乎! (경지음자, 생화물정지모야, 양자, 생화물정지부야, 작천지지조, 위잉육지존, 순지즉형, 역지즉부, 하이공충수작, 위명변앙자호!)

(큰)도리에서 음이란 만물을 낳고 화(화육)하는 어머니요, 양이란 만물을 낳고 화(화육)하는 아버지다. 천지를 만든 조종이요 기르고 화육하는 어른이니, 따르면 형통하고 따르지 않으면 막힘이니, 공경하고 충성스러우면 작위를 받고 명을 어기면 재앙이 되는 것과 무엇이 다르겠는가!

今採諸秘驗, 分位二十四路, 八卦九宮, 配女男之位, 宅陰陽之界, 考尋休咎, 並無出前二宅, 此寶養生靈之聖法也. (금채제비험, 분위십사로, 팔괘구궁, 배여남지위, 택음양지계. 고심휴구, 병무출전이택, 차보양생령지성법야.)

이제 모든 비책을 가려서 24로로 나누고, 팔괘구궁을 남녀의 자리에 배속하니 집은 음양이 경계가 된다. 고심하여 길흉화복을 살피면 이택(음택과 양택)을 벗어나지 않

---

336) 『주역』「계사전 상」, 한번 음이고 한번 양이니 일러 도라 한다. 백성이 매일 써도 알지 못하니 고로 군자의 도가 드물다는, "一陰一陽之謂道. 百姓日用而不知. 故 君子之道 鮮矣."에서 음양의 이치를 아는 이가 적다는 뜻이다.

으니, 실로 보배롭고 양생하는 신령스러운 성법이다.

二十四路者, 隨宅大小, 中院分四面, 作二十四路, 十干十二支乾坤艮巽[337], 共爲二十四路是也. (이십사로자, 수택대소, 중원분사면, 작이십사로, 십간십이지건곤간손, 공위이십사로시야.)

24로는 집의 크고 작음에 따라, 중원(집의 중앙)을 4면으로 나누어 24로를 만든 것으로, 십간, 십이지, 건곤간손을 합하여 24로가 된다.

乾將三男震坎艮, 悉屬於陽位.(即從西北乾位之震爲陽明矣.) 坤將三女巽離兌, 悉屬陰之位.(即從東南巽角順之戌爲陰明矣.) (건장삼남진감간, 실속어양위.(즉종서북건위지진위양명의.) 곤장삼녀손이태, 실속음지위.(즉종동남손각순지술위음명의.)

건은 삼남인 진·감·간의 우두머리가 되며 모두 양의 자리에 속한다.(즉 서북방의 건방에서 진방까지는 양명이다.) 곤은 삼녀인 손·이·태의 우두머리가 되며 모두 음의 자리가 된다.(즉 동남의 손방 각(모퉁이)을 따라 술방까지가 음명이다.)

是以陽不獨王, 以陰爲得,(陽宅爲宜修陰方) 陰不獨王, 以陽爲得,(如上說) 亦如冬以溫暖爲德, 夏以凉冷爲德, 男以女爲德, 女以男爲德之義. (시이양부독왕, 이음위득,(양택위의수음방) 음부독왕, 이양위득,(여상설) 역여동이온난위덕, 하이량냉위덕, 남이여위덕, 여이남위덕지의.)

이것은 양은 혼자 왕성할 수 없어 음을 얻어야 하고,(양택은 의당 음방을 수리하고) 음도 혼자서 왕성할 수 없으므로 양을 득해야 하니,(음택은 의당 양방을 수리하고) 역시 겨울에는 온난함이 덕이요, 여름에는 시원함이 덕이니 남자는 여자를 덕으로 삼고, 여

---

337) 戊·己를 제외한 甲·乙·丙·丁·庚·辛·壬·癸, 子·丑·寅·卯·辰·巳·午·未·申·酉·戌·亥의 12지지, 乾·坤·艮·巽의 4維가 24로의 방위가 된다. 십천간에서 戊·己 토를 제외한 것은 집은 토상에 건축되므로 제외시킨 것이다.

자는 남자로 덕을 삼는다는 뜻이다.

易訣云, 陰得陽, 如暑得涼, 五姓咸和, 百事俱昌. 所以德位高壯藹密即吉, 重陰重陽即凶.
(역결운, 음득양, 여서득량, 오성화화, 백사구창. 소이덕위고장애밀즉길, 중음중양즉흉.)

『역결』에서 이르길, 음이 양을 얻는 것은 더위의 시원함과 같고, 오성이 모두 화합하고 백가지 일이 창성해진다고 하였다. 소이 덕의 자리가 고장애밀[338] 하면 길하고, 음이 다시 음을, 양이 다시 양이면 흉하다.

陽宅更招東方北方, 陰宅更招西方南方, 爲重也.(是東面爲辰南, 西面爲戌北之位, 斜分一條, 爲陰陽之界.) 凡之陽宅, 即有陽氣抱陰, 陰宅, 即有陰氣抱陽. (양택갱초동방북방, 음택갱초서방남방, 위중야.(시동서위진남, 서면위술북지위, 사분일조, 위음양지계.) 범지양택, 즉유양기포음, 음택, 즉유음기포양.)

양택이 다시 동방, 북방으로, 음택이 다시 서방, 남방으로 초[339]하면 이중이 된다. (이것은 동쪽에서는 진방의 남쪽, 서쪽에서는 술방의 북쪽 위치에서 사선으로 선을 그어 나누면 음양의 경계가 된다.[340] 무릇 양택은 양기가 음을 껴안는 것이고, 음택은 음기가 양을 껴안는 것이다.

陰陽之宅者, 即龍也. 陽宅龍頭在亥尾在巳, 陰宅龍頭在巳尾在亥.(其狀在龍者, 陰龍靑, 陽龍赤, 各有命坐, 切忌犯也.) (음양지택자, 즉용야. 양택용두재해미재사, 음택용두재사미재해.(기상재용자, 음룡청, 양룡적, 각유명좌, 절기범야.)

음양의 집은 즉 용이다. 양택의 용머리는 해(方)에 있고 꼬리는 사(方)에 있으며, 음택의 용머리는 사방에 있고 꼬리는 해방에 있다. (용이라는 것의 그 형상은, 음룡은 푸르고

---

338) 고장애밀(高壯藹密)은 높고, 굳세고, 많고, 빽빽하다는 뜻으로 음양의 조화가 튼튼하고 유여하다는 뜻이다.
339) 초(招)는 집의 수리차원에서 보면 집을 확충하거나 고치거나, 얽매이거나 등의 뜻이 있다.
340) 해방에서 진방까지, 사방에서 술방까지가 음양의 경계다.

양용은 붉으며 서로의 명좌가 있어 절대 범하지 않아야 한다.)

凡從巽向乾, 從午向子, 從坤向艮, 從酉向卯, 從戌向辰移.(已上, 移轉及上官所住, 不計遠近, 悉入陽也.) 從乾向巽, 從子向午, 從艮向坤, 從卯向酉, 從辰向戌移.(已上, 移轉及上官悉名入陰.) (범종손향건, 종오향자, 종곤향간, 종소향묘, 종술향진이.(이상, 이전급상관소주, 불계원근, 실입양야.) 종건향손, 종자향오, 종간향곤, 종묘향유, 종진향술이.(이상, 이전급상관실명입음.)

무릇 손방에서 건방을 향하고, 오방에서 자방, 곤방에서 간방, 유방에서 묘방, 술방에서 진방을 향하여 이동한다.(이상 이전하여 상관[341]이 거처하는 곳이거나, 멀고 가까움에 상관없이 모두 양으로 들어가는 것이다.) 건방에서 손방, 자방에서 오방, 묘방에서 유방, 진방에서 술방으로 이동한다.(이상 이전하여 상관이 거처하는 곳이거나(멀고 가까움에 상관없이) 모두 이름 하여 음으로 들어간다.)

故福德之方, 勤依天道, 天德, 月德, 生氣到其位即修, 令淸潔闊厚, 即一家獲安, 榮華富貴.(天之福德者, 宅之財命也, 財命旣壯, 何愁不禁, 故須勤修.) (고복덕지방, 근의천도, 천덕, 월덕, 생기도기위즉수, 영청결활후, 즉일가획안, 영화부귀.(천지복덕자, 택지재명야, 재명기장, 하수불금, 고수근수.)

따라서 복덕방은 삼가 천도에 의거하여 천덕과 월덕, 생기가 이르는 (방위)위치에 이르러 수리하고, 청결하고 넓고 두텁게 하면 일가가 편안해지고 영화부귀를 얻는다.(하늘의 복덕은 집에서 재물의 명이라는 것이니 재명이 왕성하면 어찌 금할 것이 있겠는가, 따라서 반드시 삼가 수리해야 한다.)

---

341) 상관(上官)의 뜻은 직책에 따른 근무지 이동, 자신의 직책보다 높은 상관이 있는 곳, 주인이 거처하는 곳 등의 여러 가지 해석이 있을 수 있다. 『황제택경』에서 사용되는 로(路)개념과 이전과 원근의 의미로 볼 때, 상관은 직책상 근무지의 이동으로 추측된다.

再入陰入陽, 是名無氣. 三度重入陰入陽, 謂之無魂, 四入謂之無魄. 魂魄旣無, 卽家破逃散, 子孫絶後也.(經云, 連犯不止, 滅門絶嗣, 此之謂也.) (재입음입양, 시명무기. 삼도중입음입양, 위지무혼, 사입위지무백. 혼백기무, 즉가파도산, 자손절후야.(경운, 연범부지, 멸문절사, 차지위야.)

재차 음으로, 양으로 향하면 이름 하여 (기가 없는)무기라 한다. 세 번을 거듭해서 재차 음으로, 양으로 향하면 이르러 혼이 없는(무혼)이라 하고, 네 번을 (거듭하면) 이르러 (체백이 없는)무백이라 한다. 혼백이 이미 없으면 집안은 깨지고 도망가며 흩어지고, 자손의 후사가 끊긴다.(경에 이르길 계속해서 범하고 그치지 않으면, 멸문에 이르고 후사가 끊어진다는 것이 이것을 말함이다.)

若一陰陽往來, 卽合天道, 自然吉昌之象也. 設要重往, 卽須逐道, 住四十五日, 七十五日, 往之无咎, 仍宜生氣, 福德之方始吉. 更犯五鬼, 絶命, 刑禍者, 尤不利. 訣云, 行不得度, 不如復故, 斯之謂也. (약일음양왕래, 즉합천도, 자연길창지상야. 설요중왕, 즉수축도, 주사십오일, 칠십오일, 왕지무구, 잉의생기, 복덕지방시길. 갱범오귀, 절명, 형화자, 우불리. 결운, 행부득도, 불여복고, 사지위야.)

만약 한번 음양으로 왕래하면, 즉 천도에 부합하여 자연스럽게 길창할 상이다. 만약 (음양을)중복으로 왕래하면 반드시 (천)도를 따라야 하는데, 45일과 75일을 머물렀다가 왕래해야 허물이 없고, 생기(방)를 따르거나 복덕(방)에서 시작해야 길하다. 다시 오귀, 절명, 형화방을 범하는 것은 더욱 불리하다. 결에 이르길 법도를 얻지 않고 행하면 (본래대로)옛날대로 되돌림보다 못하다는 것이 이것을 말함이다.

又云, 其宅乃窮急飜故, 宮宜拆刑禍方, 舍却益福德方也. 又云, 飜宅平牆, 可爲銷殃.(宅之行年不利, 或口舌疾病等, 卽宜飜刑禍, 添益福德, 改移牆壁, 卽消災, 致其大吉昌也.) (우운, 기택내궁, 급번고, 궁의탁형화방, 사각익복덕방야. 우운, 번택평장, 가위소앙.(택지행년불리, 혹구설질병등, 즉의번형화, 첨익복덕, 개이장벽, 즉소재, 치기대길창야.)

또 이르길, 집이 궁벽해지면 급하게 오래된(곳)을 뒤집는데(고치는데), 궁(실)은 마땅히 형화방을 헐어버리고, 사(옥)은 도리어 복덕방을 향상시켜야 한다. 다시 이르길 집을 고치고 담장을 정리하면 재앙이 소멸된다.(집의 행년(당년)이 불리하면 혹 구설수나 질병 등이 있어, 마땅히 형화방을 뒤집고 복덕방을 첨가하여 향상시키고, 담장과 담벽을 움직여 고치면 재앙이 소멸되고, 크게 길창함에 이른다.

夫辨宅者, 皆取移來方位, 不以街北街東爲陽.(不妨是陽位作陰宅, 居之即吉.) 街南街西爲陰.(不妨作陽宅, 居之吉.) 凡移來不勒遠近, 一里, 百里, 千里, 十步與百步同. (부변택자, 개취이래방위, 불이가북가동위양(불방시양위작음택, 거지즉길.), 가남가서위음.(불방작양택, 거지길.) 범이래불륵원근, 일리, 백리, 천리, 십보여백보동.)

무릇 집을 구별하는 것은 대개 이동해온 방위를 보는데 거리의 북쪽, 거리의 동쪽을 양이라 하지 않고,(거리낌이 없는 것은 양의 자리에 음택을 짓고 거주하면 길하다.) 거리의 남쪽, 거리의 서쪽을 음이라 하지 않는다.(거리낌이 없는 것은 (음의 자리에) 양택을 짓고 거주하면 길이다.) 무릇 이동해서 오는 것은 멀고 가까움에 얽매이지 않으니, 1리, 백리, 천리, 십보, 백보가 동일하다.

又此二宅修造, 唯看天道, 天德, 月德, 生氣到即修之, 不避將軍, 太歲, 豹尾, 黃幡, 黑方及音姓宜忌, 順陰陽二氣爲正. (우차이택수조, 유간천도, 천덕, 월덕, 생기도즉수지, 불피장군, 태세, 표미, 황번, 흑방급음성의기, 순음양이기위정.)

또 (음택과 양택)이택의 수리와 조성은 오로지 천도를 살펴, 천덕, 월덕, 생기에 이르면 수리하고, 장군, 태세, 표미, 황번, 흑방과 음성은 마땅히 피하지 않으며 음양의 두 기에 순응하면 바름이 된다.[342]

---

342) 천도, 천덕, 월덕, 생기는 길신방을, 장군, 태세, 표미, 황번, 흑방, 음성 등은 흉신방이다.

此諸神殺及五姓六十甲子, 皆從二氣而生, 列在方隅, 直一年公事, 故不爲災.(凡諸刑殺在刑禍方者, 設天德月德到, 亦須避之. 若神殺在宅福德方, 卽待天德月德生氣到其位, 便須修之, 用功多卽善, 故不避也. 若不明陰陽之氣, 到其位便須修之, 用功多卽善, 故不避也. 若不明氣中小數, 故不能制其大綱.) (차제신살급오성육십갑자, 개종이기이생, 열재방우, 직일년공사, 고불위재.(범제형살재형화방자, 설천덕월덕도, 역수피지. 약신살재택복덕방, 즉대천덕월덕생기도기위, 편수수지, 용공다즉선, 고불피야. 약불명음양지기, 도기위편수수지, 용공다즉선, 고불피야. 약불명기중소수, 고불능제기대강.)

이 모든 신살과 오성, 육십갑자는 대개 (음양) 두 기운에서 생겨나 방우(방위)에 배열되었으므로, 일 년 동안의 공사는 재앙이 되지 않는다. (무릇 모든 형살이 형화방에 있는 것은, 설사 천덕, 월덕이 도래해도 역시 마땅히 (공사를)피해야 한다. 만약 신살이 집의 복덕방에 있으면, 즉 천덕, 월덕, 생기가 그 방위에 이르길 기다렸다가 다시 마땅히 수리하고, 공을 많이 쓰면 좋으므로 피하지 않는다. 만약 음양의 기가 밝지 않아도 그 (길신)방위에 이르면 다시 마땅히 수리를 하는데, 공을 많이 쓰면 좋으므로 역시 피하지 않는다. 만약 기가 밝지 않은 가운데 (공들임이)적으면, 그 대강(큰 줄기)을 제어할 수 없게 된다.

又云, 刑禍之方缺復荒, 福德之方連接長吉也.(又云, 刑禍方牆舍位宜狹薄, 誡之高壯也. 福德方及牆舍人家, 宜連接壯實也.) (우운, 형화지방결부황, 복덕지방연접장길야.(우운, 형화방장사위의협박, 계지고장야. 복덕방급장사인가, 의연접장실야.)

다시 이르길, 형화방은 부족해도 다시 모자라게 하고, 복덕방은 연접해서 길어야 길하다. (또 이르길 형화방의 담장과 사(옥)는 마땅히 좁고 얇게 하고, 높고 장대하게 하는 것을 경계해야 한다. 복덕방의 담장과 사옥의 인가는 마땅히 연접하고 장대하고 튼튼해야 한다.)

又云, 刑禍之方縮復縮, 猶恐災殃枉相逐, 福德之方拓復拓, 子子孫孫榮樂.(刑禍之方戒侵拓也, 不得太縮, 縮卽氣不足, 不足則損財祿. 福德之方宜戒侵拓也, 亦不得太過, 太過卽減福, 會至微不消厚福所臨也. 凡事足太過, 所侵拓之數過於本宅, 名曰太過.) (우운, 형화지방축부축, 유공재앙왕상축, 복덕지방척부척, 자자손손영락.(형화지방계침석, 야부득태축, 축즉기부족, 부족즉손재록. 복덕지방의계침척야, 역부득태과, 태과즉감복, 회지미불소후복소임야. 범사족태과, 소침척지수과어본택, 명왈태과.))

또 이르길, 형화방을 좁히고 또 좁히면, 오히려 재앙과 과실이 따를까 두렵고, 복덕방을 넓히고 또 넓히면 자자손손 영화로움과 즐거움이 있다.(형화방을 확장하여 넓히는 것을 경계해야 하고, 크게 축소시키지도 않아야 하니, 축소시키면 기가 부족해지고 기가 부족해지면 재록이 손상된다. 복덕방도 마땅히 확장하고 넓히는 것을 경계해야 하니, 역시 크게 지나치지 않아야 하며 크게 지나치면 복이 감소되고, 지극히 미미하게 해야 두터운 복이 임하는 것이 사라지지 않는다. 무릇 일이 크게 지나침이 되어 확장하고 넓힌 횟수가 본래의 집을 지나치면 태과라 한다.)

又云, 宅有五虛, 令人貧耗, 五實, 令人富貴. 宅大人少, 一虛, 宅門大內小, 二虛, 牆院不完, 三虛, 井竈不處, 四虛, 宅地多屋少庭院廣, 五虛. 宅小人多, 一實, 宅大門小, 二實, 牆院完全, 三實, 宅小六畜多, 四實, 宅小溝東南流, 五實. (우운, 택유오허, 영인빈모, 오실, 영인부귀. 택대인소, 일허. 택문대내소, 이허. 장원불완, 삼허. 정조부처, 사허. 택지다옥소정원광, 오허. 택소인다, 일실. 택대문소, 이실. 장원완전, 삼실. 택소육축다, 사실. 택소구동남류, 오실)

또 이르길, 택이 오허가 되면 사람이 가난하게 되고, 오실이면 부귀가 있다. 집은 큰데 사람이 적은 것이 일허, 집 대문이 크고 (담장)안이 적으면 이허, 장원이 불안하면 삼허, 우물과 부엌이 제 위치가 아니면 사허, 집터는 크고 집은 작고 정원이 넓으면 오허다. 집은 작은데 사람이 많은 것이 일실, 집이 크고 문이 작으면 이실, 장원이 완전하면 삼실, 집은 작은데 육축이 많으면 사실, 집이 작고 도랑이 동남으로 흐르는 것이 오실이다.

又云, 宅乃漸昌, 勿棄宮堂, 不衰莫移, 故爲受殃. 舍居就廣, 未必有歡, 計口半造, 必得壽考(宅不宜廣). 又云, 其田雖良, 薅鋤乃芳, 其宅雖善, 修移乃昌. (우운, 택내점창, 물기궁당, 불쇠막이, 고위수앙. 사거취광, 미필유환, 계구반조, 필득수고(택불의광). 우운, 기전수량, 호서내방, 기택수선, 수이내창.)

또 이르길, 집이 점차 융창해지면 궁당을 버리지 말고, 쇠약해지지 않으면 움직이지 않는 것은 재앙을 받기 때문이다. 거주하는 집이 넓다는 것은 반드시 기쁜 것이 아니니, 식구수의 반을 계산하여 지으면 반드시 장수하게 된다(집이 너무 넓지 않아야 한다). 다시 이르길, 밭이 비록 뛰어나도 호미로 김을 매어야 아름답듯이, 집이 비록 좋아도 고치고 움직여야 융창해진다.

宅統之, 宅墓以象榮華之源, 得利者所作遂心, 失利者妄生反心. 墓凶宅吉子孫官祿, 墓吉宅凶子孫衣食不足. 墓宅俱吉子孫榮華, 墓宅俱凶子孫移鄕絶種, 先靈譴責地禍常併. 七世亡魂悲憂受苦, 子孫不立零落他鄕, 流轉如蓬客死河岸. (택통지택, 묘이상영화지원, 득리자소작수심, 실리자망생반심. 묘흉택길자손관록, 묘길택흉자손의식부족, 묘택구길자손영화, 묘택구흉자손이향절종, 선령견책지화상병. 칠세망혼비우수고, 자손불립영락타향, 유전여봉객사하안.)

『택통』에서 집과 묘지의 상은 영화로움의 원천이라 하였으니, 이로움을 얻은 자는 마음대로 일이 이루어지지만, 이로움을 잃은 자는 마음과 반대로 허망해진다. 묘지가 흉하고 집이 길하면 자손에게 관록이 있고, 묘지가 길하고 집이 흉하면 자손의 의식이 부족해진다. 묘지와 집이 둘 다 길하면 자손에게 영화가 있고, 둘 다 흉하면 자손은 고향을 떠나 가문이 끊어지고, 선조의 혼령이 꾸짖으며 땅에서 흉화가 늘 따른다.

7세에 혼을 잃고 슬픔과 근심이 따라 고통스럽고, 자손이 출사하지 못하고 타향에서 영락하며, 부평초처럼 떠돌다 물가나 언덕에서 객사한다.

> 靑烏子云, 其宅得墓二神漸護, 子孫祿位乃固. 得地得墓龍驤虎步, 物業滋川財集倉庫, 子孫忠孝天神祐助. (청오자운, 기택득묘이신점호, 자손록위내고. 득지득묘용양호보, 물업자천재집창고, 자손충효천신우조.)

『청오자』에 이르길, 집과 묘지를 얻으면 두 신이 점차 보호하고, 자손의 봉록과 지위가 견고해진다. (집과 묘지를 얻는)득지득묘는 용양호보[343]하고, 물업이 내처럼 불어나 창고에 쌓이고, 자손이 충효하고 천신이 돕는다.

> 子夏云, 墓有四奇, 商角二姓丙壬乙辛, 宮羽徵三姓甲丙丁癸. 得地得宮刺史王公, 朱衣紫綬[344]世貴名雄. 得地失宮有始無終, 先人受苦子孫當凶. 失地得宮子孫不窮, 雖無基業衣食過充. 失地失宮絕嗣無蹤, 行求衣食客死篙蓬. (자하운, 묘유사기, 상각이성병임을신, 궁우치삼성갑병정계. 득지득궁자사왕공, 주의자완세귀명웅. 득지실궁유시무종, 선인수고자손당흉. 실지득궁자손불궁, 수무기업의식과충. 실지실궁절사무종, 행구의식객사고봉.)

『자하』에 이르길, 묘지에는 4가지 기이함이 있으니 상성, 각성의 2성은 병·임·을·신이고, 궁성, 우성, 치성의 3성은 갑·병·정·계다. 득지득궁[345]은 자사왕공의 벼슬이요, 붉은 옷에 자수를 두르고 대를 이어 귀하고 호걸이 난다. 득지실궁은 유시무종에 선인이 수고롭고 자손이 흉을 당한다. 실지득궁은 자손이 대를 잇지 못하고, 비록 기반은 없으나 먹고사는 것만은 충분하다. 실지실궁은 후손이 끊어져 흔적이 없어지고 먹고 입는 것을 구하러 떠돌다가 객사한다.

---

343) 용양호보(龍驤虎步)에서 용양은 용양순위사(龍驤巡衛司)의 준말로 고위관직을 뜻하고, 호보는 호랑이 걸음이라는 뜻으로 무게감을 나타낸다. 비슷한 사자성어로 용양호시(龍驤虎視)가 있다. 용처럼 날고 범처럼 쏘아보는 뜻으로, 기개가 높고 위엄에 찬 태도에 비유된다.

344) 주의자완(朱衣紫綬)은 주의자수(朱衣紫綬)와 같은 뜻으로 고관대작들이 붉은 옷에 자주색 요대를 두르고 느릿느릿 걷는 모습을 말한다.

345) 득지득궁, 득지실궁, 실지득궁, 실지실궁에서 궁은 집이고, 지는 묘지를 뜻하고, 병·임·을·신, 갑·경·정·계 등은 집과 묘지의 좌향을 뜻한다.

> 子夏云, 人因宅而立, 宅因人得存. 人宅相扶感通天地, 故不可獨信命也. (자하운, 인인택이립, 택인인득존, 인택상부감통천지, 고불가독신명야.)

『자하』에 이르길, 사람은 집으로 인해 일어서고, 집은 사람으로 인해 존재한다. 사람과 집이 서로를 도우면 천지가 감통하는 것이니, 따라서 (사람의)명운만 오직 믿는 것은 불가하다는 것이다.

범수택차제법

> 先修刑禍後修福德, 卽吉. 先修福德後修刑禍, 卽凶. (선수형화후수복덕, 즉길. 선수복덕후수형화, 즉흉.)

먼저 수리하는 곳이 형화방이고 뒤에 수리하는 곳이 복덕방이어야 길하다. 먼저 수리하는 곳이 복덕방이고 뒤에 수리하는 곳이 형화방이면 흉하다.

> 陰宅從巳起功順轉[346], 陽宅從亥起功順轉. (음택종사기공순전, 양택종해기공순전.)

음택은 사방에서 공사를 일으켜 순서를 따르고, 양택은 해방에서 공사를 일으켜 순서를 따른다.

> 刑禍方用一百工, 福德方用二百工, 壓之卽吉. 陽宅多修於外, 陰宅多修於內. 或者取子午分陰陽之界, 惧將甚也. (형화방용일백공, 복덕방용이백공, 압지즉길. 양택다수어외, 음택다수어내. 혹자취자오분음양지계, 오장심야.)

형화방은 백공의 힘을 쓰고, 복덕방은 이백공의 힘을 써서 (형화방을)진압해야 길하다. 양택은 바깥을 많이 수리하고, 음택은 내부를 많이 수리한다. 혹자는 자(子) · 오(

---

346) 순전(順轉)방향은 시계방향과 같이 서에서 동으로 도는 방향이다.

午)를 음양의 경계로 삼는데, (그것은)오류가 장차 심할 것이다.

> 此是二氣潛通, 運廻之數不同, 八卦九宮分形列象, 配男女之位也.(冬至巳夏至亥, 是陰陽起盛之極處不同, 聖人於地面上畫八卦, 列女男之宮. 宮者宅也. 巽爲長女屬陰, 乾爲天, 天爲陽明矣.) 其有長才深智, 慜物愛生, 敬曉斯門, 其利莫測. (차시이기잠통, 운회지수부동, 팔괘구궁분형열상, 배남녀지위야.)동지사하지해, 시음양기성지극처부동, 성인어지면상화팔괘, 열녀남지궁. 궁자택야. 손위장녀속음, 건위천, 천위양명의.) 기유장재심지, 민물애생, 경효사문, 기리막측.)

이것은 (음양)두 기운이 잠통[347]하고, 운회의 수가 같지 않아 팔괘구궁으로 형을 나누고 상을 이루니 남녀의 자리에 배속된 것이다.(동지는 사방, 하지는 해방으로, 이는 음양이 일어나 왕성해지는 자리가 같지 않고, 성인이 땅위에 팔괘를 그려 남녀의 궁으로 배열한 것이다. 궁이란 집이다. 손은 장녀로 음에 속하고, 건은 하늘이니 하늘은 양명이다.) 뛰어난 재능과 깊은 지혜가 있어, (땅에 존재하는 모든 것)물(物)을 아끼고 삶을 사랑하며, 이 (이치)문을 삼가 깨달으면 그 이로움은 실로 헤아릴 수 없다.

> 且大犯卽家破逃散, 小犯則失爵亡官. 其餘雜犯, 火光, 口舌, 跛蹇, 偏枯, 衰殀, 疾病等, 萬般皆有, 豈得輕之哉! 犯處遠而慢, 卽半年, 一年, 二年, 三年始發. 犯處近而緊, 卽七十五日, 四十五日, 或不出月卽發. (차대범즉가파도산, 소범즉실작망관. 기여잡범, 화광, 구설, 파건, 편고, 쇄앙, 질병 등, 만반개유, 기득경지재! 범처원이만, 즉반년, 일년, 이년, 삼년시발. 범처근이긴, 즉칠십오일, 사십오일, 혹불출월즉발.)

대저 크게 범하면 집안이 망해 도망가고 흩어지고, 작게 범하면 작위를 잃고 관직이 망한다. 나머지 자잘함을 범하면 화재, 구설, 절름발이, 편고, 쇠앙, 질병 등 만반의 (재앙이) 있게 되니 어찌 가볍게 여길 것이냐! 범한 곳이 멀면 늦어도 반년, 일년, 이년, 삼년에 (흉한 일들의)시작이 일어나고, 범한 곳이 가까우면 75일, 45일, 혹 한 달

---

347) 잠통은 몰래 통한다는 뜻으로 음양의 두 기운이 은밀히 통한다는 뜻이다.

이 시작되기도 전에 (흉함이) 일어난다.

若見此圖者, 自然悟會, 不問愚智, 福德自修, 災殃不犯, 官榮進達, 財食豐盈, 六畜獲安, 又歸天壽. 金玉之獻, 未足爲珍, 利濟之徒, 莫大於此. (약견차도자, 자연오회, 불문우지, 복덕자수, 재앙불범, 관영진달, 재식풍영, 육축획안, 우귀천수. 금옥지헌, 미족위진, 이제지도, 막대어차.)

만약 이 그림을 보는 사람은 자연이 깨달아 이해할 것이니, 어리석거나 지혜로움을 불문하고 복덕방을 스스로 수리하면 재앙이 침범하지 않고, 관직이 영화롭고 영달할 것이며, 재물과 의식이 풍성해지고, 가축이 편안해지며 또한 천수를 누릴 것이다. 금과 옥이 주어진들 보배로움에는 이르지 못하니, 이로움과 성취를 추구하는데 이보다 큰 것은 없다.

可以家藏一本, 用誡子孫秘而寶之, 可名, 宅經. (가이가장일본, 용계자손비이보지, 가명, 택경.)

가이 가정에서 한권씩 소장하여 자손의 경계에 사용하고 비밀스러운 보배로움이니 이름 하여 『택경』이라 한다.

又宅書云, 柝故營新, 爻卜相伏, 移南徒北, 陰陽交分, 是和陰陽者氣也, 逐人得變吉凶者化也, 隨事能興. 故天地運轉無窮, 人畜鬼神變化何準. 搜神記云, 精靈鬼魅, 皆化爲人. 或有人自相感, 變爲妖怪, 亦如異性之木, 接續而生, 根苗雖殊, 異味相雜. 形礙之物, 尙隨變通, 陰陽虛無, 豈爲常定. 是知宅非宅氣, 由移來以變之. (우택서운탁고영신, 효복상복, 이남도북, 음양교분, 시화음양자기야, 축인득변길흉자화야, 수사능흥. 고천지운전무궁, 인축귀신변화하준. 수신기운, 정령귀매, 개화위인. 혹유인자상감, 변위요괴, 역여이성지목, 접속이생, 근묘수수, 이미상잡. 형애지물, 상수변통, 음양허무, 기위상정. 시지택비택기, 유이래이변지.)

다시 『택서』에서 이르길, 옛(집)을 부수고 새(집)로 지을 때는 효사와 점복이 서로 맞아야 하고, 남쪽으로 이동하거나 북으로 갈 때는 음양이 서로 구분되어야 하며, 이로서 음양이 화합되는 것은 기운이고, 사람에 따라 길흉의 변화를 얻는 것이 (조)화함이니 따라서 일이 능히 흥하게 된다. 이런고로 천지의 운행함이 끝이 없으니, 사람, 가축, 귀신의 변화가 어떤 기준이랴! 『수신기』에 이르길, 정령(혼백)과 귀신, 도깨비가 대개 (변)화하면 사람이 된다. 혹 사람이 스스로 감응함이 있어 요괴로 변했다면, 역시 성질이 다른 나무에 접을 붙여 생장하고, 뿌리와 싹이 비록 달라도 서로 섞여 다른 맛을 내는 것과 같다. 모양이 다른 (사)물도 수시로 변통하여 음양이 허무해지는데 어찌 항상 일정함이 있으랴! 따라서 집은 집의 기운이 아니라 오로지 오고가는 변화에 의한 것임을 알아야 하는 것이다.

又云, 宅以形勢爲身體, 以泉水爲血脈, 以土地爲皮肉, 以草木爲毛髮, 以舍屋爲衣服, 以門戶爲冠帶, 若得如斯, 是事儼雅, 乃爲上吉. (우운, 택이형세위신체, 이천수위혈맥, 이토지위피육, 이초목위모발, 이사옥위의복, 이문호위관대, 약득여사, 시사엄아, 내위상길.)

또 이르길, 집의 형세는 (사람의)신체와 같고, 샘물은 혈맥과 같으며, 토지는 가죽과 살과 같고, 초목은 모발과 같으며, 사옥은 의복과 같고, 문호는 관대와 같으니 만약 이와 같이 (형세를)얻는다면 일이 엄정하고 우아해지니, 이르러 최고로 길하다고 하였다.

三元經云, 地善卽苗茂, 宅吉卽人榮. 又云, 人之福者, 喩如美貌之人. 宅之吉者, 如醜陋之子, 得好衣裳, 神彩尤添一半. 若命薄宅惡, 卽如醜人更又衣弊, 如何堪也. 故人之居宅, 大須愼擇. (삼원경운, 지선즉묘무, 택길즉인영. 우운, 인지복자, 유여미모지인. 택지길자, 여추루지자, 득호의상, 신채우첨일반. 약명박택악, 즉여추인경우의폐, 여하감야. 고인지거택, 대수신택.)

『삼원경』에 이르길, 땅이 좋으면 곡식이 풍성해지고, 집이 길하면 사람이 번영한다고 하였다. 또 이르길, 사람의 복이라는 것은 비유하면 마치 용모가 아름다운 사람과 같다. 집이 길한 것은, 누추하고 비루한 자식에게 좋은 의상을 입혀 놓으면 신(수가) 절반이라도 더 빛나는 것과 같다. 만약 명이 약하고 집이 흉하면, 못난 사람이 다시 낡아빠진 옷을 입은 것과 같으니 어찌 감당하랴! 따라서 사람이 거주하는 집은 반드시 지나칠 정도로 신중하게 가려야 한다.

又云, 修來路卽無不吉, 犯抵路未嘗安. 假如近從東來入此宅, 住後更修拓西方, 名抵路, 卻修拓東方, 名來路. 餘方移轉及上官往來, 不計遠近, 准此爲例. 凡人婚嫁, 買莊田六畜, 致營域, 上官求利等, 悉宜向宅福德方往來, 久久吉慶. 若爲刑禍方往來, 久久不利. 又忌龜頭廳在午地, 向北衝堂, 名曰凶亭. 有稍高豎屋, 亦不利. (우운, 수래로즉무불길, 범저로미상안. 가여근종동래입차택, 주후경수척서방, 명저로, 각수척동방, 명래로. 여방이전급상관왕래, 불계원근, 준차위례. 범인혼가, 매장전육축, 치영역, 상관구리등, 실의향택복덕방왕래, 구구길경. 약위형화방왕래, 구구불리. 우기구두청재오지, 향북충당, 명왈흉정. 유초고수옥, 역불리.)

또 이르길, 내로(오는 길)를 수리하면 길하지 않음이 없고, 저로(막힌 길)를 범하면 편안함이 없다. 가령 근래에 동쪽에서 와서 어떤 집에 들어가, 입주 후에 서쪽을 넓히고 수리하면 이름 하여 저로이고, 반대로 동쪽을 넓히고 수리하면 이름 하여 내로이다. 나머지 방향으로의 이동에서 상관의 왕래, 멀고 가까움에 관계없이 모두 이 예시에 준한다. 무릇 혼인하는 집, 장전과 육축을 사거나, 산소를 가꾸거나, 상관의 이익을 구하는 등, 모두 집의 복덕방으로 방향으로 왕래해야 오래도록 길경스럽다. 만약 형화방으로 왕래하면 오래도록 불리하다. 또한 구두청이 오방(午方)에 있어 북향으로 집을 충하면 이르러 흉정이라 한다. 뾰족하게 높이 서있는 집 역시 불리하다.[348]

---

348) 양택을 고를 때, 집 앞이나 옆과 뒤쪽 등 여러 방향에서 집을 쏘아보거나, 자신의 집을 억누르는 큰집이 있으면 흉하다는 것이다.

訣云, 龜頭午必易主, 亦云, 妨主諸院有之, 亦不吉. 凡宅午巳東巽巳來有高樓大樹, 皆不利, 宜去之吉. (결운, 구두오필역주. 역운, 방주제원유지, 역불길. 범택오사동손사래유고루대사, 개불리, 의거지길.)

결에 이르길, 구두(청)이 오방에 있으면 반드시 주인이 바뀌고, 또 이르길 주인을 방해하는 모든 원[349]이 있으면 역시 불리하다고 하였다. 무릇 집의 (남쪽)오방과 사방, 동쪽의 손방과 사방에 고루대사[350]가 있으면 대개 불리하니 마땅히 제거해야 길하다.

又云, 凡欲修造動治, 須避四王神, 亦名帝車, 帝輅, 帝舍. 假如春三月, 東方爲靑帝木王, 寅爲車, 卯爲輅, 辰爲舍, 卽是正月二月三月不得東. (우운, 범욕수조동치, 수피사왕신, 역명제차, 제로, 제사. 가여춘삼월, 동방위청제목왕, 인위차, 묘위로, 진위사, 즉시정월이월삼월불득동.)

또 이르길, 무릇 수조동치[351]를 하고자 하면, 반드시 사왕신을 피해야 하니, 그 이름이 제거, 제로, 제사이다. 가령 춘삼월이면 동방의 청제목왕이니, 인은 제거요, 묘는 제로, 진은 제사로 즉 정월, 이월, 삼월에 동방이 적합하지 않다는 것이다.[352]

尸經曰, 犯帝車殺父, 犯帝輅殺母, 犯帝舍殺子孫. 夏及秋冬三箇月, 倣此爲忌. (호경왈, 범제거살부, 범제로살모, 범제사살자손. 하급추동삼개월, 방차위기.)

『호경』에서 말하길, 제거를 범하면 아비가 죽고, 제로를 범하면 어미가 죽고, 제사를 범하면 자손이 죽는다. 여름에서 가을, 겨울 세 개의 계절도 이에 의거하여 금해

---

349) 원(院)은 담장이 있는 집이며, 관아, 마을, 사원 등을 총칭하는 건물이다. 택은 사람이 살고 있는 일반적인 집을 뜻한다.
350) 고루대사(高樓大樹)는 높은 누각이 있거나 큰 정자나 사당을 뜻한다.
351) 수조동치(修造動治)는 고치고 수리하는 모든 행위를 다스린다는 뜻으로 ,여기에는 동토(動土)의 의미도 있다.
352) 차(車)는 수레 거, 수레 차의 뜻이 있다. 로(輅)는 임금의 수레고, 사(舍)는 집이다. 임금이 타는 수레는 말과 마차, 덮개로 구성된다. 제거, 제로, 제사는 수레바퀴와 말, 덮개가 되는 것으로 추측된다. 춘삼월에 집을 고치거나 수리를 할 때는 寅·卯·辰 동방은 피해야 한다는 뜻이다.

야 한다고 하였다.

又云, 每年有十二月, 每月有生氣死氣之位. 但修月生氣之位者, 福來集, 月生氣與天道, 月德合其吉. 路犯月死氣之位, 爲有凶災. (우운, 매년유십이월, 매월유생기사기지위. 단수월생기지위자, 복래집, 월생기여천도, 월덕합기길. 로범월사기지위, 위유흉재.)

또 이르길, 매년은 12개월이 있고, 매월은 생기와 사기의 (방위)자리가 있다. 단 각각의 달에 생기가 있는 방위를 수리하면 복이 와서 모이고, 각 달의 생기와 더불어 천도와 월덕이 합하면 길하다. (24)로에서 각 달의 사기가 모이는 방위를 범하면 흉재가 있다.

正月生氣在子癸, 死氣在午丁. 二月生氣在丑艮, 死氣在未坤. 三月生氣在寅甲, 死氣在申庚. 四月生氣在卯乙, 死氣在酉辛. 五月生氣在辰巽, 死氣在戌乾. 六月生氣在巳丙, 死氣在亥壬. 七月生氣在午丁, 死氣在子癸. 八月生氣在未坤, 死氣在丑艮. 九月生氣在申庚, 死氣在寅甲. 十月生氣在酉辛, 死氣在卯乙. 十一月生氣在戌乾, 死氣在辰巽. 十二月生氣在亥壬, 死氣在巳丙. (정월생기재자계, 사기재오정. 이월생기재축간, 사기재미곤. 삼월생기재인갑, 사기재신경. 사월생기재묘을, 사기재유신. 오월생기재진손, 사기재술건. 육월생기재사병, 사기재해임. 칠월생기재오정, 사기재자계. 팔월생기재미곤, 사기재축간. 구월생기재신경, 사기재인갑. 십월생기재유신, 사기재묘을. 십일월생기재술건, 사기재진손. 십이월생기재해임, 사기재사병.)

정월의 생기는 자(방)과 계(방)이고, 사기는 오(방)과 정(방)이다. 2월의 생기는 축·간, 사·기는 미·곤이다. 3월의 생기는 인·갑, 사기는 신·경이다. 4월의 생기는 묘·을, 사기는 유·신이다. 5월의 생기는 진·손, 사기는 술·건이다. 6월의 생기는 사·병, 사기는 해·임이다. 7월의 생기는 오·정, 사기는 자·계이다. 8월의 생기는 미·곤, 사기는 축·간이다. 9월의 생기는 신·경, 사기는 인·갑이다. 11월의 생기

는 술·건, 사기는 진·손이다. 12월의 생기는 해·임, 사기는 사·병이다.[353]

『택경』 하권

凡修築垣牆, 建造宅宇, 土氣所衝之方, 人家卽有災殃, 宜依法禳之. 正月土氣衝丁未方, 二月坤, 三月壬亥, 四月辛戌, 五月乾, 六月寅甲, 七月癸丑, 八月艮, 九月丙巳, 十月辰乙, 十一月巽, 十二月申庚. (범수축원장, 건조택우, 토기소충지방, 인가즉유재앙, 의의법양지. 정월토기충정미방, 이월곤, 삼월임해, 사월신술, 오월건, 육월인갑, 칠월계축, 팔월간, 구월병사, 십월진을, 십일월손, 십이월신경.)

무릇 담장의 건축과 수리, 집과 지붕의 건조에 토기가 충하는 방위는 인가에 재앙이 있게 되니, 마땅히 법에 따라 제사를 지내야 한다. 정월에 토기가 충하는 방위는 未·坤이고, 2월은 坤, 3월은 壬·亥, 4월은 辛·戌, 5월은 乾, 6월은 寅·甲, 7월은 癸·丑, 8월은 艮, 9월은 丙·巳, 10월은 辰·乙, 11월은 巽, 12월은 申·庚이다.

已下圖無不精詳, 但細看之, 必有災咎. (이하도무부정상, 단세간지, 필유재구.)

이 그림에서 정밀하고 자세하지 않음이 없으니, 세밀하게 관찰하면 반드시 재앙과 허물을 알 수 있다.

天門陽首, 宜平穩實, 不宜絶高壯. 犯之損家長, 大病頭項等災.(五月丁壬日修吉, 北方不用壬子, 丁巳日.) (천문양수, 의평온실, 불의절고장. 범지손가장, 대병두항등재.(오월정임일수길, 북방불용임자, 정사일.))

---

353) 각 달의 생기는 12지지의 두 번째 뒷자리다. 정월은 寅月로 인의 두 번째 뒤의 지지는 子다. 子는 천간의 癸와 같다. 이월은 卯月로, 묘월의 두 번째 뒤 지지는 丑이고 팔괘의 艮방위다. 3월은 진월이면 두 번째 뒤 지지는 인이고 천간의 갑이다. 즉 팔괘의 4유인 건·곤·간·손과 천간을 같이 사용하고 있다. 사기방은 지지와 대충이 되는 자리다. 寅은 申과 대충, 卯는 유와 대충, 건은 손과 대충, 간은 곤과 대충이다. 즉 생기와 사기는 대충이 되는 방향이다.

천문(乾方)은 양의 우두머리니, 마땅히 평온하고 튼튼해야 하고, 끊어지거나 높고 굳세면 안된다. 이를 범하면 가장이 상하고, 머리와 목 등에 큰 병의 재앙이 생긴다.(5월의 정임일은 수리가 길하고, 북방의 임자와 정사일은 불용이다.)

亥爲朱雀, 龍頭, 父命坐, 犯者害命坐人.(三月丁壬日修.) 壬爲大禍, 母命, 犯之害命坐人, 有飛災口舌.(修巳亥同.[354]) (해위주작, 용두, 부명좌, 범자해명좌인.(삼월정임일수.) 임위대화, 모명, 범지해명좌인, 유비재구설.(수이해동.))

해방은 주작이고, 용의 머리며 아버지의 명좌로 범하면 명좌인에게 해롭다.(3월 정임일에 수리한다.) 임은 대화이며, 어머니의 명(좌)으로 범하면 명좌인에게 해롭고, 낙상의 재앙과 구설수가 있다.(수리일은 해방과 같다.)

子爲死喪, 龍右手, 長子婦命座. 犯之害命坐人, 失魂傷目, 水災口舌.(修巳壬同.) 癸方罰獄, 句陳, 次子婦命座. 犯之害命坐人, 口舌鬪訟等災.(七月丁壬日修, 三月亦通. 宮羽姓不宜三月, 七月卽吉日.) (자위사상, 용우수, 장자부명좌. 범지해명좌인, 실혼상목, 수재구설.(수이임동.) 계방벌옥, 구진, 차자부명좌. 범지해명좌인, 구설투송등재.(칠월정임일수, 삼월역통. 궁우성불의삼월, 칠월즉길일.))

자방은 사상이고, 용의 오른 손이며, 장자와 부인의 명좌다. 범하면 명좌인에게 해로우니, 정신을 잃고 눈을 상하며 수재와 구설이 있다.(수리는 임방과 같다.) 계방은 벌옥, 구진, 차자와 부인의 명좌다. 범하면 명좌인에게 해로우며, 구설과 싸움으로 인한 송사 등의 재앙이 있다.(칠월 정임일에 수리하고, 삼월도 역시 마찬가지다. 궁우의 성은 삼월이 마땅하지 않고, 칠월은 길일이다.

---

354) 巳는 본래 巳로 되어 있다. 巳는 巳의 오기로 보인다. 문맥상 巳는 巳와 與의 뜻이 되어야 한다. 여러 곳에서 巳와 與가 사용되고 있다. 巳는 巳方을 나타내는 의미와 분명히 다르다. 따라서 巳는 巳의 오기가 분명하다.

丑爲官獄, 少子婦命座. 犯之鬼魅盜賊, 火光怪異等災.(修已癸同.) 鬼門宅壅氣, 缺薄空荒吉. 犯之偏枯, 淋腫等災.(八月甲己日修吉, 東方不用甲子, 己巳日.) (축위관옥, 소자부명좌. 범지귀매도적, 화광괴이등재.(수이계동.) 귀문, 택옹기, 결박공황길. 범지편고, 임종등재.(팔월갑기일수길, 동방불용갑자, 기사일.))

축은 관옥, 소자[355]와 부인의 명좌다. 범하면 귀신과 도깨비, 도적, 화재, 괴이한 일 등의 재앙이 생긴다.)수리는 계방과 동일하다.) 귀문(艮方)은 집에서 막힌 기운이니 결박공황[356]해야 길하다. 범하면 편고[357]해지고, 종기와 부스럼 등의 재앙이 있다.(팔월 갑기일에 수리가 길하고, 동방은 갑자와 기사일은 불용이다.)

寅爲天刑, 龍背, 玄武, 庶養子婦長女命座. 犯之傷胎, 繫獄, 被盜, 亡敗等災.(六月甲己日修, 角姓六月凶, 十一月吉.) 甲爲宅刑, 次女孫男等命座. 犯之害命坐人, 家長病頭項, 諸傷折等災.(修與寅同). (인위천형, 용배, 현무, 서양자부장녀명좌. 범지상태, 계옥, 피도, 망패등재.(육월갑기일수, 각성육월흉, 십일월길.) 갑위택형, 차녀손남등명좌. 범지해명좌인, 가장병두항, 제상절등재.(수여인동.))

인은 천형, 용의 등, 현무이며, 서자와 양자와 그 부인, 장녀의 명좌다. 범하면 태아가 상하고, 옥에 갇히며, 도둑을 당하고, 패망 등의 재앙이 있다.(6월 갑기일에 수리하고, 각성은 6월이 흉하고 11월이 길하다.) 갑은 택형으로, 차녀와 손자 등의 명좌다. 범하면 명좌인에게 해롭고, 가장에게 머리와 목에 병이 생기며, 전반적으로 다치고 부러지는 재앙이 있다.(수리는 인방과 동일하다.)

---

355) 소자(少子)는 장남과 차남의 명좌가 있는 것으로 보아 삼남으로 보는 것이 옳다.
356) 결박공황(缺薄空荒)은 흠이 있고, 좁고, 비우고, 황량한 모습을 나타낸다.
357) 한쪽이 마른다는 뜻으로 신체의 일부가 못쓰게 되는 반신불수의 질병을 나타낸다.

卯龍右脇, 刑獄, 少女孫命座. 犯之害命坐人, 火光氣滿, 刑傷失魂.(修與寅同.) 乙騰蛇, 訟
獄, 客命座, 犯之害命坐人. 妖怪, 死喪, 口舌.(十月巳日修吉, 惟宜屋低小, 仍不得重.) (묘
용우협, 형옥, 소녀손명좌. 범지해명좌인, 화광기만, 형상실혼.(수여인동.) 을등사, 송옥,
객명좌, 범지해명좌인. 요괴, 사상, 구설.(십월사일수길, 유의옥저소, 잉부득중.))

묘는 용의 오른쪽 옆구리와 형옥이며, 어린 여자와 손자의 명좌다. 범하면 명좌인
에게 해롭고, 화재로 (연)기가 충만하며 (몸을)다치고 상하며 정신을 잃어버린다.(수리
는 인방과 동일하다.) 을은 등사요, 송사와 옥사, 객의 명좌로, 범하면 명좌인에게 해롭
다. 요괴스럽고, 죽거나 상복을 입고 구설수가 있다.(10월 사일은 수리가 길하고, 유의할
것은 집을 낮고 작게 하고, 무겁게 하지 말아야 한다.)

辰爲白虎, 龍右足, 主訟獄, 奴婢六畜命座. 犯之驚傷, 跛蹇, 筋急等災, 亦主驚恐.(修與乙
同.) 風門宜平缺, 名福首. 背枯向榮二宅, 五姓八宅, 並不宜高壯壅塞, 亦陽極陰首.(十一月
丙辛日修吉, 南方不用丙子至辛巳日.) (진위백호, 용우족, 주송옥, 노비육축명좌. 범지경
상, 파건, 근급등재, 역주경공.(수여을동.) 풍문의평결, 명복수. 배고향영이택, 오성팔택,
병불의고장옹색, 역양극음수.(십일월병신일수길, 남방불용병자지신사일.))

진은 백호, 용의 오른쪽 다리이고, 주인의 송사와 노비와 가축들의 명좌다. 범하면
놀래서 상하고, 다리를 절거나, 근육 근육경련이 일어나는 등의 재앙이 있고, 역시
주인이 놀라고 두렵다.(수리는 을과 같다.) 풍문(巽方)은 마땅히 평결해야 하며 복의 시작
이다. 배고향영[358] 2택과 오성 8택은 아울러 높고 장대하고 막히지 않아야 하는데,
양이 극에 이르면 음이 시작되기 때문이다.(11월 병신일에 수리가 길하고, 남방은 병자일에
서 신사일[359]까지는 불용이다.)

---

358) 배고향영(背枯向榮)은 음택과 양택을 두 공간으로 나눈 의미로 볼 때 뒤쪽이 쇠퇴하고, 앞쪽이 영화로운 집을
뜻하는 것으로 추측된다.
359) 丙子-丁丑-戊寅-己卯-庚辰-辛巳일 까지다.

巳天福, 宅屋, 亦名宅極. 經曰, 欲得職治宅極, 宜壯實修改吉.(九月丙辛修, 唯用功多良.) 丙明堂, 宅福, 安門, 牛倉等舍. 經云, 治明堂, 加官益祿大吉祥合家, 快活不可當.(修巳巳同.) (사천복, 택옥, 역명택극. 경왈, 욕득직치택극, 의장실수개길.(구월병신수, 유용공다량.) 병명당, 택복, 안문, 우창등사. 경운, 치명당, 가관익록대길상합, 가쾌활불가당.(수이사동.))

사는 천복, 택옥이고 이르러 택극이다. 경에서 말하길, 관직을 얻자면 택극을 다스려야 하는데, 마땅히 튼실하게 수리해야 길하다.(9월 병신일에 수리하며, 오로지 공력을 많이 들여야 한다.) 병은 명당, 택복, 안문이고, 우사나 창고 등의 집이다. 경에 이르길, 명당을 다스리면 관직이 더해지고, 복록이 증가하는 큰 길상함이 집안으로 들어와 즐거움이 감당이 안 될 정도다.(수리는 사방과 같다.)

午吉昌之地, 龍左足. 經云, 治吉昌, 奴婢成行六畜良, 宜平實, 忌高及龜頭廳.(修與巳同.) 丁天倉. 經云, 財耗亡治天倉, 宜倉庫六畜壯厚高拓吉.(正月丙辛日修, 用功多大吉.) (오길창지지, 용좌족. 경운, 치길창, 노비성행육축량, 의평실, 기고급구두청.(수여사동.) 정천창. 경운, 재모망치천창, 의창고육축, 장후고척길.(정월병신일수, 용공다대길.))

오는 길창의 자리로 용의 왼쪽 다리다. 경에 이르길, 길창을 다스리면 노비가 성행하고 가축들이 편안하니 마땅히 평하고 튼실해야 하며, 금하는 것은 구두청[360]이다.(수리는 사방과 같다.) 정은 천창이다. 경에 이르길, 재물이 소모되고 없어지면 천창을 다스려야 하고, 마땅히 창고와 가축우리를 두텁고 높고 넓혀야 길하다고 하였다.(정월 병신일에 수리하고 공력을 많이 써야 대길하다.)

---

360) 구두청은 큰 전각이나 궁전, 관청의 모서리를 지키는 거북이 머리모양을 한 조각물이다. 기와집으로 치면 동서남북 사방을 지키는 망와, 어처구니와 같은 조각품을 뜻한다.

未天府, 高樓大舍, 牛羊奴婢居之大孳息, 倉厠利.(修與丁同.) 人門龍腸, 宜置牛馬廄, 其位欲開拓壅厚, 亦名福囊. 重而兼實大吉.(二月乙庚日修.) (미천부, 고루대사, 우양노비거지대자식, 창측리.(수여정동.) 인문용장, 의치우마구, 기위욕개척옹후, 역명복낭. 중이겸실대길.(이월을경일수.))

미는 천부요, 높은 누각의 큰 집으로, 소와 양, 노비가 거주하면 (이들이)크게 불어나며, 창고나 측간이 유리하다.(수리는 정방과 같다.) 인문(坤方)은 용의 창자이니 마땅히 소와 말의 마구간을 두는데, 그 자리는 넓게 확장하고 두텁게 막아야 하니 이르러 복주머니라고 한다. 이중으로 튼실하면 대길하다.(2월 을경일에 수리한다.)

申玉堂, 置牛馬屋, 主寶貝金玉之事, 壯實開拓吉. 經曰, 治玉堂, 財錢橫來, 六畜肥强. 庚宅德, 安門, 宜置車屋, 雞栖, 碓磑吉甚. 宜開拓連接, 壯闊淨潔吉.(修與申同.) (신옥당, 치우마옥, 주보패금옥지사, 장실개척길. 경왈, 치옥당, 재전횡래, 육축비강. 경택덕, 안문, 의치차옥, 계서, 대애길심. 의개척연접, 장활정결길.(수여신동.))

신은 옥당으로 소와 말의 우리를 두며, 보패금옥[361]의 일을 주관하니 장대하고 튼실하게 넓혀야 길하다. 경에 이르길, 옥당을 다스리면 재물과 돈이 좌우로 들어오고, 가축이 살찌고 튼튼해진다고 하였다. 경은 택덕이며, 안문이니 마땅히 수레를 보관하는 장소를 두며, 닭장, 방아와 맷돌을 두면 심히 길하다. 마땅히 넓게 연접시키고, 크게 트이고 깨끗해야 길하다.(수리는 신방과 같다.)

---

361) 금은보화를 뜻한다.

> 西大德, 龍左脇, 客舍吉. 經曰, 治大德, 富貴資財成萬億, 亦名宅德, 宜宅主.(修與申同) 辛
> 金匱, 天井, 宜置門及高樓大屋. 經曰, 治金匱, 大富貴, 宜財百事吉.(四月乙庚日修, 大吉.)
> (유대덕, 용좌협, 객사길. 경왈, 치대덕, 부귀자재성만억, 역명택덕, 의택주.(수여신동) 신
> 금궤, 천정, 의치문급고루대옥. 경왈, 치금궤, 대부귀, 의재백사길.(사월을경일수, 대길.))

유는 대덕이며, 용의 왼쪽 옆구리고 객사가 길하다. 경에 이르길, 대덕을 다스리면 부귀하고 재물이 불어나 만억을 이루니, 이르러 택덕이며 마땅히 택주[362]가 된다.(수리는 신방과 같다.) 신은 금궤며 천정이니, 마땅히 문에서부터 높은 누각이 있는 큰 집을 둔다. 경에 이르길, 금궤를 다스리면 큰 부귀니 마땅히 재물과 백가지 일이 길하다고 하였다.(4월 을경일에 수리하면 대길이다.)

> 地府, 靑龍左手, 主三元, 宜子孫, 恒令淸淨吉. 經曰, 靑龍壯高, 富貴雄豪.(지부, 청룡좌수,
> 주삼원, 의자손, 항령청정길. 경왈, 청룡장고, 부귀웅호.)

지부(술방)는 청룡의 왼손이고, 삼원[363]을 주관하니 마땅히 자손에게 명하여 청정하게 해야 길하다. 경에 이르길, 청룡은 장대하고 높으면 부귀호걸이 난다고 하였다.[364]

> 外巽之位, 宜作園池竹簹, 設有舍屋, 宜平而薄.(외손지위, 의작원지죽점, 설유사옥, 의평
> 이박.)

바깥(외원) 손의 자리는 마땅히 원지죽점[365]을 만들고, 사옥을 만들려면 마땅히 평평하고 가볍게(크게 하지 않는다.) 한다.

---

362) 택주(宅主)는 택의 주인이 거처하는 곳과 주인에게 좋다는 뜻이 있고, 택의 주인이 되는 뜻도 있다.
363) 삼원(三元)은 천지인을 뜻하며, 항상 깨끗하게 관리한다는 뜻은 제례공간을 나타낸 것으로 볼 수 있다. 제사를 지내는 시간도 천문이 열리는 시간인 술시를 기준 한다.
364) 지부까지가 12지지, 건·곤·간·손의 천지인귀의 4유를 합한 택의 내원을 다룬 방위다.
365) 원지죽점(園池竹簹)은 대나무가 있는 정원과 연못을 뜻한다.

外天德及玉堂之位, 宜開拓侵修, 令壯實大吉. 經曰, 福德之方拓復拓, 子子孫孫受榮樂. 唯不得高樓重舍. (외천덕급옥당지위, 의개척침수, 영장실대길. 경왈, 복덕지방척부척, 자자손손수영락. 유부득고루중사.)

바깥 천덕은 옥당의 자리니 마땅히 확장하여 수리하고, 장대하고 튼실해야 길하다. 경에 이르길, 복덕방은 넓히고 또 넓혀야 자자손손 영화로움과 즐거움이 있다. 단 높은 누각이 두터운 집은 금한다고 하였다.

外天倉與天府之位, 不厭高壯樓舍, 安門, 倉庫, 牛舍及奴婢車屋, 並大吉.(南方宜侵拓吉.) (외천창여천부지위, 불염고장누사, 안문, 창고, 우사급노비차옥, 병대길.(남방의침척길.))

바깥 천창과 천부의 자리로, 높고 웅장한 누각의 집도 관계없고 안문, 창고, 우사에서 노비, 수레창고가 있어도 모두 대길이다.(남방은 마땅히 넓혀야 길하다.)

外龍腹之位, 與內院並同, 安牛馬牢廠, 亦名福囊, 宜廣厚實吉. 外坤, 宜置馬廠吉, 安重滯之物及高樓等, 並大吉. (외용복지위, 여내원병동, 안우마뢰창, 역명복낭, 의광후실길. 외곤, 의치마구길, 안중체지물급고루등, 병대길.)

바깥 용복의 자리는 내원(인문)과 마찬가지로, 소나 말의 마구간을 두는 것이 좋으므로 이르러 복낭이라 하며, 마땅히 넓게 두텁고 튼실해야 길하다. 바깥 곤은 마땅히 마구간을 두어야 길하고, 중체지물[366]에서 높은 누각 등이 있어도 대길하다.

外玉堂之院, 宜作崇堂及郎君孫幼等院吉. 客廳卽有公客來, 若高壯侵拓及有大樹重屋等, 招金玉寶帛, 主印綬喜. (외옥당지원, 의작숭당급랑군손유등원길. 객청즉유공객래, 약고장침척급유대수중옥등, 초금옥보백, 주인수희.)

바깥 옥당의 원은 마땅히 숭당에서 낭군, 손유 등의 원이 길하다. 객청은 공무의 객

---

366) 중체지물(重滯之物)은 무겁고 오래된 물건들을 뜻한다.

이 오는 자리니 높고 크게 넓히고, 큰 나무나 중옥[367] 등이 금옥보백을 초래하여 인수[368]를 주관하니 기쁘다.

> 外大德宅位, 宜開拓勤修泥, 令新淨吉. 及作音樂飮會之事吉, 宜子孫婦女等, 院出貴人, 增財富貴, 德望退振. (외대덕택위, 의개척근수니, 영신정길. 급작음악음회지사길, 의자손부녀등, 원출귀인, 증재부귀, 덕망하진.)

바깥 대덕 택의 자리는 마땅히 넓게 확장하고 부지런히 진흙으로 수리하고, 항상 새롭고 깨끗하게 해야 길하다. 음악연회의 일이 길하고, 마땅히 자손과 부녀 등, 원에서 귀인이 나오며, 재물이 불어나 부귀하고 덕망을 멀리 떨친다.

> 外金匱, 靑龍兩位, 宜作庫藏倉窖吉. 高樓大舍宜財帛, 又宜子孫出豪貴, 婚連帝戚, 常令淸淨, 連接藜林花木藹密. (외금궤, 청룡양위, 의작고장창교길. 고루대사의재백, 우의자손출호귀, 혼련제척, 상령청정, 연접총림, 화목애밀.)

바깥 금궤, 청룡의 두 자리는 마땅히 고장창교[369]를 지으면 길하다. 높은 누각의 큰 집은 마땅히 재백이 모이고, 또한 자손에서 호걸과 귀인이 나오며, 혼사가 왕실의 인척과 연결되니, 항상 청정해야 하고, 숲과 꽃나무가 빼곡하게 연접되어야 한다.

> 乾天門, 陰極陽首, 亦名背枯向榮. 其位舍屋, 連接長遠, 高壯闊實吉. (五月丁壬日修吉. 北方不用壬子丁巳日) (건천문, 음극양수, 역명배고향영. 기위사옥, 연접장원, 고장활실길.(오월정임일수길. 북방불용임자정사일))

건은 천문으로 음이 다하면 양이 시작되니, 이름 하여 배고향영(뒤쪽이 쇠퇴하고 앞쪽이 영화로운)이다. 이 위치의 사옥은 연접해서 길고 멀어야 하며, 높고 장대하고 넓고

---

367) 중옥(重屋)은 이층집이다.
368) 인수(印綬)는 벼슬의 인끈이다.
369) 고장창교(庫藏倉窖)는 곳간이나 창고와 같은 건물이다.

튼실해야 한다.(5월 정임일에 수리가 길하다. 북방의 임자, 정사일은 불용이다.)

亥爲天福, 龍尾, 宜置猪欄, 亦名宅極. 經云, 欲得職治宅極, 宜開拓極.(亥東三月丁壬日修吉, 宮羽姓即七月吉.) 壬宅福, 明堂, 宜置高樓大舍, 常令淸淨, 及集學經史, 亦名印綬宮宜財祿.(大吉修與亥同.) (해위천복, 용미, 의치저란, 역명택극. 경운, 욕득직치택극, 의개척극.(해동삼월정임일수길, 궁우성즉칠월길.) 임택복, 명당, 의치고루대사, 상령청정, 급집학경사, 역명인수궁의재록.(대길수여해동.))

해는 천복이고, 용의 꼬리로 마땅히 돼지우리를 설치하니, 이름 하여 택극이다. 경에 이르길, 관직을 얻고자 하면 택극을 다스려야 하니, 마땅히 넓게 확장함이 최고다.(해는 동방 3월 정임일에 수리하면 길하고, 궁성, 우성은 7월이 길하다.) 임은 택복이고 명당으로, 마땅히 높은 누대의 큰 집으로 항상 맑고 깨끗해야 하며, (학자들이) 모여서 경사를 배우는데, 이름 하여 인수궁이라 재물과 관록에 좋다.(크게 길하고 수리는 해방과 같다.)

子吉昌, 龍左足, 宜置牛屋. 經云, 奴婢成行六畜良, 平實吉.(修與亥同.) 癸天倉, 立門戶, 客舍, 篝厠吉. 經云, 財耗亡治天倉, 安六畜, 開拓高厚.(七月丁壬日修吉.) (자길창, 용좌족, 의치우옥. 경운, 노비성행육축량, 평실길.(수여해동.) 계천창, 입문호, 객사, 점측길. 경운, 재모망치천창, 안육축, 개척고후.(칠월정임일수길.))

자는 길창이고, 용의 왼쪽 다리로 마땅히 외양간을 둔다. 경에 이르길, 노비가 성행하고 가축이 좋아지니 평평하고 튼실해야 길하다.(수리는 해방과 같다.) 계는 천창이고, 대문을 세우고, 객사와 대나무로 엮은 화장실이 길하다. 경에 이르길, 재물이 낭비되면 천창을 다스려야 가축이 편안해지니, 넓게 확장하고 높고 두터워야 한다.(7월 정임일에 수리가 길하다.)

丑天府, 高樓大舍, 牛羊奴婢居之大孳息, 倉厠並吉.(修與癸同.) 艮鬼門, 龍腹, 福囊, 宜厚實重吉, 缺薄卽貧窮.(八月甲己日修吉, 東方不用甲子日.) (축천부, 고루대사, 우양노비거지대자식, 창측병길.(수여계동.) 간귀문, 용복, 복낭, 의후실중길, 결박즉빈궁.(팔월갑기일수길, 동방불용갑자일.))

축은 천부요, 고루대사이니, 소와 양, 노비의 거처가 되면 크게 불어나고 창고와 측간을 병행해도 길하다.(수리는 계방과 같다) 간은 귀문이고 용의 배이며, 복주머니로 마땅히 두텁고, 실하고 두터워야 길하니, 흠이 있거나 가벼우면 빈궁해진다.(8월 갑기일에 수리가 길하고, 동방은 갑자일이 불용이다.)

寅玉堂, 宜置車牛舍, 主寶貝金玉之事宜開拓. 經曰, 治玉堂錢財橫至, 六畜肥强大吉.(六月甲己日修吉.) 甲宅得, 安門, 宜置碓磑, 開拓連接壯觀吉, 淸淨災殃自消.(修巳寅同.) (인옥당, 의치차우사, 주보패금옥지사의개척. 경왈, 치옥당전재횡지, 육축비강대길.(육월갑기일수길.) 갑택득, 안문, 의치대애, 개척연접장관길, 청정재앙자소.(수이인동.))

인은 옥당이니, 마땅히 수레나 우사를 두고, 보패금옥의 일을 주관하니 마땅히 넓게 확장시킨다. 경에 이르길, 옥당을 다스리면 돈과 재물이 좌우로 들어오고, 가축이 살찌고 강해져 크게 길하다.(6월 갑기일에 수리가 길하다.) 갑은 택득[370]이고 안문이니, 마땅히 방아와 맷돌을 두어야 하고, 넓게 확장하고 연접시켜 장대하게 보이면 길하고, 청정해야 재앙이 스스로 소멸된다.(수리는 인방과 같다.)

卯大德, 龍脇, 客舍. 經曰, 治大德, 富貴資財成萬億, 亦名宅主, 主有德望.(修與寅同.) 乙金匱, 天井, 宜置高樓大舍, 常令淸淨勤修泥, 尤增喜慶.(卯巳南十月修.) (묘대덕, 용협, 객사. 경왈, 치대덕, 부귀자재성만억, 역명택주, 주유덕망.(수여인동.) 을금궤, 천정, 의치고루대사, 상령청정근수니, 우증희경.(묘사남십월수.))

---

370) 택덕(宅德)이 택득(宅得)으로 쓰였다. 양택도의 경방에는 택덕으로 되어 있고, 음택도의 갑방은 경방과 대충이 되는 자리다. 따라서 경방의 택덕으로 볼 때 득은 덕이 되어야 하는 것이 옳다.

묘는 대덕이고, 용의 옆구리이며, 객사다. 경에 이르길, 대덕을 다스리면 부귀와 재물이 불어나 만억을 이루니, 이르러 택주라 하고 주인은 덕망이 있다는 것이다.(수리는 인방과 같다.) 을은 금궤며, 천정으로 마땅히 높은 누대의 큰 집이 있어야 하고, 항상 청결하게 부지런히 진흙으로 수리하고, 더욱더 새로우면 기쁘고 경사스러움이 있다.(묘방과 사방의 남쪽은 10월에 수리한다.)

辰地府, 靑龍左手, 三元, 宜子孫, 當宜淸淨. 經曰, 靑龍壯高富貴雄豪.(修巳乙同.) 巽風, 宜平穩, 不宜壅塞, 亦名陽極陰首, 背榮向枯, 宜空缺通疏大吉.(十一月丙辛日修吉, 南方不用丙子吉.) (진지부, 청룡좌수, 삼원, 의자손, 당의청정. 경왈, 청룡장고부귀웅호.(수이을동.) 손풍, 의평온, 불의옹색, 역명양극음수, 배영향고, 의공결통소대길.(십일월병신일수길, 남방불용병자길.))

진은 지부며, 청룡의 왼손, 삼원이고 마땅히 자손(의 자리니) 반드시 맑고 깨끗해야 한다. 경에 이르길, 청룡이 장대하고 높으면 부귀웅호가 난다고 하였다.(수리는 을방과 같다.) 손은 바람이니 마땅히 평온해야 하고, 옹색하지 않아야 하며, 이르러 양이 다하면 음이 시작되니 배영향고[371]라, 마땅히 비거나 흠이 있게 소통시켜야 대길이다.(11월 병신일에 수리가 길하고, 남방은 병자일은 쓰지 않아야 길하다.[372])

---

371) 배영향고는 뒤가 영화롭고 앞이 시든다는 뜻이다. 뒤쪽은 좋고 앞쪽은 나쁘다는 뜻으로, 배고향영과 반대의 의미다.
372) 이 부분은 "남방은 쓰지 않으나 병자일은 길하다."로 해석될 수 있다. 그러나 앞의 양택도 손방에서 나타낸 금기일을 보면, "남방의 병자에서 신사일은 쓰지 않는다.(南方不用丙子至辛巳日.)"로 되어 있다. 이 내용과 비교해서 "남방의 병자일을 쓰지 않아야 길하다."로 해석되는 것이 옳다.

巳朱雀, 龍頭, 父命座, 不宜置井. 犯害命坐人, 口舌飛禍, 吐血顚狂, 蛇畜作怪.(巳酉, 九月丙辛日修吉, 至午地徵音並忌, 正三四月吉.) 丙大禍, 母命, 不宜置門. 犯之害命坐人, 飛禍口舌.(修與巳同.) (사주작, 용두, 부명좌, 불의치정. 범해명좌인, 구설비화, 토혈전광, 사축작괴.(사유, 구월병신일수길, 지오지치음병기, 정삼사월길.) 병대화, 모명, 불의치문. 범지해명좌인, 비화구설.(수여사동.))

사는 주작이고, 용의 머리며, 아버지의 명좌로 마땅히 우물을 파지 않는다. 범하면 명좌인에게 해롭고, 구설수와 급작스러운 재앙, 토혈전광[373]하며, 뱀이 가축을 놀라게 한다.(사방에서 유방까지는 9월 병신일에 수리가 길하고, 오방과 치음은 모두 피해야 하며, 정월, 3월, 4월은 길하다.) 병은 대화요, 어머니의 명으로, 마땅히 문을 두지 않는다. 범하면 명좌인에게 해롭고, 급작스러운 재앙과 구설수가 있다.(수리는 사방과 같다.)

午爲死喪, 長子婦命座. 犯之害命坐人, 失魂, 傷目, 心痛, 火光, 口舌, 龍右手, 筋急.(修與巳同.) 丁罰獄, 句陳, 次子婦命. 犯之坐人, 口舌鬪訟, 瘡病等災.(午日西用, 正月丙辛日修吉, 未地五姓並吉.) (오위사상, 장자부명좌. 범지해명좌인, 실혼, 상목, 심통, 화광, 구설, 용우수, 근급.(수여사동.) 정벌옥, 구진, 차자부명. 범지좌인, 구설투송, 창병등재.(오일서용, 정월병신일수길, 미지오성병길.))

오는 사상이고, 장자와 그 부인의 명좌다. 범하면 명좌인에게 해롭고, 정신을 잃고, 눈이 상하며, 심통, 화재, 구설수가 생기며, 용의 오른손이고, 급성근육통이 생긴다.(수리는 사방과 같다.) 정은 벌옥, 구진이고 차남과 부인의 명좌다. 범하면 명좌인에게 해롭고, 구설수, 송사, 창병 등의 재앙이 생긴다.(오일은 서쪽을 쓰고, 정월은 병신일에 수리가 길하고, 미방과 오성은 모두 길하다.)

---

373) 토혈전광(吐血顚狂)은 피를 쏟고 간질과 같이 미쳐버리는 증상을 뜻한다.

未爲官獄, 少子婦命座. 犯之害命坐人, 鬼魅, 火瘡, 霹靂, 盜賊, 刀兵流血, 六畜傷死, 家破逃散.(修與丁同.) 坤人門, 女命座, 不宜置馬廄. 犯之偏枯, 淋腫等. 此地宜荒缺低薄吉.(二月乙庚日修.) (미위관옥, 소자부명좌. 범지해명좌인, 귀매, 화창, 벽력, 도적, 도병유혈, 육축상사, 가파도산.(수여정동.) 곤인문, 여명좌, 불의치마구. 범지편고, 임종등. 차지의황결저박길.(이월을경일수.))

미는 관옥이고, 삼남과 부인의 명좌다. 범하면 명좌인에게 해롭고, 귀신과 도깨비에 홀리고, 화상을 입고, 번개를 맞고, 도적을 만나고, 도병[374]으로 피를 흘리고, 가축이 다치고 죽으며, 집안이 망해 도망가고 흩어진다.(수리는 정방과 같다.) 곤은 인문이고, 여자의 명좌로 마구간을 두는 것이 마땅하지 않다. 범하면 반신불수, 종기 등이 발생한다. 이곳은 마땅히 황결저박[375]해야 길하다.(2월 을경일에 수리한다.)

申天刑, 龍背, 庶子婦長女命座. 犯之失魂, 病脇, 刑傷, 牢獄, 氣滿, 火怪.(申北十二月乙庚修, 至酉吉. 商姓十二月凶, 四月吉.) 庚宅刑, 次女長孫命座, 不宜置門. 犯之害命坐人, 病右脇, 口舌, 傷殘損墜.(修與甲同.) (신천형, 용배, 서자부장녀명좌. 범지실혼, 병협, 형상, 뇌옥, 기만, 화괴.(신북십이월을경수, 지유길. 상성십이월흉, 사월길.) 경택형, 차녀장손명좌, 불의치문. 범지해명좌인, 병우협, 구설, 상잔손추.(수여갑동.))

신은 천형이고, 용의 등이며, 서자와 부인, 장녀의 명좌다. 범하면 정신을 잃고, 옆구리에 병이 생기고, 형상을 당하고, 옥에 갇히며, 기가 차오르고, 괴이한 화재가 난다.(신방의 북쪽은 12월 을경일에 수리하고, 유방도 길하다. 상성은 12월이 흉하고 4월이 길하다.)

---

374) 도병(刀兵)은 군인이나, 군인으로 인해 피를 흘리는 사건이 발생한다.
375) 황결저박(荒缺低薄)은 거칠고, 비우고, 낮게, 얇고 허술한 황량한 의미다.

酉刑獄, 龍右脇, 少女孫命座. 犯之害命坐人, 失魂, 刑獄, 氣滿, 火怪.(修與申同.) 辛爲騰蛇, 訟獄, 客命. 犯之害命坐人, 口舌, 妖怪, 死喪災起.(酉北至戌, 四月乙庚日修.) (유형옥, 용우협, 소녀손명좌. 범지해명좌인, 실혼, 형옥, 기만, 화괴.(수여신동.) 신위등사, 송옥, 객명. 범지해명좌인, 구설, 요괴, 사상재기.(유북지술, 사월을경일수.))

유는 형옥이고, 용의 오른쪽 옆구리이며, 삼녀와 손자의 명좌이다. 범하면 명좌인에게 해롭고, 정신을 잃고 옥에 갇히고, 기가 차오르고, 괴이한 화재가 일어난다.(수리는 신방과 같다.) 신은 등사로, 소송과 옥사, 객의 명좌다. 범하면 명좌인에게 해롭고_ 구설수, 요괴스러운 일, 죽거나 상복을 입는 재앙이 발생한다.(유방의 북쪽과 술방은 4월 을경일에 수리한다.)

戌白虎, 獄訟, 龍右足, 奴婢六畜命座. 犯之足跬, 跛蹇, 偏枯, 筋急[376].(修與辛同. 從乾順行, 至戌一周, 二十四路.) (술백호, 옥송, 용우족, 노비육축명좌. 범지족기, 파건, 편고, 근급.(수여신동, 종건순행, 지술일주, 이십사로.))

술은 백호, 옥사와 송사, 용의 오른쪽 다리로 노비와 가축의 명좌다. 범하면 다리가 굽어지고, 절름발이, 반신불수, 급성근육통이 발생한다.[377](수리는 신방과 같다. 건방을 따라 순행으로 술방까지 일주하니 24로가 된다.)[378]

外乾院與同院, 修造開拓, 令壯實, 高岡陵大樹並吉. 宜家長延壽, 子孫榮祿不絶, 光映門族. 乾地廣闊. (외건원여동원, 수조개척, 영장실, 고강릉대수병길. 의가장연수, 자손영록부절, 광영문족. 건지광활.)

외(원) 건방의 건물은 (내)원과 마찬가지로, 넓게 확장하여 수리하고, 장대하고 튼실하게 하며, 높은 등성이가 있는 큰 언덕과 큰 나무가 함께 있으면 길하다. 마땅히 가

---

376) 근급(筋急)은 힘줄이나 근육이 급작스럽게 통증이 발생하는 현상으로, 급성근육통, 힘줄경직, 근육파열 등의 증세를 뜻한다.
377) 술방까지가 내원의 방위배치 구도다.
378) 건에서 시작하여 해-자-축을 시작으로 술방까지가 24로의 방위다.

장의 수명이 오래가고, 자손에게 영화로움과 복록이 끊어지지 않아 가문에 영광이 빛난다. 건방은 광활해야 한다.

外亥, 天福與宅極之鄉, 宜置大舍, 位次重疊, 深遠濃厚吉. 與宅福, 明堂相連接壯實, 子孫聰明昌盛, 科名印綬大富貴. (외해, 천복여택극지향, 의치대사, 위차중첩, 심원농후길. 여택복, 명당상련접장실, 자손총명창성, 과명인수대부귀.)

외원의 해는 천복과 더불어 택극의 장소로, 마땅히 높은 건물을 두며, 차례로 중첩해서 심원하고 농후해야 길하다. 택복과 더불어 명당이 서로 연접하여 장대하고 튼실하면, 자손이 총명하고 창성해지며, 과거에 이름을 올려 인끈을 받으니 대부귀하다.

外天倉, 宜高樓重舍, 倉稟高藏, 奴婢六畜等舍大孶息. 宜財帛五穀, 其位高潔開拓吉. (외천창, 의고루중사, 창품고장, 노비육축등사대자식. 의재백오곡, 기위고결개척길.)

외원 천창(계방)은 높은 누각이 중첩된 건물과 창고나 곳간이 마땅하고, 노비와 가축 등의 집은 크게 불어난다. 재물과 오곡이 마땅하니, 그 자리는 높고 청결하고 넓게 확장해야 길하다.

外天府, 宜闊壯, 子孫婦女居之大吉. 亦名富貴飽溢之地, 遷職喜, 萬般悉有矣. (외천부, 의활장, 자손부녀거지대길. 역명부귀포일지지, 천직희, 만반실유의.)

외원 천부(축방)는 마땅히 넓고 장대하며, 자손과 부녀자가 거주하면 대길하다. 이르러 부귀가 차고 넘쳐나는 자리로, 직업을 옮겨도 기쁘고, 전반적으로 다 갖추게 된다.

絕上, 外龍腹, 福囊之位, 宜壅實如山吉. 遠近連接大樹, 長岡不厭開拓吉. 若低缺無屋舍, 卽貧薄不安. (절상, 외용복, 복낭지위, 의옹실여산길. 원근연접대수, 장강불염개척길. 약저결무옥사, 즉빈박불안.)

초고로 높은 곳은 외원 용복(간방), 복주머니의 자리로 마땅히 산과 같이 막아주면서 실해야 길하다. 멀고 가까이에 연접하여 큰 나무, 긴 언덕도 관계없으며 넓게 확장해야 길하다. 만약 낮으면서 공허해 집과 사옥이 없으면, 가난과 빈천해져 불안하다.

> 外玉堂, 宜子婦, 卽富貴榮華, 子孫興達. 其位雄壯, 卽官職昇騰, 位至臺省, 寶帛金玉不少. 若陷缺荒殘, 卽受貧薄, 流移他地. (외옥당, 의자부, 즉부귀영화, 자손흥달. 기위웅장, 즉관직승등, 위지대성, 보백금옥불소. 약함결황잔, 즉수빈박, 유이타지.)

외원 옥당(인방)은 마땅히 자부의 자리로, 부귀영화와 자손이 흥달한다. 그 자리가 웅장하면, 관직이 상승하고 지위가 대성[379]에 이르며, 금은보화가 적지 않다. 만약 빠지고, 휑하며, 거칠고 부서졌으면 가난과 빈천해져 타지로 유랑한다.

> 外宅德, 宜作學習道藝, 功巧立成, 亦得名聞千里, 四方來慕, 亦爲師統. 子孫居之有信, 懷才抱義, 壯勇無雙. (외택덕, 의작학습도예, 공교입성, 역득명문천리, 사방래모, 역위사통. 자손거지유신, 회재포의, 장용무쌍.)

외원 택덕(갑방)은 마땅히 도예를 학습하며 기교를 이루는 곳으로, 이르러 천리에까지 이름을 떨쳐 사방에서 따르니 스승의 혈통을 이룬다. 자손이 거주하면 신의가 있고, 재기를 품고 도리를 안아 씩씩하고 용감해져 적수가 없다.

> 外天德, 金匱, 靑龍, 此三神並, 宜濃厚實, 大舍高樓, 或有客廳, 卿相遊宴. 過往一家, 富貴豪盛, 須賴三神, 尤宜開拓. 若冷薄, 荒缺, 敗陷, 卽貧窮也. (외천덕, 금궤, 청룡, 차삼신병, 의농후실, 대사고루, 혹유객청, 경상유연. 과왕일가, 부귀호성, 수뢰삼신, 우의개척. 약냉박, 황결, 패함, 즉빈궁야.)

외원 천덕(묘방), 금궤, 청룡의 이 3신은 모두 농후하고 실해야 하며, 고루대사와 객

---

379) 대성(臺省)은 고려시대 어사대의 대관(臺官)과 중서문화성의 성랑(省郎)을 합친 단어로 조정에서 중대한 벼슬이다. 중서성, 문하성, 상서성을 삼성(三省)이라 칭한다.

청이 있으면, 공경재상과 연회를 즐긴다. 일가가 과왕[380]하여 부귀호걸이 되려면 3신에 따라야 하니, 더욱 넓게 확장시켜야 한다. 만약 냉박하여 거칠고 결함이 있고, 패하고 꺼지면 빈궁해진다.

外靑龍, 不厭淸潔, 焚香設座, 延迓賓朋, 高道奇人, 自然而至. 安井及水瀆甚吉. (외청룡, 불염청결, 분향설좌, 연아빈붕, 고도기인, 자연이지, 안정급수독심길.)

외원 청룡(진방)은 청결해야 좋으며, 분향의 자리를 설치하며, 손님과 벗을 맞이하고, 도가 높은 기인이 자연스럽게 이른다. 우물과 도랑이 매우 길하다.

---

380) 과왕(過往)은 지나치게 간다는 뜻으로, 집안이 왕성해진다는 뜻이다.

음택도와 양택도

음택도

- 未青氣墳前邪魅
- 丁罰獄次子句陳婦
- 午死喪龍右手長子婦命
- 丙大禍時命
- 巳朱雀龍頭父命

入門二月乙庚日改

- 辰地府靑龍左手三元外
- 乙金匱天井外
- 卯大德龍左脇客舍外
- 甲宅德安門外
- 寅玉堂外

- 申天刑龍背玄武養子婦
- 庚宅刑次女男孫命
- 酉刑獄龍右脇少女命
- 辛螣蛇獄訟客命
- 戌白虎龍右足六畜奴婢

中央: 禍害 用 禍 坎

- 丑天府
- 癸天倉
- 子吉昌龍左足
- 壬明堂宅福宅廕
- 亥天福龍尾宅廕

天門五月丁壬日修

음택도

양택도

- 未天府外
- 丁天倉外
- 午吉昌龍左足外
- 丙明堂宅福宅廕外
- 巳天福龍尾宅廕外

入門龍巽二月乙庚日治

- 辰白虎龍右足六畜奴婢
- 乙螣蛇獄訟客命
- 卯刑獄龍右脇少女命
- 甲宅刑次女男孫命
- 寅天刑龍背玄武養子婦

- 申玉堂外
- 庚宅德安門外
- 酉大德龍左脇客命外
- 辛金匱天井外
- 戌地府靑龍左手三元外

中央: 禍害 用 禍 坎

- 亥朱雀龍頭父命
- 壬大禍時命
- 子死喪龍右手長子婦命
- 癸罰獄次子婦命
- 丑青氣獄少子婦命

天門五月丁壬日治

양택도

參考文獻

1. 原典 및 飜譯類

『撼龍經』(北京：『文淵閣四庫全書』, 乾隆38-47)

『錦囊經』(서울대학교 奎章閣 所藏本)

『高麗圖經』(황소자리출판사, 2005)

『孔子家語』(을유문화사, 2015)

『管子』(소나무, 2011)

『論語』(성균관대학교출판부, 2013)

『道德經』(홍신문화사, 2013)

『羅經透解』(明文堂, 1994)

『陶山雜詠』(㈜을유문화사, 2005)

『明山論』(서울대학교 奎章閣 所藏本)

『孟子講說』(成均館大學校 出版部)

『命理約言』(한국학술정보, 2016)

『白虎通義』(소명출판, 2005)

『史記本紀』(육문사, 2012)

『山經表』(서울대학교 奎章閣 所藏本)

『林園經濟志』(씨앗을 뿌리는 사람들, 2016)

『山林經濟 Ⅰ』(民族文化推進會, 1982).

『三國史記』(신서원, 2004)

『三國遺事』(시공사, 200)

『三命通會』(明文堂, 2003)

『相宅地』(풍석문화재단, 2019)

『書經』(성균관대학교 출판부, 2013)

『說文解字』(서울대학교 출판부, 2007)

『雪心賦』(臺北;竹林書局, 1995)

『呂氏春秋 · 有始覽』(글항아리, 2016)

『禮記』(明文堂, 2003)

『禮記集說大全 · 祭儀』(학고방, 2015)

『論語』(성균관대학교출판부, 2013)

『藝文類聚』(中華書局香港分局, 원광대학교 소장본)

『營造法式』(대건사, 2006)

『陽宅三要』(北京華齡出版社, 2011)

『陽宅十書』(王君榮, 鄭同 校, 華齡出版社, 2017)

『八宅明鏡』(文衆文藝出版社, 2009)

『淵海子平』(大有學堂, 2016)

『五行大義』(大有學堂, 2012)

『疑龍經』(서울대학교 奎章閣 所藏本)

『人子須知』(明文堂, 1992)

『滴天髓闡微』(明文堂, 2002)

『周易』(도서출판 길, 2013)

『地理新法』(서울대학교 奎章閣 所藏本)

『地理五訣』(동학사, 1994)

『捉脈賦‧洞林照膽』(비봉출판사, 2015)

『天機大要』(서울대학교 奎章閣 所藏本)

『天文類抄』(大有學堂, 2013)

『青囊經』(『欽定閣四庫全書』「子部」)

『春秋繁露』(태학사, 2005)

『太極解義』(소명출판, 2009)

『青烏經』(서울대학교 奎章閣 所藏本)

『漢書 卷二 禮樂志』(釜山市立圖書館 古911.032)

『黃帝內經』(법인문화사, 2014)

『黃帝宅經』(『欽定閣四庫全書』「子部」)

『淮南子』(世界社, 1992)

2. 單行本類

강종훈, 『新羅上古史』, 서울대학교출판부, 2000.

공주대학교 정신과학연구소, 『風水地理文化의 理解』, 형지사, 2007.

구중회, 『陵墓와 風水文化』, 국학자료원, 2008.

국사편찬위원회, 『韓國史, 新羅의 衰退와 後三國』, 2003.

金明濟, 『戊己解』, 명문당, 1994.

김경표, 『東洋建築史』, 도서출판 보성각, 2014.

김병곤, 『新羅王權 成長史 研究』, 학연문화사, 2003.

김상일 譯, 『中華文明史 · 제4권 上』, 동국대학교출판부, 2017.

김선주, 『新羅의 古墳文化와 女性』, 국학자료원, 2010.

金星旭, 『九宮祕訣』, 명문당, 1994.

김용성, 『新羅王都의 古冢과 그 周邊』, 학연문화사, 2009.

金一權, 『東洋天文思想 하늘의 역사』, 예문서원, 2007.

金鐘汶, 『풍수패철』, 도야출판사, 2001.

김주환, 『地形學─構造地形學』, 동국대학교출판부, 2009.

김혜정, 『風水學說史』, 도광출판사, 2020.

羅逸星, 『韓國의 宇宙觀』, 延世大學校 大學出版文化院, 1995.

대한건설협회, 『한국건설통사 Ⅱ권』, ㈜건설경제신문, 2017.

노태준 역, 『老子』, 홍신문화사, 2012.

大韓建築學會, 『韓國建築通史』, 기문당, 2014.

데이비드 N. 키틀리, 민후기 譯, 『갑골의 세계』, 학연문화사, 2008.

羅宗眞, 이정은 譯, 『中國考古學 隋·唐』, ㈜사회평론, 2012.

러우칭시, 이주노 譯, 『中國古建築紀行 1』, 북21 컬처라인, 2002.

柳聖泰,『中國哲學史의 理解』, 학고방, 2016.

박경자,『朝鮮時代 庭園』, 학연문화사, 2010.

박방룡,『新羅都城』, 학연문화사, 2013.

박상호,『풍수지리의 원리』, 가교, 2002.

박정해,『한국유교건축에 담긴 풍수이야기』, 씨아이알, 2014.

박진호・박정란 共著,『현대건축의 단면과 장면』, 시공문화사, 2013.

白鐘錫,『先秦시기 中國의 文化와 哲學』, 학고방, 2009.

徐廷昊,『韓屋의 美』, 경인문화사, 2010.

申坪,『羅經研究』, 동학사, 2008.

李居明,『風水之道』, 陝西師範大學出版社, 2007.

李錫暎,『四柱捷徑・卷6』, 韓國易學敎育院, 2002.

李允鈺, 李相海 외 3 옮김,『中國古傳建築의 原理』, ㈜시공사, 2,000.

李重煥, 신정일 譯,『새로 쓰는 택리지』, 다음생각, 2012.

劉進寶, 全寅初 譯,『敦煌學述論』, 아카넷, 2003.

楊筠松 著, 南宮昇 譯,『撼龍經의 完全한 理解』, 대훈닷컴, 2009.

Alfred Forke, 최해숙 옮김,『中國古代哲學史』, 예문서원, 2012.

嚴文明 외 3 主編, 구자원 譯,『中華文明史 券上』, 동국대학교출판부, 2017.

俞曉君, 林采佑 옮김,『周易과 術數學』, 동과서, 2014.

윤일이,『한국의 사랑채』, 산지니, 2005.

이중근,『한국주거문화사』, 우정문고, 2013.

이문규,『古代 中國人이 바라본 하늘의 世界』, ㈜문학과지성사, 2000.

이승률,『죽간 · 목간 · 백서 · 중국고대 간백자료의 세계』, 예문서원, 2013.

이적,『善德女王』, 어문학사, 2009.

임창복,『한국의 주택, 그 유형과 변천사』, 돌베게, 2011.

장성규 · 김혜정,『完譯風水經典』, 문예원, 2010.

장영훈,『조선시대의 명문사학 서원을 가다』, 담디, 2005.

鄭景衍,『正統風水地理』, 평단문화사, 2012.

정영철,『한국건축의 흐름』, 도서출판 씨아이알, 2016.

鄭寅國,『韓國建築樣式論』, 一志社, 1999.

조남선,『風水의 定石』, 청어람, 2010.

조너선펜비, 남경태 옮김,『CHINA 중국의 70가지 경이』, ㈜위즈덤하우스, 2009.

趙道勳,『羅經秘解』, 韓國資料情報社, 1993.

村山智順, 최길성 譯,『朝鮮의 風水』, 민음사, 1990.

최낙기,『王陵風水 이야기』, 한국학술정보, 2014.

최원필,『한국철학사상사』, 심산문화, 2003.

최창조,『韓國自生 風水의 기원』, 민음사, 2016.

韓東錫,『宇宙變化의 原理』, 대원출판, 2013.

韓弼元,『韓國의 傳統마을을 가다』, 더난출판, 2004.

胡京國, 禪空世峻 譯,『웰빙 풍수방정식 현공풍수학 上』, 전통문화사, 2004.

홍대형,『한국의 건축문화재』, 기문당, 2001.

홍승재,『韓國의 建築文化財』, 기문당, 2005.

황준연,『新編 中國哲學史』, 심산출판사, 2009.

黃曉芬, 김용성 譯, 『漢代의 무덤과 그 祭祀의 기원』, 학연문화사, 2006.

岳南, 심규호 · 유소영 譯, 『하상주단대공정』, 일빛, 2005.

3. 論文類

學位論文類

강두열, 「奇門風水地理 研究」, 원광대학교 박사학위논문, 2017.

김기섭, 「風水地理의 護帶砂 研究」, 원광대학교 박사학위논문, 2020.

金惠貞, 「中國 風水地理學의 天文觀 研究」, 公州大學校大學院 博士學位論文, 2008.

金德東, 「외암리 민속마을의 풍수입지 및 이기론적 특성」, 동방문화대학원대 학교 박사학위논문, 2016.

권창근, 「풍수지리에 기반한 영남명문 생가입지의 분석 및 평가에 관한 연구」, 영남대학교 박사학위논문, 2015.

金善洪, 「京畿道 所在 鄕校의 立地에 관한 風水地理的 考察」, 동방대학원대학교 박사학위논문, 2009.

김계환, 「풍수의 이론체계와 역의 원리연구」, 동방대학원대학교, 박사학위논문, 2011.

김성순, 「裨補風水의 密敎的 要素에 관한 研究」, 원광대학교 석사학위논문, 2000.

김시환, 「傳統마을의 風水地理學的 立地에 대한 研究」, 원광대학교 석사학위논문,

2017.

류창남, 「傳統陽宅의 三要 適用에 관한 研究」, 동방대학원대학교 박사학위논문,
    2010.

박인호, 「朝鮮時代 河崙의 風水觀 研究」, 원광대학교 박사학위논문, 2018.

박헌영, 「郭璞·葬書에 나타난 同氣感應說 研究」, 원광대학교 석사학위논문, 2001.

李商仁, 「朝鮮時代 住居文化의 風水地理的 特性 研究」, 원광대학교 박사학위논문,
    2008.

양삼열, 「경주 최부자 가문의 음·양택 풍수입지 분석」, 대구카톨릭대학교 박사학
    위논문, 2018.

梁鳳煥, 「朝鮮時代 風水思想의 含意와 適用에 대한 考察」, 영남대학교 박사학위논
    문, 2017.

李來班, 「撼龍經 原文解釋에 基礎한 星峯論 研究」, 동방대학원대학교 박사학 위논
    문, 2009.

安永培, 「高麗·朝鮮前期 理氣波風水 研究」, 원광대학교 박사학위논문, 2013.

徐芳源, 「朱熹의 氣感應論 研究」, 원광대학교 박사학위논문, 2018.

이상호, 「구층나경에 관한 연구」, 원광대학교 석사학위논문, 2010.

성동환, 「風水 地氣論에 대한 文獻考證學的 研究」, 서울대 석사학위논문, 1992.

윤태중, 「風水地理氣의 穴의 四象에 관한 研究」, 대구한의대 석사학위논문, 2005.

양삼렬, 「경주 최부자 가문의 風水地理 立地研究」, 대구한의대 석사학위논문,
    2013.

鄭敏鎬, 「風水物形論에 對한 形氣的 分析」, 서경대학교 석사학위논문, 2014.

정완수, 「山洋指迷의 形氣論에 대한 硏究」, 원광대학교 박사학위논문, 2017.

정재우, 「風水地理에서 穴의 有形과 特性에 관한 考察」, 영남대학교 석사학위논문」, 2013.

조인철, 「풍수향법의 논리체계와 의미에 관한 연구」, 성균관대학교 박사학위논문, 2006.

조원래, 「조선시대 고택과 근대 재벌총수들의 생가 양택풍수 연구」, 원광대학교 석사학위논문, 2018.

친이웨이 ,「『양택집성』에 나타난 양택풍수의 특징과 시사점」, 동방문화대학 원대학교 박사학위논문, 2020.

研究論文類

구중회, 「풍수문화와 문헌정보」, 『능묘와 풍수문화』, 국학자료원, 2012.

金惠貞, 「양택풍수지리의 방위관」, 『건축역사연구』 제18권2호, 한국건축역사학회, 2009.

김현남, 「일행아사리의 천문관 연구」, 『회당학보』, 회당학회, 2006.

金惠貞, 「중국풍수형기론적천문관」, 『中國學論叢』, 한국중국문화학회, 2007.

김태오, 「신라왕릉의 풍수사상적 특징과 정치적 영향」, 『인문학연구』, 충남대인문과학연구소 통권111호, 2018.

박헌영, 「『葬書』에 나타난 同氣感應說」, 『도교문화연구』 제20집, 한국도교 문화학회 2004.

유창남, 「전통양택의 삼요적용에 관한 연구」, 『한국사상과문화』 제49권, 한국사상
　　　문화학회, 2009.

윤홍기, 「풍수지리의 기원과 한반도로의 도입시기를 어떻게 볼 것인가」, 『한국학
　　　보』, 일지사, 1979.

이상해, 「주택삼요를 통해본 조선양택론에 관한 연구」, 『대한건축학회논문집』 4권
　　　6호, 대한건축학회, 1988.

이승노, 「전통지리학의 주택입지와 내부공간의 방위적상관성에 관한 연구」, 『문화
　　　역사지리』 23권2호, 한국문화역사지리학회, 2011.

정성현, 「양택삼요 의간법과 그 적용에 따른 조선시대 상류주택의 배치계획에 관
　　　한연구」, 『대한건축학회논문집』 제4권 제5호, 대한건축학회, 1988.

정완수, 「'葬者乘生氣也'의 生氣에 대한 연구」, 『대한풍수연구학회』 제7권, 2019.

장성규, 「『황제택경』의 문헌적 연구」, 『건축역사연구』 제18권6호, 한국건축역사학
　　　회, 2009.

조기호, 「한국 풍수지리학의 기원에 관한 고찰」, 『대한지리학회 학술대회논문집』,
　　　대한지리학회, 2006.

조인철, 「풍수고전 『황제택경』에 관한 연구」, 『원불교사상과 종교문화』 제65권, 원
　　　광대학교 원불교사상연구원, 2015.

최기수, 「조선시대 전통마을의 서식관에 관한 연구」, 『한국전통조경학회지』 제19권
　　　제3호, 조경학회, 2001.

하늘과 땅,
천문풍수학
天文風水學

2023년 2월 20일 초판 인쇄
2023년 3월 3일 초판 발행

지 은 이 김태오
펴 낸 이 신원식
펴 낸 곳 도서출판 중도
　　　　　서울 종로구 삼봉로81 두산위브파빌리온 921호
등　　　록 2007. 2. 7. 제2-4556호
전　　　화 02-2278-2240

값 : 35,000원

ISBN 979-11-85175-55-3 03150